企业创新发展

——企业做强做优做大的思路、实践与展望

汪世宏　等　编著

对外经济贸易大学出版社
中国·北京

图书在版编目（CIP）数据

企业创新发展：企业做强做优做大的思路、实践与展望 / 汪世宏等编著. —北京：对外经济贸易大学出版社，2022.3

ISBN 978-7-5663-2364-4

Ⅰ. ①企… Ⅱ. ①汪… Ⅲ. ①企业创新–研究 Ⅳ. ①F273.1

中国版本图书馆 CIP 数据核字（2022）第 024789 号

企业创新发展

——企业做强做优做大的思路、实践与展望

Qiye Chuangxin Fazhan

——Qiye Zuoqiang Zuoyou Zuoda de Silu、Shijian yu Zhanwang

汪世宏　等　编著

责任编辑：张俊娟

出版发行：对外经济贸易大学出版社　　邮政编码：100029

社　　址：北京市朝阳区惠新东街 10 号　　邮购电话：010－64492338

网　　址：www.uibep.com　　发行部电话：010－64492342

资源网址：www.uibepresources.com　　E-mail：uibep@126.com

成品尺寸：185mm×260mm　　印　　刷：北京时代华都印刷有限公司

印　　张：23.25　　版　　次：2022 年 3 月北京第 1 版

字　　数：401 千字　　印　　次：2022 年 3 月第 1 次印刷

ISBN 978-7-5663-2364-4　　定　　价：66.00 元

参与写作人员简介

◎金祺

高级工程师，北京师范大学哲学硕士，现任中国寰球工程有限公司总经理助理，兼办公室（党委办公室）主任，在石油化工工程领域长期工作，主要从事石油化工工程行业战略规划、研究和管理工作，近年主要从事党建、纪检和信息化管理工作。

◎李明双

高级经济师，北京大学法学硕士，清华大学工商管理硕士，现任中国寰球工程有限公司规划发展部主任，主要从事石油化工工程行业战略研究、规划计划、投资管理工作，在《国际经济合作》等杂志发表论文十余篇。重点从事国内外能源行业和能源工程行业战略转型、管控模式等领域的研究。

◎杨玲

高级经济师，对外经济贸易大学工商管理硕士，现任中国寰球工程有限公司总部投融资中心主任，拥有17年工作经验，在大型石油石化国际工程项目投融资管理、国内外市场营销、资本运营管理、技术管理等多方面拥有丰富的综合管理实践经验。海外项目融资风险管控研究获第二十八届全国企业管理现代化创新成果二等奖。

◎吴琼

南开大学文学硕士，高级经济师，高级人力资源管理师。现任中国寰球工程有限公司人力资源部主任，在人力资源管理、外事管理、基层党建、企业文化管理等方面具有丰富的综合管理实践经验。

◎张军

高级工程师。北京化工大学工学博士，有近三十年海外公司管理及海外项目开发管理经验，担任过海外多个项目经理，历任中国寰球工程有限公司海外区域副总经理、国际事业部总经理、海外业务总监等职。

◎郭俊玲

教授级高级工程师，国家注册化工工程师，注册咨询师，注册安全工程师。在石油化工行业从事设计、技术开发及技术管理工作30多年，获评石油化工行业设计大师，享受国务院政府特殊津贴，现就职于中国寰球工程有限公司技术研究院，从事技术研发工作。

◎张思维

美国威拉姆特大学工商管理硕士，高级经济师，特许公认会计师（ACCA），国际注册内部审计师（CIA）。先后在美国俄勒冈州政府审计处和安永（中国）企业咨询有限公司从事内部审计及战略管控咨询工作，现任中国寰球工程有限公司审计部副主任。

◎史国文

1971年出生，甘肃省山丹县人。1995年毕业于兰州医学院，曾先后在兰炼职工医院、兰州石化总医院、兰州石化矿区服务事业部从事临床医学、医疗管理、医疗保险管理、综合管理等工作，现任职宝石花医疗健康投资控股集团有限公司工程物资部、企业文化部部长，专注研究医疗机构如何推广精益管理思想，控制成本、提高效益，重点研究智慧医院建设和医院文化建设。

推 荐 语

该书以习近平新时代中国特色社会主义思想为指引，在认清新发展阶段、贯彻新发展理念、构建新发展格局的大背景下，体现了中央对创新发展的新要求，涵盖了实体企业关注创新的主要领域和内容，思考了诸多重点、难点和热点问题，并提供了很多创新思路和操作性强的创新方法。

——贾成炳　原国务院中央大型企业监事会主席，中国机械工业联合会原执行副会长

创新，是企业发展永恒的主题。正如习近平总书记所指出的“抓创新就是抓发展，谋创新就是谋未来”。该书以新时代我国企业发展现状为背景，从科技、管理、体制创新三方面深入浅出、系统阐述企业创新要素，致力于企业高质量发展。既有较强的理论根底，又有生动真实的操作案例，是助力企业创新发展事业的优选之作。

——刘晓滨　国家发展改革委原党组成员、纪检组长

企业是国家创新的主体，但企业创新发展的实践是非常艰难的，企业创新管理的专著更是少见。本书将复杂的企业创新理论梳理为三大主线，深入浅出地讲述了相关企业创新理论，介绍了实践方法，是作者创新管理的总结，是“用心之作”，是难得的务实指导企业创新实践的书籍。

——金之钧　中国科学院院士，俄罗斯自然科学院外籍院士，北京大学能源研究院院长，中国石油化工股份有限公司原副总地质师

大变革时期，创新已经成为推动经济社会发展的核心驱动力。通过理论

诠释与总结实践经验，从多维度、多层级探索企业创新发展的路径与方法，对于当今实体企业构筑和完善自身创新发展的体系有着重要的参考价值。

——黄维和　中国工程院院士，中国石油天然气股份有限公司原副总裁、总工程师

创新是民族进步的灵魂，更是企业发展的动力。有时面对僵局无从下手，难以寻找方向是每一位创新者在征途开始时的迷惑。这本书为读者开拓视野、寻找创新路径，提供了许多启发。你可以跟随作者的笔触，探索每一个创新关键环节的内涵、方法与实践。

——涂善东　中国工程院院士，华东理工大学原副校长

如何走出一条符合时代旋律的创新之路，推动企业发展的创新之路，适合个人成长的创新之路？汪世宏先生以他多年在不同所有制企业的实操管理经验和珍贵实践案例，以及他在本书中的所思所想所感，给了我们一个不一样的答案。

——吴恩来　对外经济贸易大学国际商学院（实践）教授，
特许公司治理公会及香港公司治理公会资深会士，
香港公司治理公会董事监事专业委员会主任委员

有理论、有实践，理论和创新实践相结合，是该书的鲜明特色。这是一部对求知过程中的莘莘学子和从事企业管理教学研究工作的学者大有裨益的参考书。

——蒋庆哲　对外经济贸易大学教授、原党委书记，
中国石油企业协会常务副会长

序　一

创新是民族进步的灵魂，抓创新就是抓发展，谋创新就是谋未来。抓住了创新，就抓住了牵动经济社会发展全局的“牛鼻子”。实体经济是一国经济的立身之本，是财富创造的根本源泉，是国家强盛的重要支柱。自主创新是攀登世界科技高峰、提高企业核心竞争力的必由之路。坚持创新在我国现代化建设全局中的核心地位，强化企业创新主体地位，促进各类创新要素向企业集聚十分重要。

党中央和国务院历来十分重视和关心实体企业的创新发展。习近平总书记强调，加快实施创新驱动发展战略，强化现代经济体系的战略支撑，强化企业创新主体地位，是推动创新链和产业链有效对接、提高国家创新体系整体效能的重要战略举措。

做强做优做大企业离不开创新，推进创新、持续创新需要不断总结经验、探索方法、凝练体系。从理论上系统性总结实操经验，推进企业创新发展，在当下显得极为迫切。作为一名曾经的大学管理者，在推进校企合作、产教融合的进程中，我见证了整个石油石化企业创新驱动发展的生动实践，对企业在技术创新中的主体地位日益凸显印象深刻。企业对创新的敏感度以及从理论到实践转化之迅捷，都让我们深深叹服。当然，国家从构建创新体系全局出发，让不同性质、不同职能的机构在创新价值链中科学定位、互相补充，绝不是让企业抢大学和科研机构的饭碗，而是有利于形成更好的产学研协同创新机制。为此，校企双方都要努力去适应，不断提高自己的协同力、竞争力和创新力。

企业创新涉及内容繁多，包括企业内外系统的多个层面。近年来，伴随全球政治、经济环境日趋复杂多元，学术界和实践领域关于如何推进企业创新的研究探讨持续升温。相关书籍种类繁多。有广受推崇的以创业经历为主题的励志类书籍；有逻辑严谨、谋求方式方法创新的管理理论研究类书籍；也有围绕或一跃成功或轰然陨落的案例分析类书籍。

在创新驱动战略加快实施的关键时期，出于对企业管理的热爱和强烈的责任感，在实践者多年思考、凝练与深刻感悟基础上，汪世宏同志牵头撰写了《企业创新发展》一书。我与世宏相识多年，也曾在校企协同创新和产学研结作上有过深入的交流与合作，他当过大企业一把手特别是兼任过不同所有制企业一把手，对创新有独到而深刻的见解。他曾任职过总经理的中国寰球工程公司，是以技术为先导、以设计为龙头的智力密集、技术密集的科技型国有骨干企业，公司自身的发展堪称企业创新发展的缩影和典范。读完书稿，感触颇深。

本书最大的亮点是，作者能以局中人的视角，亲身讲述为什么要创新、从哪创新、如何创新的问题。作者团队结合过去40余年深耕企业创新发展的认识与体会、实践与成果，原汁原味地展现了实体经济企业在国家经济发展和改革开放浪潮中的上下求索，既深入浅出，亦让人身临其境。

本书立足中国企业发展实际，从大型国有企业视角出发，兼顾不同所有制中小企业发展需要，把思考、视野聚焦在技术创新、管理创新和体制机制创新三大维度，基本涵盖了企业创新的全部内容。此书定位为创新发展，但并未博人眼球简单追求“新、特、奇”，而是秉持严谨客观的态度，遵循守正创新的原则，从基本理论入手平实描述，从具体实践展开，突出做法上的新思路新理念，进而为企业创新发展建言献策。

本书有理论有实操，有益于帮助企业管理人员树立创新理念，启迪思考；同时也为行业管理及研究人员在政策制定中提供生动的实践参考和理念补充；对高校相关研究人员和师生提供了丰富的参考学习和研究样本。

在此，对该书的出版表示祝贺！希望我国企业在创新助推下实现高质量发展，对于构建创新型社会发挥更大作用，为国家全面实现社会主义现代化的宏伟目标做出新的更大贡献！

中国工程院院士
第十三届全国政协常委
中国石油大学（北京）原校长
张来斌
2022年1月25日

序　二

大胆创新

党中央高度重视创新，自党的十八大以来，习近平总书记多次强调创新的极端重要性，指出："创新是一个民族进步的灵魂，是一个国家兴旺发达的不竭动力，也是中华民族最深沉的民族禀赋。"当今世界，创新已经成为推动经济社会发展的核心驱动力。习近平总书记又指出"创新是引领发展的第一动力"，并提出"要在全社会积极营造鼓励大胆创新、勇于创新、包容创新的良好氛围，既要重视成功，更要宽容失败"。

企业是国民经济的细胞，企业强，则国家经济强。企业创新做得好，则企业发展得好。为实现高质量发展和创建世界一流，企业应该创新、必须创新，这既是企业落实党中央战略部署的具体行动，也是顺应时代发展的客观需要，更是转方式调结构、提质增效、实现可持续发展的内在需求。一家企业，特别是实体企业的发展，根本出路就是创新！但怎样认识创新、从哪些方面创新、如何推动创新、有哪些成功的案例可借鉴，一直是政府相关部门、学者、投资人和企业经营管理人员经常关注和思考的问题。

出于责任、兴趣和热情，早在 2014 年，我们几位就开始研究并拟订了成书的初版框架，尝试着梳理并回答这些问题。我本人除了早年担任央企主要负责人的经历外，还有幸在混合所有制企业、类金融企业兼任董事长，在上市公司兼任监事会主席，作为特大型企业的集团管理层成员并任董事达六年多时间，这些宝贵的经历有助于我们过去 2 年相对集中研究，更有针对性地回答这些问题。

本书以《企业创新发展》为题，以习近平新时代中国特色社会主义思想为指导，紧扣企业创新体系的三大主线——科技创新、管理创新和体制创新，在兼纳中外企业管理思想的基础上，侧重中国企业的特色研究，结合国内外、大中小，以及国有、私有、混合所有制各类企业的不同情况，抓住关键要素，从企业管理的深层次分析研究、凝练成篇。全书既有理论，也有方法，侧重实操，兼具思考，还选介了大量具有代表性的案例，特别适合中国广大企业经营管理人员、政府相关部门人员、社会行业组织人员、高校相关学科师生阅读参考，或作为企业培训材料。

本书共分三篇十二章。

第一篇为企业科技创新，重点讲企业技术创新，是本书的开篇重头戏，共分为四章，主要讲述：企业技术创新的环境、现状和意义；企业技术创新的主体、方向、路径和模式的选择；企业技术创新的内部管理以及创新技术的商业化。

第二篇为企业管理创新。企业管理包罗万象，涉及的内容非常多，这里重点讲述在近年来广受关注的领域中，能够直接影响企业发展方向和发展目标的战略管理创新，影响企业获取或重塑竞争力的商业模式创新，影响企业规模扩张和整体价值的资本运营创新，影响企业集聚人才、基业常青的人力资源管理创新，影响企业抓住机遇、转型发展的数字化创新和影响企业参与国际合作、提升竞争能力的国际化创新等。

第三篇为体制机制与公司治理创新。体制的创新主要靠产权制度创新和公司治理创新来实现，该篇渐进式讲述不同产权制度和在不同产权制度下形成的治理结构分层，就当下普遍关心的共性问题，通过真实案例进行解剖，逐一加以说明。

本书由汪世宏等撰写，其中第一篇由汪世宏、金祺、郭俊玲、杨玲、张思维执笔，第二篇由汪世宏、金祺、李明双、杨玲、吴琼、张军、史国文执笔，第三篇由汪世宏、李明双、金祺执笔。王新革阅审了全稿，对多处提出了具体修改意见，麦林静对部分章节提出了修改意见，全书由汪世宏审定。

企业管理无止境，不同时期关注点有所不同。企业要做强做优做大，最好的办法就是创新。当然，建成世界一流企业，最好的办法也是创新。时代需要大胆创新！我们愿继续学习、研究、分享、交流、呼唤、弘扬创新！

由于作者水平和时间有限，某些章节的内容还不够细化，管理创新中也只选择讲述了主要和重点内容，还不够全面，实属一家之言，权当抛砖引玉。对书中的难免疏漏、不妥甚至错误之处，恳请读者批评指正，以期改进提高。

衷心感谢中国机械行业的老领导贾成炳（副部长），国家发展改革委老领导刘晓滨（副部长）对本书编撰的关心和指导，并亲自题写了推荐语；由衷感谢熟悉企业管理、精通创新管理的金之钧院士、黄维和院士、涂善东院士在百忙中审阅书稿并题写推荐语；诚挚感谢上市公司、企业国际化以及企业创新管理等领域的专家学者吴恩来教授级高级工程师、蒋庆哲教授专门为本书题写推荐语；最后，我要特别感谢张来斌院士在本书编撰过程中给予的热情指导和帮助，并在春节前夕亲自为本书作序，鼓励我们继续学习研究、不断探索企业创新。

汪世宏

2022 年 2 月 1 日

目　录

第一篇　企业科技创新

第二篇　企业管理创新

第一篇

企业科技创新

引　言

纵观世界发展历史，放眼世界发展走势，科技创新对世界、对每一个国家都产生着深刻而深远的影响。1988 年，邓小平同志提出了“科学技术是第一生产力”这一论断；进入 21 世纪后，国家深入实施知识创新工程、科教兴国战略、人才强国战略，不断完善国家创新体系，加快建设创新型国家；党的十八大以来，创新成为引领发展的第一动力，国家全面实施创新驱动发展战略、建设世界科技强国；党的十八大以来，坚持把科技创新摆在国家发展全局的核心位置，全面谋划科技创新工作。

当前，新一轮科技革命和产业变革突飞猛进。一是科技创新广度显著拓展。无论是在宏观世界中的天体运行、星系演化乃至宇宙起源，还是在微观世界中的基因编辑、粒子结构以及量子调控，我国都已跻身当今世界科技创新发展最前沿。二是科技创新深度显著加大。深空探测成为科技竞争的制高点，深海、深地探测为人类认识自然不断拓展新的视野。三是科技创新速度显著加快。以信息技术、人工智能为代表的新兴科技快速发展，大大拓展了时间、空间和人们的认知范围，人类正在进入一个“人机物”三元融合的万物智能互联时代，生物科学的基础研究和应用研究得到快速发展。四是科技创新精度显著提高。对生物大分子和基因的研究已进入精准调控的关键阶段，从认识生命、改造生命走向合成生命、设计生命，在给人类带来福祉的同时，也带来对生命伦理的挑战[①]。

科技立则民族立，科技强则国家强。企业本身就是科技创新的重要载体，科技创新是企业生存和发展的唯一出路。对大多数企业而言，科学研究和技术创新界线有时不很清楚。说科技创新，往往重点讲的是技术创新；说技术创新，往往又涵盖科学研究的重要内容。企业关注更多、更主要的部分是支撑和推动企业竞争发展的核心技术创新，涉及方向选择、创新体系和制度建设、人才培养和激励、创新生态建设等诸多问题。本书结合创新实践中经常困扰企业的最直接、最现实的问题，重点讲技术创新，主要从技术方向选择、技术创新的过程管理（包括技术定

① 白春礼．世界科技前沿发展态势［J］．时事报告：党委中心组学习，2021（3）：18.

价、评估以及知识产权管理)、技术商业化等角度展开论述，力求在操作层面能给读者一个清晰的展示。此外，很多内容还涉及一些前瞻性、方向性的提示，指明在技术创新成果产出以后，如何通过商业化手段进一步延伸，为企业创造价值，这也是一名现代企业管理者必备的知识和能力。

第一章 科技创新的现实与意义

第一节 科技创新的定义

科技创新本身涵盖原创性科学研究和技术创新。科学研究往往通过实验、分析、调查研究等方法探索科学成果及其先进性、突破性、原创性，侧重原创理论研究；技术创新更侧重技术的发明、创造和应用。

由于历史原因，大多数企业科技创新的主要内容是技术创新，科技创新在许多企业被习惯性地认为主要是技术创新，因此这里的技术创新是广义的技术创新，涵盖部分科学研究的内容。技术创新的简明定义是指一项新工艺、新产品从研究、开发到投入市场并进入应用的一系列活动的总和①。许多学者和机构对技术创新都做出过不同的定义，主要有：

——技术创新是技术变为商品并在市场上销售，得以实现其价值，从而获得经济效益的过程和行为。②

——技术创新为企业应用创新的知识和新技术、新工艺，采用新的生产方式和经营管理模式，提高产品质量，开发生产新的产品，提供新的服务，占据市场并实现市场价值。③

——经济合作与发展组织（OECD）认为，技术创新主要是指新的产品与工艺，以及产品、工艺发生了显著的技术变化。

为方便，本书所讲的企业技术创新是指，在一定的环境氛围下，通过研究、发明、创造、应用新技术（含新的工艺、流程、材料、配方、方法等）等手段，实现增强竞争力、满足新需求、创获新价值的全过程

---

① 中共中央 国务院关于加强技术创新，发展高科技，实现产业化的决定（1998 年 8 月）[J]. 西藏科技，1999，(5)：1-6.

② 傅家骥. 技术创新学 [M]. 北京：清华大学出版社，1998.

③ 周道生，赵敬明，刘彦辰. 现代企业技术创新 [M]. 广州：中山大学出版社，2007.

活动。它既包括简明定义下的技术创新，也涵盖了围绕该活动必要的科学研究。

技术创新管理可理解为“围绕技术创新全过程展开的管理活动”。其目的在于通过建立合理的组织结构，运用科学的运作和管理方式，充分调动各方面资源，来为技术创新过程服务。

第二节 技术创新的特征

从企业管理的实践意义上讲，技术创新主要有三个特征：一是技术发明是技术创新的基础活动，而不是单纯的管理、组织、制度上的变动。二是技术创新内容很广泛：不仅包括颠覆性新技术，也包括对现有技术的完善优化；不仅包含新的产品与工艺的研发，对现有产品、工艺的改进也属于此范畴。通常情况下，更多是围绕着企业核心竞争力的提升，坚持市场导向、价值导向和问题导向。三是技术创新具有经济性目的：技术创新的目标在于实现技术的商业化，能否成功获取商业利润（有时包含社会价值）是判断某项技术创新活动是否成功的基本标准①。

在技术创新实践中，管理者对技术创新的理解有时会同一些相近概念产生混淆，明确技术创新与相关活动的主要区别是十分必要的②。

（1）技术创新与技术发明的区别。技术发明是一种通过构想来创造出新技术的活动，它是技术创新的基础，技术发明侧重于单纯创造出新技术，而技术创新需要打通新技术和商业化之间的通道。

（2）技术创新与技术成果转化的区别。技术成果转化通常指对研发出的技术进行放大化、规模化（包括产品样机、工艺原理、基本方法等），形成成熟的工艺并推广到市场中，其最终目的虽然与技术创新非常接近，但技术成果转化本质上仍然属于技术创新的一个环节③。

（3）技术创新与技术改造的区别。技术创新与技术改造是两个不同的概念，技术改造主要应用新工艺、新流程、新标准等对某项已有装置、生产线、设备、设施、操控方式等进行优化、完善，使之达到更好的运行状态。技术改造往往是伴随着新技术、新成果的应用，获取更好回报的一种手段。

---

① 谢桂才．中小企业技术创新与管理研究［D］．厦门：厦门大学，2002．

② 吴贵生，王毅．技术创新管理［M］．3版．北京：清华大学出版社，2013．

③ 史清琪，尚勇．中国产业技术创新能力研究［M］．北京：中国轻工业出版社，2000．

第三节　传统企业科技创新的现状

科技是国之利器，近些年来，中国整体科技实力提升显著，在全球范围内的竞争力不断增强。尤其是在刚过去的“十三五”期间，中国在载人航天、探月工程、北斗导航、载人深潜、超级计算、量子信息等多个领域涌现了一批举世瞩目的重大科技成果，为我国站上世界科技的制高点做出了卓越贡献。

成绩的背后也存在着不容忽视的问题，尤其是一些高精尖技术领域被发达国家“卡脖子”这一问题日益突出，导致我国高技术产业无法取得突破，在全球产业链竞争中处于不利地位。因此，要充分认识目前我国传统企业技术创新存在的问题，为将来对症下药列出“治疗清单”[①]。

1. 战略性规划缺位，系统性统筹缺失

我国企业普遍面临技术战略与企业发展的总体战略相脱节的困境。总体而言，技术创新项目较为分散，缺乏全局性、统筹性管理，从战略角度上管理、调整、推动技术创新项目的能力还较为欠缺。这样一来会造成以下问题：一是不利于企业对技术创新资源的整体优化利用，难以保证技术创新活动与公司战略的契合性及长期运转能力，短期项目与长期项目、渐进型创新项目和突破型创新项目就会面临取舍问题[②]。二是在技术创新过程中往往过分强调产品的创新性，而对生产产品的工艺重视不够，对后续商业化极为不利。

2. 市场导向不足，产学研割裂脱节

由于体制机制原因，虽然国家、企业投入了大量经费用于科学研究，而科学研究效果的衡量尺度主要为获得经费的多少、发表学术论文状况、所获奖项。这种评价体系将科研引向了追求科学价值的独木桥，却忽略了实际市场的需要，造成了与实际脱节的现象[③]。市场价值导向的缺失同样会造成科研方向在低水平上重复，不能产生经济规模及效益，并且会延误国家和企业发展的宝贵时机[④]。

---

① 戴建军，熊鸿儒，马名杰．新一轮技术革命及生产方式变革对中国的影响［J］．中国发展观察，2019（7）：20－26．

② 毛义华．技术创新管理新范式：项目组合管理［J］．数量经济技术经济研究，2001，18（9）：76－79．

③ 梁红军．制约我国产学研协同创新问题［N］．新农村商报，2013－09－04（C11）．

④ 马扬，陈刚，孙剑峰．科技成果转化的阻滞分析及政策研究［J］．科学管理研究，2000（2）：16－22．

3. 评价体系内部失衡，评价理念亟待提高

目前，技术创新评价体系主要存在四方面问题：第一是过分注重研究资源投入而忽视投入的产出；第二是过分重视专利数量，而忽视专利的质量，事实上，能够实现商业化的技术专利才是真正有意义的专利；第三是对创新过程的评价不足，由于企业技术创新能力是需要不断发展、积累的，客观的技术创新评价体系还应该引入对技术创新过程的评价，以考察企业的技术创新管理能力以及可持续发展潜力；第四是量化评价指标不足，影响了技术创新评价的客观性和准确性①。

4. 研发投入仍显不足，人才成为制约因素

从研发投入上来看，近 10 年，国家对科技创新的重视程度不断提高，支持政策的力度也在不断加大。而对于技术创新而言，其研发费用主要还是由企业自身筹措，相比发达国家的世界知名企业在技术创新上投入的力度，我国企业在技术创新上投入的费用以及费用的安排仍有较大差距。

从人才队伍来看，我国企业普遍存在技术创新重视程度不够的问题，因而也导致在技术创新人才的培养上长期落后，这也是我国企业核心技术水平发展进程缓慢、高精尖领域实力较弱的一个客观原因②。根据以往调查，国内大、中、小型企业均有技术创新人才不足的现象。需要明确的是，人才是一个企业技术创新能力的根本体现，没有人才，企业的技术创新也将无路可走。此外，我国企业对技术创新人才培养、招募的投入水平远远低于发达国家，也使得我国在科研领域尤其是高精尖技术领域对人才的吸引力不够。

5. 专利意识依然淡薄，国际风险管控缺位

技术竞争的重要形式之一就是专利权的竞争。专利是技术创新取得的知识产权的重要组成部分，也是企业的重要无形资产和核心竞争力。目前，我国企业在专利方面意识还较为淡薄，严重制约了技术创新的发展，表现在以下几个方面：一是部分企业未专门设置部门对知识产权实施统一管理，从而进一步导致企业在知识产权上的竞争力下降。二是技术创新人员流动较大造成了知识产权流失。三是专利的保护成本较高，影响了企业对知识产权进行保护的积极性。

国外的企业经历了长时间的发展，对专利等知识产权的保护有极强的意

---

① 张琼，董秀成，张彦明. 石油企业技术创新评价体系研究［J］. 技术经济与管理研究，2012（1）：40－43.

② 我国企业技术创新管理中的问题与建议［EB/OL］.（2015－09－23），https://www.docin.com/p－1298503765. html.

识。未来我国将有越来越多的企业走向国际，不可避免地会在知识产权上同国外企业发生激烈碰撞，因而亟须增强国内企业的相关意识。

6. 技术创新商业化道路漫长，已有成果的综合利用待优化

一项新技术从研发到成功商业化往往有相当长的路要走。以石油行业的技术商业化为例，据统计，石油工程领域的一个新概念从提出到小规模应用需要大约 30 年，在此基础上再花费 5～10 年才能实现商业化。这就会造成一方面大量的科技成果不断涌现，另一方面在实际工程中相当多的难题得不到解决[①]。国内企业不仅需要充分认识到技术成果商业化的困难，还需要加强对已有技术研发成果的管理和评价，筛选出适合商业化的技术进行进一步研究。

第四节　科技创新的意义

2020 年 9 月 11 日，习近平总书记在科学家座谈会上强调“加快科技创新是推动高质量发展的需要”，指出我国经济社会发展和民生改善比过去任何时候都更加需要科学技术解决方案，都更加需要增强创新这个第一动力，并提出“坚持面向世界科技前沿、面向经济主战场、面向国家重大需求、面向人民生命健康，不断向科学技术广度和深度进军”的要求，为科技创新发展指明了大方向、大趋势。

科技创新是国家战略，建设创新型国家是中国社会的特征，更是企业界的历史使命和光荣任务。我们每个企业都应用好科技创新的利器，努力成为原创技术、核心技术、竞争力技术的策源地，成为国家科技强国战略的重要支撑。企业技术创新是企业生存发展的第一动力，也是当前所有企业都要面对的挑战和机遇。迅猛发展的互联网、大数据和智能制造给世界带来了深刻而广泛的影响。对于实体企业而言，技术创新不仅是其实现转型升级的渠道，也是其实现高质量发展的需要；对于新兴产业而言，其同样需要技术创新来实现自我增值。所有企业都要高质量发展，经营环境日趋复杂，市场竞争愈演愈烈，这使得技术创新的重要地位和作用越发凸显，可以说决定着企业的生存与发展。主要体现为：

（1）技术创新是提高企业在市场上的核心竞争力的最有效途径。企业需要可持续地取得技术创新成果，来推出新产品，改进生产技术，提高企业产

---

① 闫娜，叶海超，邸伟娜．石油工程技术商业化模式选择策略研究［J］．科技管理研究，2013，33（16）：119－123．

品和服务中的知识含量与科技含量，进而持续提升企业的综合竞争力，从而保障企业的竞争优势，获得持久的发展动力。

（2）技术创新可以延长企业优势技术的领先时间。新技术虽然可以使企业开辟新的市场，获得新的盈利和增长点，但同时也会有大批模仿者出现，产生恶性竞争。企业虽然能够通过知识产权保护等渠道进行防御，但知识产权保护效力会随着时间推移而降低，新技术的实践推广过程必然伴随着利润空间的降低，技术创新对企业而言是一项需要长期开展的工作①。

（3）技术创新是企业经济效益持续提升的客观需要。在企业技术维持恒定水平的前提下，虽然降本增效可经由强化企业管理等方式来实现，但其所获得的收益是有限的。实践证明，技术水平的发展程度会对企业获取经济效益的可行区间起到决定性作用。因此，一个企业希望获取可观的经济效益，就要不断地对技术进行改进与革新②。

（4）技术创新是企业实现反超的推动要素和基本形式。同一领域中的企业创立往往有先后之分，新成立的企业要想在行业中实现弯道超车或者颠覆式的跨越，形成自己的独特竞争力，技术创新是一个行之有效的途径。后成立的企业依托新的技术，甚至能够达到颠覆传统的商业模式、产品模式的效果，促进全新的产业群的诞生。

（5）技术创新受到国家多项政策的鼓励支持。国家对企业创新的重视，很重要的一个方面就是体现在税收政策上。企业被认定为高新技术企业后，可享受按15%的税率缴纳企业所得税的待遇，与非高新技术企业25%的法定税率相比，优惠了10个百分点。这不仅激发了企业技术创新的积极性，促进企业加大技术创新投入，也使企业享受到了国家政策的更多实惠③。

---

① 霍秀梅. 浅谈技术创新的重要性［J］. 稀土信息，2008（5）：40-41.

② 李晓贤. 日本面向新产业的技术创新政策及对我国的启示［D］. 哈尔滨：哈尔滨理工大学，2013.

③ 张良. 高新技术企业政府补助效益研究［D］. 上海：上海国家会计学院，2017.

第二章

技术创新的路径与方向

第一节　技术创新管理的新趋势

未来，在技术创新的管理上将有以下三点新趋势[①]：

1. 以柔性管理为主要方式

技术创新是一个具有高度不确定性、高度不稳定性的商品化过程，会面临诸多因素的影响，例如市场供需状况、产品价格变化、竞争对手、技术迭代、降维打击等。因此，这种错综复杂的市场环境决定了企业技术创新活动管理的特殊性，决定了技术创新应当以柔性管理模式为主。

其本质是以人为中心的人性化管理，最大特点在于：不是依靠权力影响力，而是依赖于员工内心深处激发的主动性、内在潜力和创造精神，文化上更平等、尊重、宽容，考核上注重物质和精神两个层面，领导关系上更加扁平、更加平等。

2. 以问题和市场为主要导向

问题是通过市场来反映的。对于企业而言，市场是根本，是其对外竞争的阵地，对企业的生存和发展起到决定性作用。因此，企业的发展必须以市场为基本导向，并将市场提出的问题和诉求作为创新的主要切入点。

我们所讲的市场是放眼世界的市场，也就是要在全球范围内看问题。目标远大的企业，应该瞄准颠覆性、突破性、领先性的技术；传统企业，应该瞄准更好、更优的技术；连续运行的企业，应该追求更为安全、稳定、绿色、清洁、长周期、满负荷、优化（质）的生产（即安稳绿洁长满优生产）。

3. 以合作协同创新为主要模式

企业可以选择依靠自有条件（如资金、设备、人员、场地等）对一些核

---

① 田富俊．技术创新主体的柔性激励研究［D］．沈阳：东北大学，2009．

心的关键技术、前沿技术进行研发，但这条路径常伴随着较高的成本，并且失败风险较高。随着经济全球化程度不断加深，在市场竞争愈发激烈的大背景下，企业仅凭自身条件研发出具有竞争性的技术和产品将更加困难。因此，企业与外部加强合作是大势所趋。在合作创新过程中，选择技术优势、资金优势、市场优势等合作伙伴，形成科技创新联合体，共享技术和信息，共担研发风险，实现研发资源共享和优势互补，从而产生多向助力，增加技术创新成功的概率。基于这种显著的优势，合作创新已成为当下企业技术创新的一种主要模式。

案例 2.1

DMTO 技术创新之路

乙烯、丙烯作为塑料、合成树脂、纤维、橡胶等多种大宗合成材料的主要基础原料，是当今世界十分重要的化工产品，可谓是构建现代化学工业的重要基石。在此类材料的传统生产技术中，石油资源是至关重要的原料。在现有条件下，我国石油资源储备不足，严重制约了此类材料的技术发展。而我国煤炭资源相对丰富，发展使用煤原料制取石油类产品的煤化工技术，对我国减少石油进口依赖、开辟烯烃产业新途径具有重要意义[①]。

在乙烯、丙烯的生产中，要想实现以煤/天然气替代石油作为原料，关键环节在于甲醇制烯烃（MTO）技术的开发。以下将简要介绍由我国某研究机构主导的DMTO（D为该研究机构简称）技术发展过程，总体分为早期技术研发、工业化放大技术开发、技术升级（DMTO－Ⅱ代和 DMTO－Ⅲ代技术诞生）三个阶段。该技术突破了通过非石油路线来制得烯烃的专业技术瓶颈，对行业的发展影响深远，对于企业走合作协同创新之路有很好的参考意义。

（1）早期技术研发

甲醇制烯烃技术开发已经有很长的历史，早在20世纪70年代，受石油危机影响，我国便意识到了采用非石油资源制取烯烃路线的重要性，将该项技术发展列为重大项目，并给予政策倾斜和大力支持。面向国家战略需求，20世纪80年代初期，该研究机构率先开始了煤/天然气制取烯烃的前期研发工作，

① 中国科学院“十二五”甲醇制取低碳烯烃技术进展［EB/OL］.（2016－02－21）. http: //www.cas.cn/zt/kjzt/zgkxy sewbzxzdjz/dmto/.

围绕甲醇制烯烃技术进行攻关。表 2.1 展示了不同时间段内该研究机构取得的甲醇制烯烃技术前期成果。其中，围绕新型合成材料 SAPO 分子筛作为催化剂的反应工艺，经由专业鉴定机构认定，在当时即已达到国际领先水平。

表 2.1　　早期 DMTO 技术开发成果

时间	取得的成果
"六五"时期	实验室小试成功
"七五"时期	300 吨/年中试成功
"八五"时期	开发小孔 SAPO 分子筛催化剂
"九五"时期	完成了基于小孔 SAPO 分子筛催化剂的流化反应工艺中试放大

（2）合作协同创新：工业化放大技术开发的制胜法宝

为满足社会经济发展的需要，烯烃装置的生产规模需要达到百万吨级。因此，基于前期技术积累以及小试、中试结果，该机构开始着力进行工业化放大研发工作。然而，DMTO 技术实现从百吨级到百万吨级的过程充满了挑战和不确定性，单靠该研究机构单打独斗无法实现工业化的目标。在此背景下，2004 年，多家机构与企业开展了三方合作，组建了科研院所—生产企业—投资机构—设计院联合团队，充分发挥各自优势，共同开发 DMTO 工业化技术。在该研究机构提供的技术的基础上，投资机构负责全额投资，工程建设企业负责工程放大、试验装置设计及工程化开发等工作。

以此为标志，DMTO 技术工业化开始进入快车道，在接下来几年中，工业化开发不断取得新成果（见表 2.2）。

表 2.2　　DMTO 技术工业化开发之路

时间	取得的成果
2005 年	全球首套万吨级 DMTO 工业化装置建成并投入运营
2006 年	装置通过权威鉴定，达到世界领先水平
2007 年	联合团队与神华集团签订 60 万吨/年技术许可合同
2010 年	成功产出丙烯、乙烯产品，DMTO 技术成功实现工业化放大
2011 年	进入商业化运营阶段

（3）持续创新：DMTO－Ⅱ、DMTO－Ⅲ的诞生

为使 DMTO 技术持续占据领先地位，不断实现技术的优化与升级，在 DMTO 技术工业化取得成功的同时，联合团队开始对 DMTO 技术进行升级

改良，推出了 DMTO－Ⅱ和 DMTO－Ⅲ技术。

DMTO－Ⅱ：在初代技术基础上，建立了部分产物（如 C4+组分）的深度回炼工艺，大幅提高了乙烯、丙烯的收率。

DMTO－Ⅲ：在前两代技术基础上，开发性能更加优越的新一代催化剂，在工程上设计适应新催化剂反应要求的新型反应器和再生器，开展能量优化等技术创新，以确保在 DMTO 领域的领先优势。

“十二五”期间，DMTO 技术得到了可观的推广效果，20 套工业化装置已获得技术许可，烯烃产能 1 126 万吨/年，拉动投资额高达 2 500 亿元。9 套工业装置成功投入生产，烯烃产能达 520 万吨/年，新增产值约 600 亿元/年。截至“十三五”末期，该项技术已完成技术许可转让 26 次，并已有 14 套 DMTO 工业装置建成投产。可见，DMTO 系列技术为实现我国煤炭清洁化利用、推动新型煤化工产业持续发展发挥了重要作用，同时也证明合作创新模式在企业取得重大技术突破中起到了关键作用。

第二节　技术创新的分类和路径选择

技术创新类型的选择在很大程度上影响着技术创新的路径、方向的选择以及未来相应资源的投入，可谓是企业技术创新管理的核心。企业必须综合考虑宏观、微观两个方面，就影响企业技术创新的要素及存在的关联进行深入分析，从而科学选择适用于自身发展的技术创新类型[①]。

一、技术创新的分类

已有许多学者对技术创新类型进行了详细的分类，本书使用以下分类方法：

（一）开创型创新与改进型创新

以技术变化在技术创新过程中的强度为判断指标，可将技术创新分为开创型创新与改进型创新。

1. 开创型创新（从零开始，以前没人做成过）

开创型创新是指运用最新的原理、技术、方法（如材料、产品的性能、功能、用途的最新发现，或产品配方中组份种类、比例、加入顺序、条件、方法的发现等），使材料、产品或技术装置在性能与水平方面有颠覆性、突破

① 胡波．高新技术企业技术创新模式研究［D］．武汉：华中科技大学，2004．

性或巨大进步，大大超过现有技术或装置性能（功能）的上限。

2. 改进型创新（或称渐进型创新）

改进型创新指由对现有技术/产品做出重大改进所引起的渐进式连续性创新。企业只有掌握了更好的技术，才可能做出“改进型创新”。因此，企业必须时刻准备着去获取那些对他们的产品和经营有所助益的更好技术。

随着时间的变化，开创型创新与改进型创新交替进行。开创型创新投入市场后，会产生一系列改进型创新，从而引发与之相关的技术进步。但是，这种技术进步的发展节奏会逐渐趋于缓慢，这时，人们便会兴起新的基础性研究，并产生新的突破性成果，也就是所谓的技术转移。

（二）产品创新和工艺创新

以技术创新中的创新对象作为分类依据，可将技术创新分为产品创新和工艺创新。

1. 产品创新

产品创新是指技术上变化、改进或集成形成不同性能、功能、用途的产品。比如，有的新产品集成了不同时期的新技术，可以达到大幅改进性能的效果。

2. 工艺创新（也称过程创新）

工艺创新是指过程方式上的创新。工艺创新常常是以提高生产效率、降低生产成本、提升产品质量、提高安全环保水平等为目的，例如通过工艺创新实现产品缺陷机率的有效降低或者单位时间内产量的提高。

工艺创新与产品质量提升、原料能耗降低、生产效率提高均存在密切关联，在技术创新中是不可忽视的重要组成部分。产品创新与工艺创新通常以交替的形式出现。技术创新的经济意义主要取决于其应用，而并非完全取决于应属产品创新还是工艺创新。

（三）自主创新、学习创新与合作创新

以技术创新的自主程度作为分类依据，可将技术创新分为自主创新、学习创新与合作创新三类。

1. 自主创新

自主创新是指企业依靠自身的努力和探索，攻克技术上的难关，并在此基础上继续依靠自我来推动创新的各个后续环节，从而完成技术商品化，并由此获取商业利益的活动。它是企业内生的技术突破，通过自主创新的路径，企业可率先开发出某一种新产品，并在一段时期内保持市场领先优势，即取得较大的市场份额，获取较高的垄断利润。通常来说，这种同时具有领先性、前瞻性的创新技术/产品，大多是由在行业竞争中占据领导地位的公司推出的。自主创新具有开拓意识强、资金投入多、挑战风险大、潜在收益高等特点。无论何时，中国企业的自主创新是破解关键核心技术受制于人的必然选择。

2. 学习创新

学习创新是企业学习市场中已有技术或产品再升级、再优化、再创新。一般指通过合法的方式和手段引进技术或产品，并在此基础上进行的一种创新形式。换言之，就是企业通过学习市场中已有的技术或产品再创新的方法。该过程的切入点可以是技术选择，也可以是市场产品。

学习创新还分为完全学习创新和学习后再创新。完全学习创新，指的是试制市场上已有的产品；而学习后再创新是一种基于技术引进的创新模式，指的是以率先进入市场的产品为对象，赶超目标，进行再创新。

学习创新的优势在于可以节约研发和市场开发的成本，在一定程度上降低风险，而且有助于加快企业的技术积累，同时也具有被动适应、容易受到技术壁垒制约等劣势。需要注意的是，学习创新的前提是必须遵守知识产权保护要求。学习创新与技术剽窃有实质性的绝对差异。如企业自身的可用资源和技术积累在业界无法达到顶尖水平，那么采取学习创新，则不失为一种稳健型发展策略。

3. 合作创新

合作创新具体表现形式为企业与企业之间的，或者企业与科研机构、高等院校等之间的联合创新行为。很多科技创新企业有知识、有创意、有意愿，只是缺少资金和商业运作经验。对处于这种情况下的企业而言，合作创新无疑是一种适宜的选择，比如成立科技创新联合体。在全球性技术竞争加剧、企业活动越来越复杂的背景之下，即使是大企业，合作创新也是极为常用且有效的创新形式。从本质上来讲，合作创新是自主创新与学习创新的再发展。

二、技术创新路径的选择

在实践中，企业的技术创新并不拘泥于某一种方法，而是表现为对各种方法的优选、取舍或组合，这种行为活动也就形成了技术创新过程中类似于通道或者路径的轨迹①。

企业所在的行业领域不同，实现技术创新的路径也会千差万别，但技术

① 段小华，鲁若愚．技术创新路径的概念与类型［J］．四川经济管理学院学报，2001（4）：38－40．

创新的路径仍有规律可循。典型的技术创新过程仍由一系列互不相同却彼此关联的环节与结点组成，从提出创新思路到形成一个为市场接受的新技术及新产品，通常需要经历理论基础研究、应用基础研究、技术创新构思提出、实验室研究、实验室及中试开发、工业示范、工业应用、市场化、商品化等多个关键环节，以及在此基础上技术（产品）的持续升级与推陈出新。这是一个价值传递与持续提升的过程，上下游结点之间互为价值关系，而确保技术创新过程中的各个环节价值的体现与传递，是产生一项重大技术创新的前提与基础[①]。技术创新具有厚积薄发的特点，需要深厚、扎实的知识与经验的积淀，理论基础研究及应用基础研究是激发技术构想或思路的源泉，多学科交叉协同与集成则是技术创新面向工业化应用不可缺少的手段；而适宜的创新文化与氛围以及创新精神也是创新成功的必然要求。

在技术创新过程中，创新路径的选择是多样化的，在评价技术创新过程及技术创新绩效时，没有必要评价某个环节选择的技术创新方式是否适宜，而应分析评价技术创新路径在达到技术创新目标过程中体现出的整体效果。当整体效果与现有资源相匹配，提升了企业技术创新能力时，企业所选的技术创新路径就是有效的，否则是无效的。

对于中国企业而言，技术创新模式或路径常常有以下三种最基本的类型：

（1）自主技术创新模式，其开展步骤为研究（基础/应用研究）—试验发展—生产工程（设计与工艺）—试制/试销—批量生产—销售及售后服务。在面临突破型技术创新，尤其是需要打破技术垄断的状况下，常采用自主技术创新模式。这种模式对研发资源投入要求极高，同时对企业自身的技术研发实力也是极大的挑战。[②]一旦自主技术创新成功，将获得巨大的收益，甚至能够彻底改变相关领域的市场格局。

（2）学习创新模式（引进、消化吸收先进技术再创新模式），其开展步骤为技术选择—技术引进—消化吸收—改进—技术再创新—技术服务。这种模式适用于企业的技术实力、资金实力还较弱的情况，企业通过引进行业中先进的技术来暂时满足企业和市场发展的需求，之后再通过消化与吸收，以及改进与再创新，将原有技术升级换代并转化为自主知识产权。这种模式可以助力企业实现从技术的“跟跑者”到“领跑者”身份的转变。一般来说，

---

① 左佳齐，许宇红．崇尚科学　求实创新——石科院打造引领创新的企业文化［J］．中国石化，2010（4）：18－20．

② 付亚玲．技术知识定位矩阵在技术创新路径组合中的应用［J］．科研管理，2005，26（6）：61－67．

发展中国家大多倾向于采用此类模式①。

（3）合作创新模式。如前文所述，合作创新的特点在于合作方能够通过技术互通、资源共享和优势互补，在明确的目标指导下，共同参与研发过程，取得仅靠各自实力无法或很难获得的成果，最终收益由合作方共享。近年来，政府部门、用户、生产企业、高校、研究单位、设计单位即“政用产学研设”的合作模式得到越来越广泛的认可。该模式在产学研结合的基础上，以市场为导向，明确了政府在开放创新平台搭建和政策引导中所起的作用，用户在创新进程中的主体地位以及设计单位完善、实现创新思想在重大科研攻关课题落地过程中的重要作用。

技术创新路径选择的判断标准也不是一成不变的。企业在技术创新路径的选择上需要审时度势，既要立足当下需要，又要放眼长远，选择最符合企业战略发展要求的技术创新路径。当前，中国企业技术创新面临的环境已经发生显著的变化，过去习以为常的追随国外的模式已遭遇难以为继的严峻挑战，一是目前由于近距离追赶领跑者，最关键的技术国外已不予提供，无法通过交易获取，并且还遭到国外某种程度的信息封锁，传统的跟随模式明显失去了其发挥作用的条件。二是需求端客观上存在催生重大技术创新的迫切性，对重大创新技术的依赖程度越来越高，技术创新已进入解决深层次问题的攻坚阶段，需要解决的问题有些属于无先例可循的世界级难题。这些深刻变化，要求加快企业研发模式的转变，在不断深化和创新国内外合作创新模式的同时，对一些关键核心技术的突破必须走自主创新的道路。

第三节　技术创新方向的预测与选择

技术创新方向的确定是企业管理者必须面对的问题，也是在技术创新领域一直困扰管理者的重要课题。其难度在于要考虑的因素很多，既有宏观层面又有微观层面，既涉及管理问题又牵扯技术问题等。本书主要从定量的技术操作层面和宏观的管理层面，介绍对应的技术发展方向预测和选择。

一、技术发展方向预测的主要方法

技术发展方向的预测原理是预测某给定变量在一定的时间框架内的进展，并估计其实现的可能性，它一般是以过去一段时间内技术发展的进程为

① 封晓波．论企业中的技术创新［J］．经营管理者，2009（22）：157．

基础，结合某种限制条件，来预测某一技术将来能够达到何种水平；但预测不给出如何达到未来性能水平的方法或途径，预测的任务也不涉及对技术的发现和改进。预测可以使人们了解到未来开发出的技术会产生什么样的价值影响。目前，技术方向预测的主要方法有趋势外推法、前兆预测法（领前指标法）、因果分析模型、前景法、概率法等，其中趋势外推法、前兆预测法和前景法较为常用和有代表性[①]。

（一）趋势外推法

趋势外推法的基础是假定历史的发展过程还将延续下去并引向未来。通过该方法，企业可以辨识出技术发展趋势对于企业本身发展可以带来什么样的技术机遇与挑战，并以此作为技术方向选择的可靠依据。需要指出的是，趋势外推法是以过去向未来的连续性发展为前提的，该方法不适用于突破型技术的预测。

（二）前兆预测法

前兆预测法的理论基础之一是事物之间的因果联系，通过因果链导出的前兆事件，使人们可以预测未来重大技术变革的发生。前兆预测法的关键在于识辨出前兆事件，逐步剔除某些不现实的方案（途径），使发展方向逐渐集中，直至最后引向真正的方向。前兆预测法是预测突破型技术创新的有效方法之一。

（三）前景法

前景法是基于对内外环境的广泛分析，从而对可能发生的前景进行描述、分析和规划的一种方法。它既可以作为一种预测方法，也可以作为一种规划工具。除了具备进行总体预测的功能与优点外，前景法对政策形成、战略目标制定与策略计划拟订等均能发挥重要作用。前景法可以弥补趋势外推法和前兆预测法的局限性和缺陷，它不是纯粹的确定型预测方法，而是设想未来的若干可能的前景，并评价各种前景对企业的影响。

在当今世界重大技术的发展日益受到政治、社会、经济、生态等条件制约的环境下，传统的单因素预测法已不能很好地适应重大科学技术发展预测的需要，实际上，技术创新并不总是沿着渐进发展的轨迹，而往往会为重大变革所打破，从而引出新的轨迹。目前，对技术中断进行预测的适用方法有两种：一种是对技术创新过程进行主动管理，另一种是运用前景法对可能产生的技术不连续性进行预测。这两种方法兼容并蓄，可以同时运用。

① 许庆瑞. 研究、发展与技术创新管理［M］. 北京：高等教育出版社，2000.

二、技术创新方向的选择

随着进入社会信息化、经济全球化时代，各类技术突飞猛进，企业之间的竞争更加激烈，站在更高视角，从更为宏观的层面分析判断并做出技术创新方向的战略性选择，往往是企业负责人更为关心和符合自身角色定位的工作。

如前文所述，技术创新可以分为产品创新和工艺创新，在讨论技术创新方向的选择之前，首先需要理清两种创新的区别和联系。产品创新是核心，是需要面向市场推出新产品的环节，活跃性较高；而工艺创新活跃性较低，原因在于工艺在一定时期内具有相对的稳定性。产品创新迟早会要求实现工艺创新，工艺创新则不一定会带来产品的创新，但大概率会带来生产成本或对环境影响的进一步下降。企业在通过技术创新提高经济效益时，往往需要根据实际情况来选择工艺创新、产品创新的方向，对复杂程度较高的，需要考虑纷繁的影响因素，以下列举几个主要因素①。

（一）市场形势

由于各种因素造成的市场波动、经济起伏可能会带来市场需求的明显变化，在选择技术创新方向时，需要充分考虑市场经济形势的变化。若将市场形势划分成疲软和繁荣两种状态，在不同市场状态下工艺创新和产品创新的方向如图 2.1 所示。

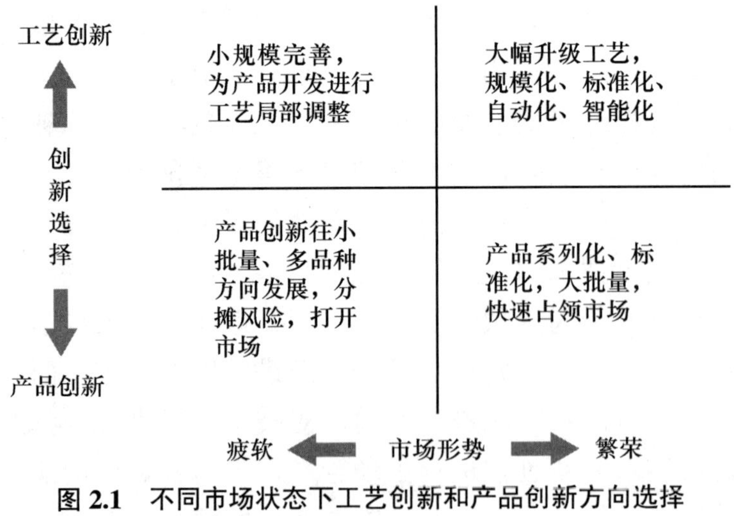

图 2.1　不同市场状态下工艺创新和产品创新方向选择

---

① 刘庆有. 论企业技术创新方向的选择［J］. 决策借鉴，1992（1）：2-3.

例如，21 世纪以来，我国进入了新的发展阶段，人们的生活理念以及生活方式发生了明显变化，在过往要求空调节能、制冷效果好的基础上，对家电设备的智能化、舒适化以及健康化提出了更高的要求。格力电器坚持以消费端来引领研发端的思路，积极研发舒适、节能、健康的智能空调及其他家电产品。2020 年，格力推出的“明珠”“臻新风”等新产品，实现了柜机分布送风的普及化，提升了家用空调系统的舒适性，在市场中收获了良好的口碑；除了空调设备外，格力还研发出了蒸烤双能机、晶弘魔法冰箱等多功能家电产品，满足了消费者对提高生活品质的要求。表 2.3 总结了格力电器近几年在智能化、打破技术垄断方面取得的重要创新成果。

表 2.3　格力电器近几年在智能化、打破技术垄断方面取得的重要创新成果

领域	技术创新取得成果
智能装备	伺服机械手、工业机器人、智能仓储装备、智能检测、换热器专用机床设备等，帮助其他企业完成智能化改造
国际领先技术	高性能直线伺服电机及驱动器
	新能源客车用无稀土永磁磁阻主驱电机系统
	高效动压气悬浮离心压缩机关键技术
	高效磁阻变频涡旋压缩机

随着环境气候问题以及能源问题日益严重，推出环境友好、绿色节能的制冷设备是各家电企业义不容辞的责任与义务。面向低碳经济发展的需求，格力电器研发出了“零碳源”空调技术，分别在先进蒸气压缩制冷、蒸发冷却、通风和光伏直驱等技术上取得了突破性进展，从而超出了现有空调的能效极限，使空调系统更加舒适、节能。该新技术为平衡制冷需求上升与气候变化之间的矛盾提供了一种很好的途径。

（二）企业规模

在同一行业中，企业规模千差万别，总体而言，小、中、大型企业在技术力量、管理水平、政策保持、资金占有量等方面有着明显的不同，从而不同规模的企业在选择技术创新方向的时候也需要从企业的实际状况出发，选取适合企业的技术创新侧重点（见图 2.2）。

例如，乐陶仕作为小规模企业，勇为行业先行者，结合多国考察经验，创新研发干法制粉工艺，在原料、介质、人工、能源方面的投入均得到大幅

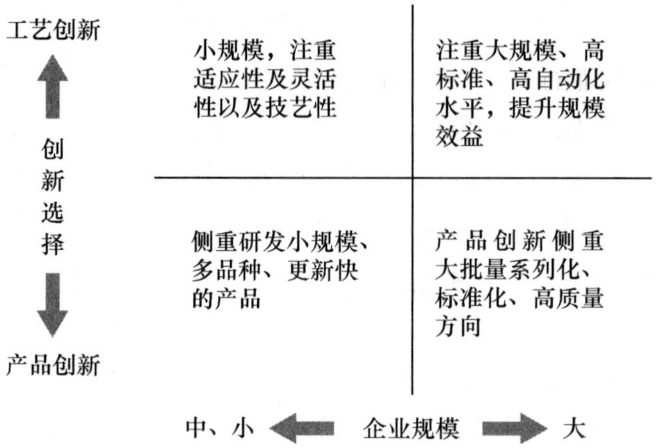

图 2.2　不同规模企业工艺、产品创新方向选择

缩减，设备占地更少，有效降低了投资规模。不仅符合制粉和环保要求，对企业节能减排也有很大帮助，有效促进建筑陶瓷产业转型升级，具有良好的经济效益和社会效益。而像华为、苹果这类跨国大型企业，以移动设备产品为例，其历代旗舰手机的销量往往达到数千万台，市场占有率很高。如此巨大的出货量要求其产品必须有十足的竞争力，对质量、产品新颖性以及产能等都有着极高的要求，因而这类企业技术创新的攻关重点方向之一便是开发能够大规模、高标准生产的新产品。

（三）产品寿命周期

如前所述，在竞争环境中，投入市场的新产品都会有各自的寿命周期，在产品寿命周期中的不同时间段，技术创新方向的选择同样有区别（见表 2.4），需要企业确定是侧重产品创新还是侧重工艺创新。

表 2.4　　不同产品周期技术创新方式选择

产品周期中的技术创新方向	进入期	成长期	成熟期	饱和期
产品创新	√			
产品、工艺结合创新		√		
工艺创新			√	√

例如，在产品成熟期工艺创新方面，小米的智能工厂是一个非常典型的案例。2020 年，小米智能工厂进入了大众视野，其涉及领域广泛，包括高端手机年产量可达数百万台的“黑灯工厂”、具备新型工艺材料和技术条件的大型实验室、制造设备和生产作业线的实验基地等。其中，黑灯工厂在设备生产管理、加工到运输的全过程中均可实现自动化。它不仅能够实现小米手机、

手表、手环等智能设备的自动化生产，还可在第五代移动通信技术、机器人、智能终端等诸多智能行业中大有作为。

（四）产品年代系数和投入产出比

企业的技术创新目标可以分为效益目标和技术目标，效益目标用投入产出比来表示，而技术目标则通过产品年代系数来判断，产品年代系数的定义如下：

$$产品年代系数=\frac{产品开发年代-产品水平年代}{产品开发年代}$$

产品开发年代是指从事研发的起始年份，产品水平年代是当前主流产品达到其生产工艺、性能和质量的年份。此外，可以通过产品年代系数和投入产出比的高低来选择技术创新方向（见图 2.3）。以智能手机产品开发为例，目前的智能手机以大屏幕、无键盘触摸屏为主流，由于受消费者认可，这种形式的手机近十年一直是各个厂商研发的重点；因此该产品的水平年代一直在上升，与产品开发年代的差距很小。如华为获得巨大成功的 MATE 手机系列，若是在 2019 年开发新产品，那么产品水平年代可能就在 2017—2018 年（即上一代旗舰机研发成熟的年份）。在投入产出比能保持较高水平的条件下，大量开发明星产品便是技术创新路线的合理选择。而之前以诺基亚为代表的小屏幕、带物理按键形式的手机，其产品水平大致停留在 15 年前，此时再开发这类产品，产品年代系数值较大且难以在市场上打开销路，因此属于不宜选择的技术创新方向。

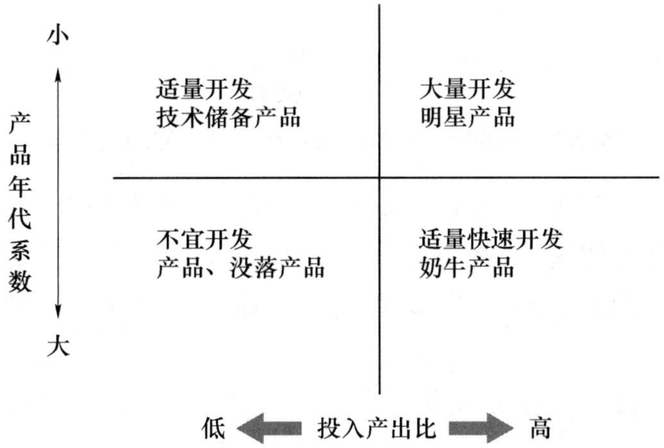

图 2.3　不同产品年代系数、投入产出比产品的开发依据

（五）国家经济发展战略

从国家层面来看，需要尽量达到各行业均衡发展的局面，而在实际发展

过程中，往往会出现各种产业不平衡的现象，那么国家就会通过政策手段来调整这种不平衡，并着重发展一些瓶颈产业。那么，处于这些产业中的企业开发新产品就有义不容辞的责任；同时，还要控制一些产能过剩或者是落后于时代的产品。在此条件下，各个相关企业的技术创新方向也需要根据国家战略来调整，具体框架思路如图 2.4 所示。

近年来，美国对中国高科技产业加大了遏制力度，我国科研领域肩负起了冲破美国技术封锁、实现民族复兴的重任。根据中科院专家的表述，中国正在决心把美国“卡脖子”的科技清单变成科研任务清单进行布局。这种迫切的需求为我国企业、科研院所的技术创新指明了方向。例如，我国的高端光刻机及相关技术发展水平不够高，自主生产的光刻机加工精度偏低，无法实现相关元器件、组装工艺、光刻胶的自主供给。目前，国内正在组织相关企业和科研力量全力攻克技术难题。

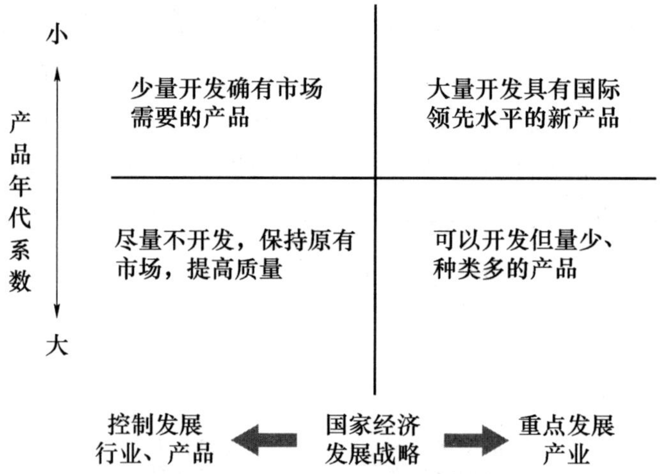

图 2.4　国家经济发展战略对产品开发方向的影响

2021 年 5 月，江苏南大光电材料股份有限公司发布公告，对光刻胶项目研发与产业化进行加码①，在 193nm 光刻胶产品的生产上，力求达到年产 25 吨的生产规模，且产品性能应与 90nm～14nm 集成电路制造的相关要求相匹配。

综上所述，技术创新方向选择方法的大致框架如图 2.5 所示。

---

① 南大光电募资 1.5 亿用于光刻胶项目[EB/OL].（2021－05－27）. https://new.qq.com/rain/a/20210527 a04rfx00.

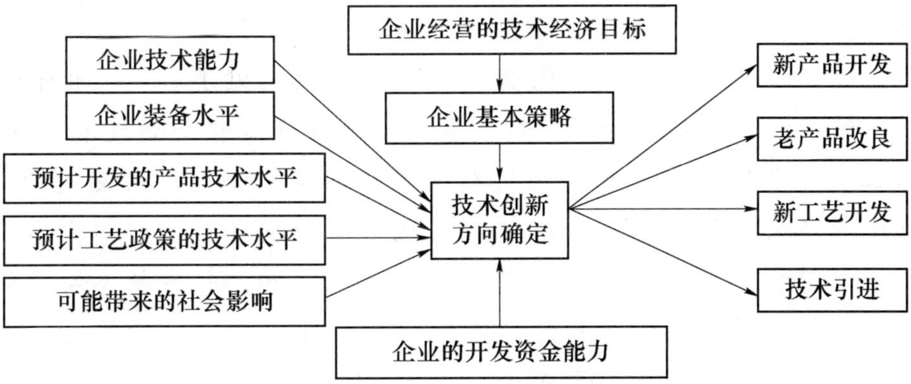

图 2.5 技术创新方向选择方法（考虑因素）

案例 2.2

中国的乙烯技术研发之路

乙烯工业在石油化工产业中占据核心地位。乙烯衍生物在全部石化产品中的占比高达 75%以上，广泛应用于农业、交通业、建筑业、纺织业等，涉及衣食住行的方方面面。国际上以乙烯产能作为评价一个国家石油化工发展水平的重要指标①。乙烯成套技术包括裂解、急冷、压缩、分离和产品精制，工艺复杂，温度跨度大（-160℃～850℃），技术集成难，关键装备制造难，技术壁垒高，2008 年，我国跻身世界第二大乙烯消费国，但乙烯当量自给率仅为 38%，60%以上的乙烯产品依靠进口。即使国内 2020 年的乙烯产量达到 3 518 万吨（包括蒸汽裂解和 MTO 等），自给率才接近 60%。由于国家战略需求和旺盛的市场需要，中国的乙烯技术创新从 20 世纪 70 年代末起步，中国寰球工程有限公司立足行业实际，坚持投入核心力量，大力开展相关技术开发。

乙烯装置是石化的核心装置，承担着连接炼油和化工的重要职责。大型乙烯装置是一个庞大而复杂的系统。一套百万吨乙烯装置的占地面积约为 9 万平方米，相当于 13 个标准足球场；装置所用管线相连，长度可达 200 多千米，超过 5 个马拉松全程的距离；装置由五六百台设备构成，每台设备最多可受数十个关键工艺参数影响，这些参数又相互关联，一个参数的

① 曾媛丽. 天津 100 万吨/年乙烯装置管式裂解技术设计与运行技术研究［D］. 天津：天津大学，2014.

变化都可能直接影响产品的质量①。其技术密集，投资巨大，一旦开发失败，将导致上下游各装置都无法正常运行，造成巨大的经济损失，因此，作为业主，只有中石油和中石化这种超大型企业才具备完整全套技术开发能力。同时，工艺包开发最难的就是分析乙烯装置开车、停车以及突发的停电、设备故障等各种事故状态，此时参数变化最激烈，计算难度极大。在乙烯技术开发的过程中，中国寰球工程有限公司在方向选择和技术路线选择等方面反复论证，最终走出了自主研发的成功之路。

1. 为什么要自主开发乙烯技术

除国家层次的需求外，对于工程技术人员而言，开发乙烯技术可以理解为我国的石化行业争一口气。早期，在和国外专利商技术谈判时，一旦遇到关键问题，专利商往往以“这是秘密”为由敷衍过去，甚至有时是专利商的错误，如果不是关键的，他们也往往以有其他方面的考虑为由搪塞过去。在我们进行设计的过程中，部分问题需要专利商确认，有些问题其实很简单，但是由于涉及最终的性能保证，如果不经过专利商的同意而进行修改，他们往往以不对最终的性能做保证进行威胁。因此，开发乙烯技术是工程技术人的心声。

2. 如何选择技术路线

乙烯技术从分离角度可分为顺序流程、前脱乙烷前加氢流程和前脱丙烷前加氢流程。我国乙烯原料基本为来自炼油的石脑油、加氢尾油、柴油和液化石油气（LPG）等，这些裂解原料裂解产物中碳三及重组分含量比较高，前脱丙烷前加氢流程将部分碳三、全部碳四及重组分都提前分离，使得进入深冷分离的组分只包含氢气、甲烷、碳二和部分碳三，降低了低温冷量需求。另外，加氢催化剂的技术进步使得即使过量氢气存在，加氢过程也不易飞温，更易控制，简化了分离流程，同时还提高了加氢催化剂的选择性和运行时间，因此在开发时，经过充分的调查和研究，最终选择开发最适合中国国情的前脱丙烷前加氢路线。

3. 为什么要开发裂解炉强化传热技术

裂解炉是乙烯的核心装备，其性能的优劣直接决定了装置的运行水平②，在初始确定开发意向时就已经考虑了以后在市场推广中可能遇到的问题：

---

① 【弘扬石油精神 重塑良好形象】石油青年讲述石油精神［EB/OL］.（2018-06-08）. https://baijiahao.baidu.com/ s?id=1602675066653412473&wfr=spider&for=pc.

② 李保有，郭英锋，张磊，等. 一种新型裂解炉炉管强化传热数值模拟［J］. 化工进展，2015，34（12）：4203-4208，4219.

如果技术没有特点，在同等情况下业主肯定会优先选择成熟、业绩多的专利商。因此，企业在开发初期就瞄准核心装备裂解炉，一定要开发出优于其他专利商的技术，为以后市场推广做好准备。

寰球公司的项目团队通过自主设计的算法进行反复试验、摸索，几年时间，仅重大技术就突破了40多项，形成了具有自主知识产权的工艺包。2012年10月，大庆乙烯一次开车成功，比原计划提前一年，各项指标都达到国际先进水平，一些指标甚至优于国外技术。这标志着乙烯重大专项取得了圆满成功，我国成为世界上少数掌握乙烯技术的国家之一。大乙烯技术从依靠国外引进到全面国产化，实现了从0到1的突破，大大推动了核心装备国产化进程，带动了下游上千亿元的产值。乙烯成套技术先后于2015年、2016年获中国石油科学技术进步特等奖、国家科技进步二等奖。

第三章

技术创新的过程管理

一个项目的技术创新过程管理的关键环节包括项目立项/开题、项目组织管理、年度/中期检查与验收、项目后评价、技术创新的激励、成果鉴定（评价）、成果定价、查新、技术保密、知识产权管理、企业创新文化等。以下讨论将围绕这些关键环节的主要管理要点展开。

第一节　项目立项/开题

在确立技术研究的主干方向后，需要对具体项目的生产及市场需求、面对的关键技术问题、技术的创新性、研究目标、研究内容、研究路线、研究的基础支撑条件、预期的技术经济指标、预期的应用前景以及预计投入的经费等内容进行充分论证，这些都是项目立项/开题过程中需要细致开展的论证工作，是整个管理过程组织实施的第一步，也可以说是至关重要的一步。因此，科研管理部门需要制定针对项目立项/开题的管理规定和程序，让企业能够对申报的项目进行科学而客观的评价，从而保证项目立项/开题论证的质量，把好第一道关。

对项目立项/开题的评价通常采用专家评价法，评价内容包括需求性、创新性、可靠性、效益性等[①]。表 3.1 总结了项目立项/开题的评价体系。

---

① 李爽．地市级财政科技投入项目立项评价研究［D］．石家庄：河北科技大学，2008．

表 3.1　　项目立项/开题评价体系

评价维度	重点关注领域	衡量维度
需求性	申报项目是否与科技、社会发展以及市场需求相契合，需要从国家、行业及企业三个需求层面度量与评价。	一是必要性，项目研究的目标与内容是否为企业发展方向或者是经济或社会领域关注的行业发展中热点和焦点技术难题，是否与企业中长期科技发展规划相一致； 二是迫切性，项目研究的目标与内容是否为企业、行业以及专业技术领域迫切需要解决的技术瓶颈或难题，以及研究的迫切程度。
创新性	申请项目在理论方法、目标成果上的创新程度。	一是评价研究内容在理论基础、研究方法以及工艺技术路线上是否具有足够的先进性和创新性； 二是评价关键的技术性能指标及目标成果具有的突破性水平。
可靠性	申请项目的团队在时间计划内达到预期成果的能力，主要考察研究团队、资金以及配套设备等是否能为项目提供有力支撑。	一是研究团队的学历和职称、专业和年龄分布合理； 二是研究所需的设备、场地及配套资金等条件齐全，且项目风险可控； 三是研究方案中的工艺技术路线、研究方法及手段的科学性、可行性； 四是资金预算的合理性、经济性； 五是研究进度安排的科学性、紧凑性； 六是对研究中存在的困难以及解决路径进行充分预估。
效益性	申请项目形成知识产权并转让与推广的可能性，以及预期带来的经济效益和社会效益，这是项目能否设立的一个较为关键性的评价指标。	一是形成论文、专利、自有技术、企业标准等预期成果的数量和水平层次； 二是研究成果转让与产业化推广的前景与规模大小； 三是研究成果预期产生的经济效益，以及投入产出比是否能够接受； 四是研究成果预期产生的生态效益； 五是预期研究成果对该研究领域和行业发展的促进作用大小。

企业在对技术创新项目立项/开题评价进行决策时，在参照以上主要评价指标的同时，还需结合企业的业务及行业特点，分类分级地细化评价指标，建立一套行之有效的项目立项/开题评价指标体系与程序。

第二节　项目组织管理

在现代科技高速发展和企业科学管理思想不断普及的大背景下，将项目管理理念应用到技术创新活动中的思路受到了充分的认可，其对技术创新活动的重要性与日俱增。与一般项目相比，技术创新项目的最大特点在于它的不确定性和风险性，在组织实施过程中既要有刚性，又要有一定的柔性，这样才可以适应实施过程中的可能改变或调整。因此，一个好的组织方式是项目组织实施的重要保障，而实行项目经理负责制及组建高效技术创新团队是其中最重要的手段。

一、技术创新项目管理的核心思想

技术创新项目管理与一般作业类项目管理不同，一般作业类项目管理的主要工作在于考核项目推进的效率、进度和完成质量。而技术创新项目管理一般都是面向技术要求高、工作量大且周期较长、不确定性因素难以预估的任务或项目，是一种以项目目标为导向的系统管理工程，贯穿于项目的整个寿命周期；技术创新项目管理需要运用更为科学、细致的方法，高效率地指导、组织项目的实施，并在有限的时间和资金条件下达到预定的技术效果。

基于以上特征，技术创新项目管理的核心思想是设立一个临时性的柔性机构，高效率地指导、组织项目的实施以及控制项目的进程，并对项目全过程进行动态化、精细化管理。以实现在项目进行的不同时期内，合理而科学地调配、协调各类资源，尽量保证项目处于最佳的运行状态，在较短时间内取得预定成果。项目经理负责制是一种适用于技术创新项目管理的组织形式，其设立前提是某一具体项目的研发，与按职能分配的平行结构不同，其组织形式是垂直的①。

二、项目经理负责制的特征

项目经理负责制的特征在于团队中每一名成员具有清晰的责任、明确的分工，项目经理负责为项目的推进进行顶层策划，协调、安排人力、财力、物力的使用，激发团队成员的潜能与积极性。因此，可以看出，项目经理是团队的支柱，选拔出一名优秀的项目经理显得尤为重要。目前，项目经理负责制在很多企业中开始推行，在一些重大技术开发项目中得以落实，并取得了很好的成效②。

三、项目组织的构建

在项目经理负责制的组织框架下，首要任务是确定项目经理人选。项目经理可以由申报立项/开题的牵头单位或承担单位在开题设计时推荐，由管理

① 孙凯，孔冰．科研项目管理理念的探讨［J］．山西科技，2011（5）：8－10．

② 叶国萍，丁国光．项目经理负责制［J］．矿冶，2000（3）：111－114．

部门审批，对于一些重大技术研发项目，企业可以面向社会公开选拔项目经理。一般而言，每个项目只需要确定一名项目经理；当有多家单位参与研发时，可以根据项目的复杂程度等实际情况，增设一名或多名项目副经理，协助项目经理工作。各企业对项目经理的任职资格和职责要求不尽相同，但在资格条件方面对其在专业领域的理论技术水平、组织协调能力、锐意创新能力都有较高要求；在职责方面主要有科技项目实施、制订实施方案、确定技术路线、合理使用经费、识别和防控风险、组织与参加主要研究工作、申报知识产权、保密、年度及中期检查、验收等工作①。

项目创新组通常由项目经理提出组建方案，在组员构成中，对于核心的研究成员挑选很重要，是项目实施中的关键要素。团队组员的数量需要结合项目任务的复杂程度、研究范围等合理地确定，总体上以精干为原则。

项目构建时是否需要合作研发，以及采用何种合作方式，在项目立项/开题时都需要详细论证。通常在提出技术构想或设想后，项目经理就需要围绕这个技术构想分析研究实现的路径，通过研判实现的难易及复杂程度以及可行性，进一步研判技术获取方式，无论是选择自主、学习还是合作的方式，在当今技术进步速度越来越快的浪潮下，完全的独立自主或原创已跟不上技术日新月异的发展，企业技术创新体系已离不开合作协同因素，由此，项目组织构建中合作或联合开发单位的选择已成为一项重要任务，项目经理需要在项目立项/开题论证时，根据项目研究任务，选择一家或多家单位合作开发或联合开发，并将其纳入项目组织及团队中统一协调管理。

参照项目管理理念，对于技术创新项目，要普遍运用矩阵式管理方式使组织高效运转并利于资源的共享与调配。

第三节　年度/中期检查与验收

年度/中期检查是项目组织实施管理过程中的一项重要制度及程序，目的是通过对项目进展情况的定期检查与督查，发现并解决项目实施中的重大问题，对项目能否完成预定任务目标做出判断②。对于难以完成预定任务目标的项目，可以加强资源的调配与保障，同时也可以根据项目的进展和执行情况，对项目的重要进度节点、重要研究内容及经费等重大问题提出调整申请，再经过专家

---

① 中国石油天然气集团有限公司．集团公司科技部/工程建设分公司技术开发项目立项建议书及开题报告编制指南（试行版）．2012－12．

② 中华人民共和国科技部．国家重点研发计划项目中期检查工作规范（试行）．2018－01－30．

论证和主管部门或主管领导（如企业没有主管部门）研究后，给出调整、撤销或终止的处理意见。从另一维度看，年度/中期检查也是技术创新项目实施过程中降低风险的一个重要手段。

年度/中期检查主要对照项目任务书，检查的重点包括：项目总体进展情况，特别是任务书规定的中期目标和考核指标完成情况，以及是否存在研发内容的重大调整；项目此阶段取得的重要进展；项目牵头单位和负责人履职尽责情况；项目资金拨付及使用情况以及是否符合规定；项目推进过程存在的主要问题，例如在技术上遇到的瓶颈、外部条件变化带来的新考验，还有项目、人员、资金管理协调以及在后勤保障上存在的问题等。

年度/中期检查通常采用会议汇报讨论、现场考察以及两者结合的方式，并且需要组织专家团队进行检查。专家团队成员包括与项目领域相关的技术专家、管理专家及财务专家等，专家团队及项目相关人员应遵守有关保密规定。

技术创新项目的验收一般在项目完成后 3 个月内进行。首先由项目承担团队或单位向科技主管部门提出验收申请，并上报验收资料。对于一些重大攻关项目，应在生产规模应用或取得显著效果后组织验收①。

技术创新项目验收与年度\中期检查相比，考核内容更加全面，主要包含以下内容：立项时计划任务书中规划的任务的完成情况、主要考核指标（包括技术指标、经济指标等）完成情况、取得的主要创新成果及知识产权、技术成果的应用效果及推广前景、技术有形化实施情况。同技术创新相关的验收资料包括项目研究报告、技术成果应用证明、技术有形化资料等。

技术创新项目验收方式如表 3.2 所示，由科技主管部门或任务下达方确定。

表 3.2　　技术创新项目验收方式一览

验收方式	验收评审组织	验收形式
会议验收	验收委员会	由项目经理进行汇报、答疑，验收委员会质疑、评议
函审验收	验收委员会	函审专家对验收资料审阅后，提交书面评议意见
现场验收	验收委员会	验收委员会赴现场考察、评议，形成验收意见和结论
权威机构检测验收	权威机构	委托有资质的检测机构进行检测，根据检测报告确定验收意见和结论

在对技术创新项目进行综合评价后，验收结论的分类以及每种结论的描述如表 3.3 所示。

① 中国石油天然气集团公司. 中国石油天然气集团公司科学研究与技术开发项目管理办法. 2009.

表 3.3 不同验收结论描述

验收结论	验收结论描述
通过验收并有重大突破	完成计划任务书要求，取得重大理论技术创新，经济效益、社会效益显著
通过验收	完成计划任务书要求
暂缓验收	验收委员会对验收意见存在较大异议，需要补充相关材料或证明。承担单位根据验收意见在半年内补充完成有关工作后，申请再验收
不通过验收	提供的验收资料不真实，或未按计划任务书执行

第四节 项目后评价

项目后评价是指在项目已经完成并运行一段时间后，对项目的目标、执行过程、效益、作用和影响进行系统、客观分析和总结的一种技术经济活动，它于 19 世纪 30 年代在美国兴起，常被一些国际组织用于资金使用效果的评价[①]。目前，一些大中型企业已参照投资类项目的后评价方法，探索性地对技术创新项目进行后评价。

后评价工作由企业主管部门或领导组织专家、相关部门及参加单位，通过会议评审和现场核查相结合的方式，按照企业项目后评价计划有序开展。后评价工作开展前，一般先由项目承担单位完成自评价，并形成自评价报告，作为后评价的基础。评价主要从六个维度展开（见表 3.4）。

表 3.4 项目后评价维度一览

评价维度	评价内容
前期工作	主要对前期立项、顶层设计、开题设计报告、开题设计论证、计划任务书等要素进行评价
实施阶段	主要对实施方案、研究工作量、合同、阶段检查、自验收、项目验收等要素进行评价
技术应用	主要对技术市场应用程度要素进行评价
决算	主要对经费决算、经费审计、效益效果等要素进行评价
目标实现度	主要对技术成果、技术创新点、专利及专有技术、有形化、获奖、技术鉴定等要素进行评价
影响和持续性	主要对技术应用后的环境影响、安全影响、科技进步影响、社会影响、技术推广等要素进行评价

① 张成．车好多公司人力资源管理系统项目后评价研究［D］．北京：华北电力大学（北京），2018．

通过对每个要素开展深入的定性与定量分析，以及按照一定的权重及分值综合评判，客观地总结出项目从立项到验收全过程的主要经验及不足，以不断提高技术创新管理能力和实现持续改进。

第五节　技术创新成果鉴定（评价）

一、技术创新成果鉴定（评价）的作用

技术创新成果鉴定（评价）是技术成果转化的第一步，也是技术成果转化的重要环节，驱动和支撑着成果转化全过程。科技成果鉴定（评价）的目的是对所取得成果进行综合分析，筛选出适合产业化和规模化的部分，并且基于用户的需求，充分发掘技术的优点，为成果转化和未来商业化奠定基础。

二、技术创新成果鉴定（评价）的对象和主要内容

技术创新成果鉴定（评价）的对象主要有两类：在国家层面，有国家科技发展计划的应用技术成果；在企业、科研单位、大专院校层面，有根据市场需求自主或合作开发的应用技术成果。

技术创新成果鉴定（评价）的主要内容：技术的创新程度、先进性和成熟程度；成果应用价值与效果；取得的经济效益与社会效益；进一步推广的条件和前景。

三、技术创新成果鉴定（评价）的主要程序

技术创新成果的鉴定（评价）流程与技术创新项目验收流程相似。目前，技术创新成果的鉴定（评价）是委托第三方的专业鉴定（评价）机构来完成的，政府的科技行政管理部门不再具有技术创新成果鉴定（评价）的职能。在选择好鉴定（评价）机构后，申请方应根据要求提供完整的材料。经鉴定（评价）合格后，由鉴定（评价）机构颁发对应的“科学技术成果鉴定证书”和“科学技术成果登记证书”。

第六节　技术创新成果的定价

技术创新成果鉴定（评价）完成后，还需完成科技成果的估价与定价才

能进入技术市场交易，估价与定价影响因素非常多且很复杂，技术价值能否实现和实现多少，虽然取决于市场，但科学的估价与定价是技术成果转化及商业化环节中基础性的关键活动。

要实现科学的估价与定价，需要了解和掌握这个过程的主要影响因素、估价方法及策略。

一、技术估价需要考虑的主要因素

（一）研发成本

研发成本是技术价格的基本决定因素。由于技术本身的特性，在研发成本之外还需考虑其他因素。

（二）技术性能

技术性能也是技术成果自身的属性，需要考虑三个因素[①]（见表 3.5）。

表 3.5　　技术性能考虑因素

考虑因素	具体内容
技术的先进性和实用性	技术的价值/价格与技术的先进性和实用性成正比
技术的成熟度	在不同成长阶段，技术成熟度千差万别，成熟度较高的技术，不确定性也较低，价格也会较高
技术的生命周期	技术的生命周期代表着技术能够占领市场并获得可观利润的时间长度，因此，技术的生命周期越长，其价格也越高

技术先进性、成熟度和生命周期之间存在一定的关系。先进的技术虽然竞争性较强，具有更长的生命周期，但可能成熟度较低，技术存在的不确定性还较高；反之，成熟的技术，生命周期可能较短，但也更加可靠，因此在价格制定中要综合分析考虑。

（三）技术的垄断状况和技术交易方式及次数

技术的垄断性影响技术的价格，一般而言，其垄断性越强，技术价格越高。

技术交易有独占许可、排他许可（独家许可）、普通许可、从属许可及交叉许可等多种方式，不同的许可方式价格也大不相同；此外，同一项技术，转让的次数越多，产权越分散，价格越低。

① 银纯泉．高新技术成果转化理论与实证研究［D］．重庆：西南农业大学，2003.

（四）技术的供求状态

市场以及行业的发展往往会带来对新技术的需求，当市场和行业中的新技术供不应求时，新技术的价格会提高。

（五）技术的开发和使用风险

技术的开发风险越大，价格越高，反之，使用风险越大，价格也越低。

二、技术估价的主要方法

在实际运用中，技术定价方式多种多样，各有优劣，往往需要综合运用，国内外一些主要的技术定价方法如下。

（一）成本法

成本法有理论成本和实用成本两种估测方法。由于理论成本法发展不成熟，目前常采用实用成本法。实用成本由研究开发费用、交易费用、无形损耗费用构成，其中研究开发费用是最重要的因素。

（二）市场法

市场法是寻找市场中相似技术的成交价格，并以此为参考，综合分析自身技术同市场已有技术的优劣势，再对自身技术价格进行评估、调整。

（三）效益法

效益法是通过估算在预计的寿命周期中产生的经济效益，并按一定的方式折算而获得技术价值的方法，其中最为常用的是超额收益法和收益分成法。

（四）定性分析法

定性分析法是指通过组织技术以及市场领域的专家，对技术的成本、性能以及市场推广应用前景进行综合评估，并统一商定技术价格的方法。

三、技术估价方法的选择

以上每一种估价方法都有各自的优缺点以及应用场景限制。例如，市场法虽然操作简单，但需要有合适的技术进行参考，一些前沿技术难以获得相似技术的成交案例，此时适用定性分析法。

目前，实际评价中应用最多的是效益法，兼具可操作性和实用性。为使估价结果更加合理、准确，往往采用与其他评估方法同时使用、综合比对的手段，避免仅采用一种方法估价偏差过大的状况。

对于企业而言，可以参考国家标准 GB/T 39057—2020《科技成果经济价值评估指南》(以下简称《指南》),《指南》对评估方法、评估程序等给出了具体详细的指导,企业以《指南》为依据,结合企业以及所开发技术的特点和市场状况,尽可能全面选择技术估价方法,还可以借助第三方专业评估机构,更为客观、合理地决定技术价格①。

四、技术定价的策略

在对技术进行合理可靠的估价后,还需要依据相关策略对技术进行最终定价,技术估价是技术定价的最主要参考指标。技术定价策略还需要考虑诸多因素。例如,卖方为了使自己的技术抢占先机,往往会将技术以低于技术估计的价格进行转让;而买方为了先一步获得新技术,开发出新产品来抢占市场,又会以高于估计的价格进行转让。可以看出,买卖双方的经营策略会对技术定价产生影响。除此之外,技术定价策略还受生命周期、创新程度、垄断程度等因素影响。

(一)生命周期

技术在其生命周期的不同阶段采取的定价策略不同。在技术的萌芽期,尤其是高新技术,卖方期望将以较高价格出售;对于买方而言,由于新技术的体系还不够成熟完善,具有较高风险,因此希望以中低价购买。当技术进入较为可靠的成熟期,卖方在容易达到技术垄断的条件时,可以采用高价策略来获得更多的经济收益。

(二)创新程度

创新性较低的技术,由于易被突破和复制,因此垄断程度低,卖方不宜采用高价策略,可以适当降低价格,有利于更好地变现和获得市场,同时回笼资金开发新技术;创新性较强的突破型新技术,具有较强的竞争力,更容易获得垄断地位,因此技术拥有者可以采用高价策略进行定价。

案例3.1

工程技术企业技术转让定价

以大型工程技术公司为例,其主要还是以市场为导向,以效益为中心,

① 韦嵘晖,颜德昊,陈忠.论专利价值评估对企业科技创新的影响[J].中国发明与专利,2015(10):6-11.

在确定基本价格的基础上，充分考虑技术交易市场的行情，采用科学的方法定价。工程技术公司可参考的技术定价原则及方法如下：

1. 技术成果成本价格估算的参考原则

（1）以引进同类技术的费用为基准估算。引进了同类技术，需花费的引进费用为估算的基准。由于市场上引进技术价格较高，为了保证公司技术成果的竞争力，考虑应以引进费用为基准适当调低估算值。

（2）以“非标设备设计费”为基准估算。以业主进口同类设备需花费的设备费（设备造价）为估算基准，建议估算公式为（进口设备造价－国产设备造价）×非标设备设计费率。

（3）以国家或上级下拨的科技研发费（或“技术攻关费”等，统称为“科技研发费”）为基准估算。

2. 技术转让价格计算方法

实践中，计算方法主要采用研发项目成本测算法和类比测算法。研发项目成本测算法需要计算研发过程的所有成本费用，并以此作为计算基数，成本费用的基数计算直接但繁杂；而类比测算法相对较为实用简捷，应用较为常见，该法首先分析和参考各竞争对手的转让价格，并确定一个参考价格，以此作为计算基数，再充分结合转让技术的特点、技术生命周期、市场环境因素等通过多系数调整来合理定价。

技术转让价格简明的计算公式：

$$Z=Z_0\times K$$

式中，Z 为核算价格；

Z_0 为成本价格；

K 为调整系数，$K=K_1\times K_2\times K_3\times K_4\times K_5\times K_6\times K_7$。

K_1：与公司技术转让过程中产生费用有关的参数。费用包括交易完成前准备工作的费用、派遣谈判人员费用、资料费、接待技术考察费及后期技术服务费等。

K_2：与技术生命周期有关的参数。若拟转让的技术处于发展阶段或衰老阶段，技术估价低，则转让价格也低；若拟转让的技术处于成熟阶段，技术价值高，则转让价格高。

K_3：与约定技术使用范围有关的参数。范围越广，价格越高。

K_4：与公司放弃权利多少有关的参数。公司在技术上放弃权利越多，价格越贵。

K_5：公司承担的与担保责任有关的参数。公司担保责任越大，价格越高。

K_6：与公司在技术上的竞争对手数量有关的参数。竞争对手越少，技术的转让价格越高。

K_7：与买方潜在获利有关的参数。买方潜在获利越多，价格越高。

3. 参考同类技术法举例（见表 3.6，某大型工程技术公司某典型装置）

表 3.6　　参考举例计算

参数	参数内容	取值			备注
成本取值（Z_0）	国外同类技术（万元）	××××万元			
调整系数（K）	取值范围（0.7～1.3）	0.7～0.9	0.9～1.1	1.1～1.3	
	费用支出系数（K_1）	—	—	1.2	费用支出越高，取值越高
	生命周期系数（K_2）	—	1.0	—	技术处于成熟阶级则取值高，处于研发阶段或衰退期则取值低
	应用广度系数（K_3）	—	0.9	—	可应用于多个领域装置，取值高
	产权转让系数（K_4）	0.7	—	—	转让产权取值高，不转让产权取值低
	担保责任系数（K_5）	0.8	—	—	担保责任越大取值越高
	技术垄断系数（K_6）	0.8	—	—	独家拥有技术取值高
	盈利能力系数（K_7）	—	1	—	与技术给业主带来的利润成正比
	$K=K_1\times K_2\times K_3\times K_4\times K_5\times K_6\times K_7$	0.48			
核算价格（Z）	$Z=Z_0\times K$（万元）	××××			

第七节　查　　新

技术查新是技术创新过程立项/开题环节中的重要先导步骤，技术查新的结果是评价一个技术创新项目是否符合先进性、新颖性的重要参考指标；通过技术查新可以避免与学者、机构研究内容重复，从而避免出现科研水平低、人力物力大量浪费的情况。

因此，选题要在充分了解现有研究成果的基础上探索、开辟新的领域，才能保证研究成果的质量和意义。对于企业技术创新项目也是如此，进行立项/开题的有效查新可以帮助企业研发人员比较系统、全面地了解某一领域的技术状况和发展水平，对即将研发的新技术做到心中有数①。

技术查新本质上是一项科技情报研究工作，其过程必须是严谨的，并且是文献检索和信息调研二者全方面的综合，其结果也必须具有科学性、准确性、公正性。技术查新通常由项目团队委托查新机构来进行，项目团队和查新机构之间商定查新内容并签订合同，然后由查新机构依据《科技查新技术规范》，形成有效的查新报告，并给出科学的查新结论。项目团队在查新报告的基础上，判定技术创新项目的内容是否需要调整，从而为开题/立项工作做准备。

在编写查新委托书时应注意以下几点：明确查新范围和查新时间，保证查新的广度和有效性；明确查新技术要点，要点不宜宽泛笼统，涉及的技术秘密要点不应列入查新要点中。

第八节　技术保密

技术保密的目的是保障在技术创新过程中形成的新技术的安全，以及保护企业商业秘密及利益不受损害。因此，在技术创新管理过程中，需要本着依法依规、综合防范、突出重点、保证效率的原则，在企业中建立完善的技术保密管理制度及体系，对技术创新过程中形成的核心技术进行严格保密。

一、技术保密的范围和密级

科学合理地划定技术秘密的范围和密级是做好技术保密的首要工作，划定原则既要保障技术秘密安全，又要促进技术发展。划定工作需要明确涉密的技术名称和范围、密级和保密年限、保密重点和知晓范围。

技术秘密的范围通常包括：涉及企业商业秘密的技术项目、课题、专题等；不宜公开的技术战略、规划；研发形成的需要保密的成果、数据、资料等；认定的技术秘密；会损害企业商业利益的技术文件、资料、

① 陈华，刘兰．浅谈科技查新在科技项目立项过程中的作用［J］．西藏科技，2013（9）：15－16．

信息等。

技术保密的核心要点主要有①：

（1）技术创新项目的研发目标、研究路线及过程记录；

（2）核心技术的关键部分以及实施诀窍；

（3）核心产品的原材料组成、生产工艺、生产设计方案及工艺包；

（4）技术创新项目中涉及的重要实验方法、数据和结论；

（5）技术创新成果中涉密应用的相关信息。

国内外已经公开，国家法律、法规或者有关规定要求公开的不涉及企业商业利益的技术项目不应划入技术保密范围。

技术秘密的定密通常分为两级，即核心商密和普通商密，保密期限一般为 10 年和 5 年，也可根据实际需要适当延长保密期限。技术创新组织实施过程主要在开题立项、结题验收两个节点进行定密。

二、技术保密的管理要点

（1）实行技术保密工作责任制，建立健全技术保密管理制度，完善技术保密防护措施，开展宣传教育和培训，加强检查、监督与考核。

（2）对涉密人员上岗、离岗（离职）、出国（境）等敏感活动实施全过程监督、管理。与涉密人员签订保密协议，约束涉密人员行为；在上岗前对人员进行保密教育培训；离岗（离职）后执行脱密期管理规定；涉密人员出国（境）需要进行严格的审查审批。

（3）涉密技术项目在申报、专家评审、立项批复、实施、结题验收、成果评价鉴定、转化应用、奖励评审、资料归档等各个环节均需要采取必要的保密措施。

（4）需要通过申请专利来保护的涉密技术成果，在专利申请文件公开之前，对技术成果相关信息严格保密。

（5）涉密技术项目在成果转让和推广时，需与技术使用方签订保密协议。

（6）若有技术泄密事件发生，应当立即采取应急措施，向上级及相关单位报告，防止事态进一步恶化。

---

① 何莎，骆吉庆，梁洁，等."7+N"安全风险控制工具在科研工作中的应用［J］. 科技创新与应用，2019（8）：166－168，171.

第九节　知识产权管理

知识产权也称“知识所属权”，《中华人民共和国民法典》第 123 条规定：“知识产权是权利人依法就下列客体享有的专有的权利：（一）作品；（二）发明、实用新型、外观设计；（三）商标；（四）地理标志；（五）商业秘密；（六）集成电路布图设计；（七）植物新品种；（八）法律规定的其他客体。”

在现有知识产权管理中，企业广泛参考《国家知识产权战略纲要》，采用“创造、运营、保护和管理”的方式进行知识产权管理[①]。

（1）知识产权创造。衡量企业知识产权创造能力的两个关键指标是申请专利的数量和质量。其中，专利的数量反映了企业的研发投入程度和取得成果的多少，专利质量决定了技术的应用价值大小，只图数量不重质量的专利创造往往会造成过多无用的“垃圾专利”。因此，企业在技术创新管理环节中，在重视创新成果数量的基础上，更要注重提升创新成果质量。

（2）知识产权运营。知识产权运营是知识产权管理中的重要环节，目的是获取经济利益，其运营方式既包括自行实施、转让、许可、交叉许可，也包括专利标准化、质押、出资入股、信托等。

（3）知识产权保护。知识产权保护包括防止他人侵犯自身知识产权以及自己侵犯他人知识产权。

在技术开发项目组织实施过程中，知识产权主要由项目经理来统筹管理，其主要职责在于鼓励员工申请技术秘密、专利、软件著作权等；同时，知识产权管理工作还接受企业科技管理部门或相关领导的监督和指导。对于项目成员而言，取得知识产权的过程必须是合法合规的，尤其应当遵守保密规定，履行保密措施。

案例 3.2

国际工程公司的知识产权保护

近年来，越来越多的国际工程公司走向转型之路，将企业从单纯的

① 赵星. 企业知识产权管理基本概念探析及其实践意义[J]. 科技促进发展，2019，15(9)：956－963.

工程承包商转变为专利商和承包商二合一形式。在此背景下，国际工程公司在知识产权保护上积累了丰富的实践经验，具有较强的指导、参考价值①。

1. 国际工程公司知识产权保护策略

目前，国际工程公司知识产权主要包括专利、专有技术和商标。知识产权的保护工作受到公司管理层的高度重视，从以下三个方面展开。

（1）成立专业的工程技术推广板块

为了向市场推广公司所拥有的优势技术，成立专业的技术板块有利于公司知识产权实现效益最大化，其职责在于统一管理技术转让和授权。这一做法在国际工程公司较为常见并且收效显著，例如，KBR、Technip、Jacobs 等知名企业均设置了技术推广板块。

（2）构建“三位一体”知识产权体系

专利、专有技术和商标是企业知识产权的主要构成元素，其存在的意义在于能够使技术拥有者享有独占的权利，获得丰厚的利润。鉴于专利、专有技术和商标具有各自的特点，目前国际工程公司通过构建专利、专有技术和商标“三位一体”的方式，来对知识产权实现多方位的保护，保障自己的商业利益。

（3）按照法律规范开展知识产权保护

国际工程公司在日常经营、技术开发管理活动中，往往会涉及知识产权问题。由于知识产权对企业的竞争力和经济效益有至关重要的影响，因此需要避免产生知识产权纠纷。在企业内部以及合作研发过程中，均需要明确知识产权的归属以及各自的份额；在技术转让过程中，则应当以保密协议为约束，保护自身的合法权益。此外，当知识产权遇到侵害并且纠纷无法解决时，还可以借助法律的手段。

2. 关于国内工程公司知识产权的法律纠纷典型案例

（1）某企业侵犯另一企业专利

2002 年 8 月 2 日，海通途工程技术有限公司（以下简称“海通途公司”）经专利权人授权，合法取得了一项发明专利的独占实施许可权，该专利权能够为工程节省 30%～40%的成本。

2007 年，海通途公司与某工程建设企业就该专利的转让和使用问题进行谈判，但没有签订合同。可随后，海通途公司发现在某油田的工程建设中，

① 李明双，杨玲．国际工程公司知识产权保护策略研究［J］．建筑经济，2014（4）：70－73．

未经许可，该工程建设企业使用了上述专利。最终法院判定，该企业须立即停止侵犯该发明专利权的行为，并赔偿专利拥有企业经济损失人民币 300 万元[①]。

（2）企业与个人专利权归属之争

2004 年，中石化旗下某工程企业（原告）的员工高某（被告）在返聘期间以个人名义申请了一项发明专利。企业认为，该专利是基于高某在受聘单位工作期间所承担的本职工作而申请的，专利申请权应归企业所有。最终，法院判决涉案发明的专利申请权应归原告，即企业享有。

第十节　企业创新文化

在企业发展的不同时期，企业文化都是企业发展理念和价值观的体现，是企业发展的灵魂，而以创新为导向的企业文化会使全体员工为企业创新目标的实现而努力，并最大限度地发挥自己的潜能。正因如此，世界各国的优秀企业都十分重视企业文化，并以此来推动企业的创新活动。我国企业要增强技术创新的动力，就必须着力塑造和培育有利于创新的企业文化。对于企业的管理者而言，应该如何培育和引领企业的创新文化呢？

作为企业的管理者，能否真正起到推动和倡导创新的引领作用至关重要，而一些日常生产经营的举措与习惯能够给公司全体员工传递有效的信号。比如，一名企业家在走马上任的第一天，是首先拜访科技部门/技术研究单位，还是先走访生产单位或者扭亏企业；在年度工作部署中，科技创新、创新文化建设工作要求的程度如何，配套举措的力度如何；在日常管理工作中，企业管理者特别是主要领导，是否能将营造创新氛围的意识贯彻始终也很重要，在公开场合是否能实时强调创新，在重大活动、重要节点是否都能与创新工作挂钩，在企业文化宣传、标识张贴等环节是否能做到不间断的引导创新；对科技创新型人才，企业是否营造出了极具吸引力的选人用人氛围，使科技型人才愿意来，来了愿意留，留下愿意干。这些都需要企业管理者予以高度重视。

在积极培育企业创新文化的过程中，健全的长效奖励机制是激发员工和创新工作者致力于技术研发的保证。奖励激励形式也越来越多样，已不只是通过科学技术奖励、技术转让费提成、专利和技术秘密奖励、召开科技创新

---

① 郭奕涵. 中石油专利侵权被判赔 300 万［N］. 北京商报，2010－12－24（3）.

表彰大会等传统形式，企业还可以通过股权、期权、分红等更加市场化的灵活激励形式，更大程度上调动科研人员创新积极性。

某大型工程公司对科技创新人员从精神和物质两个层面给予奖励，奖励力度较大，极大地激发了创新人员的事业心和创造性。

1. 精神奖励办法

技术开发成果验收合格，可将该技术成果发明人或完成人的名单和有关该技术成果的背景材料提交主管部门，作为宣传表彰、职称评定、考核晋级、工资调整等的依据之一。

对于经过实际应用证明是重大技术开发成果的，经主管部门提议、公司技术委员会评审，可在保留该技术成果原有名称的基础上，以第一发明人或第一完成人（包括并列第一发明人或第一完成人）的姓氏、名字命名该技术成果。

当以某人为主的创新成果意义特别重大，或者以某一人为主完成多项重大创新成果时，主管部门可报公司为其申请相关奖励。此外，还可根据情况，考虑将其事迹陈列于相关展览、荣誉场所并载入公司的史册等。

以高通公司为例，该企业最大的资本不是能说会道的销售人员，而是具有发明能力的人。高通公司有一面专利墙，上面悬挂了 1 000 多项专利，而这只占公司专利很小的一部分。不同于以总裁、主管、员工区分身份的门禁卡，高通的发明者徽标将员工分为知识产权贡献者、发明者、知识产权导师和发明大师。用发明技术贡献取代行政职称，把重视创新文化做到极致，浓厚的创新文化氛围成为其持续不断的创新原动力。

2. 物质奖励办法

物质奖励是激励机制中最有效的一种方法，让技术创新工作者也能实现名利双收。例如，某技术成果每被实际使用并获得收益一次，该技术成果的发明人或完成人可获得的奖金额为：该技术成果的内部核算价格×提奖比率。提奖比率为 5%～15%，提奖比率的确定将根据实际情况，按下列原则掌握：

技术开发成果的创新程度越高、开发难度越大、实际意义越重大，提奖比率越高。

某技术成果被实际再次或多次使用时，该技术成果的发明人或完成人有权再次或多次获得奖励，提奖比率在技术成果被第一次使用时提奖比率的基础上逐次递减，每次递减 20%，但其最低的提奖比率不少于第一次提奖比例的 10%。

第四章

资金与商业化

企业技术创新需要各种资源投入，而这些资源都是有限的，在资源来源系统中，企业除了需要自身拥有的资源，还可以通过多种方式获取外部资源和政策支持，使内外部资源得到充分利用和科学配置。在这些资源中，资金保障极为重要，也十分关键，如何获取，有许多不同方式。

第一节　企业技术创新资金的分类

技术创新的过程充满风险与不确定性，整个过程都需要有充足的资金保证。对于企业家以及企业的技术人员而言，再好的想法及技术创新，如果没有充足的资金支持，都无法持续推进研发和应用。资金需求量和筹措方式又受到企业内外部环境和自身技术创新模式选择的影响。企业的发展状况、技术创新模式以及外部社会环境等因素均会对技术创新资金的获取方式、获取量产生影响。一般而言，根据技术创新项目所处时期、状态的不同，企业技术创所需新资金可以分为以下四类[①]。

（1）某项技术在进行初期探索时需要的资金称为技术创新设想支持资金。这部分资金主要用于将初具雏形的概念、方法进一步发展，或者对即将开发的技术、产品进行前期分析、制定规划等。

（2）某项技术、产品在开展实际研发工作时所需要的资金。这部分资金主要用于技术、产品的研究开发，包含研究人员、设备、材料、试验等费用，所需金额较初期探索时大幅提升。

（3）某项技术、产品在开发完成后，对技术成果进行应用所需要的资金，例如小规模生产线的建立、生产工艺的改造等的费用。

① 蔡宁，吴刚．论企业家的技术创新职能——创新资金的筹措［J］．决策借鉴，1995（1）：28－29．

（4）对技术成果进行市场推广所需要的资金。例如，将技术成果升级为可以大规模推广的成熟商业技术所需要的研发、改造费用，以及为了扩大市场份额所产生的营销费用及管理费用等。

第二节 引入多层次资本

一、资本对于技术创新的支持优势

早在一个世纪以前，人们便意识到了资本对科技创新和产业化有重要的驱动作用，并在社会发展中不断得到验证。以美国为例，其90%以上高科技企业的诞生和发展离不开各类资本的大力支持，这些成长起来的高科技企业不仅为资本带来了丰厚的利润，也成为社会经济发展的重要支柱，比如美国的苹果公司[①]。这是由资本在技术创新中既能承担风险又能共享收益的特殊机制决定的，这一机制也为资本支持创新活动提供了天然的优势[②]。

技术创新需要资金长期、多环节支持。尤其是对于中小高科技企业而言，投资的风险大、不确定性强，在不受传统资本青睐的环境下，它们转而寻求风险资本的支持。美国针对科创型企业，拥有一套完整的从风险投资到上市的资本支持体系，可以在企业创立的不同时期进行资金扶持，协助企业一步步发展壮大，最终资本也能够获取丰厚的回报。

二、多层次资本市场体系支撑科技创新

从全球高科技企业的成长史来看，它们发展壮大的背后往往是多层次资本市场体系的长时期支撑。

多层次资本市场体系具体表现形式为：在企业的不同发展阶段，获取资金支持的不同途径，包括股权融资、争取政府资金（如补贴、支持、引导资金等）、银行贷款、引入风险投资、债券融资等多种方式。

处于早期或初创阶段的科技企业，其资金来源主要为自筹或政府补助。其一，自筹资金可以通过内部的股权融资形式，现在也称为股权资本筹划，即由初创人持主要股份，部分员工持股或引入外部股东进行担保，从而向银

---

① 冯益湘．知识经济时代高新技术产业化融资浅探［J］．湖南工业职业技术学院学报，2001（2）：22－24．

② 中国泛海：得益于社会 奉献于社会［EB/OL］．（2013－12－23）．https://www.yicai.com/news/3261366.html..

行贷款。其二，现在也有很多科技企业利用政府资金或创办的科技企业孵化器来发展。当前世界范围内，企业都在大力发展科技企业的孵化器，最有名的孵化器是美国硅谷和以色列“孵化器计划”，它们均培育出大量的高科技创新企业。我国一直以来也在尝试和推进，全国主要城市如北京、上海、西安、深圳和武汉等，都有孵化器并形成了有特色的产业模式。其三，随着中国资本市场的不断发展，风险投资基金、私募基金、孵化基金都成为提供科技创新资金的活跃力量。即使在企业初创阶段也愿大力尝试资金投入。

处于成长阶段的科技企业，更需要根据实际情况，综合选择资金来源。在初具规模后，可以考虑进行银行贷款，并继续引入风险投资、债券融资、私募基金、产业投资者，同时开始关注资本市场，谋求在不同的股权市场上首发上市。

处于成熟阶段的科技企业需认真研究国家政策导向，研究在国内外资本市场为自身项目或研究筹集科研资金，利用好高新技术企业的平台，获取在资本市场、债券融资、银行资金支持、税收等方面对科技企业的支持。此外，要积极寻求政府科技基金、国家产业基金、大企业集团基金单独或联合投资的机会，满足企业自身创新需要。

第三节　技术的孵化与有形化

在技术创新过程中，新技术的发明创造是一切后续活动的基础，而新技术的最终目的是走向客户、面向市场，使经济效益最大化，从而实现技术商业化。技术商业化是衡量技术创新成效的关键指标。

鉴于每个行业的各种技术都拥有各自的特点，技术实现商业化的难易程度千差万别。一些技术难度较低、工业化开发较易的新技术，不需要脱离公司便能够组织相关人员进入商业化步骤；而一些技术难度较高、工业化开发难度大的新技术，在公司自身力量无法实现的情况下，则可以通过技术孵化的途径来实现。

多数成熟的规模型企业，倾向于选择由企业自主实现技术创新成果的有形化和商业化；而初创企业，或者一些受制于自身资源的企业选择通过专业孵化器去实现商业化，因为技术孵化器可有效解决初创时期资金缺乏、管理欠专业等问题。

一、技术孵化

“孵化”一词本为生物学中的概念，将“孵化”概念引入技术创新领域后，我们将技术孵化过程定义为以一项处于不成熟状态并具有应用前景的新技术、新工艺为培育对象，通过投入各种要素和资源，使其在某个特定环境中不断成长、完善，最终成为能够面向市场，获得可观经济效益的成熟技术、工艺或产品。需要注意的是，与新技术的研发创造不同的是，技术孵化的对象是已经具有一定基础研究成果，在实验室规模下已得到重复验证的具有先进性或突破性的技术、工艺。那么，这种促进科技成果转化的成长孵化环境便被称为“技术孵化器”，围绕技术孵化流程形成的服务产业则是技术孵化产业。技术孵化器的服务对象是规模较小的科技型初创企业（也称为在孵企业），孵化器通过开展创业培训、辅导、咨询，提供研发、试制、经营的场地和共享设施，以及政策、法律、财务、投融资、企业管理、人力资源、市场推广和加速成长等方面的服务，使这些科技型初创企业的创业风险及成本得到控制，发展壮大的可能性得到提高，从而“孵化”出成熟、成功的科技企业，培养出优秀、合格的创新型企业家[①]。

对于技术创新活动而言，技术孵化也具有重要的意义。现实中，技术创新不可回避的环节是“加工试验”。技术创新成果如果不经这一环节，就无法实现从初步研发成果到新产品的质变。然而“加工试验”往往具有很高的风险，对企业而言负担较为沉重，仅依靠自身力量主动进行“加工试验”的意愿极低，从而导致大量的技术无法实现转化。而对于这部分可以进一步实施“加工试验”的技术，企业可以通过将技术投放入技术孵化器的方式来推动。

技术孵化器的产生背景和职责功能决定了技术孵化器是一种可调节性非常强的组织，需要的设施资源、经营的业务、服务的项目均可以根据孵化技术特点、市场需求、孵化器当地情况等进行灵活调整，具有很高的运作效率以及极强的目标导向性。此外，技术孵化器也应当作为一个独立的企业来经营。以创新型国家以色列的典型技术孵化器组成为例，这种结构的孵化器组织形式仍然相当具有代表性和借鉴意义，其每个部门的说明及职能如图 4.1 所示。

在技术孵化器中，项目的孵化流程主要包括孵化项目审批、孵化过程管理以及孵化成功（脱离孵化器）三大步骤，各个步骤包含的主要工作内容如图 4.2 所示。

---

① 科技部．科技企业孵化器认定和管理办法．2010.

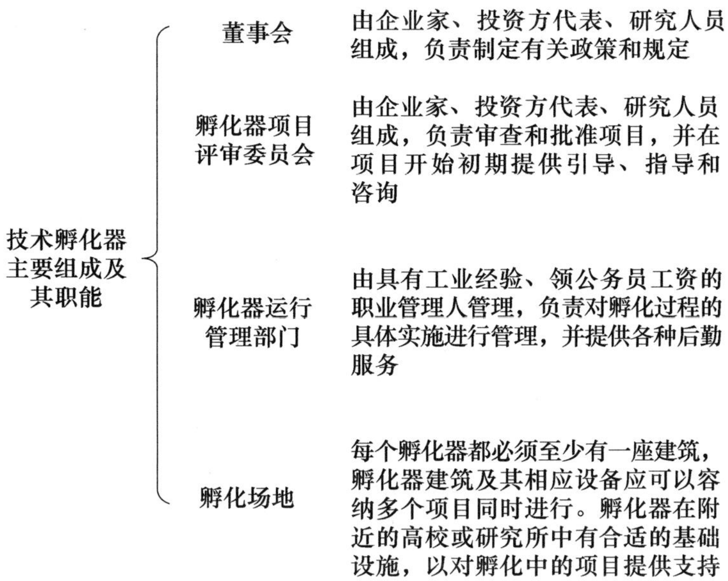

图 4.1　技术孵化器的主要组成及负责业务

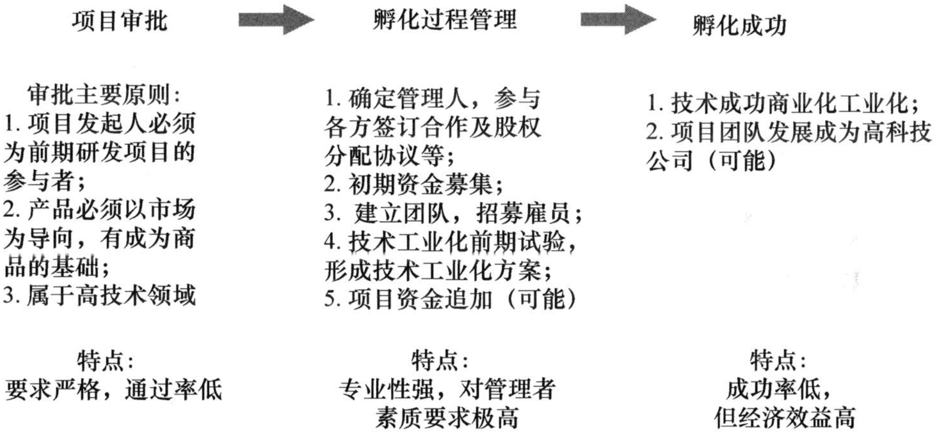

图 4.2　技术孵化器中项目孵化流程

早期的建设技术孵化器的模式由政府主导，但进入 21 世纪后，为了适应全球化的竞争，使技术孵化器充分面向市场，更具有灵活性和创造性，如以色列的技术孵化器经历了一轮私有化演变历程，从非营利性的社会组织变为以盈利为目的的私营企业，表现在以下几个方面[①]。

（1）增加私营企业或者个人在技术孵化器中的股份，相应获得的投资回报也会更加丰厚，充分激励各类企业、个人参与到技术孵化器的建设中来，更加调动参与者的积极性。

---

① 吴汉荣，耿燕．以色列技术孵化器私有化模式的理论分析及启示——基于交易成本经济学的视角［J］．科技管理研究，2012，32（18）：93－96．

（2）政府仍然对技术孵化器的建设实行扶持政策，在孵化器项目中仍然有支持基金，并承担技术孵化初期不可预见的风险；而在技术孵化器后续过程中，如果获得了其他投资，这部分基金亦可以收回，相应的股权让渡给后来的投资方。

（3）政府不再插手技术孵化器的具体事务，仅实行监督。

以色列所有技术孵化器私有化进程在2010年底全部完成，不断为国家的科技创新注入新的动力。

二、技术有形化

技术有形化就是把企业具有的非物质形态的技术、服务、成套解决方案等，转变为可见的物质，包括工艺包、技术手册、宣传册、宣传片、展板模型等，促进科技成果的内部交流、消化吸收和外部商业化推广，进一步发挥技术的价值。技术有形化是技术商业化之前的必要步骤，也是促进技术商业化成功的核心基础①。

技术有形化的实施路径主要包括3个阶段，即筛选需要有形化的技术、技术有形化集成和技术有形化成果推广。其中，技术有形化筛选是后续活动的基础；技术有形化集成是确定此项工作的载体与表征方式，通常采取多种方式相结合的途径；技术有形化成果推广是技术有形化的最终流程，负责将有形化成果转化到应用中。整个实施路径如图4.3所示②。

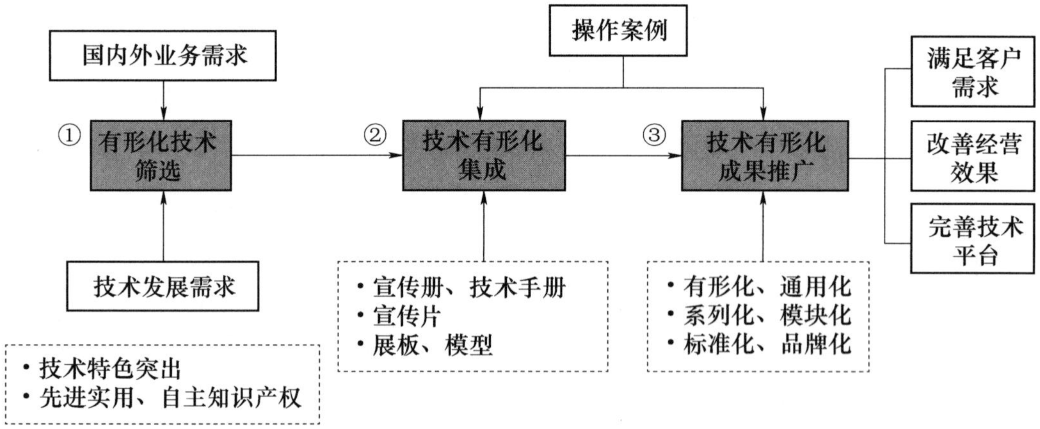

图4.3 技术有形化实施路径

① 薛晓涛．中国石油技术有形化探索与实践［J］．中国化工贸易，2014，6（20）：1–5．

② 张运东．中国石油技术有形化工作回顾与思考［J］．石油科技论坛，2019，38（6）：23–27．

不同行业的企业技术有形化过程既有共性，也有差异，实施路径中的细节流程和顺序由企业结合技术有形化的特点和自身技术特点制定。

企业技术有形化需要紧紧围绕企业的发展战略目标，根据有形化的特点，以“总体设计、突出特色、明确载体、形成资产、共享传承、重在应用”的原则，抓住有形化的要点，形成高质量的有形化产品。

第四节　技术商业化及其运作模式

一、技术商业化

技术商业化，是将经过研究和开发已经形成的各种技术原型（新产品的样机、新的工艺原理及基本操作方法等）在国内外进行规模化测试，成功进入扩大应用阶段，生产制造出来的产品被推到市场上或转变为成熟的工艺而产生新生产线的一种商业化活动。技术商业化侧重技术活动产业链的最后端，强调了商业价值，其本质就是技术价值在市场上的变现。技术商业化是技术创新活动的最终目标。

围绕技术商业化的过程，很多学者提出了不同的阶段划分，比如二阶段论、三阶段论、四阶段论与五阶段论（见表 4.1）。各种分类方法的区别并不明显，可以根据实际状况而定①。

表 4.1　　技术商业化阶段划分方法

商业化阶段论	主要阶段
二阶段论	商品化阶段和技术产业化阶段
三阶段论	技术转移实验室阶段、技术再创新产品化阶段和技术扩散商品化阶段
四阶段论	实验与发明创造阶段、产品雏形和中试阶段、试点生产与进入市场阶段以及大规模营销产业化阶段
五阶段论	概念阶段、初始阶段、成长阶段、扩张阶段以及成熟阶段

① 张丽，张运东，戚维燕．从石油科技成果到商业化——面向商业化应用的技术有形化［J］．石油科技论坛，2014，33（1）：7－9．

案例 4.1

联合型技术创新孵化企业成功历程与经验

为了促进新疆克拉玛依石油化工产业向高价值产业链延伸，先期由克拉玛依市与国内某研究机构以共建“洁净能源国家实验室（筹）中试基地”的方式，由克拉玛依市人民政府和高新区政府共同出资。中试基地占地面积大，投资高，各项配套设施齐全。截至 2020 年 12 月，该基地已入驻并建设了数套千吨级中试装置，涵盖技术范围广，并相继运行成功。现在，该基地已成为国内能源化工领域前沿技术开发支撑平台及技术孵化器的领头羊。

以中试基地项目公司为中心，实现了科研单位、生产企业等相关合作方的深度融合，形成了产业链与创新链、资金链、政策链协同联动的新模式，极大推动了相关技术的商品化，并带动产业化发展。

1. 四位一体创新生态模式

基于此中试基地平台，克拉玛依市先进能源技术创新有限公司（以下简称“先能科创”）搭建了“公司+基金+基地+全球技术网络协作”四位一体创新生态体系。先能科创作为政府高新区企业的孵化器和加速器，在全国和欧洲地区科研院所、高等院校、技术公司中寻找优质、先进、尚未产业化的技术项目，同时对接政府资源向入驻中试基地的企业提供政策支持和科技服务，也可以由入驻企业提出需要概念验证、中试试验或熟化的先进技术项目。公司的合作建设模式如图 4.4 所示。

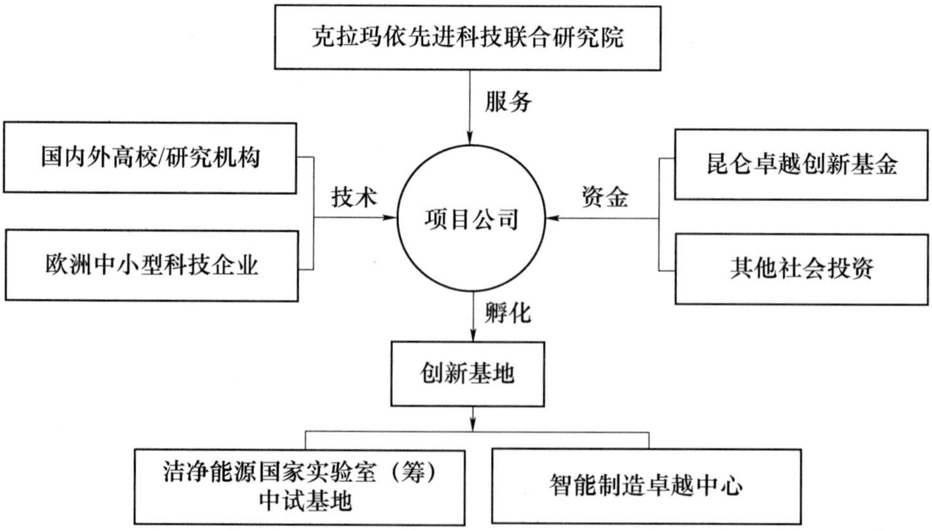

图 4.4　中试基地合作模式

四位一体创新生态模式有利于解决技术创新活动中以下几个关键问题：

一是通过技术专家和技术公司，帮助企业找准产业技术发展的新方向和新技术。

二是实现实验室的概念验证和中试装置的熟化，提高技术成熟度。中试基地为重要的中试装置提供符合建设需要的厂地及配套齐全的辅助生产设施。

三是任何科技研发类项目向产业转化都需要资金支持，克拉玛依市政府专门成立中试产业基金，通过基金为项目提供资金来源，并在项目中占有股份。

四是利用全球技术网络进行协作，为需求企业提供更为全面的技术指导、技术服务。

2. 四位一体创新生态模式运作流程

先能科创根据克拉玛依当地石油化工资源、产业结构和产业特点，组织技术团队到国内外各大研究院所、高等院校、技术研发公司寻找先进优质、尚未产业化的技术项目，经过专家技术、经济论证后，寻找对这类技术感兴趣、有需求、有技术基础的企业，达成意向后组建项目法人公司，政府的中试产业基金通过先能科创平台向项目法人公司提供资金支持，项目法人公司入驻中试基地，负责中试装置建设及运营，后续，先能科创作为中试基地的法人全方位服务于项目公司。

当中试试验开发成功，获得中试试验基础数据后，由工程公司进行工程放大研究并形成工艺包，最终以技术出售、技术入股、技术许可、小批量产品销售等多种商业化形式实现技术创新的收益和价值。合作各方风险共担，利益共享。

二、技术商业化运作模式

（一）技术商业化运作模式的分类

技术商业化运作模式是指将企业研发的新技术转化为利润的过程与方法。一般来说，可以将企业新技术商业化运作模式归纳为六种[①]。

（1）完全自主型。一个具有一定规模、实力的企业从进行技术研发工作开始，仅通过自己的努力来实现技术性的突破，并且要在此基础上继续依靠自己的能力来推动科学技术和商业化的各个后续环节，最终获得所预期的商

① 魏君，罗杰．企业新技术商业化过程模式分析［J］．商场现代化，2012（9）：13－15．

业利润。

（2）技术自主—后期合作型。在这种模式中，虽然企业在初期获得新技术成果是通过自主研发，但在这些新技术的商业化阶段，则通过吸引其他合作方投入资金、共同参与、分享新技术成果、共担风险，最终共同推动和实现新技术成果的商业化。

（3）技术引进—后期自主型。企业在不具备自主开发新技术能力的条件下，先期通过购买、获得授权等方式获取其他企业的新技术并在后期进一步完善，从而生产出更为优质的产品。

（4）技术引进—后期合作型。在新技术引进后的商业化阶段，继续采取合作的方式引入合伙人，共同推动此项新技术的商业化，共同承担风险、分享经济收益。

此外还有技术合作—后期自主型、技术合作—后期合作型两种模式，可以根据以上介绍来推断出各自的特征。

不同的企业在不同时期对技术商业化运作模式的选择依据有所不同，要想实现企业在长时期内保持自己在技术方面的领先水平和竞争力，同时尽可能降低企业的风险和支出，就需要依据不同商业化运作模式的特点，充分考虑企业自身的条件来选择自己的技术商业化运作模式，完全通用的模式并不存在[①]。

（二）以企业为核心推动技术商业化的方法

企业通过多年研发，在形成多项技术储备，甚至形成“技术池”的情况下，下一步需要重点解决的是技术的推广和商业化，最终为企业带来经济效益或其他类型的价值增值。从企业角度而言，推动技术商业化通常有如下方法。

1. 成立独立运作的技术商业化子公司

如果资金较为充足，且在业务领域有丰富的经验，拥有大量专业的技术人员和经营管理人员，企业可以选择成立独立运作的技术商业化子公司，由企业 100% 控股，承接企业研发和储备的所有技术。

技术商业化子公司的主要业务包括：

（1）对技术进行市场检验，找到正确的应用场景、产品和服务形态，并

---

① 闫娜，叶海超，邸伟娜．石油工程技术商业化模式选择策略研究［J］．科技管理研究，2013，33（16）：119－123．

根据市场反馈调整服务渠道和方式，让更多的客户接受并使用新技术。

（2）对原有公司技术的初步定价进行市场优化和调整，形成长效的技术定价体系。企业需要先决定技术的市场定位，再决定合理的技术价格。在一些新技术还没有被市场接纳且无法精准定价的情况下，企业可以选择保守的成本定价法或技术入股等非直接定价方式。

（3）形成和总结市场需求，反馈给公司技术开发部门，形成技术开发市场导向。

（4）对重点技术开发人员和推广人员采取股份激励、项目分红、公司利润分成等多方位的激励政策，将公司技术开发的红利通过灵活的形式分配给员工和管理者。

为此，独立运行的技术商业化子公司可以利用对赌协议等经营方式，选拔优秀的管理、销售和技术人员，除公司现有的人员外，还需从市场上聘请市场销售人员、技术专家顾问、法律人员和技术服务人员等。在技术得到一定推广、利润稳定的基础上，还可以选择利用子公司上市融资扩大公司规模，占领市场，推动公司业务转型，形成更多附加值。

2. 公司模拟孵化基地

在企业技术储备仅为少数几项，资金有限，且相关专业人员和管理运营人员配备不足的情况下，单独成立技术商业化公司成本过大，无法形成规模效应，这时可以选择以模拟孵化基地的方式进行运作。在该模式下，企业负责提供小型办公区域和启动资金，从公司内部公开招聘有志于进行技术推广的人员，形成一个个小团队，挂名技术孵化基地，负责技术的对外推广和销售，实现技术的商业化。同时，在技术的推广过程中，企业提供小团队所需的法律、财务等方面的咨询、专业人员培训。为了提高技术孵化中心各团队积极性，企业应提供相应的激励机制，如技术推广成功后的收益分成等。这样，技术商业化成功后能给员工带来切身利益，也会为企业带来增值，同时为后期独立运行的技术推广子公司的成立奠定人才基础，提供运行经验。

3. 技术对外合作入股

该模式指企业将自己掌握的技术成果入股合资企业换取相应股份，然后与其他股东分享利润，这种模式通常被称为技术入股。技术入股可以让技术拥有企业在无须付出大量现金的情况下，通过合资合作的形式实现技术的商业化运作，获得收益。同时，技术入股可以减少企业作为股东对合资公司的偿债责任，一旦出现重大亏损，股东承担的责任大小可以由出资份额决定。此外，企业以技术入股，该技术成为合资公司的无形资产，可以抵扣合资公司的企业所得税。

虽然技术入股为企业带来很多好处，但在实践中需要注意以下几点：

（1）《中华人民共和国公司法》第 27 条规定：“股东可以用货币出资，也可以用实物、知识产权、土地使用权等可以用货币估价并可以依法转让的非货币财产作价出资；但是，法律、行政法规规定不得作为出资的财产除外。”尤其是涉及国有资产入股的，需要由正式的评估机构出具专业报告，确定评估价值。但鉴于技术估价本身的复杂性以及评估机构和人员对于新技术认知的局限性，评估结果可能会与企业预期定价相差较大。在实践中，部分企业会选择协商作价，即由出资各方通过协商确定技术价值。国有企业在用自有技术作价入股时，可以考虑“评估入股+协商入股”的综合评价方法，既满足国家要求，也符合出资各方的心理预期。

（2）作为小股东技术入股的企业，无法控制公司的经营行为，如果公司经营不善，技术股东希望退出且拿回技术时，可能因技术的归属权不明确问题导致无法退出。因此，需要在前期签订的退出协议中对技术所有权进行明确规定。

（3）在合作各方认可的情况下，公司以技术入股，合作方以资金或其他所需的资源入股，共同开发项目，获取收益。但有时新技术推广过程较难获得现金出资投资人的认同，因此以业绩说话才能让出资方和技术方在股权分配的问题上达成一致。企业在以技术入股的时候，可以与出资方协商以下几种入股方式，根据实际情况来进行综合选择。

① 设定目标法。企业为更好地推广并应用自身技术，可以选择在合资公司成立的初期不占有股份，在合资公司达到一定业绩目标后，获取相应的股份比例。例如，A 公司为技术方，B 公司为出资方，A 公司和 B 公司一同成立 C 公司，C 公司设立初始阶段，设定一个三年计划，第一年的业绩目标为 a，A 公司起初不占有 C 公司股份。如第一年 C 公司业绩达到 a，赠与 A 公司 10%的股份，达到 a×150%，赠与 20%股份；之后年份以此类推。

② 名义共同出资法。技术方和出资方共同成立一个项目公司，出资方出资 a，技术方名义出资 b，股份比例 a∶b。双方预先商定好项目公司的利润分红比例，未来形成利润后，技术方的分红优先偿付出资方的垫资；如果项目公司不能盈利，无法偿付出资方的垫资，则双方可以清盘，所有剩余资产优

先偿付出资方的投资款。

③ 共享收益入股法。在新技术没有形成商业价值之前，可以未来技术方带给合作公司资产增加值的多少决定股权分配比例。如 A 公司为技术方，找到 B 公司合作，B 公司原有资产为 1 000 万元，双方商定：如果三年后，资产在原来的基础上增加到 5 000 万元，则其中新增加的 4 000 万元按照 3:1 分配，相当于 B 公司出资 1 000 万元+3 000 万元=4 000 万元，A 公司出资 1 000 万元，A 公司占股 20%，B 公司占股 80%。

第二篇

企业管理创新

引　言

企业管理是企业成长的护航员，有效的企业管理能提高企业的效率，明确企业的发展方向，发挥企业的潜能。企业管理是一门艺术，不存在“放之四海而皆准”的准则。但在日常的企业管理中，为了实现业绩目标，管理者需要把注意力集中于一些核心要素上，在如今社会主义市场经济快速发展和竞争激烈的环境下，企业或自发或被推动着在各项管理要素上与时俱进，积极创新。本篇从战略规范层面出发，审视商业模式的必要变化，筹划资本和人才等核心竞争力的塑造，探索数字化发展带给企业的变革方向以及在当前宏观背景下，企业在全球范围内的国际合作与竞争，以点带面提炼管理创新的宝贵经验。

战略管理是企业管理最重要的组成部分，是最高层次的企业管理。战略管理创新一章重点介绍了战略管理的理论体系，以案例的形式呈现了一些行业标杆企业战略管理创新的实践，并总结提炼了推进企业战略管理创新的经验，具体包括：通过提高战略管理前瞻性，解决战略迷茫和传承的问题；通过增强战略拓展的科学性，解决确定战略方向和指标体系的问题；通过提升战略管理领导力，解决推动战略落地的问题；通过推动战略生态开放性，解决实现永续发展的问题；通过强化战略执行连续性，解决推动规划与计划深度整合的问题。

对于商业模式创新的探索是企业管理者不可或缺的创新思维的延伸。其对传统格局的颠覆，蕴含的因重塑企业价值和盈利模式而获得的巨大成长力量刷新了我们的认知，开阔了我们的眼界。商业模式创新一章从追溯商业模式兴起的源头，通过不同理论的解析，理解其内涵并寻找成功商业模式的特点和驱动因素。该章交流了作者感悟的商业模式创新中的典型问题和难点，重点介绍了作为一名企业管理者、实干家，应怎样寻找商业模式创新的切入点。

资本是企业拥有的最重要的现有价值。资本运营是企业家推动企业价值提升必须学会的重要技能。资本运营创新一章重点关注实体企业在发展实践中如何利用资本运营实现自身战略意图这一问题，分析了国内资本市场的导向和特点，阐述了企业资本运营的主要思路和具体做法，并对每一种具体对应的资本运营形式配以案例综述和解释。当然，这里资本运营是指实业持续增值，而不是资本大鳄的投机方式。企业家唯有秉持初心、踏实做事、谨慎行事，才能够明辨方向、游刃有余，实现企业整体价值的真正提升。

人才竞争已经成为一国综合国力竞争的核心。谁能培养和吸引更多优秀人才，谁就能在竞争中占据优势。随着企业对于人才重视程度的日益提高，如何更有效地激发人力资源在企业发展中的活力和动力也越来越受到广泛关注。人力资源管理创新一章主要介绍了企业在人力资源管理方面的有关理论和实践。在充分分析企业所面临的人力资源管理的重点和难点问题的基础上，从企业如何做好“选、用、育、留”这几篇文章入手，结合国内外各类型企业的一些典型做法和探索，介绍了一些人力资源创新管理的方式方法。

数字化转型是企业解决行业竞争、经济增长和满足用户需求个性化等问题的有效手段，是企业重塑核心竞争力的必由之路。在当今数字化时代，中国政府提出了建设“数字中国”、释放数字经济潜力、催生新的发展动能的宏伟目标，各企业都在不断探索数字化转型之路，数字化转型成为企业发展的重要趋势。企业数字化转型一章回顾了企业数字化转型的发展现状，思考了企业数字化转型过程中存在的问题，探讨总结了企业数字化转型的内容和路径，为传统企业实现数字化转型提供了一些参考。

在构建国内国际双循环相互促进的新发展格局下，参与国际合作与竞争、实现国际化发展是企业发展到一定阶段后的战略选择。企业国际化创新一章从企业价值链创造的几个环节，即资源获取、生产加工和产品销售环节出发，就各环节中各要素的国际化模式进行了论述，并以此为基础，就企业如何实现国际化创新发展提出了一些具有借鉴意义的意见，并就几类典型企业国际化创新发展的实际过程进行了阐述。

第五章

战略管理创新

“时代是思想之母，实践是理论之源。我们要在迅速变化的时代中赢得主动，要在新的伟大斗争中赢得胜利，就要在坚持马克思主义基本原理的基础上，以更宽广的视野、更长远的眼光来思考和把握国家未来发展面临的一系列重大战略问题，在理论上不断拓展新视野、作出新概括。”

——习近平总书记于2017年7月26日在省部级主要领导干部“学习习近平总书记重要讲话精神，迎接党的十九大”专题研讨班开班式上的讲话

第一节　战略管理的重要意义

企业战略是企业结合自身资源禀赋，应对不断变化的环境，确定发展方向和业务范围，并动态调节自身资源配置，进而获得竞争优势的总体性、长远性、竞争性的全盘谋划。有人提出战略“5P”定义，认为战略是一种计谋（Ploy）、定位（Position）、计划（Plan）、模式（Pattern）和观念（Perspective），这一定义为企业战略做出了非常好的注脚。从根本上说，决定企业目标、方向、路径、格局的正是企业战略。

企业是国家的经济细胞，应该遵守国家战略和市场规则。企业战略对企业中长期发展产生至关重要的影响，它决定了企业中长期的发展方向，凝聚了企业内部的发展共识，反映了企业对外部形势机遇和挑战的判断，确定了企业的业务边界和活动范围，谋划了企业获得竞争优势的实现途径和策略，明确了企业的发展路径和实施步骤。

一、战略管理的定义

战略（Strategy）这一术语源自军事领域。在中国古代，“战”指战争，略指“谋略”，“战”和“略”很早就被合并成“战略”一词来用，意指指导

战争全局的计划和策略。唐朝边塞诗人高适在《自淇涉黄河途中作十三首》诗中，曾用到“战略”一词，诗曰：“当时无战略，此地即边戍。”明朝著名军事家、政治家胡宗宪曾著有《战略》，用以阐述应对各种战争形态的策略。作为无产阶级革命家、战略家和理论家，毛泽东同志早在1936年撰著的《中国革命战争的战略问题》就明确提出：“战略的持久战，战役和战斗的速决战，这是一件事的两方面，这是国内战争的两个同时并重的原则，也可以适用于反对帝国主义的战争。”指明了夺取抗日战争和国内革命战争胜利的战略方向。

战略管理（Strategic Management）是企业管理最为重要的组成部分，是最高层次的企业管理。尽管学界和企业界对战略管理的定义有着不尽相同的表述，但对战略管理的主要内容和基本属性却达成了广泛共识。有学者认为，战略管理是指为制定和实施那些旨在实现公司目标的计划而做出决策和行动的集合，涉及对公司与战略相关的决策和活动的计划、指挥、组织和控制。还有学者认为，战略管理是指形成战略愿景、设定目标、制定战略、实施战略，并随着时间的演进对上述事项进行调整的管理过程。由此可见，战略管理区别于其他企业管理之处在于，它是企业面向未来的一种筹划，主要用于解决企业中长期可持续发展和长期竞争力保持的问题。

伴随着中国改革开放的不断推进，中国企业迎来了快速发展的历史契机，对企业战略管理也越来越重视，形成了“搭班子、定战略、带队伍”“战略是头脑，管理是腿脚”等诸多战略管理金句。与此同时，企业在总部层面纷纷设立了专门的战略管理部门，负责战略和规划的研究、制定、执行、反馈和改进，并形成了从上到下的战略管理组织体系，在传统规划、计划管理的基础上，借鉴国际上战略管理的研究成果和管理理念，形成了具有中国特色的战略管理理论和实践。

战略管理主要回答了企业的两个基本问题：一个是“你想要去哪儿？”，另一个是“你怎样去那儿？”。诚如波特所言，“战略制定的最广义内容是使公司的优势和劣势，特别是其杰出的能力和环境提供的机遇与风险相匹配。”战略管理是一项系统工程，既有对外部环境和形势的分析和判断，也有对自身优势劣势的审视和把握；既有对发展愿景的描绘和擘画，也有对实现路径的规划和设定；既有对发展定位的界定和锚定，也有对发展战略的选择和阐述；既有对发展目标的测算和锚定，也有对发展部署的谋划和细分；既有组织实施的资源投入，也有实施效果的评估和反馈。概言之，战略管理涵盖了确定目标、自我剖析、环境分析、方案草拟、方案确定、战略制定、战略分解、战略实施、绩效评价等。

二、战略管理的重要意义和关键作用

战略管理在企业发展过程中发挥着至关重要的作用，概括而言，具有以下方面的重要意义和关键作用。

（一）战略管理关乎前途命运

美国国际商用机器公司（IBM）前总裁郭士纳提出：“忽视战略，仅仅关注战术和执行，就会给企业带来灾难。”战略管理建立在对未来分析和判断的基础上，如何在发展过程中做到与时俱进，对企业家都是巨大挑战。我们看到很多处在同一行业的企业，对同一时刻的形势做出迥异的判断，进而在此基础上形成了不同的战略目标、战略部署，导致企业选择了完全不同的发展路径。只有方向正确，选择得当，对重大战略问题形成科学的判断和把握，才能确保企业行进在正确的道路上。

（二）战略管理关乎路径抉择

杰克·韦尔奇指出：“战略其实就是对如何开展竞争的问题做出清晰的选择，也就是有所为，有所不为。不管你的生意有多大，资金有多雄厚，你也不可能满足所有人的要求。”对于企业家来说，外部面对不确定的未来，内部面对有限性的资源，如何在不确定的未来和有限性的资源之间取得平衡，是企业必须做出的重要选择。战略管理本质上就是对发展路径的取舍，是将最优质的资源投放到最能够支撑企业生存发展的业务领域上来。走正确的道路，赢者通吃；走错误的道路，满盘皆输。

（三）战略管理关乎竞争能力

有学者提出:“制定和执行公司战略是管理一个企业并在市场中获胜的核心与灵魂。”也有学者认为：“在一个组织中，管理者所实行的战略对于该组织相对于竞争对手的表现具有重大的影响。”战略管理聚焦在企业如何在变动环境下增强竞争对手难以复制的核心竞争力，从而巩固和增强在市场竞争中的优势地位。为了实现这样的目标，每家企业都要结合自己的实际情况，按照哈默尔提出的“规则制定者”“规则的遵循者”和“规则的破坏者”三种企业类型对号入座，以便在竞争中获得优势地位。

（四）战略管理关乎人心聚散

有效的战略管理有助于企业形成清晰的战略愿景和企业使命，明确企业存在的理由和努力的方向，从价值观层面更好地凝聚全体员工的意志，让广大员工志存高远，增强企业发展的向心力、战斗力和凝聚力，更好地激发全体员工在企业发展中的进取心、主动性和能动性，战胜企业前进道路上的各种艰难险阻，不断地向发展目标迈进。

第二节 战略管理的方法与途径

学者从不同角度对战略管理各环节进行了归纳组合，形成了各具特色的管理模型。有的将战略管理分为战略定位、战略选择、战略行动三大任务，战略定位主要基于环境、希望和目标、资源和能力，战略选择包括公司层面战略、业务单位战略以及发展方向和方法，战略行动包括管理变革、能力和组织；有的将战略管理分为战略制定和战略实施两大部分，战略制定包括内外部分析以及 SWOT 战略选择，战略实施包括组织结构设计、组织文化设计以及组织控制系统设计；有的将战略管理分为战略定位（包括愿景和使命）、目标设定、战略制定、战略实施、绩效评估和调整五部分；有的将战略管理分为确定使命和社会责任、内外部分析、战略分析和选择、目标确定、战略执行、战略控制和改进六部分。尽管学界对于战略管理主要任务和工作阶段进行了不同的划分，但大体上都包括了自我定位、自我剖析、环境分析、确定目标、方案草拟、方案确定、战略制定、战略分解、战略实施、执行评估等阶段，也都强调了各阶段的衔接和联动。

结合中国企业管理特点，我们将战略管理分为战略定位、战略分析、目标设定与战略选择、战略实施、战略控制与评价五个环节。

一、战略定位

战略定位（Positioning）用十二字口诀概括就是“树旗帜”“明方向”“强使命”“聚人心”，根据公司自身特点，明确本企业不同于其他企业的发展愿景、存在价值，从而达到激励人心、凝聚共识的目标。战略定位是企业战略管理的初始环节，主要目的在于清晰界定自身发展特质，从而将自身与其他企业（包括竞争对手）区分开来。在经历了几次大的全球经济浪潮冲击、面临越来越激烈全球竞争压力的背景下，企业越来越重视对自身进行整体性、全局性、永续性的审视和变革。在战略定位阶段，主要任务是明确发展愿景（Vision）和发展使命（Mission），部分企业在战略定位过程中还加入了价值观。其中，愿景是对企业美好发展前景的憧憬和展望，使命是企业因何而存在和担负的责任，价值观则是企业内部评价事物的共同标准。三者的共同目标是为公司发展树立一个标杆，激励产生与其发展方向相适应的凝聚力。战略定位本质上属于企业文化范畴，但对于战略管理的成败却发挥着至关重要的作用，波特甚至提出“战略就是怎样定位”的观点。

（一）战略愿景

战略愿景是战略定位中最为重要的内容，是描述企业组织目标、未来商业模式和理想竞争状态的浓缩的“发展蓝图”，旨在为企业战略确定某些重要的开端和主要的方向，集中企业决策中的某些关键意图和思路，引导企业战略沿着正确的路径前进。确定企业愿景，诚如德鲁克所言，首先要以三个问题作为起点，第一是“我们的企业是什么”，第二是“我们的企业将是什么”，第三是“我们的企业应该是什么”。强烈的未来指向是愿景最为突出的特点，同时值得注意的是，公司愿景是前瞻，不是畅想，不能脱离公司面临的竞争环境和自身实际情况。

企业愿景犹如企业的梦想，构建它要慎之又慎，不仅考虑到企业的未来，还要考虑员工的利益。好的战略愿景植根于企业内在基因、外在环境、发展趋势的完美结合，并具有以下特征：一是清晰可视，当企业员工看到相关的文字表述时，头脑中能立刻呈现出清晰、具体的图景，从而自发地产生一种尽快实现愿景的思维冲动；二是目标适度，好的战略愿景能给员工带来希望和憧憬，所描绘的图景必须是员工经过辛勤劳动能够实现的；三是关注员工，以人为本，充分调动员工的积极性、主动性和创造性，并在实现愿景目标后得到合理的利益报酬与价值体现，从而为持续激发员工潜能创造条件；四是目标细分，能够为企业发展战略提供方向和指导，切忌笼统、模糊、大而化之，没有形成可执行的细化措施。

（二）企业使命

德鲁克认为：“管理就是界定企业的使命，并激励和组织人力资源去实现这个使命。界定使命是企业家的任务，而激励与组织人力资源是领导力的范畴，二者的结合就是管理。”雷德·R. 戴维则认为，使命陈述需要具备九要素，即“客户，产品或服务，市场，技术，对生存、增长和盈利的关切，观念，自我认识，对公众形象的关切以及对雇员的关心”。

通常而言，企业使命需要具备三大要素。首先是明确自身业务领域、市场细分和技术专长；其次是明确自身的竞争优势和核心竞争力；最后是明确自身经营理念。从根本上说，企业使命阐述了自身的本质特征和存在理由，指明了企业经营决策的指导思想、原则、方向、经营哲学，深刻影响着决策层的思维和决策模式，因而是企业战略管理的重要基石。愿景和使命的区别在于，前者侧重于明确企业未来的发展方向，后者侧重于明确面向未来的发展方向企业必须承担的责任和义务，以及需要坚守的原则和底线。确定公司使命最为重要的就是立足自身、面向未来、展现担当，如果把企业使命当作面子工程，仅仅是为了提升企业形象，只是写给客户、员工和社会的装饰，则很难发挥清晰定位、激励人心、凝聚共识、树立形象的作用。

二、战略分析

战略分析用十二字口诀概括就是“明大势”“谋大局”“鉴长短”“知得失”，通过各种战略分析工具和模式，明确企业所处行业的宏观大势、行业变迁、竞争演变、同业动态、优劣得失，做到知己知彼，进而为战略制定提供坚实的基础。战略分析是战略管理的重要基础，好的战略势必是内部因素和外部形势的完美结合。战略分析的主要目标是运用科学的分析方法、分析模型和分析工具，对内外形势形成清醒而全面的把握，精准分析企业面临的机遇和挑战，准确诊断企业自身的优势和劣势，为管理层科学决策、做出最适合的战略选择提供坚实的基础。战略分析是国内企业经常忽略的重要环节，不同程度地存在着战略分析沦为形式、先射箭再画靶、分析工具运用不到位等问题。

20 世纪七八十年代是战略分析大发展的时期，以波特为代表的一大批战略管理研究学者，将产业经济学的研究方法引入战略管理研究，形成了系统的战略分析方法。按照流行的观点，战略分析由外部环境分析和内部因素分析两部分组成，侧重点在于分析外部环境和内部资源对于公司生产经营产生的影响。下面，我们从外部环境分析、内部因素分析和综合分析（SWOT 分析）三个层面，介绍各类战略分析工具和模型。

（一）外部环境分析

外部环境分析旨在帮助企业顺应趋势变化、有效把握发展机会、最大程度避免系统风险。任何一家企业都不可能脱离特定时空背景获得成功。孙中山先生说的“天下大势，浩浩汤汤，顺之者昌，逆之者亡”也就是这个道理。外部环境分析按照层次，通常从宏观环境、行业环境、经营环境（或称竞争环境）三个层面逐级开展。约翰 • A. 皮尔斯二世、小理查德 • B. 鲁滨逊在《战略管理：制定、实施和控制》一书中的外部环境分析模型较为经典，（见图 5.1）。由图 5.1 可见，在宏观环境层面，重点分析国内外的经济、社会、政治、技术、生态等要素，较为经典的分析工具是 PEST 模型；从行业环境层面，重点分析国内外的进入壁垒、供应商能力、购买者能力、替代品的替代能力、竞争对手，较为经典的分析工具是五力模型；在经营环境层面，重点分析竞争者、债权人、客户、劳动力、供应商等相关方。

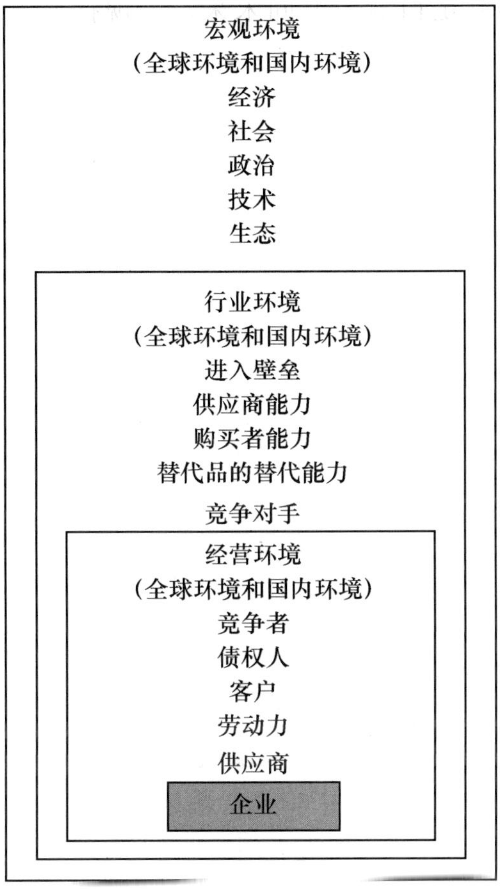

图 5.1　企业外部环境的分析层次

资料来源：皮尔斯二世，鲁滨逊. 战略管理：制定、实施和控制［M］. 8 版. 王丹，高玉环，史剑新，译. 北京：中国人民大学出版社，2005：61.

1. 宏观环境分析

宏观环境分析应用较广的模型是 PEST 模型，从政治（Political）、经济（Economic）、社会（Social）、技术（Technological）四个方面分析企业面临的宏观环境。近年来，随着环境保护意识和合规意识的增强，部分学者将环境（Environmental）和法律（Legal）也纳入分析框架，将 PEST 模型拓展为 PESTEL 模型。下面重点对 PESTEL 模型进行介绍。

在 PESTEL 模型中，政治因素指对组织经营活动具有实际与潜在影响的政治力量；经济因素指组织外部的经济结构、产业布局、资源状况、经济发展水平以及未来经济走势；社会因素指所在社会的历史发展、文化传统、价值观念、教育水平以及风俗习惯；技术因素包括引起革命性变化的发明，以及出现的与企业有关的发展趋势及应用前景；环境因素是环保因素对于企业生产经营的影响；法律因素指组织外部的法律、法规、司法所组成的综合系统。格里·约翰逊和凯万·斯科尔斯在《战略管理》一书中对 PESTEL 模型的阐述如表 5.1 所示。

表 5.1　宏观环境影响因素——PESTEL 模型

1. 组织正受到哪些宏观环境因素的影响？
2. 目前，哪些宏观环境影响因素的影响最为重要？在未来几年呢？

政　治 • 政府的稳定性 • 税收政策 • 外贸法规 • 社会福利政策 **社会文化因素** • 人口分布 • 收入分布 • 社会流动性 • 生活方法的变化 • 对待工作和休闲的态度 • 消费者利益保护运动 • 教育程度 **环　保** • 环境保护法规 • 废弃物处理 • 能源消耗	**经济因素** • 经济周期 • 国民总收入的变化趋势 • 利率 • 货币供应 • 通货膨胀 • 事业 • 可支配收入 **科　技** • 政府的研发投入 • 政府和行业对技术发展的关注 • 新技术发明/发展 • 科技成果转化速度 • 科技淘汰的速度 **法　律** • 反垄断立法 • 劳动法规 • 医疗和安全 • 产品安全

资料来源：约翰逊，斯科尔斯. 战略管理［M］. 6 版. 王军，等译. 北京：人民邮电出版社，2004：65.

2. 行业环境分析

行业环境分析（Industry Environment Analysis）旨在对企业所处行业的竞争格局以及企业自身的行业地位进行分析，从而明确企业所处行业的竞争态势、增长潜力和盈利空间。波特的五力模型（Five Competitive Forces Framework）为分析行业环境提供了有力的工具，成为行业环境分析的经典模型，并产生了极其深远的影响。波特在 1980 年出版的《竞争战略》一书中提出了五力模型。在他看来，进入威胁、替代威胁、客户价格谈判能力、供应商价格谈判能力和现有竞争对手的竞争等五种竞争作用力（Competitive Forces）“共同决定产业竞争的强度以及产业利润率”（见图 5.2）。

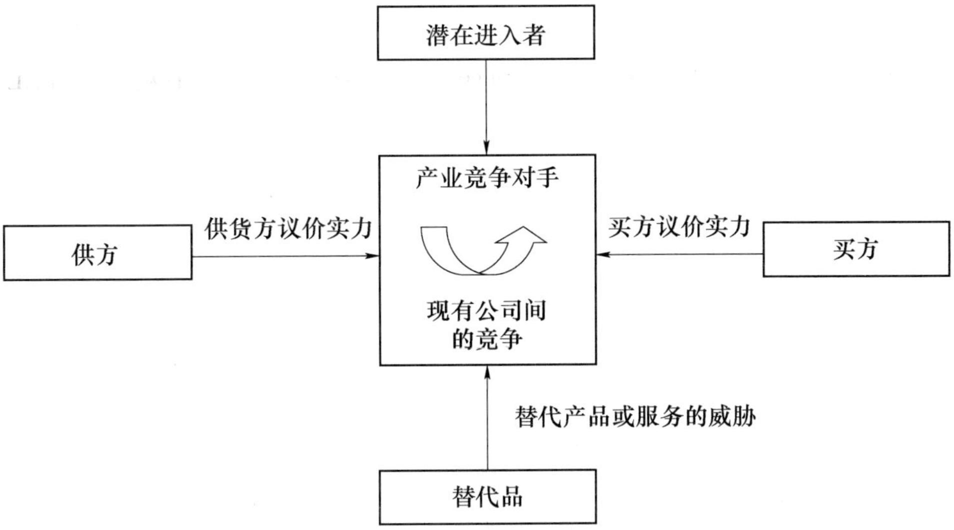

图 5.2　波特的五力模型

资料来源：波特. 竞争战略［M］. 陈小悦，译. 北京：华夏出版社，2005：4.

（1）进入威胁。它指的是“加入一个产业的新对手引入新的业务能力，带有获取市场份额的欲望，同时也常常带来可观的资源”。潜在进入者威胁的大小和强度主要取决于进入壁垒，包括是否存在规模经济、产品差异化程度、进入所需的投资需求、客户由原供应商转向另一供应商的转换成本、新进入者为了获取分销渠道所需付出的成本，以及现有市场主体对潜在进入者进行反击和报复的预期。

（2）现有竞争对手的竞争。它指的是特定行业现有竞争对手之间相互竞争的态势和状况。影响现有竞争对手间争夺激烈程度的因素包括是否有着众多的或势均力敌的竞争对手、产业增长速度、是否存在高固定成本或高库存成本、是否存在产品差异化、是否存在客户转换成本、生产是否大幅扩容、竞争对手是否具有多样性、退出壁垒成本的高低等。

（3）替代威胁。它指的是特定行业产品是否面临来自替代品的竞争压力，替代品决定了产业中公司定价的上限，从而影响着一个产业的潜在收益。替代产品压力主要取决于“替代品所提供的价格—性能选择机会”，对两类替代品要特别给予注意：一是具有改善产品价格—性能比的产品；二是由盈利水平很高产业生产的替代品。

（4）客户价格谈判能力。它指的是特定行业客户是否具有压低价格、要求更高产品质量或获得更多服务项目的能力。影响客户价值谈判能力的因素包括：购买是否批量和集中、客户从产业中购买的产品占其成本或购买数额的比例大小、客户转换成本的高低、客户盈利水平的高低；客户采取后向一体化威胁的大小、产品对客户产品质量及服务影响的大小、购买者是否掌握充分的信息等。

（5）供应商价格谈判能力。它指的是特定行业供应商是否具有提高价格、降低产品或服务质量以及提供更少服务项目的能力。影响供应商价格谈判实力的因素包括供应商与客户相比集中度的高低、供应商是否面临替代品的竞争、供应商产品是否是客户业务的主要投入品以及供应商是否实现了产品差异化和转换成本的高低。

3. 经营环境分析

经营环境分析（Operating Environment Analysis）旨在从企业面对的市场竞争层面，重点分析企业面对竞争者、客户、债权人、劳动力、供应商等相关多方的地位。其中，对竞争者的分析是经营环境分析的核心。波特将竞争对手的未来目的、当前战略、想法和能力作为竞争对手分析的四种诊断要素。明茨伯格对波特的理论进行了发展，将企业与竞争对手进行比较，形成了较为成熟的竞争对手分析模型（见图 5.3）。有效开展竞争对手分析的关键在于收集和整理有关数据和信息，形成竞争情报。竞争情报可以来自竞争对手公开发表的公告（包括年报、季报、半年报、临时管理声明等）、管理层接受的专访、管理层撰写的文章以及有关该公司的新闻报道等。该方法同样适用于对其他相关方的分析。

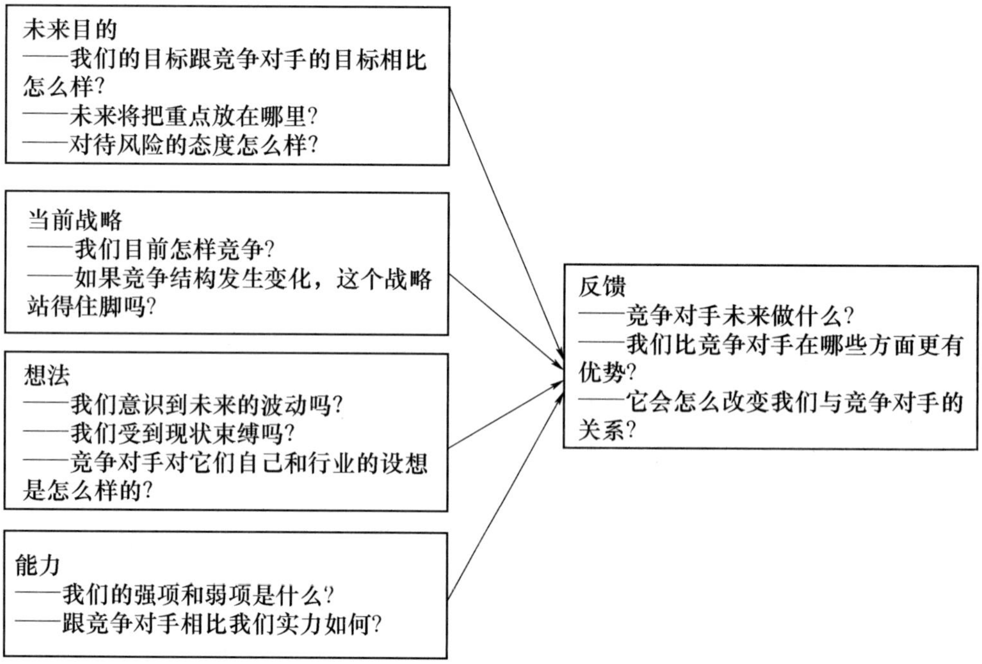

图 5.3 竞争对手分析的要素

资料来源：明茨伯格. 规划：发现战略的力量［M］. 陈正侠，译. 北京：企业管理出版社，2004：116.

（二）内部因素分析

内部因素分析旨在清醒分析企业自身的优势和劣势，以便通过系统诊断，结合外部形势分析，形成适合自身的发展目标、发展战略和保障措施。内部分析主要依靠四种方法：第一是与过去的行为进行比较，为当前表现提供一个历史经验的评价框架；第二是分析行业所处的发展阶段（起步、成长、成熟或是衰退），找出适合当前发展阶段的能力要求；第三是开展与竞争对手比较的标杆管理（Benchmarking，又译对标管理），通过比较弄清自身哪些内部能力处于优势或劣势；第四是与所在行业中成功的因素进行比较，识别出自身的优势或劣势。从内部因素分析模型来看，主要有“资源基础论”（Resource-Based View）、“价值链分析”（Value Chain Analysis）两种分析工具，其中价值链分析工具应用范围更广。下面，我们重点介绍价值链分析（Value Chain Analysis，VCA）

价值链分析是波特在《竞争优势》一书中首创的一种挖掘企业核心竞争力的分析模型。在他看来，“每一家企业都是用来进行设计、生产、营销、交货以及对产品起辅助作用的各种活动的集合”，为了更好地判定和挖掘企业竞争优势，有必要针对特定产业的竞争实际来分析企业内部的价值链，“价值活动是企业所从事的物质上和技术上的界限分明的各项活动”，每一种活动都可以通过资源、人力和管理的投入和相应的技术来实现其价值。

企业的价值活动可以分为两大类：一类是涉及产品的物质创造、销售、物流、售后的基本活动，具体包括内部后勤、生产经营、外部后勤、市场销售、服务五大类；另一类是用于支持基本活动的支持活动，具体包括采购、技术开发、人力资源管理等。此外，还存在与基本活动和支持活动没有直接关系，却支撑基本活动和支持活动有效运行的公司基础设施。“每一种价值活动与经济效果结合是如何进行的，将决定一个企业在成本方面相对竞争能力的高低”（见图 5.4）。

（三）综合分析（SWOT 分析）

SWOT 分析（SWOT Analysis）是由海因茨·韦里克教授首创的一种影响深远的战略分析工具。该模型主要通过对企业优势 S（Strengths）、劣势 W（Weaknesses）、机会 O（Opportunities）和威胁 T（Threats）等因素的系统分析，实现企业自身优势、劣势和外部机遇、挑战的对接，进而选择与企业相适应的发展战略。优势（S）和劣势（W）从企业内部因素出发，机遇（O）和威胁（T）从企业外部因素出发，通过 SWOT 模型的综合分析，实现内外因素的有机统一。

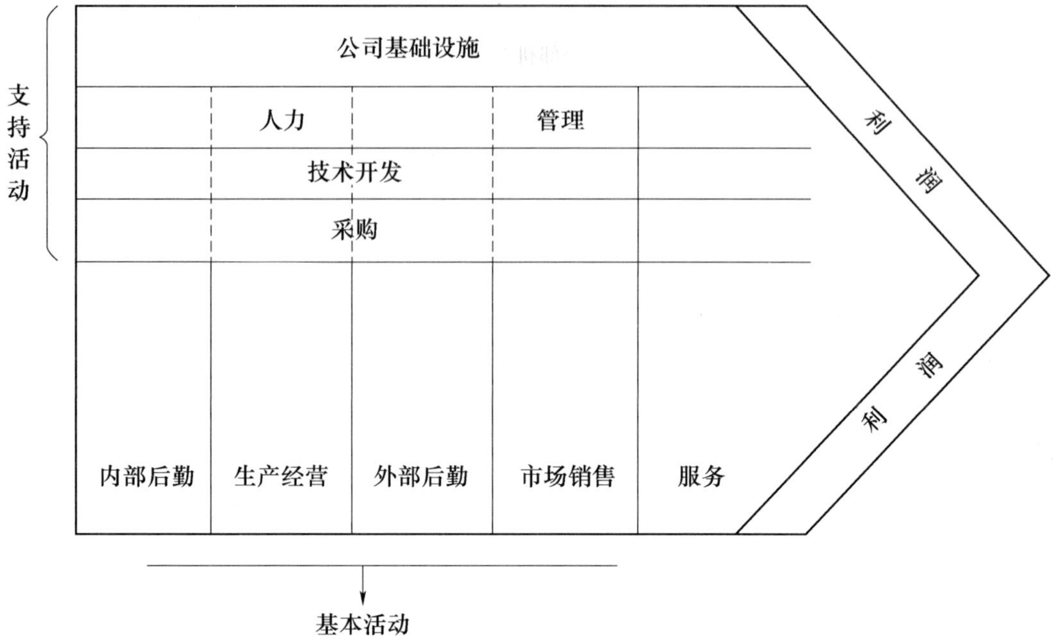

图 5.4 波特的基本价值链

资料来源：波特. 竞争优势［M］. 陈小悦，译. 北京：华夏出版社，2005：45.

在 SWOT 分析的四大要素中，优势（S）指的是“相对竞争对手和公司所服务或准备服务的市场需求而言的资源优势；劣势（W）指的是阻碍了公司优秀变现的“相对于竞争对手而存在的资源或能力上的限制或缺陷”；机会（O）指的是“对公司特别有利的状态”，包括细分市场、竞争环境、技术变革、与顾客或供应商关系改善等方面给企业带来的机遇；威胁（T）指的是对公司不利的外部因素，包括“新竞争者的进入、市场增长的减缓、主要客户和供应商讨价还价能力的增强、技术变革和法律法规的修订”等。

开展 SWOT 分析，大体上可以分为以下步骤：首先，对企业面临的优势、劣势、机会和威胁四类要素进行汇总；其次，对优势和机会、优势和威胁、劣势和威胁、劣势和机会进行两两组合，合并形成 SO、ST、WT、WO 进行分析；最后，在 SO、ST、WT、WO 分析基础上，在不同方面分别形成增长战略、多元化战略、防御战略和转移战略等对应策略（见图 5.5）。

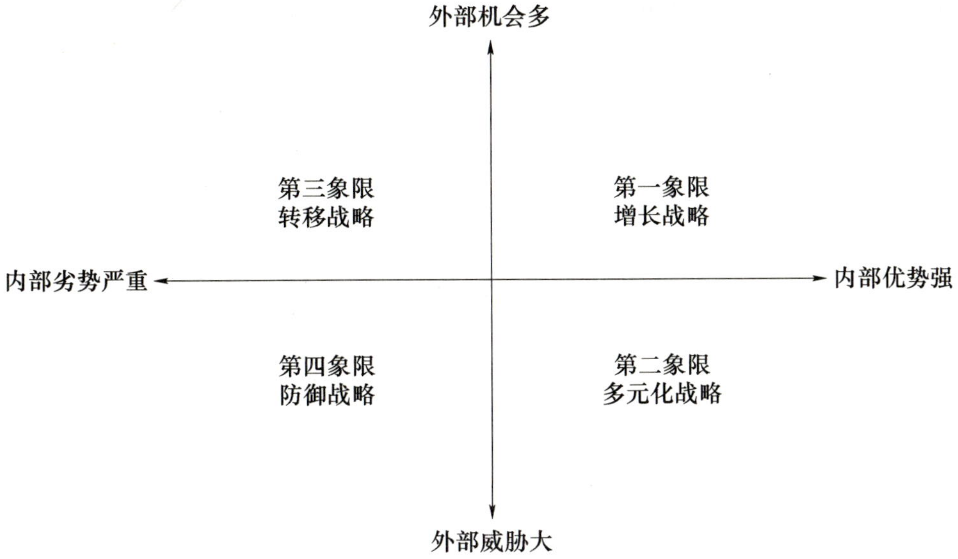

图 5.5　SWOT 分析

资料来源：皮尔斯二世，鲁滨逊. 战略管理：制定、实施和控制［M］. 8 版. 王丹，高玉环，史剑新，译. 北京：中国人民大学出版社，2005：141.

三、目标设定与战略选择

目标设定与战略选择用十二字口诀概括就是“聚焦点”“设目标”“有取舍”“定战略”，通过建立企业在一定时期最为关键的目标体系，进而明确为了实现这一目标需要采取的竞争性战略，通过战略性的取舍，将有限资源集中投放到影响战略绩效的关键领域。目标设定与战略选择是同时进行的两项工作，它们是战略管理的核心环节，是同步推进的两项工作。

（一）目标体系的设定

目标体系设定的方法，主要包括平衡计分卡（Balanced Score Card，BSC）、关键业绩指标（Key Performance Indicators，KPI）、目标与关键成果法（Objectives and Key Results，OKR）三种。其中，平衡计分卡最为经典，该方法对“财务”“顾客”“内部流程”“创新与学习”四个方面具体指标进行分解，分析组织实施发展战略的轨迹，进而实现绩效考核、绩效改进及战略实施、战略修正的循环上升。平衡计分卡的分析框架如图 5.6 所示。

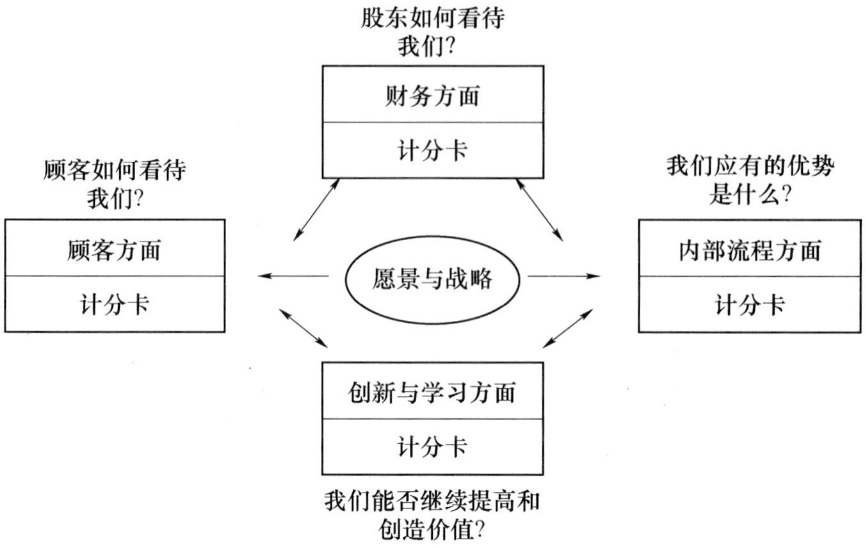

图 5.6 平衡计分卡的分析框架

资料来源：卡普兰，诺顿. 平衡计分卡：化战略为行动［M］. 珍藏版. 广州：广东经济出版社，2013：13.

（二）战略选择

一般而言，学者将企业战略分为公司层战略（Corporate Strategy）、业务层战略（Business Strategy）、职能层战略（Functional Strategy）和运营层战略（Operating Strategy）四个层次。四个层次的划分主要依据战略制定、实施的主体和涉及范围的层次。对于一些规模较小、业务相对单一的企业，公司层战略和业务层战略往往相互重叠，只有公司层战略、职能层战略和运营层战略三个层次。

伴随着战略管理理论的不断推进，企业战略也层出不穷；同时，不同的学者也对于企业发展战略进行了不同的归纳和总结，形成了各具特色的发展战略类型。托马森、斯特里克兰三世将战略分为一般竞争战略（低成本战略、差异化战略、最优成本战略、低成本聚焦战略、差异化聚焦战略）、合作战略、并购战略、纵向一体化战略、外包战略、攻击战略、防卫战略、战略先行战略等；希尔、琼斯将战略分为水平整合战略、垂直整合战略、合作战略、外包战略以及全球化战略；皮尔斯二世、鲁滨逊将战略分为一般战略和总体战略，其中一般战略分为成本领先战略、差异化战略和集中化战略，总体战略分为集中成长、市场开发、产品开发、创新、横向一体化、纵向一体化、同心多元化、复合多元化、转向、剥离、清算、破产、合资企业、战略联盟和联合体等 15 大战略；希特、爱尔兰、霍斯基森则将战略分为公司层战略（多元化、相关多元化、无关多元化）、并购与重组战略、国际化战略、合作战略等。

总体而言，企业战略是对企业各种战略的统称，只要是对企业整体性、长期性、基本性问题的规划，都应列入企业发展战略的范畴。学者的归纳和总结仅是一种学理化的探索，是对企业发展战略共性规律的提炼和升华，以期对企业战略管理形成一定的借鉴价值。伴随着经济社会的不断发展，企业战略也在不断演进，从最初竞争市场环境下强调如何增强自身优势、打败竞争对手的竞争战略，到全球化背景下强调利用国际资源、占领战略制高点的国际化战略，再到世界日益紧密、共同利益日益广泛背景下强调优势互补、合作共赢的合作战略，都是带有时代特色的产物。

四、战略实施

战略实施用十二字口诀概括就是“订计划”“投资源”“重联动”“抓落实”，通过将战略规划转变为年度计划，向推动战略目标和战略举措的领域投放战略资源，强化部门与部门之间、措施与措施之间的配套联动，推动战略有效落地。W. 钱•金（W. Chan Kim）和勒妮•莫博涅（Renée Mauborgne）在《蓝海战略：超越产业竞争　开创全新市场》一书中明确提出，战略实施和执行，是战略管理的重中之重，是战略管理的关键。战略实施是为实现企业战略目标而对战略规划的执行。人们越来越认识到，在战略趋同的背景下，战略实施效果却千差万别，背后的深层次原因就在于战略实施效果的差异。战略实施需要组织和资源的相应配合，常常伴以组织结构调整、运营模式改革、企业文化的再造等。明茨伯格对于战略实施成功关键因素的描述如图 5.7 所示。

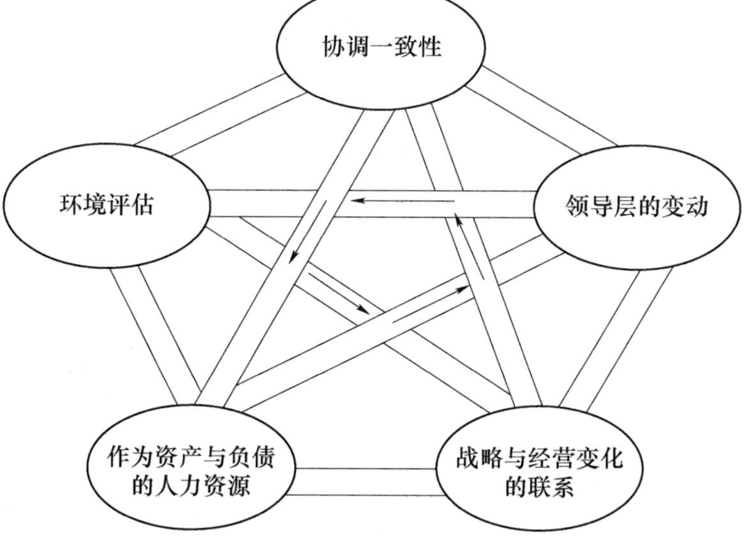

图 5.7　明茨伯格对于战略实施成功关键因素的描述

资料来源：明茨伯格. 规划：发展战略的力量［M］. 陈正侠，译. 北京：企业管理出版社，2004：268.

按照普遍的观点，战略实施不仅在于落实战略目标，还在于培育与战略目标相适应的组织资源。任何公司的资源都不可能刚好适应发展目标的需求，需要通过战略实施过程给予培育和发展。皮尔斯二世和鲁滨逊提出，战略实施的三大工具包括：组织结构——公司组织不同活动的基本途径；领导——包括确定方向、支持变革和建立团队以实施战略；文化——共享的价值观，以此确立个体行为准则和组织氛围规范，也就是要创建一个有效的组织结构，强化组织中的领导艺术，构建适应发展战略的组织文化。

五、战略控制与评价

战略控制与评价用十二字口诀概括就是“设标杆”“重反馈”“找差距”“促提升”，通过对标管理明确行业最佳实践，进而促进战略持续改进提升。在战略控制与评价环节，应用较为广泛的战略管理工具是对标分析。对标管理（Benchmarking），又称标杆管理，是企业为改善经营绩效，提升管理水平，寻找并分析与行业最佳实践的差距及其原因，采取针对性措施实现持续改善和追赶超越的实践过程。对标管理最早由美国施乐（Xerox）公司提出。1979 年，为应对佳能等日本企业的快速崛起和市场挤压，施乐公司引入对标管理的理念和方法，派出对标分析管理团队，对日本竞争对手的业务流程和成本进行全面的研究，通过对彼此 67 个关键业务流程的比对，明确了与竞争对手的差距所在，进而提出相应的改进对策。施乐公司重获新生的经历，使得对标管理迅速普及开来。近年来，伴随着国务院国有资产监督管理委员会在中央企业负责人经营业绩考核中引入对标考核的理念，对标管理受到越来越多的重视。

对标管理的目标是构建一套覆盖所有管理职能和业务领域的全方位、多层次的对标管理体系，瞄准内外部先进标杆企业，通过分析差距、查找原因和持续改进来消除管理短板，突破发展瓶颈。尽管对标管理在分析与行业最佳实践存在的差距并开展相应改进等方面具有较强的促进作用，但在执行过程中也出现了较大的问题和偏差，出现了与预期目标不相符的现象，要尽力避免以下三方面的问题：

一是标杆企业内部化。标杆企业既可以是外部行业领先企业，也可以是集团公司内部领先企业；既可以是一家国内外行业领先企业，也可以是多家国内外行业领先企业；既可以是同领域领先企业，也可以是可供学习借鉴的其他领域领先企业。在实际执行中，很多企业将内部企业作为标杆企业，而这些作为标杆企业的内部企业，往往并不能代表行业最先进的水平。

二是对标指标报表化。作为对标管理鼻祖的美国施乐公司，在开展对标管理时侧重的是对关键业务流程的对比，而并非仅是对财务指标的比较罗列。部分企业在开展对标管理过程中，对标指标主要浮于资产周转率、自由现金流、劳动生产率、成本费用利润率、资产负债率、净资产收益率、研发投入占比等财务指标表面，没有足够深入业务层面。

三是最佳实践虚空化。对标管理的根本任务是总结最佳实践，寻找并分析与行业最佳实践的差距及其原因，并进行相应的改进。但在实践中，出现了过分重视表面化的对标报告的倾向，把对标报告作为对标管理的核心载体。尽管在对标报告中会总结出最佳实践，但如何把最佳实践通过制度化的途径转化为推动企业发展的推动力，还存在较大的努力空间。

第三节　战略管理创新案例与实践

哈默尔指出，“战略就是革命，其他的一切都只不过是战术”，“要不就将未来拱手让给那些具有革命精神的挑战者，要不就对自己公司战略的方式来一场革命”。尽管学术界和企业界对战略管理重要性的认识越来越深刻，对PESTEL、五力模型、SWOT、价值链分析、对标管理、平衡记分卡等战略管理模型和工具也开展了一定程度的应用，但在实际的战略管理过程中，依然存在着诸多问题，部分问题甚至很大程度上影响着战略管理的实施效果。本节主要以案例的形式，分析企业面对复杂环境进行的战略选择和战略实施过程。

一、转型战略

转型是每一家企业应对环境变化都会面临的重要课题。“五百年必有王者兴”，随着商业模式演变速度的大大加快，企业升级换代、优胜劣汰的速度也大大加快。惠普公司作为一家成立于1939年的科技公司，在近百年的发展历程中曾多次面临行业巨变，《七次转型》一书生动描绘了公司历任掌门人适应环境变化所采取的转型策略。以第七任首席执行官梅格·惠特曼为例，面对苹果公司推出iPhone的行业巨变和基于安卓系统的智能手机的迅速普及，联想、宏碁等亚洲个人电脑（PC）制造商的快速崛起，以及智能手机和平板电脑造成打印需求降低的严峻局面，她采取了一系列措施，推动惠普公司转型发展。

梅格·惠特曼上任之初，面对的是外部行业巨变，内部爆发债务危机，如何推动惠普公司适应新的形势变化，推动公司实现转型发展，成为其重要的使命。在梅格·惠特曼主导下，惠普公司发挥自身具备提供从设备到云端交付所需所有系统和服务的能力，将云计算、安全、大数据和移动作为战略重点，同时加强惠普公司在融合式基础架构（服务器、存储、网络、软件和服务）产品方面的市场定位，努力打造惠普公司各类软件产品在推进“新型信息技术”方面的领先优势，同时希望通过提高企业终端用户满意度，将打印机视为云端的“输入/输出设备”。

为了更好地适应企业转型发展的实际需求，梅格·惠特曼对惠普公司进行了分拆，成为两家独立的上市公司，其中一家负责个人电脑和打印机业务，另一家负责更有潜力的数据存储、软件和企业服务等业务。这种分拆适应了消费硬件市场需求疲软、企业客户对云产品和服务需求增加的市场格局，实现了为客户提供解决方案而不是硬件产品的目标，进而推动了惠普公司的涅槃重生，使得企业在新一轮信息技术革命背景下获得了新的活力。

案例5.1

硅谷巨头惠普公司的七次转型

斯坦福大学伯格曼教授通过对英特尔、惠普这些硅谷传奇公司的长期跟踪和深度洞察告诉我们：一家基业长青的伟大公司的成长往往是一个漫长的修炼过程，可能要经历多次变革转型，而公司创始人和首席执行官（CEO）的战略领导力对每次转型来说至关重要。

伯格曼教授强调了战略性创新与变革能力的重要性，这很适合当下正在如火如荼进行数字化转型的中国企业。《七次转型》一书从四个维度记载了惠普公司每一任CEO的作为：一是初始条件（继任时的内外部环境）；二是任期内如何开展与CEO战略领导力相关的三个关键任务（定义公司的战略、发展与战略对应的独特能力、推动战略行动）以及遗留的问题；三是CEO如何从四个维度发展企业的战略领导能力（发展战略领导力体制、管理文化与战略的动态互动、适当配置企业的战略资源、管理与董事会的关系）；四是任期内的成果。这种记载及总结的方式，让读者真实感受到企业传承及变革的挑战。

惠普公司创业并成长壮大的历程，几乎就是美国高科技中心硅谷的成长史。基于其经营管理总结出的“惠普之道”，更是中国第一代科技企业效仿的典范。说起全球著名的高科技圣地硅谷，就一定要谈到惠普公司。正是因为有了惠普公司在车库里创业成功的示范效应，才有了后来蓬勃发展的硅谷。

1930 年，戴维·帕卡德和威廉·休利特进入斯坦福大学学习，两人后来在校园里成为好朋友。出于对业余无线电广播共同的兴趣，帕卡德和休利特在大学二年级的时候同时选修了弗雷德·特曼开设的电气工程课程。1934 年，两人大学毕业，帕卡德受雇于通用电气公司，而休利特则选择继续深造。休利特的硕士论文是《可变频率振荡器的研究》，特曼鼓励休利特和帕卡德把它变成产品。1938 年夏天，休利特和帕卡德利用特曼借给的 538 美元，在一间仅能存放一辆汽车的车库开始了创业历程。

其后，特曼在出任斯坦福大学副校长后，决心在学校的土地中划出 579 英亩（约合 234.3 万平方米），以旧金山附近圣克拉拉县的帕洛阿托为中心创建一个高科技的“斯坦福研究区”——以斯坦福大学为中心，集研究、开发、生产、销售于一体的工业园区，这就是后来闻名于世的硅谷，特曼因此被称为“硅谷之父”。

在惠普公司成功的号召之下，1955 年，有 7 家公司来硅谷办厂，1960 年增加到 32 家，到 1965 年斯坦福研究园区正式建立时，这里已经集中了近 70 家高新技术企业，众星捧月般簇拥着斯坦福大学；其中，惠普公司租用的土地就超过 100 万平方英尺（约合 9.29 万平方米）。

20 世纪 70 年代后期，休利特和帕卡德还联名向斯坦福大学捐赠了 920 万美元，建造了现代化的弗雷德·特曼工程学中心，永远纪念他们的恩师。他们创业的那间车库，1987 年被加利福尼亚州政府正式命名为“硅谷诞生地”，成为美国珍贵的历史文物。特曼作为惠普公司董事会成员达 40 年之久，也成为硅谷历史上最感人的插曲之一。

“惠普之道”有五个核心价值观：其一，相信、尊重个人，尊重员工；其二，追求最高的成就，追求最好；其三，做事情一定要非常正直，不可以欺骗用户，也不可以欺骗员工，不能做不道德的事；其四，公司的成功是靠大家的力量来完成，并不是靠某个个人的力量来完成；其五，相信不断的创新，做事情要有一定的灵活性。惠普是硅谷第一家销售额超过 10 亿美元的公司，在两位创始人的领导下，公司历史上没有出现过丑闻，没有大规模裁员，没有经历过令人痛苦的不景气。

资料来源：“硅谷之母”惠普公司 80 年的七次转型，没有惠普就没有苹果！[EB/OL].（2019－01－17）. https://www.sohu.com/a/289736424_99897397.

从惠普七次转型的案例可以看到，战略转型是任何一家有志于成为百年品牌企业必须面临的问题，伴随着产业的升级迭代，当企业旧有业务组合无法适应新形势变化时，势必面临转型的问题。企业实施转型战略，主要目的在于建立与市场形势更加匹配的主营业务，从而获得新生。以梅格·惠特曼对惠普公司进行分拆为例，通过软件和硬件的分拆，让企业得以将更多精力投放到更具发展潜力的业务，适应了新一轮信息技术革命的发展趋势。

为了推动转型战略顺利实施，以下事项需要给予特别关注：一是明确转型方向，形成行业趋势与公司特征的有机结合；二是广泛凝聚共识，“惠普之道”中的五个核心价值观本质上就是为了更好地激发各个层面投身转型战略的积极性和主动性；三是注重转型时机，转型就是改变和改革，转型时机对转型成果往往发挥着巨大影响，只有内外条件具备、上下共识达成，才能避免陷入欲速则不达的困境。

二、升级战略

改革开放以来，为了更好地融入世界产业链，中国企业经历了从嵌入到主导、从低端到高端、从外包到平台的升级发展之路。在“走出去”和“引进来”的过程中，每个行业都有着众多成功实施升级战略的企业。而推动产业链升级，不断增强对高端市场、标准制定和行业话语权的掌控能力，也成为中国企业迈向国际一流必须不断攻克的一个又一个的关隘。也正是在这个意义上，成功创造了农夫山泉等品牌的钟睒睒提出，“中国经济的发展，升级比转型更重要”。

在推动企业升级战略方面，中国建筑材料集团有限公司（以下简称“中国建材”）作为市场化程度非常高的央企，交出了一份令人满意的答卷。作为全球最大的综合性建材产业集团、世界领先的新材料开发商和综合服务商，中国建材面对建材行业集中度低、竞争激烈、高精尖产品少的实际情况，采取“做大”“做强”“做新”的升级战略。做大就是提高行业集中度，做强就是通过机制创新、管理整合提升企业效益，做新就是用新技术、新产品为企业打造新的核心竞争力。

通过实施升级战略，中国建材规模实力迅速增长，截至 2019 年底，资产总额 6 000 亿元，年营业收入 3 900 多亿元，员工总数 20 万人。拥有 13 家上市公司，其中境外上市公司 2 家。水泥、商品混凝土、石膏板、玻璃纤维、风电叶片、水泥玻璃工程技术服务等 7 项业务规模居世界第一；超薄电子玻璃、高性能碳纤维、锂电池隔膜、超特高压电瓷等多项新材料业务国内领先。

拥有 3.8 万名科技研发和工程技术人员、26 家国家级科研设计院所、有效专利 12 500 项、33 个国家行业质检中心、11 个国家重点实验室和工程（技术）研究中心、17 个国家标准委员会，获得 6 项国家科技进步一等奖、3 项中国工业大奖。同时，成为我国建材行业“走出去”参与“一带一路”建设的排头兵，水泥玻璃工程国际市场占有率达 65%，在德国、印度、蒙古国及非洲国家进行投资布局，正向世界建材舞台的中央迈进。

案例 5.2

中国建材的升级发展之路

建材在人们眼中是“粗放型产业”：高耗能、过度竞争、产能过剩。在这样的传统制造业，央企存在的意义是什么？央企能为行业转变发展方式做些什么？

中国建筑材料集团有限公司（简称“中国建材”）独辟蹊径，以业绩作答。

做大：通过包容性成长的道路，提升行业集中度。“十一五”期间，跨所有制、跨区域、跨行业的 337 家企业齐聚中国建材麾下，集团的水泥、玻纤产能均居世界第一，并使我国水泥产业集中度提高了 10 余个百分点。

做强：通过机制创新、管理整合，大幅提升企业效益，并引导市场健康发展。“十一五”期间，中国建材营业收入增至 1 354 亿元，增长了 9 倍，利润增至 75.6 亿元，增长了 14 倍，稳居建材业百强龙头。

做新：用创新攻占技术制高点，用新技术、新产品为企业打造新的核心竞争力，为行业谋求发展新空间。千吨级碳纤维生产装备、4.5 代超薄玻璃生产线……这些“请不来、买不到、离不了”的关键技术，在中国建材实现了产业化！

“中国建材加快转变发展方式，发挥央企的引领作用，使行业从过去重点追求数量转变为追求质量，从追求速度转变为追求效益，成功解决了规模如何扩大、核心竞争力怎样提高、传统产业向何处升级的问题，实现了企业和行业共同健康快速发展。”中国建材董事长宋志平说。

身处传统行业，发展向何处去？瞄准三新产业，抢夺绿色经济话语权。

中国建材的今天离不开中国经济高速发展这个大背景，那么，中国建材的明天呢？

转变发展方式，在中国已经破题，已经提速。毫无疑问，对中国建材来说，也必须顺应这个历史发展方向，打造新的核心竞争力，开拓更广阔的发展空间。在传统行业做大、做强的同时，中国建材不忘做新——新型产业战略布局悄然提速。

在四川青白江，中国建材搭建的一排排新型房屋错落有致，如一幅幅水墨丹青。这些房屋每平方米综合造价与传统砖混房相差无几，却可满足 9 度抗震设防烈度，可抗 12 级台风，建筑节能高达 85%，90%以上的建筑材料还能循环利用。

在江苏连云港中复神鹰碳纤维股份有限公司的车间里，直径仅为头发丝 1/10 的 T300 碳纤维，历经 1 400 摄氏度的高温熔炉冶练，从 600 米长的工艺流水线织出。这些军事国防、航空航天等领域求之若渴的新材料，目前销量已占据国内市场的 70%。

中国建材下属的成都中建材光电材料有限公司的无尘生产线，拉制出了 0.5 毫米的超薄液晶玻璃基板，为完善我国平板显示产业链，扭转我国玻璃基板全部依赖进口的格局迈出了坚实的第一步。

发展新产业，不能“见异思迁”，更不能立无根基之业。中国建材立足自身优势，围绕对行业发展具有重要作用的共性、关键性、前瞻性技术开展科技创新，突出节能、减排、利废及发展新能源等开发重点，攻占技术制高点，促进行业朝着绿色建材方向健康发展。

发展新产业，技术研发要“拿来主义”与“自力更生”并举。在国际金融危机中，中国建材中复连众复合材料集团有限公司海外抄底，成功收购德国最大的风机叶片技术企业——德国 NOI 公司，设立海外研发中心，打通了国内企业获取海外风电核心技术的通道，企业核心竞争力实现了质的飞跃。

中国建材旗下的中国玻纤巨石集团，近 10 年研发投入超过 4.5 亿元，打造了一支卓越的研发队伍。正是凭借技术实力，近 10 年中国玻纤营业收入增长了 1 181%，利润总额增长了 642%，出口创汇增长了 1 757%。

发展新产业，央企还肩负产业振兴的重任。T700、T800 碳纤维目前仍被国外企业垄断，国家领导人近三年在全国“两会”期间都会问询研发现状；超薄玻璃基板技术一直被国外封锁，每年近 400 万片的 4.5 代超薄玻璃不得不高价进口……这些关系国计民生的重大科技研发，中国建材责无旁贷地扛起大旗。

“作为一家地方民企，过去有些事我敢想不敢做。加入中国建材后，我们有了更多资金和资源，今年底定能实现 T700、T800 的产业化生产，一举冲破国外技术封锁！”中国建材中复神鹰碳纤维股份有限公司董事长张国良说。

谈到已点火投产的国内第一条 4.5 代液晶玻璃基板生产线，中国建材成都中光电科技有限公司常务副总经理张冲说：“就是要打破国外的技术垄断，通过这个项目的示范带头作用，促进我们的传统玻璃产业向高新技术产业、向新型战略性产业转变。”

2010 年，中国建材集团就业员工 10 万名，上缴国家税金 103 亿元，净资产收益率高达 22.5%，在为国家创造高额回报的同时，集团创造的利润的 60%归属广大社会投资者和股民，成为名副其实的为国为民赢利的央企。

资料来源：陆娅楠．看“中国建材”如何升级[N]．人民日报，2011－05－31（001）．

升级战略是在既有业务格局上实现由产业链低附加值领域向高附加值领域迈进的重要途径。从中国建材升级之路可以看到，低附加值业务技术门槛低、市场竞争激烈，往往陷入价格战的泥沼，为了摆脱低附加值业务的低价竞争困境，企业就需要通过各种举措（如技术创新、产品升级、品牌建设）不断提升竞争门槛，通过领先的技术、卓越的质量、富有号召力的品牌来获得消费者的青睐，更好地实现由低附加值业务向高附加值业务升级。

为了推动升级战略顺利实施，以下事项需要给予特别关注：一是将创新作为企业发展的第一驱动力。升级战略最为本质的特征就是主营业务的迭代升级，而这背后必须以领先的技术为支撑。二是瞄准主营业务市场发展前沿。市场在资源配置中发挥着决定性作用，升级战略必须顺应乃至引领市场潮流，以满足人们不断升级的需求为原动力；三是多措并举打造生存发展护城河。升级战略必须通过各种途径，形成各种有形或无形的门槛（如并购、品牌、技术、标准等），从而在市场竞争中获得有利地位。

三、多元化战略

多元化战略，旨在使企业在现有业务基础上拓展新业务，并与现有业务形成互相补充、互相协同竞争的业务组合。企业实行相关多元化，一方面可以利用企业现有的资源，另一方面可以实现业务领域的拓展。多元化战略对于公司规避周期性风险、适应市场形势变化、构建平衡业务组合具有重要意义，成为大型企业集团非常重视的战略选择。这既是适应市场形势的选择，同时也是增强竞争力的重要途径。

日挥公司（JGC）成立于 1928 年，总部位于日本横滨，以油气开发、炼油、天然气处理、石油化工、电力、环保等领域的工程建设为主营业务，是日本知名国际工程公司之一。2002 年 6 月，该公司公布了题为《日挥公司：建设世界一流工程承包商的图景》的路演报告。在该报告中，日挥公司通过比较当时居于世界领先地位的 20 家工程公司营业收入及油气工程占比，得到国际上处于领先地位的工程公司大多业务相对均衡，而非对油气业务一支独大。

在此基础上，日挥公司提出了扩张业务领域（Expanding Our Business Domain）的详细计划，包括：拓展油气上游、中游领域项目；拓展 EPC（工程总承包）项目，包括天然气合成油（GTL）、电站以及 LNG 接收站等；开拓新的服务领域，包括装置操作与保养（O&M）、电子解决方案业务（E－solution）等。这与该公司此前在 2000 年提出的五年期中期规划完全相符，是对此前该规划的进一步细化和完善。

实践最终证明，那些走专业化路线的公司往往因为市场规模受限无法有效对抗市场周期性风险，最终被实施多元化战略的企业所收购和控制。从三家日本油气工程公司的发展历程来看，将自身业务范围限制在较为狭窄范围内的企业，最终或是被市场淘汰退出了市场，或者转而成为多元化企业的一部分。

案例 5.3

日本油气工程公司相关多元化战略

日本油气工程公司借助第二次世界大战后国内经济快速崛起的有利条件，20 世纪 60 年代开始走向海外市场，借助第一次、第二次石油危机油价高涨刺激石油化工投资的契机，利用日本对外援助和贷款，在 20 多年的时间里，取得了欧美油气工程企业百余年取得的发展成果。20 世纪 80 年代末到 20 世纪 90 年代初期，以千代田公司（Chiyoda）、日挥公司（JGC）、东洋公司（TEC）为代表的三家日本油气工程公司，凭借精细的项目管理和低成本优势，在国际工程行业刮起一阵“日本旋风”，实现了对欧美老牌油气工程的超越，具备入围所在行业国际权威排名前十的实力。三家公司业务领域高度重合，都以石化、炼油、化肥等油气下游项目见长。面对着日元的大幅升值、人工成本的快速攀升以及后起之秀韩国油气工程公司的步步紧逼，加之亚洲金融危机的爆发，三家日本公司的辉煌在20世纪90年代中后期戛然而止，三家公司在国际行业排名中迅速下滑。为了应对环境变化，三家公司迫切需要对商业模式进行调整，并实施不同的转型策略，从而走上不同的发展道路。

（1）千代田公司。在2001年、2005年、2009年先后推出并实施“新型再造计划”“加速倍增计划”“卓越工程，创造价值”三个中期规划。伴随着“突出发展自身具有领先地位的优势领域”战略的实施，以及天然气业务的快速发展，千代田公司对主营业务进行了调整，在2004年形成了LNG装置、天然气与电力、天然气化工、石油与石化、一般化工、工业机械、环境与其他工程、非工程业务等八大板块。LNG装置板块长期一家独大，占历年营业收入的平均比例达到49.7%，在2007年最高时达70%；天然气与电力板块、石油和石化两大板块分别居第二、第三位，呈现出LNG相关业务（包括LNG装置、天然气化工）过于突出和集中（平均超过70%）、其他业务相对较弱的特点。

（2）日挥公司。日挥公司在2000年、2005年先后制定并实施“面向发展”和“面向2010”中长期发展战略。整体而言，日挥公司较好地完成了“拓展业务领域”的战略目标，在传统炼油、石化和化工、天然气处理三大核心业务的基础上，拓展形成了具有较大规模的油气开发业务领域。2000年至2010年的11年间，油气开发、化工、炼油、LNG四大板块收入占历年营业收入比例的平均值分别为23.8%、20.2%、19.4%和14.8%（单一板块占营业收入最大比例也没有超过50%），实现了各业务板块的平衡发展。

（3）东洋公司。在2000年、2003年、2006年、2009年先后推出并实施四个中期发展规划，主要是为了应对日本人工成本增长造成的竞争力下降问题，培育更具附加值的业务领域。尽管提出了打造电子解决方案（E-solution）的目标以及激进的改革举措，但并未对主营业务板块进行调整。相对而言，东洋公司新兴业务领域开拓较为迟缓，成效也并不显著。业务板块划分也一直沿袭了传统的化肥、石化、炼油、能源相关、一般生产设施和信息技术、其他六大板块的方法。

市场经济大浪淘沙，我们看到了不少业务做得很好但其定位过于狭窄的企业，一旦遭遇周期性风险，生产经营就遭遇严重困难，甚至走向破产。多元化战略主要解决企业业务过于狭窄，无法有效对冲各类风险的问题。从日本油气工程公司正反两方面的例子可以看到，在既有业务基础上，适当拓展业务范围，构建相对平衡的业务组合，不仅有利于壮大企业发展规模，同时也可以提升企业抵御风险的能力。

为了推动多元化战略顺利实施，以下事项需要给予特别关注：一是坚持有序延伸业务范围的原则。每个企业在成长壮大过程中都会形成自身的特质和禀赋，多元化战略必须适应这种特质和禀赋。二是实施业务组合动态调整策略。任何业务组合都必须经过市场的考验，对各个业务组合要按照波士顿矩阵的思路，进行动态调整和优化。三是采取阶段性战略资源投放举措。多元化战略也就是既有优势业务和战略新兴业务的有机结合，而培育战略新兴业务需要战略性资源的投入，不可避免会出现传统业务孵化甚至向新兴业务输血，极大考验企业领导者的战略韧性。

四、一体化战略

一体化战略指企业沿产业链占据若干环节的业务布局，也就是将生产与原料供应，或者生产与产品销售联合在一起的战略形式，是企业在两个可能的方向上扩展现有经营业务的一种发展战略。通常而言，一体化战略包括前向一体化战略和后向一体化战略，前向一体化是将产业链向上游延伸，后向一体化是将产业链向下延伸。一体化旨在加强核心企业对原材料供应、产品制造、销售全过程的控制，使企业能在市场竞争中形成完善的产业链条和一体化运营能力，掌握更多主动权，从而增加整个业务活动阶段的利润。

在中国企业快速发展的过程中，一体化战略成为企业壮大规模、拓展业务的重要途径，在石油化工行业尤其典型。无论是中石油、中石化等行业巨头，还是恒力、荣盛、恒逸、桐昆民营炼化四小强企业，抑或是我国宝岛台湾的台塑集团，走的都是一条不断向上向下延展产业链，最终通过内部资源共享、充分挖掘潜在价值的发展道路。以荣盛石化为例，通过从下游化纤逐渐向上游炼化延伸，形成了国内首家拥有“燃料油、石脑油—芳烃—精对苯二甲酸（PTA）—聚酯—纺丝—加弹”一体化产业链的上市公司，主要产品的生产规模、原料单耗及产品质量均处于国内同行的前列，综合能耗行业领先。

案例 5.4

综合一体化油气公司的内在动因

回溯油气公司和油气工程建设公司的发展历程可以看到，油气工程公司最早产生于 19 世纪末 20 世纪初，最初是作为油气生产商的工程部门而存在。伴随着社会化分工和专业化水平的不断深化，逐渐形成了一批以 Fluor、KBR、CB&I、Linde 等公司的前身为代表的、专业化的油气工程公司。而欧美国际大型油气公司一般仅保留对重大技术方案研发、把关、评估、确定的能力，并演化形成提供技术支持和技术行销的技术方案公司（Solutions）或技术研发公司，如壳牌旗下的 Shell Global Solutions International，以及埃克森美孚旗下的 ExxonMobil Research and Engineering Company。整体而言，欧美石油工程建设公司形成了较为典型的专业化、独立化的发展模式。

反观作为油气行业后起之秀的日本、韩国、中国以及少部分欧美国家石油公司，它们在早期都形成了油气主业和油气工程建设业务在一家公司旗下一体化发展的模式。这些国家很多知名的油气工程公司，都脱胎于油气公司。较为典型的代表包括意大利埃尼集团（Eni）旗下的 Saipem、Snamprogetti，日本三菱公司旗下的 Chiyoda，日本三井公司旗下的 Toyo Engineering，韩国 SK 旗下的 SK E&C，韩国三星旗下的 Samsung C&T 和 SECL，以及中国石油天然气股份有限公司旗下的中油工程，中国石油化工集团有限公司旗下的中石化炼化工程、中石化油服，中国海洋石油集团有限公司旗下的中海油服、海油工程。整体而言，东亚和极少数欧美国家的油气工程建设公司形成了较为典型的一体化、协同化的发展模式。

两种不同发展模式的形成，主要源于欧美国家和东亚国家现代化模式的差异。大多数油气工程公司的起步都与所在国工业化和现代化建设紧密相连，欧美国家由于工业化和现代化建设起步较早，为了适应大规模基础设施和工业设施建设的需要，现代意义上的专业化油气工程公司应运而生。而日本、韩国、中国等国作为后发国家，由于国内缺乏独立性、专业化的工程建设资源，加之为了实现赶超式的发展，油气工程建设公司往往作为油气公司的重要组成部分，依托油气公司的资源、市场和品牌优势，与油气主业共同发展壮大，为油气主业的迅速发展提供了有力的资源保障，并在发展到一定规模后，通过股权多元化和混合所有制改革，逐步形成与油气公司相互促进、相互呼应的产业布局。

油气工程行业是智力密集型、技术密集型和知识密集型行业，市场化程度高；油气生产运营行业则是以资本密集型为主要特征的行业。实现油气生产运营公司与油气工程公司的协调发展，就是要在保持战略协同的基础上，最大限度释放油气工程公司的发展活力和动力。从国外的 Saipem 和 SECL 两家公司来看，它们都是按照上市公司的架构，通过董事会来实现控股股东利益的最大化，采取战略管控的模式，最大限度尊重油气工程建设业务在主营业务领域的发展权。

以三星集团为例，其作为韩国最大的产业集团，截至 2017 年，旗下拥有由 9 家成员单位组成的电子板块，由 3 家成员单位组成的工程和重工板块，由 4 家成员单位组成的化工板块，由 6 家成员单位组成的金融保险板块，以及由 7 家成员单位组成的其他业务板块。结合各个业务板块的特点，以法人治理结构为基础，确保各成员企业的战略协同，实现股东权益的最大化，是三星集团管控模式的最突出特点。在确保各家企业战略协同的基础上，赋予各家企业运营方面的自主权，实现了整个集团的协同。战略型管控在确保整体战略协同的基础上，能够最大限度赋予企业发展的自主权，具有运营型管控难以实现的突出作用。

企业从小到大的发展，往往经历了产业链的延伸和业务领域的拓展。我们看到了太多的中小型企业，由于规模实力不够，只能寄生在大企业产业链上，成为大企业生态圈的一部分。要突破中小企业发展面临的天花板，势必面临一体化战略的实施。中国民营化纤企业从产业链下游向产业链上游拓展的实践证明，一体化战略可以成为企业跨越发展鸿沟、做强做优做大的有效战略。

为了推动一体化战略顺利实施，以下事项需要给予特别关注：一是在市场布局上注重战略协同。一体化集团内部子集团之间只有形成战略互补，才能形成大船变舰队进而形成航母编队相互协同的发展局面。二是在管控模式上侧重战略管控。一体化集团内部子企业业务领域各有侧重，采取一刀切的管控模式无疑将抹杀内部发展活力，借助董事会治理架构，采取战略管控的模式，最大限度尊重各子集团在主营业务领域的发展权，才能更好地激发各个层面的积极性。三是在内部定价上注重模拟市场。一体化集团内部往往衍生出内部甲乙方关系，这就需要建立参照市场价格的模拟市场价格，更加客观地反映各个环节的产出和贡献。

五、数字化战略

在新一轮信息技术革命强势来袭的背景下，以三维（3D）打印、移动互联网、云计算、大数据、人工智能（AI）为代表的新一代信息技术，为网络众包、协同设计、大规模个性化定制、精准供应链管理、全生命周期管理、电子商务等新型商业模式提供了实现途径，成为形成新的生产方式、产业形态、商业模式和经济增长点的重要驱动力。这一趋势深刻影响了新兴互联网行业，对传统行业也正在形成巨大的重塑效应。它要求企业家务必以开放的态度，通过拥抱“互联网+”、大数据、AI 的方式，依托新一代信息技术，重塑竞争新优势，并将自身在业务开展过程中累计形成的大数据，作为支撑自身发展和转型的重要利器。

IBM 是较早提出推动“互联网+”转型的企业。曾在 IBM 任职的陈黎明提出，IBM 要想实现“互联网+”，就需要从以下三个方面努力：第一就是企业转型。第二就是价值链整合。简单地讲，企业内部的垂直整合就是机器与机器之间的互联、产品价值链的整合以及在供应链上的企业之间的互联互通。第三就是生态系统重塑，动用整条价值链以及跨行业的信息，在用户提出产品的设计、测试制造，物流服务等方面的要求时，能够做到快速反应，实现柔性生产，提供定制化的产品，以及定制化的解决方案，从而出现一种新的业务模式和盈利模式。

国内企业在数字化转型方面力度同样很大，甚至某些尝试走在了世界前列。以海尔集团为例，为迎接互联网时代的机遇和挑战，顺应大规模制造注定要被大规模定制所代替的趋势，解决传统企业的“生产—库存—销售”模式不能满足用户碎片化、个性化需求的问题，探索推出了“人单合一双赢”模式，把员工和用户连在一起，“激活”每个员工，让员工在为用户创造价值的同时实现自身价值，让每个人成为自己的首席执行官（CEO），以便更好地为用户创造价值。为了适应这种转变，海尔集团改变企业传统的金字塔型组织架构，在组织架构方面引入平台型组织，将科层化的组织结构转变为互联网化的平台主、小微主、小微成员。张瑞敏形象地将海尔集团平台型组织转型描述为：“将金字塔式的管理先行打散，再逐步扁平化，变成一个又一个自主创新、自我管理的小团体。”

案例5.5

IBM打造综合信息技术和业务解决方案公司的启示

IBM，即国际商业机器公司，作为一家创立于1911年的百年企业，业务遍及170多个国家和地区，是当之无愧的全球性信息技术行业的巨擘。作为一家以硬件起家的公司，IBM长期将硬件和大型主机作为核心业务，面对20世纪80年代末期以惠普、苹果、戴尔为代表的竞争对手在个人电脑领域的强势来袭，IBM率先开启向"服务型企业"的转型进程，将IT服务作为接替硬件产品的升级代替产品，十余年如一日，矢志不渝、持续推动，形成了针对大型企业和政府客户较为成熟的IT服务业务，并一跃成为盈利最多的业务板块。

为了进一步抢占未来发展的制高点，不断培育利润率更高的新兴业务，IBM在成功向服务商转型的基础上，加大向软件服务商的转型力度，形成了硬件、IT服务和软件服务三大业务并驾齐驱的业务格局，从根本上改变了IBM的营收模式：从原来的纯硬件产品销售，转变为以硬件为基础、向企业客户销售价格昂贵的软件服务及解决方案。然而，面对大数据、云计算、移动互联网时代的强势来袭，企业商业模式再次升级，传统的"产品+服务"的商业模式遭遇前所未有的挑战，硬件、软件、服务三大主营业务相继出现缩水，所有人都意识到IBM又将面临转型。IBM百年历史上首位女性董事长、总裁兼首席执行官罗睿兰表示："从长期来看，相对于技术变革，云计算的意义更多地在于建立了新的商业模式。"

这迫使IBM进一步思考如何以客户价值为中心，重新在市场竞争中获得优势地位。IBM给自身提出的解决方案是打造成为综合信息技术和业务解决方案公司，将"我们如何运用数据，行业如何协作，我们如何让地球变得更智慧"作为业务转型的切入点，将以云计算、大数据、移动和社交为基础的新的业务发展作为未来转型的新方向。媒体报道，2014年1月10日，IBM宣布向新成立的IBM沃森业务技术集团（IBM Watson Group）投资超过10亿美元，其中1亿美元将用于风险投资，以支持IBM新构建的生态圈。包括在IBM沃森开发者云（IBM Watson Developers Cloud）中的初创企业以及由沃森驱动的新一级认知应用业务。同年1月17日，IBM宣布将投资12亿美元扩大其全球云业务实力。

业界评论认为，以创始人的名字命名一个新业务，可见IBM对其寄予厚望。曾任IBM中国研究院院长的沈晓卫曾指出，无论是传统数据还是新兴的交互数据，最终都需要从数据中产生洞察力。云计算的背后需要数据挖掘与分析技术的支撑。目前，IBM在数据计算领域投资超过240亿美元，其中170亿美元用于30多项收购。IBM研究院2/3的工作目前正专注于数据、分析和认知计算。沃森代表着认知计算上的变革，能利用人工智能对超大量的数据进行筛选、分析和判断，目前已在医疗保健、银行等行业获得少量试用订单。

数字化战略是企业适应新一轮信息技术革命必须采取的发展战略。在信息化时代，数字化战略已经从此前的职能战略上升为企业总体战略的重要组成部分，无论是互联网企业，还是传统企业，都必须加快适应这种变化，改变将信息化定位于辅助和支撑总体战略的职能战略的传统观念和做法，拥抱“互联网+”，并将“互联网+”与自身业务优势有机结合、相互内嵌，真正实现数字化战略由职能战略到总体战略的飞跃，以便在企业生存发展中居于更加重要的位置。

为了推动数字化战略顺利实施，以下事项需要给予特别关注：一是实现由要素驱动到数据驱动的升级。传统企业通过信息技术，更好地实现人、机、料等生产要素的高效配置，进而创造更大的价值，而数字化战略将数据作为人、机、料等传统生产要素之外的新型生产要素。二是实现由效益提升到价值创造的升级。传统企业借助信息化手段，提高企业运营效率，信息化建设更多服务于业务能力提升，而数字化战略则将信息技术作为价值创造的关键途径，将生产经营过程中产生的各类数据作为价值创造的核心资源。三是由条线管理到万物互联的升级。传统企业往往将关注点放在具有信息化建设的各个职能条线，不可避免地在企业内部产生各种数据孤岛，而数字化战略则站在公司全局思考信息化建设，旨在打破各类数据孤岛和条线藩篱，进而实现数据互联共享。

六、全球化战略

托马斯·弗里德曼在《世界是平的》一书中提到：“在2000年世界进入了一个全新的时代：全球化3.0版本。3.0版本将这个世界从小号进一步缩小到微型，并且将竞争场夷为平地。如果说全球化1.0版本的主要动力是国家，2.0版本的主要动力是公司，那么3.0版本的动力来自个人，个人获得了新的机会能够在全球范围内参与竞争和合作。” 弗里德曼进一步描述道：“日本的建筑公司在和顾客商讨设计方案的时候，大多是在纸上画出平面草图，很多日本的房屋设计公司并不使用电脑。这些手绘的设计图首先被送到中国，转换为数字版后再发回日本建筑公司，最后形成建筑蓝图。”尽管目前全球化遭遇了一定的逆流，但任何一个企业家都不可忽视浩浩荡荡的全球化大势。

国际工程领域是资本、技术、人才等要素充分流动的行业，21 世纪最初十年，是全球化进程快速推进的历史时期。伴随着经济全球化进程的不断发展，国际工程市场整合速度大大加快，人员、技术、物资等资源冲破传统国界，全球性工程建设市场已然形成。在这一背景下，国际一流工程公司纷纷加大国际化乃至全球化布局，努力增强全球化背景下的市场竞争力。

以近年来在全球化布局方面积极进取的韩国油气工程公司为例，其不仅积极开拓国际市场，同时大力提高管理和人才的国际化水平。为了适应全球资源整合的需求，韩国油气工程公司提出了“强化全球运营”的海外发展战略，正式从传统的国际化战略升级为全球化战略。在公司总部、美国公司（提供基础设计服务）、印度公司（提供详细设计服务）、沙特公司、各采购办公室间建立一体化运营体系。韩国三星工程公司（SECL）的印度公司是其最为重要的海外公司之一。2006 年 5 月，三星工程公司以建立涵盖设计、采购、施工的全球外包系统为目标，在印度新德里建立了第一个全球工程中心（Global Engineering Center，简称 GES）——三星工程印度公司（Samsung Engineering India，简称 SEI））。印度公司成立以来，主要为 SECL 的炼油、石化、油气开发、化肥以及工业项目提供支持，为该公司在中东、美洲以及东南亚的诸多项目提供高效服务。

案例 5.6

“中国建筑”三次提升“一最两跨”国际化战略

在经济全球化的今天，国际化已成为衡量企业集团市场竞争力的重要标准，亦是企业在激烈竞争中不可回避的市场选择。要增强核心竞争力，扩大市场占有率，就必须具备国际化的眼光和实力，并且这些眼光和实力应该是逐步增强的，国际化目标应随时根据企业发展水平进行及时必要的调整。“中国建筑”（全称为“中国建筑工程总公司”）以国际化的视野和思维，三次调整“一最两跨”国际化战略，持续推动企业战略创新。

第一次提出“一最两跨”国际化战略目标。在党的十六大精神的指引和鼓舞下，"中国建筑"集全公司员工的愿望和智慧，以国际化的视野提出"一最两跨"的发展战略目标，将中建总公司建设成"最具国际竞争力的中国建筑集团，在2010年前全球经营跨入世界500强、海外经营跨入国际著名承包商前10名"。这一目标引导和激发了广大员工用国际化思维去审视、拓展市场，以实现政治、经济任务的双重责任推进企业改革创新。这一目标也标志着"中国建筑"从参与国际建筑承包竞争，到经营具有国际竞争力大企业集团的转变。

第一次修改"一最两跨"国际化战略目标。在实现目标提前跨入世界500强后，"中国建筑"进一步贯彻落实党的十七大精神，为"一最两跨"战略目标及时注入新内涵："将'中国建筑'建设成最具国际竞争力的中国建筑地产集团，2010年跨入世界500强前300强，跨入国际建筑房地产综合企业前三强。"中建人斗志昂扬，士气正高。

最新修改"一最两跨"国际化战略目标。2007年，"中国建筑"在整体上市之后，面临新形势、新要求，通过深入学习科学发展观，又对"一最两跨、科学发展"的战略目标注入了新内涵，即"跨入世界五百强前一百五十强"，以及尽快实现国际建筑地产企业集团市值、营业收入和经营利润领先的战略目标。

"中国建筑"三次调整"一最两跨"国际化战略，是为了以最务实的态度在发展的道路上踏实奋进。在推进"一最两跨、科学发展"发展战略的过程中，"中国建筑"取得的进步有目共睹。按照国资委"中央企业都要给自己树立一个具有国际竞争力标杆"的具体要求，"中国建筑"对全球建筑承包商进行了详尽分析，确立了当时全球承包商排名第二、第三的法国布依格（Bouygues）、瑞典斯堪斯卡（Skanska）为赶超标杆。经过奋斗，已于2007年超过斯堪斯卡，现正奋力赶超布依格，并确立目前位居世界第一的法国万喜（Vinci）为最终赶超目标。

资料来源："中国建筑"三次提升"一最两跨"国际化战略［EB/OL］.（2010–09–25）. http://www.sasac.gov.cn/n2588025/n2588119/c2709464/content.html.

全球化战略本质上就是通过充分利用全球各类技术、管理、人才等资源要素，为企业发展提供更加充分的资源。全球化战略是企业发展到一定阶段势必面临的重要课题，面对资源要素的全球化分布和流动，不采取全球化战略，就无法实现对全球市场的占领、资源的利用、标准的制定和管理的提升。

从中国建筑工程总公司以及西方老牌企业全球化战略实践来看，市场全球化是基础，资源全球化是表现，管理全球化是根本。实现市场、资源和管理三个层次的全球化，才能借助企业刚性制度和软性文化的纽带，将分布于全球各地的分支机构紧密结合在一起。

为了推动全球化战略顺利实施，以下事项需要给予特别关注：一是实现由国际化战略到全球化战略的思维升级。在国际化战略视角下，对本国和外国有着严格区分，而在全球化战略视角下则淡化了这种区别，对世界各地的市场、要素、人才等资源给予同等看待。例如，“中国建筑”对海外公司的并购，本身就是推进资源全球化的一种尝试。二是形成与全球化战略相适应的体系文件和信息系统。适应全球各地分支机构的体系文件和信息系统，是将企业有机统一起来的重要纽带，可以实现全球资源的高效整合。三是形成尊重文化差异的包容文化。世界各地文化背景不同，这就需要建立开放包容、相互尊重的企业文化，从而形成推动全球化战略落实的文化黏合剂。四是当前形势下全球化战略对民生类和一般性技术要求的公司比较适合，高新技术公司实施全球化战略必须谨慎选择合作国家，合理规避因国际环境可能带来的风险。

第四节　战略管理创新启示与借鉴

被誉为日本经营之圣的稻盛和夫指出，单纯由管理层来经营企业是远远不够的。为了企业的持续发展，必须让全体员工参与经营，形成强大的合力。这是阿米巴经营的真谛。战略作为企业获得竞争优势的总体性、长远性、竞争性的全盘谋划，为了更好地发挥其对企业发展的统领作用，战略定位、战略分析、战略制定、战略实施、战略控制与评价等各个战略管理步骤，均需要调动公司内外各个领域、各个层面、各个环节的积极性。本节主要针对目前战略管理过程中存在的问题与难点，从持续优化战略管理理论和加强实践创新的角度，提出战略管理创新方面的思考、见解和建议。

一、提高战略管理前瞻性——解决战略迷茫和传承

近年来，战略迷茫成为很多企业管理者推动企业发展面临的主要困惑。张瑞敏提出，移动互联网时代，为什么会出现战略的迷茫？原因很简单，就是我们遵循的所有经典经济管理理论，被互联网时代颠覆了，而新的体系还没有完善。张瑞敏提出的移动互联网时代的战略迷茫问题，的确成为很多企业在生存发展过程中深受困扰的问题。如何解决战略迷茫问题以及与之相应

的战略传承问题呢？

在新产业革命的背景下，企业发展演化出现了一些新特点，正如SAP前首席执行官孔翰宁所言，随着互联网所导致的通信成本和交易成本的锐减，企业正在由“提供产品和服务的生产中心”型组织，转变成由企业、客户、正式或非正式的合作伙伴共同组成的“创新共同体”型组织。无论对于大型的企业集团，还是对于初创的小微企业，解决战略迷茫和战略传承问题，可以采取以下措施。

（一）明确企业所处的发展阶段

伊查克•爱迪思（Ichak Adizes）提出，企业在从孕育到成长壮大直至死亡的生命周期中，经历了三个阶段十个时期。第一阶段是成长阶段（包括孕育期、婴儿期和学步期），特点是以提供专业化、特色化的产品或服务为切入点，以点带面，一旦站稳脚跟，就迅速转入快速增长模式；第二阶段是再生与成熟阶段（包括青春期、盛年期和稳定期），特点是发展进入平台期，迫切需要对既往产品和服务进行重新定义，对既有客户价值进行重新挖掘，对既有资源流程进行重新整合；第三阶段是老化阶段（包括贵族期、官僚化早期、官僚期和死亡期），特点是发展停滞，不仅无法适应新时代的环境变化，还出现组织僵化和官僚主义等问题。了解企业生命周期与战略制定的关系，重点在于对企业所处阶段的发展战略进行规律性的把握，对企业发展战略和发展路径形成更加清晰的认识，尽最大努力缩短成长时间，尽最大努力延长再生与成熟阶段，尽最大努力避免老化阶段。

（二）熟练应用战略分析类工具

战略迷茫和战略传承本质上都是发展战略如何做到与时俱进的问题。这就需要有效运用各类战略管理工具，对内外部形势形成清醒的认识和准确的判断。尽管现在战略管理工具和模型得到了不同程度的应用，但草草了事、浮于表面等现象依然较为普遍。以宏观环境分析的PESTEL模型为例，通过对政治（Political）、经济（Economic）、社会（Social）、技术（Technological）、环境（Environmental）和法律（Legal）等因素的全面分析，可以有效洞悉对企业发展具有重要影响的各类外部因素及其趋势，而这些外部因素及其趋势正是企业家分析外部环境、解决战略迷茫、做出战略调整决策的重要输入条件。再如，分析企业所在行业环境的五力模型，通过对一个产业五种基本竞争作用力（进入威胁、替代威胁、客户价格谈判能力、供应商价格谈判能力和现有竞争对手的竞争）的分析，可以快速掌握所处行业的竞争状态，并对行业的竞争强度、产业利润率以及发展前景形成清晰的认识。熟练应用各类战略分析工作的重要基础，就是培育一批专业化的战略管理人才。

（三）构建有效赋能型创新组织

钱德勒在其成名作《战略与结构：美国工商企业成长的若干篇章》一书中指出：“公司的战略将最终决定其结构形式，而如何使公司的资源适应市场的需求则是战略与结构的共同要求。结构是一种对公司现有资源进行整合以适应当前需求的设计，战略则是为满足设想的市场需求所做的资源分配方案。”在钱德勒看来，“从一个中央集权的职能部门化的组织结构（后来的经济学家称其为U型结构）转变为多分部的拥有一个公司总部和大量以产品或地区划分的分部的组织结构（即M型结构）”，是第二次工业革命以来最大的组织创新成果。近年来，伴随着新一轮信息技术革命的推进，在国内出现了稻盛和夫的阿米巴组织、海尔的平台型组织、阿里巴巴的“大中台、小前台”等组织架构创新的尝试。与此同时，我们看到M型结构依然具有较强的生命力。从国内当前实践来看，尽管商业领袖们将平台型组织作为未来企业组织的范本，但是绝大多数企业依然将事业部制作为居于企业主导地位的组织形式。

再以华润集团、中粮集团、中化集团推进的6S体系为例，中化6S体系包括战略管理体系、全面预算体系、管理报告体系、内部审计体系、业绩评价体系和经理人考核体系，形成了一套成熟的集团战略管控模式，充分激活下属企业经营管理活力，最大限度调动其生产经营积极性，同时确保集团总部战略执行过程有方向、不走样。以战略管理体系为起始点，以经理人考核体系为落脚点，形成一个闭环，紧紧围绕战略目标实现，相互衔接、一体化运行，共同保障战略的实施和落地，帮助企业行稳致远。6S体系是一个开放的体系，也是一套系统的思维方式，有很强的可塑性和自我驱动式不断完善、升级的内在逻辑。以6S管理体系为抓手，通过重塑管理体系，带动管理理念转换，通过导入工具打破思维定势，打开思想禁锢，建立创新思维，以响应市场为中心、以服务客户和鼓励创新为落脚点、以创造价值为目的，丰富价值内涵，推动总部和事业部管理体系优化升级，紧紧围绕战略实施，引导公司面向资本市场推动价值创造。

二、增强战略拓展科学性——确定战略方向和指标体系

战略管理大师迈克尔·波特在其著作《竞争战略》中开篇提出：“形成战略的实质就是将一个公司与其环境建立联系。竞争战略是要在竞争发生的产业宏观舞台上追求一种理想的竞争地位。竞争战略旨在针对决定产业竞争

的各作用力建立有利的、持久的地位。”在明确所处环境和内部资源禀赋之后，战略管理的当务之急就是如何因势利导、顺势而为，科学合理选择企业战略方向，并以此为依据，确定企业的关键指标体系。相对而言，越是成熟的行业，在确定战略方向和指标体系方面的外部输入条件越多，可供参考的资料也相应更为丰富。在输入条件和参考资料较多的同时，也容易出现战略趋同的问题，也就是同行业企业之间相互参考借鉴、相互影响互动之后，彼此发展战略区分度不够，变得越来越接近。

哈梅尔和普拉哈拉德指出：“在过去 20 年崛起为全球领袖的公司，无一例外都是怀着与他们的资源和能力不相称的远大抱负起步的。”远大的抱负和宏伟的目标，需要以科学的战略方向和指标体系作为支撑，而这本质上又涉及方向的选择。杰克•韦尔奇关于“战略就是选择，也就是有所为，有所不为”以及“战略并不是冗长的行动计划，而是依据不断变化的环境而革新的核心观念”的观点，具有极大的启示和借鉴意义。对于任何一家企业而言，内部资源都有其不可逾越的约束边界，因此确定战略方向的过程本质上也就是取舍的过程。每一家企业都有必要自身做强做大的独特逻辑。

对于企业管理者而言，在科学确定战略方向和指标体系方面，可以采取以下举措。

（一）展现领导者对未来趋势的洞悉

日本经营之圣稻盛和夫作为日本当代著名的企业家，曾经创办了京瓷、KDDI 两家世界 500 强企业，并以 79 岁的高龄，成功挽救了濒临破产的日航，被誉为日本“经营之神”。稻盛和夫以所谓代表美国开拓精神、奠定美国发展基石的蓬马车队为切入点，通过回顾蓬马车队队长的事迹，结合自身经历，分析了“蓬马车队队长发挥出的领导人的优秀资质”，总结了“在企业活动最前线、努力奋斗的领导人”所应具备的五大要件：第一是“具备使命感”；第二是“明确地描述目标并实现目标”；第三是“挑战新事物”；第四是“获取众人的信任和尊敬”；第五是“抱有关爱之心”。稻盛和夫特别指出，“明确地描述目标并实现目标”是“团队领导人最为重要的工作之一”，要求领导人不仅要揭示目标，同时要让大家相信目标一定能实现，还要就具体方法做出指导。作为企业领导者，要结合趋势对企业未来具有深刻而准确的洞悉力，从而带领团队沿着正确的方向前行。所谓“失之毫厘，谬以千里”，一旦趋势方向把握错了，其对企业的伤害无疑是巨大的。对未来趋势能够精准把握，并能够结合趋势明确企业目标，进而激发团队成员的激情和动力，是企业主要领导者最为重要的职责。

（二）坚持与时俱进的主营业务延展

任何企业的发展都不会一步到位，任何业务都会随着时代进步经历“成长阶段”“再生与成熟阶段”和“老化阶段”的三重考验，这使得如何根据形势变化和企业情况延伸主营业务变得十分重要。以国际工程建设行业为例，清华大学王守清教授通过研究12家国际顶尖工程公司发展历程发现，这些公司大体都经历了成立初始阶段（发展模式为专业化、与业主建立战略联盟）、快速发展阶段（发展模式为设立分支机构、进行企业/业主联盟）、海内外业务扩张阶段（发展模式为在海内外设立分支结构，开展少量海外并购，进行多元化，选择进入资本市场）、全球化战略推进阶段（发展模式为兼并并购、一站式服务）以及战略调整和重组阶段（发展模式为以退为进、集中核心业务、研发新技术等）。再如，国内民营石化行业的荣盛、恒逸、恒力、昆桐遵循了一条从下游聚酯到中游精对苯二甲酸（PTA），再到上游对二甲苯（PX），再到炼化一体化的产业升级攀越之路。以荣盛为例，石化化纤领域坚持“纵横双向”的发展战略，即纵向不断向上游做长产业链，横向不断做新产品，已布局从炼化、芳烃、烯烃到下游的PTA、乙二醇（MEG）及聚酯（PET，含瓶片、薄膜）、涤纶丝（POY、FDY、DTY）的完整产业链。通过延伸产业链和做大规模优势，近几年国内民营石化企业迅速壮大。

（三）合理设置关键性战略目标体系

合理设置目标体系是战略管理的重要一环，也是有效发挥战略管理功效的重要前提。战略目标设置目前主要有三种方法，包括平衡记分卡、关键业绩指标（Key Performance Indication，缩写KPI）、目标与关键成果（Objectives and Key Results，缩写OKR）。三种方法本质上一脉相承，都是试图将企业目标进行分解，对运行过程中关键性参数的量化设定，不仅可以作为绩效考核的标准，更在于对企业运行状况的监控、科学决策的辅助，有助于高层管理者准确掌握企业运行状况，及时了解与目标运营状态的差距，通过数字化对企业进行管理。其中，OKR还解决了定量指标和定性指标之间转化的问题，通过先设置一个时间段内的定性目标，再以定量化的指标呈现出来，用以衡量是否在时间段内完成了定性目标。通常而言，战略指标体系包括质量类、财务类、运营类、发展类等指标，可以根据企业实际情况予以差异化的设置。通过指标体系的合理设置，层层延伸的指标通过金字塔式架构，推动企业以精干的组织结构实现有效运转，激发组织的灵活性和创造力。

三、提升战略管理领导力——如何有效推动战略落地

现代管理学大师彼得·德鲁克在《认识管理》一书中指出："除非战略规划能够转化为具体的工作安排，否则再好的规划也不过是美好的愿望。关键人物对特定任务的承诺，是使一项规划产生成果的因素。管理层是否切实地把资源投入到未来会产生成果的行动中，是对规划落实情况的检验。除非得到承诺，否则战略规划就仅仅是愿望和意图，而不是计划。"目前，战略管理饱受诟病的是战略制定与执行"两张皮"，以及战略执行过程中无法真正发挥出以"点"带"面"的效果，最主要的原因就是没有真正把战略目标转化为具有约束力的领导承诺、资源投入和行动计划，最终让战略管理流于形式、沦为空话。为了更好地发挥战略管理对企业发展的引领和统领作用，最为关键的是要提升企业领导者的战略领导力（Strategic Leadership）。

全球战略与创新管理大师、斯坦福大学教授罗伯特·A. 伯格曼著有《七次转型：硅谷巨人惠普的战略领导力》一书，总结惠普公司经历七次转型的成功经验，他认为"战略领导力是一家长青公司和一家普通公司的最大区别"。而一个成功的首席执行官需要具备四点战略领导力能力，包括对所在行业进行定义、如何获得竞争优势、如何有效执行战略、如何在外部和内部动态环境变化的情况下仍然能够完成这些任务。伯格曼认为，提高战略领导力的途径包括：首先要具有从上至下和从下至上的沟通机制的战略领导力体系，让战略领导力可以贯穿整个公司的流程；其次，要学会在动态的环境中及时转换；再次，做好战略资源配置中的适合与升级之间的平衡；最后，保持首席执行官与董事会之间的紧密关系。

对于企业管理者而言，在提高战略领导力从而有效推动战略落地方面可以采取以下举措。

（一）强化企业管理者"第五级领导力"

著名的管理学专家和畅销书作者吉姆·柯林斯（Jim Collins）及其团队通过对 1965 年到 1995 年间名列《财富》世界 500 强的 1 435 家公司的层层遴选，最后锁定 11 家从优秀到卓越的公司作为研究对象，并发现其实现从优秀到卓越的必要条件都是拥有"集谦逊的性格与坚强的职业意志于一身的高级经理人"，柯林斯将其称为"第五级领导力"。在柯林斯看来，第一级是"能力出色的个人"，第二级是"乐于奉献的团队成员"，第三级是"能干的管理"，第四级是"高效的管理者"。作为第五级领导者，最重要的是可以获得持续的卓越，而持续的卓越并不能仅仅依靠管理者个人能力。柯林斯认为，在个人

英雄主义情结严重的第四级领导者的带领下，一度实现了业绩的跨越，但随后就走向了衰落。事实上，作为组织的领导者，最重要的就是在描绘美好愿景、激励团队追求更高绩效的基础上，团结和凝聚广大员工的智慧和力量，最终实现组织的发展目标。谦虚的品质，有助于领导者倾听各种声音，而非闭目塞听、夜郎自大、独断专行；坚毅的性格，有助于管理者锁定目标，以“咬定青山不放松”的韧劲，带领组织战胜前进道路上的各种挑战，而非朝三暮四、浅尝辄止、朝令夕改。从经验总结来看，谦逊而执著，的确是古今成大事者的性格特征。

（二）增强企业管理者的精神感召力

稻盛和夫提出，“具备使命感”和“获取众人的信任和尊敬”是领导者必须具备的最基本的要件，并曾多次引用中国明代思想家吕新吾《呻吟录》中的观点，“深沉厚重是第一等资质”。他提出，“作为领导人，最重要的资质是，具备时时深入思考事物本质的厚重的性格”。这一观点，是稻盛和夫在多个场合反复论及的领导者选拔标准，也就是“人格第一，勇气第二，能力第三”。获取众人的信任和尊敬，本质就是催生向心力的感召力（Charisma)。这是领导者获取众人信任和尊敬的关键因素。马克斯·韦伯曾对感召力进行过深入的研究，并将之作为一种不依靠物质刺激或强迫，而全凭人格和信仰的力量去领导和鼓舞的能力，这对于增强组织凝聚力、战斗力发挥着十分重要的作用。它不仅是组织高效运转的黏合剂，同时也是点燃团队激情的助燃剂；不仅是确保组织协调的润滑剂，同时也是增强团队凝聚的聚合剂。作为一名领导者，公正是增强个人判断力、组织凝聚力的基础，是一名领导者履职行权的思维底线；勇气是增强个人号召力、组织执行力的基础，是一名领导者干事创业的力量源泉；谦虚是增强个人吸引力、组织创造力的基础，是一名领导者博采众长的重要途径；乐观开朗是增强个人向心力、组织战斗力的基础，是一名领导者不断取得胜利的正向激励。

（三）构建战略管理实施联动机制

作为企业管理者，要清醒看待长期目标与短期目标的取舍，精准把握整体利益与局部利益的权衡。企业领导者在战略实施过程中必须清醒地看到，只有调动起方方面面的积极性，配备必要的资源，依靠组织、制度和体系的力量，才能将战略意图有效转化为战略举措。以中化 6S 体系为例，其最突出的特点就是实现战略规划周期、业绩评价周期与经理人任期的“三期”统一，从而确保管理者更加重视长远发展。在这种管理框架之下，明确以三年为战略规划周期，三年规划编制完成后，如内外部环境无重大变化，原则上不再滚动修订，但每年需进行战略检讨与战略评估。同时，经理人任期也明确为三年，在年度业绩考核基础上增加三年任期考核，实现“三期”统一。“三期”统一促进了战略规划、业绩评价结果与经理人考核相匹配，形成有效的管理闭环，直击多年以来“重当期经营结果，轻长远发展”的痛点，实现了战略制定和实际执行的有效结合。

四、推动战略生态开放性——实现永续发展

在《重新定义公司：谷歌是如何运营的》一书中，时任谷歌掌门人埃里克·施密特提出，互联网时代最成功的领导者，是那些懂得如何创造平台并快速发展平台的人。所谓平台，从本质上来说就是一套能够吸引供应商及用户群，从而形成多边市场的产品或服务。随着社会的发展，平台对科技的依赖越来越强（即使不是所有平台都以科技为基础）。在他看来，互联网经济对传统的科斯理论体系形成了巨大的冲击，“企业不再对封闭式的体系进行最大限度的扩展，而是将越来越多的业务外包出去，与更多且更多样化的合作伙伴建立网络”。

人们常常质疑彼得·德鲁克工业时代的企业管理体系、罗纳德·科斯的交易成本理论能否适应互联网时代。按照传统的理论，企业建立的网络往往都设在内部，旨在降低成本，这是因为寻找交易对象、达成交易和履行合同的交易成本较高，内部协调成本小于外部交易成本。所以，20世纪成功的大企业都是产业链完整、层级森严的金字塔结构。然而，互联网时代的企业因为外部交易成本下降，不再纯粹追求规模扩张和产业链延伸，将大量工作外包的模式成为重要趋势。互联网时代着力打造的生态系统，本质上就是企业间复杂竞合关系的集合体。在新的环境下，企业之间的关系不再是单纯的竞争关系，而是竞争与合作相互交织的复杂关系。

对于企业管理者而言，在提高战略领导力，从而有效推动战略落地方面可以采取以下举措。

（一）牢固树立合作共赢的发展理念

合作竞争理论最大的影响是对传统思维的颠覆，对人们有关市场竞争的固有认识造成了巨大的冲击，改变了所谓“商场即战场”“市场竞争遵从丛林法则”等观念。人们对市场竞争形成了更加深入的认识，也即市场竞争未必是一场你死我活的生死较量，而是兼具竞争与合作两种属性的综合体，类似于婚姻关系的特殊博弈。“商业既不是战争也不是和平，商业是战争与和平”成为主流看法。面对充满活力和不断进化的市场，企业间的竞争不可避免，相互合作也必不可少，形成了一种可以双赢的非零和博弈。在这样的时代背

景下，只有牢固树立合作共赢的发展理念，对市场竞争形成更加全面客观的认识，保持更加开发的姿态，形成“要创造价值，就不能孤军奋战，必须认识到要相互依靠”的理论自觉和行动自觉，通过开展更加广泛的合作更好地对内外资源进行整合，才能让企业在市场竞争中处于更加有利的位置，实现可持续发展。

（二）打造全方位企业战略合作架构

早在20世纪七八十年代，企业界就开始了通过战略合作增强竞争力的探索，试图通过外部交易内部化的途径，节省运营成本，提升经济效益。而随着合作竞争理论的产生和发展，企业更加重视战略合作，并将强化战略合作上升到思想自觉的层面，逐渐将合作竞争战略作为企业重要的主导战略之一，并将战略合作作为企业强化核心竞争能力、拓展外部资源供给、降低运营成本、分散市场风险、更好地获得规模经济的重要途径。这对人们的最重要启示就是有必要打造全方位的战略合作朋友圈，人们在总结韩国经济崛起经验的时候，认为重要的一点就是代表韩国外向型经济特点的对外工程承包行业，形成承包商—承包商、承包商—投资商、承包商—专利商、承包商—供应商、承包商—分包商“五位一体”的战略合作架构。中国企业有必要进一步加强全方位的战略合作，不断提高资源、市场的国际化水平，加快提升市场竞争力。

（三）推动构建深度融合的产业联盟

战略联盟（Strategic Alliance）、产业集群（Cluster）、联营体/合资公司（Joint Venture）、联合体（Consortium）等概念和实践尽管早于合作竞争理论的产生，但在合作竞争理论的框架下焕发出了新的生机。特别是合作竞争理论创造出了互补者（Complementor）的新概念，并与竞争者（Competitor）形成对照，强调了博弈参与者（不仅仅是竞争对手之间，也包括业务上下游的合作伙伴）之间存在着相互依存、互惠互利的关系，为推动战略联盟、产业集群、联营体、联合体向更深层次发展奠定了坚实的理论基础。埃里克·施密特认为：“在20世纪，单一而封闭的网络是主流，而21世纪的企业却靠全球开放网络制胜。我们的身边充斥着建立平台的机会，成功的领导者就是那些善于发现平台的人。”特别是在我国对外经济合作领域，当前和今后一段时间，有必要通过强化与国内融资机构、科研院所、制造企业的战略合作，构建我国对外工程产业联盟，推动集投资、贸易、工程、技术等多功能于一体的国际经济合作模式向更深层次发展。

五、强化战略执行连续性——如何推动规划与计划深度整合

知名战略管理学者理查德·鲁梅尔特在其畅销书《好战略，坏战略》中提出，“好战略包括一系列连贯性的活动，它们不是执行的细节，而是战略的力量所在。如果一个战略没有确定下来合理可行的行动方案，它就错失了至关重要的元素。”“坏战略通过提出一些宏伟的目标、抱负、愿景和价值观来掩盖无法提供有效指导的事实”。鲁梅尔特进一步提出，“一个战略的核心包括三个要素：调查分析、指导方针以及连贯性活动。指导方针详细说明了为应对分析报告指出的障碍而采取的措施。指导方针就像路标一样指明前进的方向，但并没有给出具体的路线。连贯性活动是为了指导方针而采取的可行的、协调的办事策略、资源投入以及行动。”如何将目标愿景转化为发展路径，进而由发展路径细化为行动计划，深度影响着战略执行的效果，也是区分好战略和坏战略的根本所在。

人们通常认为战略主要是对愿景、目标、路径、价值观等关乎企业长远发展的方向和竞争模式的选择，鲁梅尔特通过区分好战略和坏战略，提供了一种审视战略质量的全新视角，也就是好战略必须既有方向指引，也要有指导连贯性行动的行动计划。这就要求企业管理者在制定着眼长远的方针、方向、路径的战略规划的基础上，配套建立将战略规划转化为细化阶段目标、明确进度安排、落实资源投入的生产经营计划，推动战略规划和年度计划的深度整合。其中，战略规划旨在确保公司沿着正确的方向发展，主要解决战略问题；年度计划旨在确保年度任务有效围绕长远目标，主要解决战术问题。事实上，很多企业战略规划沦为摆设的深层次原因就在于没有建立将战略规划转化为年度计划的思想自觉和有效方法。

对于企业管理者而言，在强化战略执行连续性，从而有效推动战略规划和年度计划深度整合方面可以采取以下举措。

（一）引入推动目标管理的创新工具

平衡记分卡、关键业绩指标（KPI）、目标与关键成果法（OKR）既是目标分解工作，也是目标管理工具。设置中长期和分年度战略指标体系，有利于战略规划和年度目标更好地结合，强化对规划执行情况的动态跟踪、即时反馈和适时调整。在企业战略管理实践中，战略制定和战略实施往往出现较大偏差，中长期和分年度的战略指标体系无法有效协调和整合。通常来说，战略规划指标制定更加倾向于具有挑战性的目标，有挑战性的战略目标胜过没有挑战性的目标，同时，为了应对不确定性，还需要保持一定的战略模糊

性，引入一定的定性目标；年度计划指标倾向于更具务实性的目标，具体的年度目标好过笼统的年度目标，务实的年度目标好过好高骛远的年度目标。此外，在将年度规划目标转化为年度计划目标的过程中，还要确保企业始终聚焦战略目标，集中配置战略资源。这就要求企业管理者做好从定性目标向定量目标、长期目标向阶段目标、挑战目标向务实目标的“三大转化”，而OKR 等目标管理工具在目标转化方面具有显著优势。

（二）开展高管团队中长期绩效考核

绩效考核在企业发挥着指挥棒的重要作用，在企业金字塔的组织架构中，不同层面、不同层级具有不同的考核侧重点，越向上越要关注战略和宏观事项。企业中高层管理者是制定和执行发展战略的重要引领者，对其考核主要采取量效并重、长短兼备的方式，需要开展与战略规划执行效果相匹配的高管团队中长期绩效考核；企业中层管理者和基层员工是制定和执行发展战略的主体性力量，对其考核主要采取短区间、及时性的考核激励和兑现方式。通常来说，为了做到量效并重，高管团队中长期绩效考核重点包括净资产收益率、利润率等经济效益指标，以及科技研发、人才培养、安全环保稳定等影响企业长远潜力的重要指标；为了做到长短兼备，高管团队中长期绩效考核在年度考核的同时，还要注重对战略性指标的中长期考核。当前，针对高管团队战略执行效果的绩效考核和兑现要与企业中长期发展战略目标和执行状况严格挂钩，实行严考核、硬兑现，客观评价高管团队在战略制定和战略实施过程中做出的贡献。

（三）实施中长期战略规划滚动管理

解决好战略规划前瞻性和战略实施务实性之间的问题，需要根据战略实施情况，及时收集、汇总、分析行业发展动态，通过五力模型、SWOT 分析、PEST 模型等战略分析工具，依据行业发展形势、市场竞争态势、规划执行情况等内外部环境变化情况，做好战略滚动修编，实现战略规划与三年滚动规划、年度计划的有机衔接，进而打造战略研究、制定、实施、评价和调整的闭环管理，强化战略规划的刚性约束和有效落地。实施中长期战略规划滚动管理，需要健全完善投资管理体系，注重优化投资结构，突出重点领域和前沿方向，依据战略方向调整投资方向，构建战略—投资—预算全过程管理模式。在修订中长期战略规划的过程中，要强化战略管理与投资管理相结合、投资绩效与业绩考核相挂钩、投资计划和生产经营计划相衔接，完善战略规划、商业模式、投资决策、人才储备、项目实施、考核评价等紧密衔接的管理体系，从而发挥好战略对投资的引领作用、投资对预算的导向功能以及预算对战略的保障效应。

第六章

商业模式创新

目前，世界进入数字化时代，整个社会都在重构。企业从价值主张到业务结构，再到盈利模式，每一个点的变化都可能形成一些新的商业模式。商业模式越来越丰富，对商业活动的影响也越来越大，逐步彰显出推动企业获得或重塑核心竞争力的“强大魅力”。

第一节　商业模式概念的兴起与关键意义

一、商业模式是什么

商业模式是早在20世纪50年代就存在的概念，伴随着社会信息化浪潮对市场竞争格局的深刻影响，企业战略调整和转型升级速度随之大大加快，主营业务更迭更加频繁。商业模式作为综合性描述企业战略定位、市场细分、核心能力、盈利途径、关键流程等一系列要素的概念，在20世纪90年代后期日渐兴起，最初在新兴的互联网行业风生水起，逐步蔓延到传统行业，成为时髦的术语，在近20年的时间里热度不减。现代管理学之父彼得·德鲁克曾感叹：“当今企业之间的竞争不是产品之间的竞争，而是商业模式之间的竞争。”

商业模式概念的强势崛起，一方面在于社会信息化时代企业竞争格局的快速升级换代，另一方面也是企业战略管理理论持续发展的必然结果。经过商业实践的探索和理论的不断深化，对这个概念的理解尽管不尽相同，各有侧重，但并不影响人们对商业模式概念的青睐。

有的观点认为，商业模式是一种包含了一系列要素及其关系的概念性工具，用以阐明某个特定实体的商业逻辑。它描述了公司所能为客户提供的价值以及公司的内部结构、合作伙伴网络和关系资本等用以实现（创造、营销和交付）这一价值并产生可持续收入的要素。

《21 世纪商业评论》编写的《这，才叫商业模式——21 世纪创新竞争》一书，从五个特征来理解商业模式：第一，它包含诸多要素及其关系；第二，它是一个公司独特的商业逻辑；第三，它是对客户价值的描述；第四，它是对公司的架构以及公司的合作伙伴和关系资本的描述；第五，它产生可持续的收入流（即具有盈利性和可持续性）。由此可见，商业模式不仅仅是客户的价值主张，同时还要有实现价值所需的管理架构、合作伙伴和关系资源；不仅仅是企业独特的商业逻辑，同时还要具有盈利性和可持续性；不单由一系列要素构成，更需要各个要素之间的协调和搭配。

二、推动商业模式创新的重要意义

在新产业革命的背景下，信息成本和交易成本显著降低，资源开放性持续强化，产业交融更加深入，创新性技术成果不断涌现，资源整合重组和优化配置日益便捷，对既有的产业生态链产生颠覆性冲击，以亚马逊、苹果、谷歌等为代表的一大批互联网企业迅速崛起。传统企业的生产经营方式和组织模式随之产生不断转型升级的迫切需求。正是在这样一个市场形势变化迅速、市场格局不断重塑、竞争方式不断进化的环境下，能否抢在竞争对手之前引入新的商业模式，获得新的可持续盈利的能力，成为决定企业前途命运的关键因素，催生了商业模式创新的热潮。一个好的商业模式，背后是潜在的巨大市场。甚至部分尚未得到市场竞争实践验证的商业模式，都可以吸引大量投资，成为投资者竞相追逐的热点。在这样的市场环境中，创造具有潜在市场价值的商业模式，成为创业者梦寐以求的致富途径，也成为悬在既往成功企业头上、关系企业前途命运的达摩克利斯之剑，不得不认真对待。

商业模式创新不只是产生有效的新工具、新理论，更是被视为全新的看待世界的方式和商业哲学。以下将引用大家熟知的苹果公司作为案例，阐述商业模式创新的重要意义。

案例 6.1

苹果公司的商业模式创新

2010 年 5 月，苹果公司以 2 213.6 亿美元的市值，一举超越了微软公司，成为全球最具价值的科技公司。而在 2003 年初，苹果公司的市值仅为 60 亿美元左右。一家大公司，在短短 7 年之内，市值增加了近 36 倍。如果说这是一个企业发展历程中的奇迹，那么我们需要认真回顾苹果公司在这短短的几年时间里做了什么，如何创造奇迹。

在苹果公司岌岌可危，市值不到 40 亿美元的时候，乔布斯再次回到了他亲手创立的苹果公司。乔布斯回到苹果公司所做的第一件事情就是重塑了苹果公司的设计文化，推出了 iMac，让苹果电脑重新定位在“酷品牌”上。但当时的资本市场并未对乔布斯的举动做出反应，iMac 和以前的苹果产品一样，使用者仍局限在所谓的“非主流”上。随后，乔布斯为了进入音乐播放器市场推出了后来创造奇迹的 iPod。不过，当时的这一举动同样也没有受到资本市场的欢迎。因为苹果不是最早推出数字音乐播放器的公司，当时一家名为 Best Data 的公司也推出了一款新的产品，产品性能优良，方便携带，外观新颖时尚，苹果公司推出的 iPod，在各方面并无过人之处。直到 2003 年，苹果公司的用户主要还是局限在“非主流”用户上。尽管大家都知道苹果公司的产品性能很好，但大多数人不愿花如此高昂的价格去购买。同样在 2003 年，苹果公司推出了历史上最具有革命性的创新产品——iTunes，它推动了苹果市值的快速飙升。最初，iTunes 只是一个用于 iPod 产品的音乐管理软件。而现在，它已然成为苹果终端的管理平台，无论是 iPod、iPhone 还是 iPad，都是通过 iTunes 进行管理。iTunes 是苹果的创新枢纽，不夸张地讲，没有 iTunes 的产生，就不会有之后 iPhone 和 iPad 这样创新性产品的出现。

iTunes 为什么会如此重要？因为 iTunes 并不仅仅是大家所认为的一款软件产品，它的出现标志着苹果公司转型的开始。在 iTunes 出现之前，苹果公司只生产实体产品，尽管它所生产的产品质量优良，但与其他竞争对手的产品相比，苹果公司的产品是可以被替代的。然而 iTunes 改变了这种状况，因为 iTunes 的出现让苹果公司将盈利空间拓展到了全世界的音乐市场，打破了仅仅依靠实体产品获利的单一盈利模式。短短 3 年，iPod+iTunes 组合为苹果公司带来了近 100 亿美元的收益。iTunes 受到了来自用户和合作伙伴等多方的支持。首先，iTunes 的存在能够让更多喜欢音乐的人轻松寻找好音质的正版音乐，从而大大增加了 iPod 的销售量，也让 iPod 具备了其他品牌播放器无法模仿的独特魅力，迅速占领了音乐播放器近 90%的市场。其次，iTunes 的出现改变了唱片公司面对泛滥成灾的音乐盗版无能为力的现状，给唱片公司带来了福音，因此受到了唱片公司的青睐。最后，苹果公司不仅能够靠销售 iPod 获利，而且 iTunes 同样使它从全世界的音乐市场中源源不断地盈利。

随后，苹果公司在 2007 年发布了首款 iPhone 智能手机，掀起了一场智能手机的变革。iPhone 手机除了产品本身的设计创新外，将 iTunes+iPod 组合中的技术进行了更新和升级。2008 年，苹果公司推出了 App Store 软件，与 iTunes 相对接。iPhone+App Store 的组合，使苹果公司占据了手机市场的主导地位。2010 年，苹果公司又一次成功发布了 iPad 产品。这款新产品采用 iPhone 的操作系统，看起来像一个放大版的 iPhone，应用软件方面也是沿用 iPhone+App Store 的模式。尽管这款产品遭受外界的质疑，但同样得到了“苹果粉”的追捧，销量可观。

资料来源：白民军，王潇博，李莉. 苹果公司营销模式创新研究［J］. 现代商业，2013（11）：80.

正是商业模式的创新，才会有苹果公司脱胎换骨的变化。就苹果公司创造奇迹的历程而言，商业模式创新带来的发展远远超越了单纯产品创新对企业的促进作用。

第二节　商业模式创新的驱动因素和构架要素

商业模式作为连接有限资源和无限经济价值的转化模式，其本身必然是无穷无尽的。不同的行业，商业模式千差万别；在同一个行业中，不同的企业也有不同的商业模式；即使一家企业，在不同的发展阶段也会有不同的商业模式。

一、商业模式创新的驱动因素

总结和分析国内外商业模式创新的案例可以看到，企业商业模式创新的驱动因素（见表 6.1），既有来自外部环境变化的压力，也有来自内部追求进步的动力。

表 6.1　　商业模式创新的驱动因素

外部因素与行业转型	
价值链	价值链中是否发生了变化，例如引入直营模式，或者在价值链中实现价值转移？
新进入者	新进入者引入的商业模式是否将重塑行业格局？
竞争对手	竞争对手是否采用了创新的价值主张或业务模式，并影响到您的现有业务？
客户偏好	客户对货物、服务或渠道的偏好是否发生了变化？

续表

内部因素	
客户细分	是否发现了新的细分客户，他们要求不同的产品、服务或交付模式？
技术	是否有颠覆性的新技术出现？
法律/法规	您所处的政策或监管环境（包括行业或地区政策及监管环境）是否发生了变化，并影响了您当前的业务模式？
环境	当前的社会和环境持续发展因素是否影响了您的业务模式？
产品/服务创新	是否向市场推出了具有新技能、新能力或新工艺流程的产品或新服务，致使新的价值主张和定价战略的出现？
财务表现	与行业平均水平相比，您是否处在增长减缓时期或负增长时期？
资源可用性	在实现经济效益的同时，您是否获取了大量财务资源以支持更多大胆的战略举措？是否能充分善用人才？

资料来源：IBM 商业价值研究院，转引自：Saul Berman，等. 未来企业之路：洞察全球顶尖企业愿景与制胜策略［M］. 北京：北京大学出版社，2010.

从表 6.1 可以更加清晰地看到，从外部因素与行业转型角度分析，商业模式创新包括价值链、新进入者、竞争对手、客户偏好、客户细分、技术、法律/法规、环境八个驱动因素，一旦某个因素发生了变化，就会产生商业模式创新的现实需求，只有成功实现商业模式创新，才能改善企业在市场生态中所处的战略地位。海尔集团围绕着海尔如何迎接互联网时代的挑战指出："每个企业都是时代的产物。如果你不能跟上时代，就会被时代淘汰。因此必须改变自己，要做互联网时代的商业模式。怎么做？对我们来讲就是探索创新。没有既定的正确的道路，必须不断试错、纠错。"这无疑是为企业在外部因素变化情况下产生商业模式创新的迫切需求所做的最好注释。

从内部因素分析，商业模式创新包括产品/服务创新、财务表现和资源可用性三个驱动因素，这是企业开展商业模式创新的重要配套要素，对企业能否成功进行商业模式创新具有重要影响。事实上，每个成功的商业模式创新都是对内外因素的统筹把握，不仅建立在对发展大势的精准分析上，还要对自身技术水平、管理能力、财务表现、人才储备等方面有清醒认识。

二、商业模式创新的构架要素

围绕商业模式的定义和驱动因素，人们对商业模式所应具有的要素也出现了大同小异的解读，出现了三要素说、四要素说、五要素说、六要素说、七要素说、九要素说等不同的观点，综合以上观点，表 6.2 总结了较为完整的商业模式构架要素。

表 6.2　　　　商业模式构架要素

<table>
<tr><th>行为过程</th><th>要素</th><th>描述</th></tr>
<tr><td rowspan="4">获取资源</td><td>目标顾客</td><td>企业试图瞄准的消费者群体，定义消费者群体的过程也即市场细分</td></tr>
<tr><td>销售渠道</td><td>公司与消费者接触的实现途径</td></tr>
<tr><td>客户关系</td><td>企业与客户之间形成的关系</td></tr>
<tr><td>伙伴关系</td><td>为客户提供价值而需要与多个企业达成的伙伴合作关系</td></tr>
<tr><td rowspan="3">组织生产</td><td>价值配置</td><td>企业为客户提供价值所需的活动和资源的配置</td></tr>
<tr><td>核心能力</td><td>企业向客户提供价值所必须具备的能力和资格</td></tr>
<tr><td>成本结构</td><td>企业运作商业模型产生的支出</td></tr>
<tr><td rowspan="2">价值传递（销售产品或服务）</td><td>收入模型</td><td>企业通过一系列利润流获得收益的途径</td></tr>
<tr><td>价值主张</td><td>公司通过其产品和服务所能向消费者提供的价值</td></tr>
</table>

三、成功商业模式的特点

什么样的商业模式能够给企业带来价值？什么是成功的商业模式？我们可以利用上面商业模式的构架要素，对一种商业模型进行解剖和分析。针对这个问题，不同的学者、机构给出了不同的标准。

埃森哲公司认为，成功的商业模式具备三个特点：一是要能够提供独特的价值，要么可以向客户提供额外的价值，要么可以使客户能用更低的价格获得同样的利益，或者用同样的价格获得更多的收益；二是要难以模仿，通过确立自己的与众不同，提高行业的进入门槛，从而保证利润来源不受侵犯；三是要脚踏实地，做到量入为出、收支平衡。

IBM 全球咨询服务部在全球范围企业首席执行官的调查中发现，400 多名被访者认为成功的商业模式具备三个特点：一是差异化，即强有力的差异化价值主张是实现增长和盈利的关键；二是快速反应，企业组织必须能够感知客户和市场变化并迅速反应；三是高效率，用灵活的方式调整成本结构和业务流程，以保持高生产率和低风险。

《21 世纪商业评论》认为，任何一种商业模式都是一种由客户价值、企业资源和能力、盈利模式构成的三维立体模式。《商业模式创新白皮书》提出："客户价值主张"指的是在一个既定价格上企业向其客户或消费者提供服务或产品时所需要完成的任务；"资源和生产过程"指的是支持客户价值主张或盈利模式的具体经营模式；"盈利模式"指的是企业用以为股东实现经济价值的过程。

尽管三家权威机构对什么是好的商业模式标准不完全一致，但有一点是共通的，也就是都将提供独特的、差异化的价值作为商业模式的核心。结合前文中作者列出的商业模式构架要素，能否在获取资源、组织生产、价值传递的主要经营行为过程中，以创新性的思维，引入具有创新性的商业逻辑，为客户提供具有创造性和差异化的独特价值，满足甚至引导产生潜在的需求，是判断商业模式优劣与否的关键指标。

例如，在获取资源过程中可以对现有市场资源进行重新整合，实现价格更低、品质更优的目标，从而对既有市场格局形成颠覆，对客户、供应商、合作伙伴、竞争对手、股东、员工的交易结构进行重新安排，行业游戏规则随之发生根本性改变，进而打造引领未来的新的市场生态。

在价值传递过程中，识别特殊目标顾客，定义细分市场，抢占他人尚未关注、尚未涉及的缝隙市场（Niche Market），打造满足消费者独特需求的产品和服务。

在组织生产的过程中将新技术与新商业模式结合互融，借助互联网、物联网、大数据、云计算等新兴技术，降低交易成本，打造"互联经济"，推动实体经济社会活动的网络化和虚拟化。

第三节　商业模式创新的问题与难点

一、问题——商业模式只是企业战略、市场营销的另一种说法

商业模式本身具有突出的特点和作用，但在实际应用中很多人容易将其与企业战略、市场营销混为一谈，从表 6.3 中我们能够清晰看出三者的区别。

表 6.3　　商业模式、企业战略和市场营销的比较

指标	商业模式	企业战略	市场营销
目标	建立互利共生的商业生态系统	打败竞争者	用最小的成本让最多人知道
起源	生态学	战争学	传播学

续表

指标	商业模式	企业战略	市场营销
视野	企业与利益相关者构成的系统	企业	产品
标志	创造出全新的价值空间	3～5 年的目标与规划	每天的营销活动
市场观	无限	有限	有限
竞争观	蓝海	红海	红海
产品观	商业模式的载体	竞争的武器	需要兑现的承诺
什么最重要	价值方程式、前所未有	核心竞争力、多快好省	市场定位（卖点）差异化
主要技术	生态系统构建	战略地图	广告
效果	非常好、可持续	优者更优	短期有效
适用	转型	稳定发展	产品优势突出

营销的目的是用最小的成本让产品广为人知，所以营销中的广告、促销和炒作都是营销方法。对于营销来说，产品是需要向客户兑现的对象。营销最担心的，首先是产品没有卖点，其次是产品性能无法达到广告所表现出的效果。因此，营销适用于产品货真价实且具有鲜明特色的企业。

面对营销很难产生效果的局面，企业会希望通过制定战略推动发展。战略起源于战争学，目标是打败对手。产品是竞争时战胜对手的武器。“人无我有，人有我优”即是所谓的企业拥有的核心竞争力。在实际发展中，稳定发展的企业会更加注重制定战略。

商业模式起源于生态学，最主要的目标是构建有独特逻辑或互利共生的商业价值创造系统。因此，商业模式创新的对象既非单独的产品也非单独的企业，而是以企业为核心，与企业利益相关的所有运行要素的独特盈利逻辑或跨企业跨行业共同构建的价值创造系统。商业模式的特殊魅力在于，让企业拥有一个全新的价值逻辑和创造价值的空间，通过这个价值空间或通道进入新的蓝海，快速成长，拥有自然发展的力量，能够帮助企业创造新的价值，实现指数级的增长。

当然，从企业付出的成本角度看，商业模式是最高的，战略其次，营销最小。商业模式、企业战略、市场营销三者在企业中扮演的角色不同，发挥的效用也不一样，不存在优劣之分。当企业所处的行业正在发生急剧变化或者企业想要转型逆袭、后来居上时，商业模式就是最好的武器。

二、难点——传统行业中的企业变革和转型

商业模式创新是传统行业和身处传统行业企业的生死考验。企业何以发展得好，又为何会发展得不好？1896年，查尔斯提出“一个企业的好坏50%是由行业决定的”观点，说明所处行业对于一个企业而言是非常重要的。大部分的行业和企业的发展均为顺周期，即：经济好的时候，行业景气，企业前景看好；当经济下行时，行业受到冲击，企业发展陷入困境。企业自身只决定了一个企业发展好坏的20%，企业最重要的决策是在何时何地进入适合企业发展的行业，提供怎样的产品和服务，用怎样的方式参与竞争，例如在经济繁荣、行业发展的时候（也称之为系统性机遇），借力系统性机遇，抵抗系统性风险。因为一旦机遇过去，寒冬来临的时候，很多企业便要被扫地出局了。

在“新经济模式”的冲击下，许多传统行业知名品牌不得不退出历史舞台。去书店买书、在报刊上看新闻曾是人们多年保持的习惯，但在电子商务和数字化阅读的冲击下，书店和报刊的生态发生了彻底的变化，可以说是“新经济模式”冲击传统行业的典型代表。一方面，1995年，以亚马逊为代表的网络书店开始兴起，由于书籍的标准化程度高，加上电商的价格优势，经过短短数年时间，亚马逊一跃成为全球最大的书店。另一方面，则是有40年历史的美国第二大书店Borders不敌网络书店和电子阅读的竞争，于2011年申请破产。

柯达、诺基亚、摩托罗拉都曾是各自行业的引领者和佼佼者，拥有稳固的行业地位，兼具技术壁垒，同时持续地开展前沿创新。在行业大潮退去之前，它们甚至储存了不少最领先的技术。但在创新的冲击下，大企业臃肿的组织机构、较低的管理效率和出于各种理由无视市场趋势，使其对发展的巨大变化视而不见，最终走向消亡。柯达，曾是胶卷的代名词，世界上第一台数码相机由柯达于1975年发明。虽然柯达掌握了最先进的技术，但作为传统胶卷领域的霸主，却不敢贸然迈入当时前途未卜的数码市场。于是，即使是拥有百年历史的巨无霸，也在数码相机蓬勃发展而胶卷行业不断衰落的历史浪潮中被淹没。2012年1月，柯达终于被迫申请破产保护，躺在了自己掘下的坟墓中。

三、难点——大企业搁浅在自己熟悉的领域

格局决定境界，困守原来的一亩三分地，哪怕你曾经强大如诺基亚，没

做错什么，还是难以扭转颓废之势。商场如战场，风起云涌，商业模式也在不断改变。诺基亚尝试转型做智能机时，因为体量大，被各种现有利益纠缠，所谓“船大不好掉头”，最终难以逃脱衰败的命运。

哈佛商学院商业管理教授克莱顿·克里斯坦森在其1997年编写的《创新者的窘境》一书中总结出一些行业的共性现象，即电脑硬盘、钢铁、重工业机械等行业的巨头是如何被相关行业的一些小型企业甚至是新企业取代的。很多时候，大企业并没有做错什么，它们只是摔倒在了自己的最大优势上。价值颠覆性的创新通常有两类方向：第一类是新兴市场颠覆，指没有受到行业内大公司关注的新兴市场出现；第二类是低端市场颠覆，指构架出一个更简单、更低价或者更方便的低端替代品市场。在数字化的时代背景下，价值颠覆是指用数字化技术或者新的商业模式让产品和服务变得更简单、更便捷。大公司之所以对这种颠覆式创新毫无还手之力，原因在于，大公司的创新必须盯着现有的客户，推出更好的产品，满足现有客户更高的要求，提高利润率。大公司往往对新兴市场不重视，认为相对于自己的主流市场，新兴市场太小了。所以，当小公司在新兴市场逐步做大，产品和服务更吸引主流市场的时候，大公司就被颠覆了。

第四节　商业模式创新的方法途径与案例

企业在感受到来自内外部的商业模式创新驱动因素影响后，需积极研究和探索自身商业模式创新的切入途径，在不断认识企业本身所处阶段和特点的前提下，选择可尝试和可实施的创新方法。对于企业本身所处阶段和特点，不同的理论从不同的角度有各自独特的分析方法，以下仅以生命周期理论为工具，简要阐述企业在不同生命周期进行商业模式创新的切入思路。

一、企业生命周期与商业模式创新

企业生命周期理论是用以分析和研究企业发展、成长、成熟、衰退直至死亡的整个发展轨迹，并探讨企业在特定发展阶段如何找到合适的发展模式、更好地保持企业发展能力的理论。企业生命周期理论具有鲜明的进化论的特点，其逻辑内核是将企业生命化、拟人化。尽管这种分析方法对企业发展过程的表述存在着刻板化、简单化的倾向，但不失为分析企业在不同发展阶段商业模式创新规律的有力工具。借助这一工具，我们可以按照企业生命周期，对企业在不同阶段商业模式演进的规律实现总体性的把握。

（一）成长阶段

企业以现有市场游戏规则“搅局者”或利基市场占有者的身份参与到市场竞争之中，差异化的价值主张是其生存发展最基本的前提，商业模式多以新、奇、特为特点，颠覆性、破坏性、补充性、专业性是这个阶段企业商业模式的显著特征，典型的例子是 19 世纪中后期的石油产业、20 世纪初期的电气行业、20 世纪 80 年代和 90 年代的互联网行业。20 世纪 90 年代末，以阿里巴巴、百度、新浪网等为代表的一大批中国互联网企业，以较为狭窄的特定领域为切入点，提供专业化、特色化的产品或服务，以点带面，一旦在一个专业市场站稳脚跟，证明商业模式是成功的，就迅速转入快速增长模式，通过迅速的自我复制，实现“野蛮成长”。

（二）成熟阶段

企业已经具有一定的规模实力和品牌影响，正值壮年，但同时面临中年危机的隐忧，告别了野蛮成长的疯狂时代，迫切需要对原有商业模式进行重新设计，对既往产品和服务进行重新定义，对既有客户价值进行重新挖掘，对既有资源流程进行重新整合。如果不能通过企业内部实现商业模式的创新，部分企业会依托自身的规模优势，通过选择性并购，寻找开发出潜在的代表未来发展方向商业模式的企业，通过吸收新鲜血液，实现新的发展。典型的例子是埃克森美孚等能源巨头，在发展到一定阶段后，将上下游一体化作为核心战略，通过横向拓展和纵向整合，提升对行业的掌控能力。即使埃克森美孚不是“页岩气革命”的推动者，但面对众多中小型页岩气开发企业对既有能源产业造成的颠覆性影响，原行业巨头通过选择性并购攫取前沿技术创新成果，并借此延缓进入老化阶段的模式也是值得借鉴的。

（三）老化阶段

在这个阶段，企业发展跟不上时代和行业发展的进程，商业模式创新或是进入停滞期，或是进入摇摆期。进入这一时期的企业，在对代表未来发展方向商业模式的判断上出现严重失误，不仅内部孕育创新商业模式的环境不复存在，而且对外部因素中可能代表商业模式演化方向的辨识也出现了误判。曾经的巨头在新时期轰然倒下，诸如诺基亚在智能手机时代的衰败，不仅仅是因为其无法适应新时期的环境变化，还因为其与老化阶段相伴生的组织僵化和官僚主义，从而面对新生态茫然失措。

综上所述，了解企业生命周期与商业模式创新的关系，重点在于对企业所处阶段的商业模式进行规律性的把握。对于初创企业，如果站到了顺风口，需加快寻找和确定有特色的盈利模式，也可以通过细分市场，挖掘真正空缺的需求，在风停之前，找到生存的理由和持续盈利的成长方式。对于成长期企业，则必须在做大做强与有序管理、强健的财务安全之间达成平衡，切忌只顾市场需求，盲目做大，放松对于管理的要求，否则极有可能形成表面繁荣的假象，而实际不时陷于现金流不足的危机中。成熟期企业要找准自己在产业链中的位置，强化上下游的开拓，形成和蓄积对抗危机的能力和实力。

若身为行业周期性较强的企业，要积极探索差异化的发展，在特色产品而非市场份额上寻找立足点。对于已站在行业顶峰的企业，在市场生存无忧稳定之时，一定要保持创新的活力，尽最大努力避免老化阶段，不断尝试新的产品、新的发展思路、新的价值创造，这样才不会进入发展的死胡同，被商业模式创新远远隔离。

二、基于企业构架要素的商业模式创新

商业模式的创新是无止境的。我们需要不断地把有限的资源转化为更高效的价值产出，这当中存在着无数模式转化的可能和进步的空间。不可能有永远完美的商业模式，只有不断进步、不断进化的商业模式。在各种纷繁复杂的变革创新途径中，我们主要聚焦基于前文商业模式的构架要素，即获取资源、组织生产、价值传递三大过程中的九要素，进行商业模式创新。

（一）基于获取资源的各个要素进行商业模式创新

1. 牢牢把握销售渠道和客户资源，利用市场占有率进行创新

微信是一款免费交流软件，个人用户注册和使用目前均为免费，其主要的盈利模式是收取企业认证费、收取广告费以及附带功能收费，比如微信钱包的提现功能，收取一定的手续费等。由于微信的使用几乎渗入现在每个人的生活，依靠强大的用户资源和遥遥领先的市场占有率，未来微信若计划对每一个个体用户进行收费，使用微信已经“上瘾”的大众顾客，将很难在短时间内摆脱这款交流软件带来的便利和乐趣，只能持续付费，这将是微信巨大的潜在盈利市场。

2. 通过对产业价值链的进一步细分或价值寻找，满足潜在的市场需求，成就新的商业模式

芯片制造企业台积电的创始人说过，自己更希望台积电被记住的是“一个商业模式创新者”。现在的台积电市值排名全球前列，超越英特尔、三星等，背后原因很多，但最重要的原因，就是商业模式的创新。2019 年，台积电实现营业收入 2 533.85 亿元人民币，净利润 838.06 亿元人民币。耀眼的利润指标背后，是其一家企业掌握了全球约 60%芯片制造的产量。芯片是科技产业

运转的核心。全球绝大多数高科技巨头的“心脏”都被台积电揽入怀中。

台积电的创始人真正让业界敬畏的，不是台积电所处的霸主地位，而是芯片代工制造这个产业，都是他缔造出来的。如今的芯片产业大致包括三种模式：从设计一直到制造和封装的 IDM 模式、只做设计的 Fabless 模式以及只做代工制造的 Foundry 模式。在台积电创立之前，全球知名半导体企业都是从设计到制造大包大揽，也就是只有 IDM 这一种模式。

IDM 模式让半导体成了一个持续被巨头垄断的高门槛行业，外人很难有所作为。即使有人从研发设计干起，试图从寡头那里分一杯羹，也是活在“有上顿没下顿”的不安中。因为一般的设计公司搞不起制造，只能租借大公司的产能，大公司不忙就租给他们，忙起来就不租了，而且还经常窃取或模仿他们的设计。沉重的现实之下，一些有能力搞研发设计的人早有期盼：要是有一家能替自己保护好商业秘密，不跟自己抢创意抢生意，专门帮助自己做制造的工厂就好了。

被中国台湾地区邀请过去开办半导体公司的台积电创始人也是这么想的，只不过他的决定是：自己来做一家制造工厂。著名管理学教授迈克尔·波特，因此称赞台积电的诞生不是创办了一个企业，而是创造和成就了两个产业：专业的半导体制造代工产业和专业的半导体设计产业。

一起步就专注研发设计的高通、苹果、英伟达等企业，都受益于台积电的代工模式而快速崛起。因为这个模式，全球半导体产业格局被重新定义，中国台湾地区也从半导体荒原变成世界半导体产业的重要一极。

2018 年在接受凤凰卫视采访时，台积电创始人就表示，最近二三十年，以互联网为基础的商业模式的创新，是最重要的商业模式创新。

（二）基于组织生产的各个要素进行商业模式创新

每一个企业在经营和发展的过程中都将形成自身的核心能力和商业要素。不断开发这些要素，利用独特的要素资源进行商业模式创新，也可以逐步形成企业自身的“赚钱逻辑”。

1. 通过调整价值配置，集中为客户提供价值所需的活动和资源

（1）利用产业结构。企业在产业层面上的延伸和整合成为产业结构中一个不断转移和创造价值的通道，可以通过垂直整合策略或出售及外包来实现对非核心业务的转移，快速调整自身价值配置，满足客户价值的变化需求。随着科技的进步，大众对信息的获得已经从桌面平台逐步向移动平台转移。谷歌公司作为桌面平台搜索引擎的“大佬”渐渐感知到自身竞争力的不断削弱，为了摆脱困境，谷歌选择进入移动平台领域，快速实施垂直整合，收购

摩托罗拉手机和安卓移动平台操作系统，从而改变了自己在产业链中的位置及商业模式。同理，IBM 公司在 20 世纪 90 年代初期意识到个人电脑产业陷入市场发展困境后，即出售了此业务，选择进入信息技术（IT）服务和咨询业，并扩展它的软件部门，这一举措改变了 IBM 在产业链中的位置和它原有的商业模式。

（2）利用品牌。可口可乐公司利用可口可乐特许瓶装模式，即向世界各地瓶装商授权，允许其使用可口可乐的品牌。瓶装商自筹资金新建瓶装厂，可口可乐工厂出售可乐的浓缩液，瓶装商自行加工和灌装后，通过自己铺设的渠道和网络，专注于当地市场的销售和维护。可口可乐公司选择瓶装商进行参股或控股，保证相关的管理、技术开发、市场维护和合适的品牌推广活动，以极少的现金成本快速进行“轻资产”经营。

（3）利用信息。从日常生活中，一点点挖掘信息的价值，形成大众消费的指引，通过网络迅速加以推动和扩大是近年来商业模式创新的重点之一。大众点评网从最初的美食共享推荐到现在吃喝玩乐多种娱乐活动的分享、推荐、机构服务、优惠活动、外卖等，形成了庞大的信息库和交流平台，是国际上最早创建的美食网络平台。

（4）利用资本。通过一轮轮融资，企业用资本效应推动形成产品或服务的低价扩张模式，不断吸引顾客，形成强大的现金流，从而冲击竞争对手，持续获得市场份额，再吸引投资。

（5）利用技术。成立于 2006 年的大疆公司，是全球领先的无人飞行器控制系统及无人机解决方案的研发和生产商，客户遍布全球 100 多个国家。它占据着全球 70%的无人机市场份额。无人机以前主要是应用在军事方面，而大疆是第一个将无人机应用在商业领域并获得成功的企业。大疆无人机目前被誉为可以“飞行的照相机”。

2. 通过整合所有生产要素进行商业模式创新

虽然电商平台模式并不新鲜，但对于传统行业的大企业来说，如果所在行业还没有诞生出足够有实力的平台，则还有一个自建平台的机会。一般来说，可以模仿现有的平台搭建，整合信息流、资金流、物流或其他与企业业务发展相关的核心要素，使得整个行业供应链上的各个环节整合在一起，形成平台优势，促进行业整体效率大幅提升。传统行业的大企业自建平台，可以掌握更多的话语权，未来可以建成行业的平台生态圈，获得更多的利润及更多的发展空间。自建平台需要满足以下几方面的要求。

（1）较强的产业链整合能力；

（2）足够的资金支持；

（3）在细分行业打硬仗的能力；

（4）对行业有深刻的认识和长时间的培育。

除了自建平台以外，也可选择融入第三方平台，企业可以借助平台上的资源优化自身的价值创造能力，大幅改善企业的资源获取能力和效率。企业也可以选择借助第三方平台，外包一些非核心业务，从而获得成本优势。

未来将是平台的世界，数字化的虚拟世界和物质世界将逐渐融合，其中，数据是最核心的能源，它流淌在每一个平台上，这些平台将把人、产品、渠道商、供应商、生产商等所有商业要素连在一起，进行组合，高效地完成商业交易活动。

医疗健康行业在互联网和新冠肺炎疫情的影响下迅速成为电商平台发展的新领域，例如，在线问诊是指医生在互联网上解答患者问题，在线预约是指患者通过网络预约去医院就诊的时间。拥有以上功能的在线医疗网站用户人数近年来逐渐增长，出现了“快速问医生”“寻医问药”“39 健康网”“好大夫在线”等网站。在线医疗具有效率高、流程少、资源多的优点，有效平衡了我国医疗资源的配置，具有不可比拟的优势。一方面，为患者提供了便捷、廉价、实时的专业远程医疗服务；另一方面，为医生打破了定点职业的界限。在线问诊平台拥有强大的互联网效应，能够汇集大量医疗资源，实现资源跨时间、跨空间的高效匹配。平台提供者在积累了足够量的医患资源后，在向下整合资源、吸引融资上将拥有更大的空间。预约挂号更是从挂号模式切入，能够获取精准用户需求，向后向前拓展都有空间。从变现模式上看，挂号平台盈利渠道多样，主要针对挂号患者提供后续服务，包括挂号、就诊过程、诊后健康管理、诊后服务推介。可收费对象包括患者自身、医院、健康管理公司、医药公司等。

同时，医药电商也发展迅速，借助计算机和网络技术（主要是互联网）等现代信息技术，进行医药产品交换及提供相关服务。在医药电商方面，由于药品所需要的配送条件较高、国家监管政策不明朗，大部分医药零售企业对电商持观望态度，暂时只有小部分的医药连锁企业在试水电商。但是，医药电商的优点和发展前景不容小觑：第一，电商提供充分的药品资源，简化了购药流程，针对非处方药品的购买而言，节约了用户的时间成本。第二，所有药品在电商平台上价格透明、来源透明、信息对称。第三，处方药解禁，配送条件放宽，电子处方、医药分家及医保对接的逐步实现，为医药电商的快速发展提供了良好环境。第四，医药电商的发展确实将有助于简化医药的流通环节，提高流通效率，大大压缩流通成本，创造价值。伴随着政策利好，大型区域性连锁药店积极向线上转型，第三方平台、垂直式自营电商纷纷出现，大型流通企业也开始向医药产业进军，医药电商市场规模巨大。

可穿戴智能医疗健康设备也是目前可探索的领域。可穿戴智能医疗健康设备指应用穿戴式技术对日常穿戴进行智能化设计，开发出可以穿戴的设备的总称，如眼镜、手套、手表、服饰及鞋等。供给端的可穿戴设备厂商正积极地以可穿戴设备为数据交互中心，为患者提供移动智能云服务，采集并建立数据库，探索更多基于患者数据的模式创新。尽管这类设备具有广阔的发展前景，但现在有关互联网的健康管理仍处于数据收集环节，行业仍处于各自为战的探索阶段。在可穿戴设备提供的一众功能中，健康管理、医疗检测功能无疑是最具刚性需求的、功能最具革命性的一项。从需求端来看，越来越多的年轻消费者开始注重健康管理，而老龄化、慢性病患者的增加，也提升了对可穿戴设备实时检测、远程监控等功能的需求。

（三）基于价值传递——销售产品（服务）的各个要素进行商业模式创新

在一个企业的众多价值活动中，企业所创造的价值实际上来自企业在产品和服务上某些特定的价值活动。这些特定的价值活动是企业价值创造的战略环节。企业在竞争中的优势，尤其是长期优势，正是企业在战略环节上的优势。通过商业模式架构中价值创造的要素环节获取新的盈利模式，是基于要素进行商业模式创新的主要方式之一。

1. 通过价值主张的改变促使商业模式创新

销售产品是最为传统的价值传递过程，即以产品为载体，创造价值并转移给客户从而获得利润。但如果发现市场或客户需要的是在适当的时间和地点可以使用适当的产品这一更为具体的需求，我们的企业可以形成一种全新的价值主张模式，为企业形成新的盈利逻辑。国际知名电钻企业喜利得一直向建筑行业提供各类高端工业电钻，随着全球市场竞争日益激烈，喜利得发现电钻日渐成为低利、标准产品，通过分析和调研，喜利得发现用户所需的不仅仅是电钻，更是在正确的时间和地点获得处于最佳状态的电钻。然而，由于缺乏对大量复杂电钻的综合管理能力，用户经常造成工期延误和使用不当。因此，喜利得改变了它的产品价值定义，在出售电钻的同时，尝试出租电钻，并向用户提供电钻的库存、维修和保养等综合管理服务。喜利得公司从硬件制造商变为服务提供商，并把制造向第三方转移，放弃了低利润的产品销售模式，改变了自身的盈利逻辑。

2. 通过扩展一系列利润流获得收益促使商业模式创新

对于企业而言，不论最终是制造产品还是提供服务，本质是发掘客户需求，为客户贡献价值，同时实现自身的价值。从单一行业服务到提供跨行业但与行业紧密相关的多层次服务，也是价值创新的思路之一。中集集团一直致力于升级和转型，尝试了横向的拓展，从集装箱拓展到道路运输车辆，目前单体量已居世界第一。另外，在能源、化工、装备等多个领域，中集集团也做了大量的尝试。2007 年，中集集团开始了产融结合的探索和尝试，成立了融资租赁公司。通过挖掘客户的资金需求，在大型船舶的设计、制造基础上，为客户开发出融资租赁的服务模式，曾分别为世界第二大和第三大的船舶企业提供了船舶“设计+制造+融资租赁”的整体解决方案，提升了自己的核心竞争力。融资租赁为装备制造业的转型提供了一个有益方向，同时融资租赁的方式又是非常好的产融结合品种，可以结合装备的特点进行探索和尝试。

3. 通过服务系统进行商业模式创新

2020 年《家用电器安全使用年限》系列标准颁布，明确家用空调安全使用年限为 10 年。格力电器推出“十年免费保修”服务政策，意味着一台空调从用户购买到“退休退役”的全产品生命周期，都可以获得格力的免费服务保障。虽然十年免费包修服务听上去没有降价促销那么直接，但是，在消费升级、产品升级，以及生活方式蜕变、生活节奏加快等发展趋势下，超长服务保障显然比降价促销带给用户的便利价值更大、使用体验更好。厂商提供的传统“保修”服务实际上还要收取相应的费用成本，而格力空调此次提出的“包修”则是对消费者完全免费，不会额外收取上门服务费等费用，这是对用户需求服务的一个层次的提升。在“十年保修”之外，格力还推出了“免费清洗服务”，更是将这一轮的价值服务推向新的高度。依靠自身强大的服务系统，格力将带来家电市场的一轮洗牌，对于只降价或没有服务能力的家电商将是致命的打击。未来，用户更希望是享受服务和产品带来的舒适，而不仅仅限于买到一件冷冰冰的低价商品。

（四）基于跨企业跨行业多要素和价值网的商业模式创新

随着商业模式的不断创新，不同行业间的融合产生新的价值网，比如，中国移动与影视剧合作推出手机无线数据业务，将渠道和内容融合；信息技术和传统产业深度融合，形成了水泥+鼠标模式；企业经营与金融工具深度融合，产生了汽车金融、融资租赁、房地产信托投资基金等新的商业模式。

1. 通过产品互搭、共赢思路和共享资源进行跨企业跨行业的商业模式创新

产品互搭：“剃须刀—刀片“模式。我们现在经常观察到将剃须刀和刀片一起捆绑售卖，消费者往往可以用很实惠的价格买到剃须刀；在使用中，刀片是需要不断购买的耗材，这才是商家的主要利润来源。这种商业模式最早由吉列创造，后来被广泛用于不同的商业场景。

共赢思路：格力为企业改造办公环境中的用电设备，如空调等，改造后节省的电费企业与格力进行分享，达到共赢的效果。

共享资源：街头充电宝一方面采用租赁形式提供给用户，价格便宜，可以解决手机充电的燃眉之急，用户用手机安装对应的 APP 软件，扫码后，按照操作提示选择充电宝，收取一定押金，出租给使用人，按小时收费，如果不归还充电宝，押金将作为遗失充电宝后对商家的补偿；另一方面，充电宝机器提供给有固定店面的店家免费使用，既可以成为商家向到店消费顾客提供的额外服务，又能形成对市场需求的覆盖，因此共享充电宝的发展潜力很大。当下，共享理念正不断扩展，共享单车、共享汽车等为人们的生活带来了便利。

2. 通过从单维到多维，寻找新的利益相关方，进行价值系统网的扩张和维护

在此阶段，企业已经不再是一个简单的产品和服务提供商，而是整个价值系统网的维护方。一旦搭建成熟，围绕企业形成的价值系统网便会不断地扩展，不断升维到更广阔的空间，随之也会吸引更多的参与方。而以企业为核心的价值系统生态网越是丰富密集，维度越高，竞争对手试图破解这种力量就越困难。携程网作为国内旅游、机票、酒店、度假方案、导游、租车等全方位资讯和服务的强大系统，抓住互联网与传统旅游业相结合的机遇，牢牢把握销售渠道和客户资源，从最初的航空公司和酒店“渠道商”的角色不断延伸，通过提供便捷性的服务占有了庞大的市场且不断挖掘附加价值。它的盈利逻辑从与众多酒店、各大航空公司合作，实现规模采购大量降低成本，利用客流增强议价能力的简单模式，发展成为通过各种后期服务的提供和事件处理，形成一个聚集客户资源和新型服务的核心载体，不断吸引新的客流和挖掘消费潜力，盈利能力更加稳定和多元化，接触和把控的市场越发广阔。

3. 通过技术创新、产品创新引导资源要素创新的商业模式创新

企业可以通过引进激进型技术或创新产品（技术或产品可以通过合作开发、外购等灵活的方式提供，不一定是来自企业自身）来主导自身的商业模式创新，如当年众多企业利用互联网进行商业模式创新，这也是主导的商业

模式创新方式之一。目前，云计算是最具潜力的技术之一，它能提供诸多崭新的用户价值和用户理念，从而提供企业进行商业模式创新的契机，如在工业中提倡的智能工厂，是现在众多制造业需要尝试和至少关注的发展前景。另一项重大的技术革新是 3D 打印技术，一旦成熟并实现商业化，它将帮助诸多企业进行深度商业模式创新。如飞机、轮船、汽车等企业可用此技术替代传统生产线来打印零件，甚至可采用直销模式，让用户在网上订货，并在靠近用户的场所将所需的零件打印出来，采用对外租赁、不同材质定价、配套服务等多种盈利模式不断丰富企业的商业模式。

反过来，商业模式创新促进技术创新在我国科技研究领域也展露出强劲的发展潜力。中国科学院西安光学精密机械研究所（简称西安光机所）“西光所模式”的诞生验证了这一说法。科研院所拥有丰富的科技资源，但受传统体制机制束缚、科技资源管理严格等的制约，传统的研究所往往关起门来搞研究，研究所和社会之间的“围墙”既阻断了研究所了解最新市场需求的机会，也关闭了研究所科技资源向全社会开放共享的职能，导致研究成果和市场需求脱节。西安光机所的发展成果和模式大大打破了人们对于科研院所只能关上门做实验的印象。

长期以来，科技创新因为壁垒高、周期长而不被重视。像大多数传统的科研院所一样，西安光机所也曾在改革路上徘徊和思索。为了破解科技和经济“两张皮”的痼疾，加快科研成果转化，西安光机所决定首先还是要从人入手。从 2007 年引进首批国家“千人计划”学者开始，西安光机所拆除“围墙”，开放办所，通过“人才特区”为科研人员提供帮助，充分激发了科研人员创新创业的活力。

为了从根本上调动科研人员的积极性，西安光机所大胆创新机制，让科研人员享受成果的收益权和使用权。在产业化的过程中，西安光机所支持科研人员持有股份，且份额高于西安光机所的持股份额，并对其产业化公司不控股。而科研人员与投资方的股份比例按照市场价值分配，西安光机所对此不进行行政干预。西安光机所的“人才特区”吸引了国内外多位光电领域的领军人才落户，形成了人才和产业良性互动的局面，充分发挥了作为专业光电信息类研究所的技术优势。

商业模式创新，同由互联网模式创新构成的虚拟世界并不相同。由科技创新构成的物理世界，是需要长期研发投入、持续积累才能形成的原创技术，具有高门槛、难以被复制和模仿的特点。正是其高门槛、高投入、高风险的特性，社会资本往往不愿在“硬科技”领域的早期项目中投入资金。于是在该领域“第一公里”难以起步的情形下，西安光机所大胆尝试，成立中国第一个由研究所发起的“硬科技”成果产业化天使基金——西科天使基金，主要投资于拥有核心技术和高成长潜力的种子期和初创期的“硬科技”中小企业。从初始 1.3 亿元规模的西科天使一期基金开始，现已管理西科天使二期基金、西科天使三期基金、陕西省大数据产业基金、先导光电集成基金、中科院成果产业化基金等专业化基金，基金总规模已拓展至 51 亿元，为不同专业领域的创业者提供金融服务，实现科技与金融的深度融合，有效解决了科技成果产业化的“第一桶金”问题。而科技人员来到中科创星平台创业，除了能得到资金支持、研发平台、孵化器等基本服务，还能享受到专业的法务、财务、项目申报等贴身服务。所有的服务让科技创业者们在创业初期没有了后顾之忧。

“孵投联动”模式使西安光机所走在了科技成果产业化的前列，而通过市场化、专业化进行科技成果转化的举措既激发了西安光机所科研人员的创业热情，也吸引了更多国内外顶尖团队进驻西安。

西安光机所利用自身基础，建成了“众创空间+孵化器+加速器（产业基地）”的全链条孵化载体，打造了“研究机构+天使基金+孵化器+创业培训”的贴身孵化服务环境。结合择机退出和反哺接力机制，打通了科技成果转移转化的接力棒体系，实现了集科技创业者、投资人、工程师、创业服务者为一体的热带雨林“硬科技”创业生态圈，引导社会从关注互联网创业、急于赚快钱、急功近利等转变为关注“需要长期研发投入、持续积累，有技术门槛、技术壁垒，能够对人类经济社会产生广泛而深远影响”的“硬科技”创业。西安光机所主动与社会机构深度合作，发起成立首个“硬科技创新联盟”，主动承担中央电视台国内首档聚焦智能科技挑战类节目——《机智过人》的策划与组织，参与湖南卫视原创科技秀节目《我是未来》，通过多种形式积极参与科学技术的普及工作，致力于构建“硬科技”全产业生态环境。

西安光机所从十年前就开始探索科技成果转移转化的体制机制改革，通过“拆除围墙、开放办所”，面向国民经济主战场领域先行先试，真正实现了产学研深度融合，初步形成了独具特色的“西光所模式”，促进了科技成果加速转化为生产力，全方位推动了创新创业工作，塑造了“硬科技”品牌，2015 年 2 月，西安光机所孵化企业 30 多家，2 只基金总规模 1.735 亿元。截至 2020 年 4 月，西安光机所累计培育孵化 320 家“硬科技”企业，基金总规模达到 10 只共 53 亿元，目前已经初步形成了高端装备制造产业集群、光子集成芯片产业集群、民生健康产业集群三大产业集群，充分发挥了国立研究平台和科技资源在中国经济转型升级中的积极作用，让传统研究所再焕生机。

当然，商业模式创新的方法途径是作者立足于现状进行变革的初步思考，读者可以尝试挑选合适的途径进行深入挖掘。商业模式创新的“新”，实际上是一种进化意义上的“新”，也就是提高从资源到价值的转化率，这是商业模式哲学观的核心观点。也就是说，企业是否采用某种新科技、套用新名词、实行新花样并不重要，重要的是企业有没有提高从资源到价值的转化率，这才是衡量商业模式是否创新的试金石。

第五节　商业模式创新思考与建议

与传统经营管理理论中的战略和营销不同，商业模式以系统观取代了个体与环境的二元观。互联网、物联网时代的企业竞争和发展比传统工业时代更加复杂和多维。共创共赢的生态就是被证明了的商业模式。《财富》世界500强和“BrandZ全球最具价值品牌百强”都是颇具权威的商业领域榜单。据报道，在“BrandZ全球最具价值品牌百强”2019年榜单中，亚马逊取代谷歌成为新科状元，最后一名是阿迪达斯。15个中国品牌入榜，阿里巴巴位居中国品牌榜首。从增幅最大的六个品牌来看，其品牌价值的提升主要来自商业模式的转型，而非自营业务收入的增加。中国新入榜的四大品牌也是因创新而上榜。越来越开放的平台、越来越丰富的服务生态是品牌赢得用户的时代密码。亚马逊和海尔体现的是用户体验迭代驱动下的转型。亚马逊的成功来自其提供服务的合作方在亚马逊平台上的成功，海尔的成功来自其赋能的生态企业在海尔物联网生态上的成功。

无论是娱乐、软件服务、零售还是家电，行业虽然不同，但相同的是它们都通过商业模式创新创造了一个第三方可以在其平台上实现“赢”的产业生态。

BrandZ表示：“我们看到了一种新的时代趋势，即品牌从提供单一产品和服务向打造颠覆性的生态系统转型。品牌要想在未来取得成功，就需要了解这种新模式所能够创造的价值，并采用这种新模式。”

专家分析，物联网生态品类的出现有可能解决一个长久以来困扰分析师的难题。在传统意义上，一个世界级品牌往往需要植根于一个容量足够大的行业，并在这个行业中战胜大多数竞争对手才能脱颖而出，比如只有在科技、零售、快消品、金融等行业领域才能培育出世界级品牌。在物联网时代，这个魔咒有可能被打破。物联网生态品牌可以通过商业模式创新构筑产业生态圈，创造生态收入，打破边际效益递减的铁律，进而突破传统行业壁垒，成就物联网时代的世界级生态品牌。

面对汹涌而来的时代大潮，每一个企业该怎样具体实施商业模式创新的设计和实践？怎么思考、评价、寻找一种适合自己发展的创新模式？

一、商业模式创新不能偏离企业基因

商业模式创新是对企业本质的回归。企业存在的唯一目的是为客户创造价值。所谓初心要正，要开始商业模式创新，必须从这个初心开始。如果没有这个初心，而把商业模式视作赚钱的秘方和捷径，必然会走入歧途。

但长久以来，信息不对称导致交易成本过高，企业往往通过谋求垄断、利用客户的信息劣势等获取利润，大量企业并未专注于为客户创造价值。互联网的发展大大增加了信息的透明度，使任何人都能通过网络轻松获取各种商品信息，并以更优惠的价格更便捷地得到这些商品，这使“去中介化”的做法似乎成为了必然趋势。这里的关键是中介不能被简单地理解为中间商。会被去掉的中介是指那些传统上依靠信息不对称赚钱而未能创造客户价值的经济环节，这些环节确实会趋于消亡。反过来，企业必须专注于为客户创造价值，那些能提供专业服务价值的中介会迅速崛起。因此，“客户”和“价值创造”几乎出现在所有关于商业模式的定义中。企业应该致力于创造不同的客户价值成为商业模式创新最基础的理念。

企业专注于为客户创造价值，具有提供专业服务价值的能力源自企业具有的最专长的能力和最优势的资源，并将其配对，进而促进企业的成长，这就是企业自身的基因。优秀的商业模式创新基于企业基因、保护企业基因。归根结底，商业模式创新的重点在于改变企业和外界的关系，也就是重构系统，而并非改变企业基因。任何成功的商业模式创新都是以企业基因为起点。

以下通过联想和IBM这两家企业的案例，看它们的基因如何决定着各自的进退。

案例6.2

联想和IBM的商业模式创新

IBM为全球最大的信息技术和业务解决方案公司。它于19世纪60年代正式开启了世界大型机时代。自此，几乎所有计算机的研制和开发都以IBM

为基准，这成为当时全球范围内的一种重要趋势。到 1975 年，IBM 生产的大型计算机数量是世界其他所有厂家产量总和的 4 倍，主要销售给政府、军队、银行、保险公司等大型政企客户。由于客户数量少、合同金额高，IBM 的每一个合同都是定制的解决方案，操作系统、应用软件、CPU、硬盘、输入输出设备、设备安装、客户人员培训等全部由 IBM 自己完成，IBM 成为一个集科研、生产、销售、技术服务和教育培训为一体的联合企业。可以说，面向大客户的整体解决方案是 IBM 的立业之本。

IBM 在 1980 年决定开发个人电脑（PC）。1981 年 8 月，IBM 的个人电脑成功上市并大获成功，当年就卖出 10 万台，占领了 3/4 的市场。IBM 甚至成了个人电脑的代名词。

但在 IBM 内部，这却引起了巨大的不和谐，因为个人电脑的收入和利润贡献在 IBM 内部微乎其微。1994 年之后，IBM 的个人电脑销售额不断下滑。IBM 向美国政府提交的文件显示，IBM 的个人电脑部门在 2001 年亏损 3.97 亿美元，2002 年亏损 1.71 亿美元，2003 年亏损 2.58 亿美元。同时，1991—1993 年，IBM 连续三年亏损，亏损额高达 80 亿美元。1993 年，郭士纳临危受命，出任 IBM 的董事长和 CEO，之后带领 IBM 迅速扭亏为盈，让大象学会了跳舞。他为 IBM 制定的变革战略可以简化成一句话：强化“IBM 作为整体服务提供者的独一无二的定位”。简单地说，让 IBM 聚焦全球政企大客户，利用 IBM 的规模和软硬件一体化优势为这些分布在全球的大客户提供咨询、硬件、软件、服务一体化的解决方案。这次变革与其说是一次彻底转型，不如说是对企业基因的完美回归。2004 年 IBM 顺理成章地做出了剥离个人电脑业务的决定。

再来看看接盘的联想。20 世纪 90 年代，联想的创始人前瞻性地认识到了个人电脑必将改变人们的生活，创立了联想公司，确立了“贸、工、技”的发展战路，即贸易流通坏节领先、工厂生产环节次之、技术研发环节跟随。2004 年 12 月，联想宣布以 12.5 亿美元的现金和股票收购了 IBM 的全球个人电脑业务，5 亿美元的净负债转到联想名下。同时，联想集团董事长发生变动，接班后的董事长并没遵循“贸、工、技”的路线，而试图带领联想转为“技、工、贸”路线，投入大量科研力量并提出“高科技联想”的发展口号，同时也积极借鉴 IBM 经验，希望联想也能发展成提供咨询、硬件、软件、服务一体化解决方案的多元化集团公司。转型的结果是联想的业绩连年下滑，2009 年爆出亏损。联想创始人复出，回归之后的调整也很简单：聚焦个人市场和小微企业，集中全力重建全球营销网络，把联想在中国的强大营销能力复制到全球。这次调整立竿见影，两个财务季度后就扭转了亏损局面。到2013年，联想电脑销售量升居世界第一，成为全球最大的个人电脑生产厂商，重新回归了“贸、工、技”路线。

资料来源：劳莘，周杰．重塑商业新生态：商业模式创新设计实战方法论［M］．北京：人民邮电出版社，2016.

我们看到，两家公司都是通过回归根本，从而得以复兴。在技术浪潮中，很多不断发展的企业，其创业方向与初创时并无不同。虽然知识时代变了，表面上的东西变了，但骨子里积累的发展经验和优势并没有发生根本性的改变，这就是围绕企业基因发展的重要性，也就是企业必须了解自身专长和优势资源，基于积累后才能有效地实施商业模式创新。无疑，上面的案例是成功的，但对于联想这次回归“贸、工、技”模式，社会上近来有不少批评，认为联想追求的是暂时的盈利，忽视了对核心技术研发的长期追求、投入和掌控。

二、站在巨人肩上看世界，跨越头脑疆界

上文提及了传统行业中商业模式创新的难题，其实，一旦掌握商业模式创新的本质，商业模式创新也就没有那么难了。企业本身的专长和优势资源并不等同于对传统行业的认知和依赖，行业只是我们对产业划分的类别而已，这就是说，所有行业的发展方式和思维模式可能相互交融，都可以借鉴，成功的商业模式创新是跨越传统行业的，也是跨越头脑疆界的。

（一）引入金融工具是商业模式创新的重要手段

全球联合包裹服务公司（United Parcel Service, UPS）是当今世界上最大的快递承运商与包裹递送公司，其业务主要分为三部分：美国国内包裹业务、国际包裹业务以及非包裹业务（物流、货运、邮件和金融服务）。如今，它已实现了它的鸿图：做“物流、资金流、信息流”三流合一的现代供应链综合服务商，成为专业的运输、物流、资本与电子商务服务的领导性供应者。

从 2001 年起，UPS 成立了资本银行，使物流与金融相互融合。在并购了美国第一国际银行后，将其与原来的子公司 UPSC 进行整合，获得了美国本土的金融业务牌照，开始为客户提供各种供应链金融服务，包括应收款融资、存货融资、信用保险、货物保险、中小企业贷款等金融服务。

由于银行难以控制跨境业务风险，传统银行对国际贸易的存货融资要求较高，很多中小企业难以申请到信用证融资或存货融资。与传统银行相比，

UPS 的主要优势在于：

（1）UPS 整合了物流、信息流和资金流，降低了信用风险控制的成本。作为一个物流企业，在整个融资过程中，UPS 始终掌控抵押物（存货），从而有效控制了违约时的风险底线。

（2）UPS 凭借多年建立的针对外贸企业的客户信息系统，可以真正了解规模不是很大但资信状况良好的中小企业的信息。因而，UPS 做存货融资的风险要比传统银行低很多。

（3）UPS 运用多年发展起来的货物全球跟踪系统，可以使贷款方随时掌握货物的动向。货物从工厂、海关到仓库的相关状况均能被实时掌握，即使借款人出现问题，UPS 的处理速度也会比会计师甚至海关机构快得多。

例如，一家工厂向供应商订购原料，UPS 在收到供应商交运的标的物后，可即时向供应商支付高达 80%的货款。货物送交工厂后，由 UPS 收取货款，再向供应商付清余额。UPS 在开展这项服务时，利用资金收付的时间差，在资金的沉淀期内，用这笔资金从事贷款业务，而贷款对象依然是 UPS 的客户或者限于与快递业务相关的主体。这笔资金不仅具有支付功能，还具备了资本与资本流动的特性，而且这种资本的流动是紧密地服务于业务链的。

借力金融服务，扩大全程物流规模和收益。由于 UPS 是标准普尔和穆迪同时评定的 3A 企业，因此其融资成本较低，从银行融资后，UPS 再以较高的利率向那些急需资金但又难以获得银行贷款的中小企业提供存货融资，从中赚取利差收益。

不过，UPSC 的目的并不仅仅在于赚取金融服务的利差收益，它还将节约的风险控制成本让渡给客户，以较低成本的金融服务吸引更多客户来消费它的全程物流服务，赚取更多的物流服务收益。产业向金融的自然延伸创造了新的价值，一个崭新的时代已经到来。

（二）数字化推动能源企业商业模式创新

数字化成为数字时代新模式、新业态创新的主要方向，能源企业也在不断探索新的商业模式。特别是在碳达峰、碳中和的发展背景下，能源企业立足于传统业务，尤其立足于煤、油等资源的传统行业，利用行业经验、资本和数据的优势，拓展和培育新业务、新技术的迫切性不断增强。

德国意昂集团和谷歌合作推出了名为“采光屋顶”的项目，基于机器学习算法，综合考虑房屋的条件为客户计算并安装光伏板，为其节约用能成本，拓展其分布式光伏业务。

电网企业不断利用其行业数据和行业技术优势服务智慧城市建设，如爱迪生公司将美国伊利诺伊州的 14 万盏路灯升级为智能街道照明。升级后，街道照明可通过采集亮度和物体活动的数据实现自调节。据估算，芝加哥市每年能节约 1 000 万美元左右的费用。

智能照明系统是其他智慧城市服务和应用的主要基础设施，以法国燃气集团为首的一批能源企业也在探索布局以智能照明系统为基础的智慧城市发展商业模式，包括交通管理、环境监测、充电服务等。

此外，随着各类能源技术成本的下降，市场上涌现出越来越多的新型能源商业模式，技术创新和商业模式相互迭代，不断发展。STEM 公司构建了储能运营商业模式，通过对电力供需数据的实时分析来控制储能电池参与需求侧响应，赚取峰谷价差。

能源在其他行业领域的渗透性强，以能源为核心开展商业模式拓展具有跨界创新的潜能和广阔的发挥空间。未来的能源商业模式将更多依靠数据和数字技术驱动，并不断向高效、清洁、分布式方面发展。

以需求为导向建立协同创新网络。由于旧的企业文化难以适应新的发展要求，因此成为能源企业开展数字化转型的重大障碍。数字化转型是一种新形势、一个新领域，无可供复制的发展模式，需要边探索边实践。与外部先进科技企业展开合作，建立基层创新激励机制，可以有力推动能源企业数字化转型。

意大利国家电力公司、爱迪生电力公司、法国燃气集团等企业都与物联网公司合作并开展物联网部署。爱克斯龙公司、东京电力公司等企业与美国通用电气合作开展发电设备资产管理。壳牌等石油企业选择亚马逊为其提供云技术服务。

能源企业与新型技术企业合作，可以引入外部新技术新理念，加快技术部署的应用。此外，除了外部引入，能源企业还注重内部培育和孵化，通过建立创新机制和容错机制，激发基层创新创业的活力。

综上所述，能源企业已经开展了一系列成功的数字化转型探索，实现了行业技术、行业运行场景和数字技术的融合，在运营优化、问题诊断、全程监控等方面有着重要的意义，但是，对能源数据资产的价值挖掘仍处于较为初步的阶段，数字化商业模式创新仍存在很大的想象空间。

（三）从市场开发到价值网系统设计

在企业发展的实践中，如果企业实现价值转移只是通过简单的线性买卖关系，会因为模式简单、竞争者易于模仿而难以保持较好的盈利水平。而通过商业模式创新构建多层次的价值转移体系，企业盈利渠道得以拓展，利润率也会得到大幅提升。举例来说，在传统的商业逻辑下，企业通过单纯的买卖——销售商品或服务获取收入。因运作或购买原材料等发生成本，成本低于收入便可以获取利润。但这种收入层次非常单一和固定，一旦成本降低到一定程度，企业可能获利也可能亏损。在构建了多层次的价值网系统之后，不仅仅是消费者，还会有供应商、服务商、资金提供方等来为整个系统输入价值，从而抵消成本，创造收入来源，提供多维度服务，带来多层次收入。虽然这些参与方可能处于不同领域，生产不同产品，但在某一个成本线上，它们彼此的支出是相同的，通过“合并同类项”可以使各个参与方的成本下降，从而促使成本结构不断改进。

例如，传统的供电管理正在转向能耗管理。能耗管理就是采用物联网、云计算、数字传感、精细计量等先进技术，实时、全面、准确地采集水、电、油、气等各种能耗数据，动态分析能耗状况，辅助制订并不断优化节能方案，通过智能控制保持耗能设备的最佳运行状态。很多高品质物业公司提供能耗管理服务，就是把每位业主都需要做的节能工作合并起来，从而使所有接受服务的业主在耗能上的支出成本最小化。

多年来，商业模式创新如同彗星掠过，给人以“惊艳”的启迪。维持固有的商业模式已经无法满足市场不断变化的需求，我们需要探索突破的方向和策略，构建未来自身的全新商业模式，未来已来，远方不远，勇者迎战，谋定速动。

第七章

资本运营创新

“纵观世界上著名的大企业、大公司，没有一家不是在某个时候以某种方式通过资本运营发展起来的，也没有哪一家是单纯依靠企业自身利润的积累发展起来的。”

——诺贝尔经济学奖获得者、美国经济学家史蒂格勒

第一节　资本和资本运营的定义

一、资本的定义和演变

就广义而言，所有能带来增值效应的事物都可以称为资本，如财富、知识、可以吸引游客的天然环境等。关于资本这一概念，历史上不同的资本理论赋予了其多种定义。其中，不同的资本理论对资本的经济学属性和社会关系属性的分析各有侧重。

资产阶级经济学家把资本看作是积累起来的物化劳动，是从事新生产的生产手段。他们没有从运动的过程中认识资本，而只把资本视为静止的状态。马克思把资本放在历史中观察，从运动中理解资本的本质。马克思认为，资本是一种生产关系、阶级关系，也是一种处于运动中的价值。资本一旦停止运动，就丧失了其生命力。因此，只有在不断的运动中，资本才能够不断增值。如果从资本构成的角度理解资本的定义，不变资本包含全部固定资本，例如机器、设备、生产建筑物等，还有非固定资本中的原料、燃料、辅助材料等；可变资本主要包含支付给雇佣工人的工资。而对于货币与资本的关系，马克思认为，货币可以转化为资本，但货币本身并不等同于资本，只有当货币实现价值增值时，货币才成为资本。

法国的布尔迪厄在马克思论述的基础上，把资本这一概念的外延扩展到更广泛的范围，从物质形态演变为物质形态和非物质形态两种存在形式，分为经济资本、社会资本、文化资本和象征资本。

在当下的经济学界，很多学者将资本分为三种主要形式：第一种形式是物质资本，例如工厂、机器、建筑等，这是比较传统的资本形式。20 世纪末期，研究学者提出第二种形式的资本即可变资本，如人力资本。人力资本肯定了人所具有的技术和经验的内在价值，在经济生产过程中，人力资本作为人体内所贮藏的一种资本，带来的增值效果已经变得和物质资本一样。近几年来，随着人们越来越意识到环境问题对经济的影响，经济学家们逐渐提出第三种形式的资本——自然资本。自然资本指的是自然界所拥有的可再生和不可再生的资源以及对这些资源的保护和开发进行的生态化管理。对自然资本的研究，特别是对它在可持续发展中所起作用的研究，已经成为新出现的生态经济学家们研究的中心问题。

二、资本的特点

资本的形式通过人们认识的深入和实践的拓展不断丰富，在未来数字化的发展中，数据是否也能成为一种资本形式，值得我们思考。不论资本的形式如何，作者认为资本的特点就是利用现在的价值来创造未来可利用的某种资源和价值，运动中的增值性是资本的核心。

资本是一种运动，这也是它的生命力所在，因此流动性是资本最大的特点。资本只有在不断的流动循环过程中，不停地转换自身的形态和配置，与周边的要素不断优化组合，才能达到不断增值的目的。静止不动是资本的浪费。市场竞争的外在压力和追求利润的内在动力促使企业的资本处于不断的循环流动中，资本运营作为一种加快资本周转循环的手段，可以帮助企业实现经济效益的不断增长。

资本在不断变化和扩展。由于带来增值效应这一资本的本质特点，随着社会的发展，新的资本概念不断产生，如前文已提到的人力资本、自然资本等，股权资本也是现在比较热门的实践内容。

三、资本运营的定义和分类

（一）资本运营的定义

资本运营又称资本运作，有的理论提及资本运营的起源要追溯到 1859 年，由美国哈佛大学的两名学生在毕业论文中提出，并由美国政府运用于西部地区，以缩短东西部地区的发展差距。资本运作发源于美国，发展于日本，成熟于新加坡，目前中国也引进了该模式，并出现资本运营的概念。国内有观点认为，虽然西方国家有对资本的大量研究，但没有资本运营这一概念，它是我国特定历史条件和经济环境的产物，我国目前处于经济转型期，面临国有经济战略性调整、资本市场方兴未艾、市场分散且急需优化整合的大背景，企业要想获得高速发展，往往通过资本运营的方式来实现。资本运营对于我国企业追求企业价值最大化、扩大市场占有率、形成经济规模、优化体制机制、满足技术发展需要、实现资源最优配置等具有重要的作用。

广义的资本运营区别于商品经营，其运营对象是资本，包括股权、债权、无形资产、固定资产等，或定义为通过兼并、收购、战略联盟、股份回购、企业分立、资产剥离、资产重组、债转股、租赁经营、托管经营等各种途径来提高资本运营效率和效益的经营活动。资本运营的根本动机是追求企业价值最大化，其结果是企业产权或资产的转移或重新划分及由此而引起的企业资产控制权和剩余索取权的转移或重新划分。

随着资本市场的发展，资本运营逐步发展为以资本市场为依托、以资本促进企业价值增值为目的、以价值管理为特征，对企业全部可支配资本进行合理运作，从而增加股东价值和企业价值，主要模式包括上市、并购、分拆、债股互换、资产注入、资产置换、资产重组、资产剥离、资产分立等。

（二）资本运营的分类

从不同的角度，资本运营有不同的分类。从资本运动过程观察，资本运营主要包括融资、投资、资本运动与增值和增值分配。从内容和形式划分，资本运营主要包括实业资本运营、金融资本运营、产权资本运营和无形资本运营。

（1）实业资本运营。实业资本运营是指企业生产过程中的资本运营，其贯穿产品的生产、销售、技术开发、市场营销等最基本的活动，将资本直接投放到本企业生产经营活动所需要的固定资本和流动资本之中，促进和实现最终成本的降低、产品的增值和效率提升，因此它的主要方式包括固定资产更新换代、加大流动资产投资等。有的发展比较好的企业，也通过内设的公司风投机构（Corporate Venture Capital，CVC）专门投资早期看好的外部项目或产业。

（2）金融资本运营。它是指实体企业在直接的生产经营活动中，以其自身拥有的金融资产和工具为对象进行的一系列资本运营活动。其主要目的是通过利用股票、债券、期货、期权等金融工具，参与资本市场，获取收益。同时，企业对期货、期权的操作，还可以达到套期保值的目的从而规避风险。企业金融资本运营最常见的方式有股票交易、债券交易、期货交易、期权交易。

（3）产权资本运营。产权资本运营的对象是产权，企业通过产权的交易，优化自身的资本结构，为企业获得未来收益创造机会。产权资本运营是企业资本运营的重点内容，主要包括：① 股份制合作；② 并购；③ 转让；④ 破产、拍卖；⑤ 合资；⑥ 参股与控股；⑦ 承包经营；⑧ 租赁经营；⑨ 企业托管经营。

（4）无形资本运营。无形资本是企业的一种重要资源，主要包括专利权、商标权、著作权、土地使用权、非专利技术、营销网络、商誉等。无形资本运营，就是企业通过对拥有的各类无形资产进行运筹和谋划取得收益的活动。

本书立足于实体企业通过资本运营提升企业价值，关注在新形势下，企业在立足稳健发展的同时，探索对不同的资本运营形式进行融合，通过各种途径灵活运用，挖掘企业资本增值的潜力。

第二节　资本运营创新的重要意义

一、资本运营在我国兴起的原因

资本运营在我国的产生有其深刻原因：第一，随着企业改革、改制、改组，行业主管部门转轨改制以及行业性集团公司与企业之间的联合发展，各种大规模的集团化股份公司一时纷纷出现，它们的资产高达数亿元、数十亿元甚至上百亿元，经营范围横跨数个行业，市场覆盖全国并触及世界许多地方。仅以商品生产经营为中心的企业管理已远远不能满足发展的需要，出现大而不强、大而亏损的状况，这要求企业的管理思路必须有质的飞跃。第二，社会主义市场经济的发展与市场体系的不断完善，我国劳动力、资金、房地产、技术、信息等生产要素市场的发展以及股票、租赁、资本、产权等市场的出现和不断演化，要求把企业活动涉及的每一种资源、每一种生产要素甚至企业自身都看作资本，都要求增值。这种增值的要求不但远远大于产品经济效益，而且关注企业在一定时期内整体价值的增值。资本增值的要求已变成企业的内在驱动和发展趋势，因此，企业运营思路的升级必然向资本运营的方向转变。第三，作为国民经济细胞的企业日益现代化，特别是随着现代企业制度的建立和深化发展，企业资本运营思路日渐明晰。现代企业制度最基本的经济学原理就是资本中心原理——资本是企业运作的中心要素，企业的一切生产力都表现为企业资本生产力。资本所有者的权益——“谁出资谁受益”，也就是保护资本权利的实现及资本的保值增值。现代企业制度作为一种企业制度安排，是约束企业特定行为模式和关系的一套行为规则，核心是企业法人财产权影响资本增值的机制，其落脚点通俗来说就是出资人要求企业运营实现资本的增值。

二、实体企业资本运营创新的重要意义

（一）资本运营是企业家提升企业价值必备的技能

从经济和企业发展的角度看，原来企业的成长主要关注的是内生式成长方式，即让企业内部的资源得到最大的发挥。而在经济全球化发展的今天，企业的成长应该更关注如何有效配置环境中的资源，关注资源的集成能力和优化能力，即从关注企业自身式增量到关注联合重组众多企业的可利用资源而促进企业聚集增量和综合价值的提升。资本运营就像陆地生活的人们拥有了航海术和造船技能，从此可以探索海洋领域中的财富，更新对环境和资源的认知。当然，企业将面临不断尝试和探索的艰辛，也会经历风浪，但成功后，企业的发展空间和速度将扩展至只靠内生成长无法企及的广度和高度，这就是资本运营带来的“魔术”。

核心能力是企业在激烈的市场中安身立命的根本，是企业存在和发展的前提，核心能力既可以通过内部积累得以形成和完善，也可以通过资本运营从外部获得强化和提升。长期耕耘于企业经营实际工作的管理人员，对于资本运营的理解和实践需要摆脱“那都是华而不实、虚头巴脑的事情”“那都是投机取巧的想法”“钱来了不敢花不知道怎么花”等想法。企业良性的成长本来就离不开资本的推动，资本运营是非常务实的工作，可以推动企业从最基本的产品质量提升、产品升级换代、市场营销、资产盘活等逐步扩展到机制改革、外部合作、业务领域拓宽、新兴技术研发、产业升级等多方面，进行有益的尝试，为企业真正做大做强提供一种有效的途径。有时有资本在手，也不知道怎么增值，也就是不知道如何运营。

单个企业，尤其是实体企业在发展中常常不知道怎么寻找资源和资金。有时有资本在手，也不知道怎么增值，也就是不知道怎么运营。本书对国内外资本市场的介绍，就是希望实体企业，尤其是实体企业的企业家在埋头苦干时，除了日常经营以外还应看到一个资本聚集的舞台。无论看到的是碧水蓝天还是惊涛骇浪，企业家或企业管理者必须熟悉资本运营，不能置身事外，觉得那只是做资本、做金融，与做实业无关。资本市场是实体经济对接资源、寻找资金的最直接方式。巧妇难为无米之炊，企业发展离不开资金，没有打开融资的途径和渠道，企业就会在发展的大潮中独木难支，时刻提心吊胆，

难以做大做强。

（二）资本运营是实体经济企业规模发展的需要

我国不断发展的多层次资本市场，增强了现有金融体系的弹性。国家根据企业在不同发展阶段的融资特点和融资需求，一方面，推进股票发行注册制，使直接融资渠道变得更加通畅，逐步扩大资本市场在金融体系中的比重；另一方面，丰富直接融资工具，健全市场基础建设，推动债券市场健康发展，加大产品创新力度，增强市场的吸引力，形成全方位、宽领域、有竞争力的直接融资市场。具体来说，国家政策将更好地发挥科创板、创业板、新三板支持创新的功能，服务于符合国家战略的高新技术产业和战略型新兴产业；鼓励发展如创业投资、并购投资基金等私募股权基金，激发风险资本的灵活性，壮大创新资本总量，打通科技成果转化与金融资源的渠道；吸引更多的创新企业通过资本市场发展壮大。2020 年，工业和信息化部等 17 个部门联合发布的《关于健全支持中小企业发展制度的若干意见》提出，要鼓励中小企业通过并购重组对接资本市场。稳步推进新三板改革，健全挂牌公司转板上市机制。完善中小企业上市培育机制，鼓励地方加大对小升规、规改股、股上市企业的支持。加大优质中小企业债券融资，通过市场化机制开发更多适合中小企业的债券品种，完善中小企业债券融资增信机制，扩大债券融资规模。

在这种情况下，实体企业，尤其是技术型企业，尽早树立正确的资本运营理念，快速对接资本市场，从而获取资金进一步研发技术或扩大生产。以下以简单的数据，阐述运用资本市场实现规模增长的发展逻辑。

一家中小企业 A，在持续经营和持续成长的前提下，股东初始投资 1 200 万元，占股 20%。A 企业连续 2 年盈利，最近 2 个完整会计年度的营业收入累计不低于 1 000 万元（新三板市场挂牌主要条件之一），当期净利润为 1 000 万元（见表 7.1）。

表 7.1　　实体经济企业资本运营实例

<table>
<tr><th>资本市场</th><th>净利润</th><th>市盈率</th><th>企业估值（股权价值）</th><th>股东投资=（估值×股比 20%）</th></tr>
<tr><td>未挂牌或上市</td><td>1 000 万元</td><td>6 倍（机构一般评估）</td><td>6 000 万元</td><td>1 200 万元</td></tr>
<tr><td colspan="5">可挂牌新三板创新层（2019 年 12 月，新三板发布新的挂牌政策，进一步放宽原年均 2 000 万元净利润条件）</td></tr>
<tr><td>新三板创新层</td><td>1 000 万元</td><td>19 倍</td><td>1.9 亿元</td><td>3 800 万元</td></tr>
<tr><td colspan="5">在全国股转系统连续挂牌满 12 个月的创新层挂牌公司，可以申请公开发行并进入精选层。2020 年 8 月，新三板精选层开板，首批 32 家公司发行，市盈率平均为 31 倍，中位数为 26 倍。</td></tr>
</table>

续表

资本市场	净利润	市盈率	企业估值（股权价值）	股东投资=（估值×股比 20%）
新三板精选层	1 500 万元	26 倍	3.9 亿元	7 800 万元
符合中国证监会、证券交易所和全国股转公司有关规定的精选层挂牌公司，可以直接向证券交易所申请上市交易。				
创业板	累计 5 000 万元	47 倍	23.5 亿元	4.7 亿元
科创板	累计 5 000 万元	74 倍	37 亿元	7.4 亿元

从 1 200 万元到 7.4 亿元是非常惊人的数据转变，而且可能仅仅在 5 年内。虽然从简单的企业估值（股权价值）中推算股东收益的增长只是一种非常粗略的假设，但借此展示了资本市场的层次性和对企业发展的杠杆作用，也凸显了作为股东和投资人应注意的成长视角。

资本运营是企业集团化、大型化发展的重要途径。当今世界声名赫赫的大财团、大跨国公司无一不是通过多次的资本运作才取得今天的规模、市场份额和突出的竞争优势。企业转变经济增长方式最重要的环节是企业集团化、大型化，开展规模经营。在经济全球化条件下，实践证明我国过去存在的“大而全”“小而全”的企业、重复建设形成的企业、靠行政手段“拉郎配”组成的企业，是缺乏竞争力的。在世界经济迅速发展的背景下，我们需要造就一批经得起冲击、抗得住风浪的“航空母舰”。那如何才能有效形成规模，实现资源的优化重整？按照国际惯例，企业扩大经营规模一般有两个途径：一是通过内部积累；二是通过资本市场寻求企业重组和扩张。后者是更高层次、更大范围的资源重新配置。美国、日本和西欧的实践证明，跨国公司成长的助推器主要是兼并和收购，即资本运营。

（三）资本运营是企业多元化发展的需要

资本运营是企业优化资本结构、调整产业和优化产品结构的重要方式。企业为了发展，既要依靠产品组合，也要依靠多个产业或多元化经营，从而降低或分散单一经营的风险。企业通过对投资方向、投资比例，不同产业、不同生命周期、企业自身特点及发展需要的及时调整，实时出售非优势产业，收购强化竞争力的优势资产；优化产品组合，满足不同层次顾客的需求，实现多元化发展，从单一价值链形成自身价值网，获得多渠道盈利途径。

（四）资本运营是企业转型升级的需要

有条件的企业，应该积极创造条件上市，通过资本市场融资拓宽资金来源，通过上市公司和股份制要求提升管理水平，推动现代企业制度的建立和产权制度的改革，从而实现企业的转型升级。不愿上市的企业也可以通过掌控权+多轮融资的方式，引入战略投资者，获取资金、技术、市场、人才或管理支持。资本运营将促进企业以及在经济社会中逐渐形成资本的组合机制、竞争机制和增值机制，使增量资本的投向和存量资本的调整按照市场经济的要求进行运作，从而使企业的运行和发展进入一个新的阶段。

第三节　国内资本市场的发展现状及启示

伴随着改革开放的历史进程，中国资本市场以上海证券交易所、深圳证券交易所设立为标志应运而生。中小板、创业板、新三板、科创板相继推出，私募股权和创业投资规范发展，多层次资本市场体系日趋完备。

一、资本市场格局概览

我国的资本市场，首先，从大的分类上来说，分为场内交易和场外交易两种类型，场内交易是指在证券交易所进行的股票买卖活动，而场外交易则是指在证券交易所之外进行的证券交易活动。其次，从地域上来看，内陆地区场内交易场所特指上海证券交易所与深圳证券交易所。深圳有深圳主板、创业板及中小板（2021 年 2 月 5 日，证监会宣布批准深圳证券交易所主板与中小板合并）；上海有上海主板及科创板（香港有香港交易所，但不受证监会的监管，因此不在以下阐述）。表 7.2 对国内多层次资本市场格局进行了总结。

表 7.2　　国内多层次资本市场格局

性质	板块	所在地	成立时间/年	定位	备注
场内	主板	上海	1990	大且成熟的传统行业的公司	上市条件类似，中小板介于一板和二板市场之间，2021 年 2 月 5 日，证监会宣布批准深圳证券交易所主板与中小板合并
		深圳	1990		
		深圳（中小板附属于主板）	2004（2021 年与主板合并）	稳定发展的中小型科技型、高成长性公司	
	创业板（二板市场）	深圳	2010	创业型企业、中小企业和高科技产业企业	中国版“纳斯达克”
	科创板	上海	2019	中小科技创新企业	重视科研属性

续表

性质	板块	所在地	成立时间/年	定位	备注
场外	新三板	北京	2006	创业、成长、中小微型企业股权转让融资	只进行股权转让，非上市证券交易
	四板市场	全国各区域		区域性股权交易中心：交易标的以不在证券交易所上市的证券为主，如国债	又称店头交易或柜台交易，无固定场所，无交易制度；交易双方私下协定

为了了解资本市场发展的趋势，表 7.3 对各市场的市盈率进行了比较。

表 7.3　　2019 年资本市场市盈率比较

名称	上市制度	设立时限/年	市盈率（2019 年）/倍
上证主板	核准制	3	11
深证主板	核准制	3	18
创业板	注册制	3	47
新三板	核准制	2	19
科创板	注册制	3	74

二、发展趋势及启示

研读证监会主席在中国资本市场建立 30 周年座谈会上的讲话《继往开来 砥砺前行 奋力谱写资本市场高质量发展新篇章》，作者认为我国资本市场发展趋势主要有以下几个方面。

（一）科创板导向明确，机制灵活

科创板在 2019 年开板以来，IPO 融资金额已占同期 A 股的近一半，资本市场促进科技、资本和产业高水平循环的枢纽作用明显增强，明确了国家改革推动要素资源加速向科技创新领域集聚的发展思路。科创板宽松的上市条件和注册制度，使企业上市成本降低，个别企业在满足条件的情况下甚至不盈利也可以上市。这对于具有高投入、长周期、慢回报等特点的企业无疑是极大的利好，如医药类科技企业。但在科创板的上市条件中，只要企业研发投入占比很大，也还是有上市的机会。就目前的科创板上市公司专利情况来看，平均每家公司均有 50 件以上的专利，凸显了科创板专注扶持“硬科技”企业发展的方向，而创业板则主要服务于成长型双创企业，支持传统产业与新技术、新产业、新业态、新模式深度融合。

（二）行业机构不断壮大，合作潜力大

自1987年首家专业证券公司在深圳特区创立，目前证券公司、期货的规范运作水平和专业服务能力不断增强。公募基金、社保基金、保险机构、企业年金等境内专业机构力量不断发展壮大。目前，根据公开资料，我国公募基金管理资产近19万亿元，权益类基金比重近两年提高了14个百分点，备案的私募基金管理人近2.5万家，管理资产约16万亿元。

（三）对实体经济扶持力度进一步加强

在证监会2020年10月30日提出的“十四五”时期资本市场六方面重点工作中，第一个方面就是“着眼于提高直接融资比重，加快完善多层次资本市场体系，进一步畅通直接投融资入口，不断完善有利于扩大直接融资、鼓励长期投资的制度安排”。“提高直接融资比重”不仅进一步明确了资本市场对于实体经济的核心服务功能，更表达了资本市场助推科技创新水平提升的坚定决心。

（四）科创板、创业板试点注册制平稳落地

此前，证监会曾多次表态，正在研究制订全市场推广注册制实施方案。2020年12月，证监会主席在中国资本市场建立30周年座谈会上的讲话指出，将以注册制和退市制度改革为重要抓手，加强基础制度建设。坚持尊重注册制基本内涵、借鉴国际最佳实践、体现中国特色和发展阶段三原则，在全市场稳步推行注册制。据悉，注册制在制度设计层面，可归纳为“三取消”及“三强化”。“三取消”即取消对发行价格、节奏、规模的行政管制；取消发行审核委员会，建立由证券交易所审核发行上市、向证监会注册生效的发行上市审核制；取消分板块设置的发行条件，实行差异化的上市条件，增强市场包容性和覆盖面。“三强化”即强化以信息披露为中心的审核理念，强化发行人的诚信责任和中介机构的把关责任，强化事后监管，切实保护投资者的合法权益。

我国有全球最高的储蓄率，在资本形成方面，由于种种原因，一直以间接融资（贷款）为主，直接融资占比较低。而与贷款相比，发行股票和通过发行债权融资，更有助于企业形成长期资本、自主控制债务杠杆、优化企业负债率。同时，轻资产、高风险的科技创新企业难以为贷款提供抵押物，面临贷款难的困境。对于该类企业而言，能够以市场化的方式在企业发展全生命周期（至少是关键期）介入多层次的资本市场进行直接融资，才是更适合的融资渠道。国家配套的机制和措施布局后，国内资本市场将会刮起一阵“东风”，是否能顺势而上，把握机遇，是每一名企业管理者要面对的考验。

第四节　主要思路和具体做法

一般来说，实体企业都是从产业经营起步的，开发并拥有市场需要的产品和服务是立足市场的基础。但发展到一定阶段后，这种单一的经营将会束缚企业的进一步发展。要想寻求更广阔的发展空间，企业通过资本运营可以使自身资源融入更大范围的资源组合之中进行优化，实现跨行业、跨地区、跨所有制的资本经营，充分发挥资源的最佳运营效益，实现企业规模效益的提高。当企业重新定位核心业务或需要多元化经营时，收购现成的企业要比单独从头干起好得多，可以减少进入新行业和新市场的障碍，获得技术上的优势。有的学者甚至强调，企业从产业经营到资本运营的结合，是从“一次创业”到“二次创业”的飞跃。

在我国，许多实体企业对资本运营还不够重视。尤其是长时间在计划经济体制下生产和经营的企业经营者，面对资本保值增值的压力，不但需要从理论层面加强学习，丰富知识，更需要拓展视野，理解资本运营在企业发展中的特殊作用并加以运用。

一、企业资本运营的主要思路

对于一般实体企业而言，资本就是利用现在的价值来创造未来可利用的某种资源。增值性是资本的核心，促进现有价值的流动性是推动其增值的有效方式。牢牢把握资本的这些特点，有利于正确认识如何在实践中进行企业的资本运营。

（一）总体思路

资本运营的本质在企业中并不复杂，通俗地说，就是为了企业的不断经营和发展，将可利用资源进行“买”和“卖”，并促进其达到增值的过程。“买”的标的可以是公司股权、优良资产、先进技术，“卖”的标的可以是旧的资产、股权、非主营业务子公司股份、非优势业务子公司股份、不符合发展战略的分子公司等，但单纯的“买”“卖”不足以说明公司资本运营的过程，也容易与产品买卖相混淆。因此，可以将“买”视为公司的投资行为，将“卖”视为公司的融资行为，企业通过投融资行为来运营企业的资本并实现增值才是企业资本运营的关键（企业资本运营思路见图 7.1）。

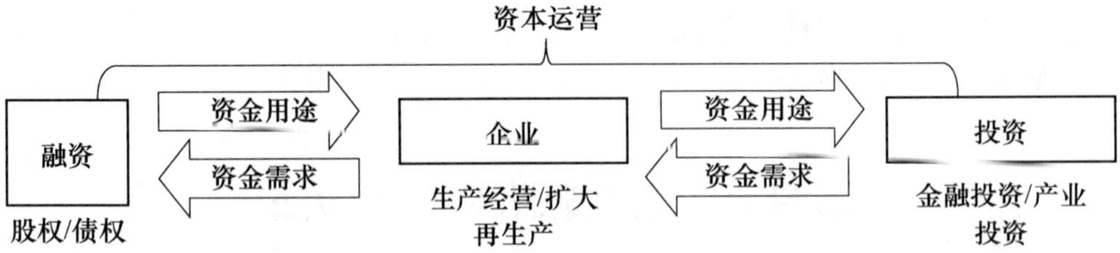

融资范畴	资本运营的企业本质	投资范畴
私募股权、转让股权、公开上市、配股、增发新股、发行债券等	生产经营/资本所有者	兼并收购、新设分子公司、认购股份、购买股票、购买债券和金融衍生品、股权回购等

图 7.1　企业资本运营思路简图

由此可见，企业资本运营以投融资管理为基础、以企业价值提升为特征、以资本增值为目的。

（二）主要意图和不同对象的分析角度

企业资本运营战略，主要聚焦企业的投融资战略，属于职能战略范畴。职能战略必须是站在企业全局的战略下开展的，企业的资本运营战略亦是如此，是为实现企业总体战略而服务的。在企业实践中，资本运营形式的选择应基于某种管理意图和运营目的，具体内容如表 7.4 所示。

表 7.4　资本运营意图及其形式和内容

序号	资本运营意图	形式和对应的具体内容
1	实现经营规模的快速扩张	通过并购、参股、控股的形式迅速发展壮大
2	塑造核心竞争力、优化产业结构	通过资本运营的手段，收购核心产业的企业，出售或重组非主导产业的企业，并把集团内优质资产和资源配置给核心产业，实现产业结构的优化
3	财务投资利用杠杆增值	专门从事产权转让、企业并购等活动，培育行业核心企业，通过经营使公司增值，并通过财务杠杆增加投资收益（杠杆收购）
4	盘活各类存量资产	调动企业所有可利用的资产，通过多种资产重组形式，使其产生增值效益
5	股份制改造，打通资本市场融资渠道	股票发行与上市、配股、增发、债券发行等
6	优化产权结构	通过股权转让、股权回购、经营者持股等多种形式实现国有企业产权结构多样化
7	满足大型项目融资与贸易需求	通过建设—经营—转让（BOT）、政府和社会资本合作（PPP）、福费廷等形式对有具体需求的业务进行资金安排

资本运营通过资本进行综合经营和调动，可以对生产要素进行优化配置，对资产结构进行动态调整，从而使其与产品经营并行互补，实现促进资产增值、利润最大化的目的。它的核心是用金融的理念、金融的方法、金融的工具对企业的有形资产和无形资产进行重组运作。

对于不同的对象，资本运营方式有不同的分类（见表 7.5）。

表 7.5　不同对象资本运营策略规划

运营对象	业务	资产	资金	资本
分析内容	业务财务分析 业务竞争分析 商业模式分析（产融结合） 业务组合分析	资产质量 资产分类 资产更替（资产流动）	资金结构 融资成本 融资渠道 资金利用	市值增长分析 并购机会分析 上市分析 股权激励

以下将围绕本节介绍的几种主要资本运营形式，结合案例一一进行阐述。

二、企业主要的资本运营形式及案例

资本运营是每一个企业实现管理和发展意图或者推动战略落实的有效工具和手段，企业目的不同，如寻求技术升级、寻求优质资产、寻求业务转型或利用企业闲置资产、闲置资金等，所需实施的资本运营方式也不同。必要时，对比使用或同时并用多种资本运营方式都可按需进行谋划，现将主要资本运营形式和案例分类介绍如下。

（一）实现经营规模的快速扩张——收购兼并、控股、参股

1. 收购兼并——横向并购

收购、兼并和合并，总称并购，是一种通过获得目标公司所有权或控制权的方式实现企业资本扩张和业务发展的经营手段，是企业资本经营的主要方式之一。

企业的收购与兼并，是产权交易行为中的一种高级形式，是现代企业制度和资本市场发展的必然产物。经过长久以来的演变和发展，不少企业通过收购与并购使企业大型化、集团化、多元化和国际化。虽然资本经营不仅仅是收购兼并，但收购兼并是资本运营的一种主要形式。收购兼并，泛指在市场经济条件下，公司为了获得其他公司的控制权而进行的产权交易活动。

企业在不同社会经济环境和不同的发展阶段中，主导的经营手段、发展战略也会有所不同。目前，对于已经具有相当规模的企业而言，企业竞争的利器和创造利润的源泉是资本运营与创新。随着国家宏观发展战略的变化和

经济政策的调整，中国企业也正在对自己的投资重点和发展方向进行调整，目前，通过资本运作进行产业整合的方式已经被历史印证，展示了资本运营对产业发展的巨大促进作用。

横向并购，是指同类企业为扩大规模而进行的并购。进行横向并购的基本条件，是并购双方企业的产品及产品生产与销售有相同或相似之处，并购方有需要并有能力扩大自身规摸。横向并购的目的可以概括为：一是通过并购，消除竞争对手，占有市场份额；二是发挥经营管理上的协同效应，扩大生产，实现低成本扩张，节约共同费用，在更大的范围内进行专业化分工，采用先进的技术，形成集约化经营，形成规模经济效益。以下介绍中国建材集团为了实现经营规模的快速扩张而实施的大举横向并购。

案例 7.1

中国建材的并购发展之路

中国建材集团近年来实现了营业收入与资产总额从百亿元到千亿元的历史性跨越，充分发挥了作为中央企业应有的行业影响力与带动力，为建材行业的结构调整与产业升级做出了巨大贡献。全世界一共有 4 家“世界 500 强”建材企业，到 2018 年，中国建材集团的资产总额、营业收入、息税前利润三项指标都超过了圣戈班，成为“世界 500 强”建材企业第一。中国建材集团的联合重组和资本运营为其开辟了行业内声名显赫的“龙头”发展道路。

中国建材集团最初是一个有着 33 亿元逾期债务、经营困难的企业，在经过风卷残云般重组 900 多家水泥企业后，才有了大家看到的在香港交易所上市的全球数一数二的大型建材企业。2019 年，中国建材集团资产总额达到 6 100 亿元，年经营收入超过 3 800 亿元，员工总数 20 万，拥有 13 家上市公司，其中 2 家公司在海外上市。中国建材集团作为一家科技型企业，拥有 3.8 万名科技研发和工程技术人员，25 家国家级科研设计院所，有效专利 12 500 多项，荣获 5 项国家科技进步一等奖。在中国建材的业务中，水泥玻璃工程国际市场占有率达 65%。

中国建材集团由小变大、从弱到强的发展过程带给我们非常多的启迪。第一，中国建材选择大行业的战略思路，从以新型墙体材料为主业的企业转做综合性的大型建材集团，这是一次战略转型；第二，选择联合重组的方式壮大水泥业务，这是以战略为指导有目的地实施资本运作的第一步；第三，采用双重上市的方式，即在国内A股上市，又利用打包有效资产在香港上市，增加了一次融资机会，这是资本运作的第二步；第四，提出做水泥生产商、钢材物流商和木材进口商的“大建材”战略，打开了产业发展的闸门，使企业获得千亿级营业额的发展空间，这是相关多元化战略的确定；第五，大力发展新型建材、新型房屋和新能源材料的“三新”战略，用集成创新的方式，通过筹集到的资金快速进入新兴产业领域，取得了很好成果，这是资本运作推动技术创新的综合效能。

资料来源：

1. 我所认识的“双料董事长”宋志平[EB/OL].（2020-04-18）. https://www.163.com/dy/article/FAF6U4UR053469RG.html.

2. 宋志平：企业成长的逻辑[EB/OL].（2011-12-20）. http://www.ccement.com/news/Content/48613.html.

2. 控股参股——股权投资及全生命周期管理

资本运营尤其是并购后都涉及对股权投资的管理，在资本运营的实践中，如果忽略了投资后的管理，那么极有可能导致整个资本运营的失败。作者在这里单独强调股权投资后全生命周期的管理，它对于实体企业而言尤为重要。投资，尤其是股权投资，对于企业来说只是整个资本运营的第一步，通过投资后的管理，实现资本增值才是关键。

提及股权投资，一般的关注重点为前期投资行为。通过不断的总结和探索，我们认为股权投资体系是包括筹资行为、投资行为、投后监管整合、提供增值服务和股权退出等全生命周期管理的一系列行为，是一个完整的资本运营理念的体现，具有非常重要的意义。全生命周期的股权管理将尽可能降低企业的试错成本，少走弯路，加快实现初设目标的步伐，或者促使企业朝更合适的目标前行，从而实现投资的保值增值。全生命周期股权管理的核心在于深耕投后管理。投后管理带来的绩效改善是企业实现有机增长、保值增值的主要动力，是资本运营成功的重要标志之一。有效的投后管理能够检验投资逻辑。在短期内完成投资后，企业通过投后管理长期跟进回访，甚至纠错打磨，对当初的投资逻辑进行检验，进一步调整自身投资布局，使其符合企业战略发展。如果后期行业发生变化，企业发现原预期的投资收益或收购的资产、技术偏离了战略，需要及时纠正，就应该科学地确定股权退出的时机和方式，实施股权的处置并完成管理评价，形成一个全生命周期股权管理的闭环。

股权投资及生命周期管理一般来说包括五个环节，分别是股权投资（新设子公司、并购、增资扩股、吸收合并、资产重组等）、控参股企业行权、专职董监事管理、股利分配管理以及股权处置管理。对于资本运营的管理，小规模的企业一般不会组建专门的资本运营机构，由财务部门兼顾资本运营工作；随着业务的不断发展，尤其是公司具备稳定的盈利能力后，为对接资本市场，梳理投融资的具体职能，公司需要设立专门的资本运营部门进行资本运营战略的制定和具体业务的执行；在大型企业集团，如存在大量可利用的资本，则必须考虑设立财务公司或集团投资公司专项进行资源整合，面向资本市场，一方面保证企业资本的流动和增值，另一方面不断扩展企业的融资渠道和资本运营能力，为企业实现发展战略和目标打通资本通道。

（二）塑造核心竞争力，优化产业结构——技术并购+纵向并购+其他并购

1. 塑造核心竞争力——技术并购+纵向并购

对于实体企业而言，塑造核心竞争力是至关重要的，这往往关系到企业的生死存亡，只有形成了企业的核心竞争力，企业才会拥有属于自己的战略资产。利用并购获取优势技术和优势资产就是培育企业核心竞争力的重要途径。

纵向并购，是指企业并购与自身生产或经营环节相互衔接、密切联系的企业，或者具有纵向协作关系的上下游企业。纵向并购要求并购双方具有产业上的协同关系。纵向并购的主要目的包括：一是使生产、流通等环节密切配合，优势互补，缩短生产周期，降低采购成本，减少流通费用，改善经济效益等；二是通过对原料和销售渠道的控制，形成产业链整体竞争优势。

作者将技术并购+纵向并购进行组合，阐述了通过技术并购形成自身优势资源和资产，以此逐步成为产业链的核心企业，在时机成熟和能力适当的情况下，开展纵向并购，巩固自身在产业链中的核心企业地位，并打造企业自身整体的产业链竞争优势的发展思路。

案例7.2

京东方不断并购，塑造核心竞争能力

近几年，中国的液晶屏产品逐步崛起，尤其以京东方为代表的国产液晶屏产品在世界范围内成绩斐然，到2017年底，京东方出货量占据全球份额的25%左右，是当之无愧的行业龙头，其中在笔记本电脑、平板电脑、智能手机、显示器、电视等五大应用领域，显示屏市场占有率均为全球第一。

如今拥有辉煌成绩的京东方在1993年是连续7年亏损的北京电子管厂。当时，面对连年的亏损，2 600多名员工自筹650万元种子基金，加上银行债转股，创立了北京东方电子集团股份有限公司。濒临倒闭的老电子管厂走上了“产业报国，强企富民”之路。经过存量调整和资源优化，京东方在1993年改制当年就实现了扭亏为盈。

改制以后，京东方采取与国外企业合资的方式，先后与日本旭硝子株式会社、日本端子株式会社、日伸工业株式会社合资，生产电子元器件。

通过合资企业，京东方以少量投资迅速变现生产能力，获得新产品，又从合资过程中培养人才、拓展国际化视野。这就是最基础的将资本直接投放到生产经营活动所需要的固定资产和流动资产之中，为后续发展蓄力的资本运营方式，是资本运营的第一步。在这一阶段，京东方没有核心技术，干了好几年的代工。

京东方于1997年进入显示终端领域，与台湾企业冠捷科技合作，成立了东方冠捷电子股份有限公司，其中，京东方持股52%，把台式电脑的显示器做到了世界第一。这是资本运营不断深化的第二步——股权投资，与合作伙伴共同新设公司，发展特定业务。

1997年6月，京东方在中国深圳证券交易所成功发行境内上市外资股（B股），成为北京市第一家B股上市公司，融资3.5亿港元。这是京东方利用公开交易市场进行资本积累的大举措，摆脱了仅凭借自身经营缓慢发展的狭窄路径，走上了将企业管理、发展速度、企业品牌与资本市场要求接轨的快速通道。有了资金和市场的认可，企业打造核心竞争力的奋斗方向明确，京东方等待寻觅更大发展的“契机”。

上市后，京东方围绕以显示领域为重点的主营业务，积极实施两个战略性转变：以合资为主转向以发展主营业务为主，以电子零部件为主转向以发展显示业务为主。

1998年，京东方明确提出“进军液晶显示领域”的战略抉择，并开始战略布局与技术积累。事实上，京东方早在1994年就成立了预研小组，主要跟踪研究TFT、PDP、FED等平板显示技术，而当时薄膜晶体管液晶显示器（TFT-LCD）的液晶显示技术刚开始在日本产业化。1998年，在CRT（CRT显示器学名为“阴极射线显像管”）产业盈利性还较好时，整个中国显示屏产业尚未意识到进军液晶显示屏产业的必要性与紧迫性，而京东方预见到新一轮技术替代的可能性并为之做出了积极的准备。

2001年1月，京东方在深圳证券交易所增发A股。同年8月，根据全球化战略发展的需要，北京东方电子集团股份有限公司正式更名为“京东方科技集团股份有限公司”。想真正进入 TFT 行业并非易事，从 1998 年到 2001 年的几年间，京东方一直在苦苦思索进入这一新兴产业的路径。当时，液晶显示产业开始规模化，率先进入的日韩企业已经形成了先行者优势，京东方面临着大量的专利和技术壁垒。TFT－LCD 产业具有高技术含量、高投入和高产出的特点，企业想立足，就必须拥有强大的基础研发、产品制造、工艺设计和市场运作能力。如何发展技术成为管理层需要解决的难题。当时，液晶显示产业成本较高，是否能大规模应用还是未知数。

此时，一个收购机遇摆在了京东方的面前：在亚洲金融危机中，2002 年，韩国现代公司旗下海力士半导体有限公司（HYNIX）因背负沉重债务，为保全核心的半导体业务，不得不忍痛割舍具有良好潜力的 TFT－LCD 业务，以应对公司的现金流危机。一些国际企业也对韩国现代的转让表现出了极大的兴趣，谁可以获得最终的胜利？这将是对决策者毅力和决心的重大考验。2003 年 1 月，京东方成功以 3.5 亿美元收购韩国现代旗下的 TFT－LCD 业务，获得 HYDIS 的全面知识产权（包括 TFT－LCD 应用技术、设计技术和制造技术等）及团队，以及全球性 TFT－LCD 市场份额和营销网络，进入 TFT－LCD 领域，这标志着京东方 TFT－LCD 事业的战略布局正式全面启动。中国社会科学院全球并购研究中心将此事评为“2003 年中国十大并购事件”之一。若没有 10 年来的资本运营实践积累（包括两次上市经验和多年来与国外公司合作的经验）京东方不可能顺利完成此次并购。这是因为，在此次并购中，资金筹集的方式和复杂程度，甚至后续持续投资的规模一再升级，直到今天看起来依然是一场波澜壮阔的资本运营大戏。3.5 亿美元收购资金如何筹集？京东方为了收购是否大伤元气？

《京东方科技集团股份有限公司关于收购韩国现代显示技术株式会社（HYDIS）TFT－LCD 业务资产实施情况的公告》表明，2003 年，为了收购 HYNIX 旗下的 HYDIS 的 TFT－LCD 业务，京东方设立海外子公司 BOE－HYDIS 作为本次收购的买方，营运资金及海外子公司收购价格为 3 217 万美元。租赁 HYNIX 拥有的与京东方海外子公司生产经营相关的土地，租赁期为自交割日起 30 年。京东方筹集 15 000 万美元的资金用于投资 BOE－HYDIS，其中公司自有资金及自有资金购汇 6 000 万美元，公司通过国内银行（国家开发银行）借款 9 000 万美元，借款期限均为 1 年，利率为 1.69% 至 1.985%。BOE－HYDIS 以资产抵押方式，向韩国产业银行、韩国外换银行、友利银行（Woori）、现代海商保险借款折合 18 820 万美元，利息率由提款日前一天的市场利率决定，并将在提款日后3年进行调整。该笔贷款从2005年10月22日开始按季度分10次等额向银行偿付贷款本金。BOE-HYDIS向HYDIS以资产再抵押方式获得卖方信贷，BOE-HYDIS向HYNIX、HYDIS签发了长期票据A和票据B，金额分别为3 590万美元（5年期）和373万美元（6年期），利率均为伦敦同业拆借利率加3%。

交易完成后，除了继续提升韩国子公司的竞争力外，京东方还在国内建设新的生产线，整合国内外资源，提高TFT-LCD事业在全球的排名，实现产业“中国生产、全球销售”的目的。在整个收购过程中，京东方在设立海外子公司时和收购BOE-HYDIS从自有资金中拿出近1亿美元(来自上市后从资本市场筹集的资金)，国内银行借款9 000万美元，将海外子公司的资产进行抵押，从韩国金融机构借款1.882亿美元，剩下的资金缺口再由韩国现代公司以资产抵押配合票据融资的方式解决。由此，京东方以不到三分之一的资金收购了梦寐以求的当时国际高端的液晶显示产业的生产线和技术，大步迈进在业界宏伟发展的大道上。

通过收购后的消化、吸收、再创新，2003年9月，京东方投资12亿美元自主建设第5代TFT-LCD生产线，该生产线于2005年投产，结束了中国内地的“无自主液晶显示屏时代”,翻开了中国自主制造液晶显示屏的新篇章。

同时，京东方又积极布局产业链的上下游。在下游出海口方面，2003年8月，京东方与冠捷科技股东签署协议，以10.61亿港元的价格收购冠捷科技26.77%的股份，成为冠捷科技第一大股东。冠捷科技是全球知名显示器供应商，主要从事显示器产品的组装和销售，拥有完善的销售网络和出色的市场开拓能力。在上游产业链方面，京东方于2004年10月至2006年4月，先后投建了TFT-LCD用背光源项目、CCFL（冷阴极灯）项目和大尺寸TFT-LCD用彩色滤光片（CF）生产线项目。而当时国内生产的TFT-LCD面板80%以上的原材料要靠进口，京东方在上游产业链的布局，大大降低了原材料成本，拉动了国内相关产业的发展。

2005年第5代TFT-LCD生产线刚投产就遭遇了韩国、日本等厂商的5代线产能集中释放，造成显示面板产能过剩，价格急剧下跌。前沿技术要形成规模效益，前期需要投入常人意想不到的超大规模资金量，京东方的第一条5代TFT-LCD生产线并没有达到预期的盈利水平，2005年至2006年，京东方连续亏损达33亿元，虽然因内外交困不得不卖掉冠捷股份，但京东方没有放弃TFT-LCD的研发及产业布局。

2008年的国际金融危机中，液晶面板市场再度崩盘，处于生死关头的京东方在成都的第 4.5 代 TFT－LCD 生产线投资 34 亿元，合肥第 6 代 TFT－LCD 生产线投资 175 亿元，北京第 8.5 代 TFT－LCD 生产线投资 280 亿元，鄂尔多斯第 5.5 代 AMOLED 生产线投资 220 亿元。

京东方如此天量的投资也让资本市场称之为烧钱机器，甚至当时被人形容为中国高科技发展的“悲剧”，面对质疑。京东方一如既往坚定目标往前走。

2016 年，京东方在智能手机、平板电脑显示屏市场中的占有率位居全球第一，笔记本电脑显示屏的市场占有率也在同年第四季度跃居全球第一，显示器显示屏市场占有率全球第二，电视显示屏市场占有率全球第二。同年，夏普被鸿海（富士康）收购，液晶势力只剩下中国和韩国的商家。

2017 年，京东方的出货量超越三星公司成为世界第二，大尺寸显示面板占有率为世界第一，第 6 代柔性屏 AMOLED 已经能够量产，大量国产手机已经抛弃三星公司开始采用京东方的屏幕。

2018 年，京东方新增专利申请量 9 585 件，其中发明专利超 90%，累计可使用专利超 7 万件。

2019 年，京东方投资全球首条第 10.5 代 TFT－LCD 生产线，以及中国首条第 6 代柔性 AMOLED 生产线，彻底解决了多年来困扰我国电子信息产业“缺芯少屏”中屏的问题，成为全球显示产业举足轻重的一极。华为发布首款 5G 折叠屏手机用的就是京东方的屏幕。

2020 年，《财富》中国 500 强，京东方排名第 88 位。

一路走来，京东方的掌舵人说，进入一个新的产业领域一般有三种方式：自主研发、合资合营或者收购进入。用自主研发方式在中国发展半导体显示产业不太现实，因其是典型的资本和技术双密集型行业，而中国企业欠缺在此领域的核心技术和经验。若通过合资经营的方式，核心技术仍然掌握在国外企业手里，投资风险却在中国企业自己身上。权衡利弊，京东方决定“收购进入”，通过国际收购进入液晶面板产业。这种思路也成就了今天的京东方。

资料来源：京东方——被我们忽视的科技巨头［EB/OL］.（2020－07－01）. https://www.sohu.com/a/405152014_120709508.

平心而论，如此漫长和艰辛的企业成长史难以用简单的语言和有限的篇幅进行阐述，本书希望强调的是，资本运营作为企业发展的重要途径，是很好的手段，是可以为企业注入动力的能量源泉，我们需要认真分析。

2. 优化产业结构——其他并购模式

（1）混合并购（多元化并购）

混合并购，是指分属不同产业领域，产品也完全不相同的企业间的并购。并购一般而言是为了扩大经营范围，进行多元化经营，增强抗风险能力。具体而言，混合并购的主要目的包括：第一，寻求主业以外产业的利润，防止原行业的衰退，适用于处于衰退行业的企业需找新的生命力；第二，通过多元化领域的投资，分散行业风险，构建多渠道盈利能力。

（2）产业集团控股金融

产业集团控股金融，是指在同一控制权下，从产业出发，并购各类金融机构。集团控股金融的主体必须具有雄厚的资本实力和充足的金融行业资源。鉴于金融行业牌照的稀缺性，大多数公司依靠并购或参股成为第一大股东的方式获得金融牌照。金融控股公司可采用混业经营，即母公司控股且从事一种金融业务，或母公司只是纯粹的控股公司，各项金融业务由子公司独立经营。

（3）价值链并购

价值链并购，是指企业从战略角度考虑，对市场上下游业务关联度比较高的企业进行少量的股权投资，从而获取更加紧密的合作关系，并培植未来的合作伙伴。这种类型的并购发生在拥有同一用户群体的企业，可以共享资源，共同发展。进行价值链并购的条件是，价值链上至少拥有一个核心企业，其他企业依靠核心企业获得用户和实现盈利。例如，一家优秀的互联网平台/智能硬件企业的产品连接着大量的相关多元的产业资源，以该核心企业为中心，以股权为纽带，形成某种价值链上的供应和销售体系，进而形成整个产业价值链的战略联盟。

（4）投资集团并购

投资集团并购，即指集团主业+投行模式。集团具有强大的核心投资团队以及全方位的多渠道融资能力。投资集团的突出特点是其融资模式决定投资模式，具有多元化投资的能力，专业化经营、应用多种资源和强大的投资能力是其盈利的核心。

（三）财务投资——杠杆收购

杠杆收购又称融资并购，它是一种企业金融手段。投资公司收购目标企业的过程是：以合适的价格，将收购目标的资产作为债务抵押收购目标公司，通过经营使公司增值，并通过财务杠杆增加投资收益。通常，投资公司只投入购买价格中的小部分资金，其余大部分资金来自银行抵押借款、机构借款和发行垃圾债券（主要指在国外的高利率、高风险债券），大部分债务由被收购公司的资产和未来现金流量及收益做担保并用来还本付息。投资公司若收购成功，被收购公司通过经营取得预期效益，银行等债权人不能分享公司升值所带来的收益，投资公司作为股东可以享有，这也是大部分杠杆收购后期盈利的主要模式之一。收购完成后，投资公司继续培育被收购企业发展和上市，再将手中的股份出售，赚取高额利润。

案例7.3

好孩子集团杠杆收购

好孩子集团始创于1989年，截止到2005年，每年生产各类童车300万辆，销售额25亿元，利润超过1亿元，在中国中高档童车市场中的占有率为近70%，在美国的童车市场占有率也已达到了30%以上。据相关报表的分析，好孩子集团的长期负债少，流动资金充足稳定，企业的实际价值已经超过账面价值。

2005年10月，海外私募基金太平洋同盟团体（Pacific Alliance Group，PAG）开始与好孩子集团接触。接触还不到两个月，第一上海投资有限公司作为好孩子集团的第一股东就宣布会同其他几家机构投资人将其在好孩子集团中持有的全部股权转让给由PAG控制的名为G–baby的持股公司。2006年1月，双方完成了支付对价与股权交割的全部动作，最终，PAG以1.225亿美元收购好孩子集团67.5%的控股股权。

PAG事先对好孩子集团做了详细及严密的估价。按照市盈率计算，好孩子集团当时的市值超过了20亿元人民币，折算成PAG 67.5%的持股比例，该部分股权的市值超过1.7亿美元，对比双方协商的收购价格1.225亿美元，说明此项收购具有投资价值。为了实现既定的400%的高额投资回报率，PAG决定用不超过1 200万美元的自有资金支付。在确定收购意向后，PAG先通过好孩子集团筹集收购价10%的资金作为自有资金用于支付。在余款的筹集上，PAG以好孩子集团的企业控制权价值和业务现金流为抵押，向金融机构筹集了相当于整个收购价50%的资金，并向PAG的股东们推销约为收购价40%的债券。

收购完成后，经过一年多的精心筹备，2010年3月25日，好孩子集团上市计划正式启动，至11月24日在香港联合交易所IPO，用了整整8个月的时间。IPO 价格定在 4.9 港元/股，募集资金 8.9 亿港元。当时的股东 PAG 依靠手中的股权又大赚一笔。

PAG 所筹集的资金是以好孩子集团的资产为抵押的，是一个标准的杠杆收购。杠杆收购的极大吸引力就是实现“蛇吞象”。在该案例中，PAG 仅以 1 200 万美元的自有资金撬动了 1.225 亿美元的并购交易，相当于 10 倍杠杆，其余的均以负债的方式筹集。收购后，通过企业上市，又获得高额的增值收益。

资料来源：中国杠杆收购第一案——好孩子集团［EB/OL］.（2019－03－21）. https://www.77cn.com.cn/wenku/zonghe/533136.html.

（四）利用各类存量资产——资产重组

从自身可利用的资产（包括企业的项目、无形资产、股权、上市背景等）出发，进行结构重组获取增值动力，减小企业现金流的压力，对企业来说也非常重要。随着资本市场的完善、金融工具的创新，资产重组的模式和手段也在不断地变化和革新。以下介绍的资产重组模式仅为企业实施资产重组提供一点借鉴，这些模式可以重新组合，交叉运用，并衍生出更多的新模式。

1. 股权置换

通过股权置换，可以对公司进行有效的资产结构调整。主要思路是将不良资产或是对公司整体收益影响不大的资产剔除出去，将被收购方的优质资产，或同自己的产业关联度较大的资产调整进来，从而优化资源配置效率，提高在自身行业中的整体竞争能力。置换对价的余额用现金补齐的方式，可使公司在资产重组过程中充分利用在手的股权资源，节约大量的现金。

例如，根据江苏中超控股股份有限公司 2018 年 3 月 30 日发布的《江苏中超控股股份有限公司关于股权置换的公告》，江苏中超贯彻做大做强实体经济原则，将电缆及日化实业作为双主业发展的战略。公司将利永紫砂陶从上市公司剥离，增加远方电缆、明珠电缆等电缆板块的股权持有。公司将其持有的利永紫砂陶 46.71%的股权置换中远投资持有的远方电缆 49%的股权；以利永紫砂陶 23.29%的股权置换新中润持有的明珠电缆 49%的股权。差额部分约定以公司应收利永紫砂陶的往来款债权抵偿。

这种资产重组方式的最大难点在于置换对象难以寻找、置换时机难以匹配。因为市场经济下的交易行为，需要自愿、公平、合理，一般来说一方想要置换对方的优质资产，自身也要付出较高的代价。只有在置换对方也非常关注交易对手某一部分资产时，双方才有基础向着“等价”成功置换方向努力。双方得到的资产对各自的整体生产经营能够起到有效补充作用，从而提高效率，达到双赢的效果。

在有些情况下，由于市场不发达，信息交流不充分，难以寻找到这样的置换对手和机会，企业也会尝试同集团内部的母公司或是自己的关联企业进行股权置换，集团内部调整属于资源配置，可以减少现金交易带来的压力。

2. 承债收购

企业在资产重组中遇到的障碍之一便是资金问题，尤其是在涉及金额较大的重组项目中，首要的便是如何筹集大笔资金完成交易。如果从资本市场直接融资来筹集资金，则公司不论是发行新股还是配股，都要受到诸多因素的制约，而且手续烦琐，时间漫长。如果用间接融资的办法向银行借贷，则一般期限较短，且获得数亿元的大额贷款绝非轻而易举。在这种情况下，企业可以考虑通过承担债务的资产重组方式完成交易，即承债收购。

案例7.4

X公司承债收购

Y公司是一家化纤公司，靠全额贷款建设而成，债务负担沉重，再加上规模较小，经营和管理不善，到19××年10月31日，Y公司账面总资产13.9亿元，总负债20余亿元，资不抵债近7亿元。在Y公司20余亿元的债务中，70%是高利，最高达29%，平均利率20%。

X公司是由××市政府于20世纪80年代中期自筹资金建成的一家大型化纤企业。在Y公司财务状况不断恶化、自我拯救几乎不可能的情况下，××市政府决定向X公司转让Y公司。双方共同委托中华会计师事务所对Y公司的资产进行了评估。在确认了审计和评估结果后，双方签订X公司收购Y公司的协议，主要条款如下：

第一，××市政府承担Y公司20余亿元债务中的7亿元债务。

第二，X公司承担剩下的债务，主要债权人为当地较大的金融机构。

第三，确定转化价格为×亿元，X公司以承担与转让价格相等的Y公司债务额的形式，受让Y公司的全部产权。

为了调整自身的资产负债结构，X公司先后两次成功发行14亿元H股，并发行2亿元A股。招股结束后，Y化纤的资产负债率降至40.22%左右。这为X公司以承担债务的方式，通过购并加速发展提供了可靠的财务保证。

X公司在获得Y公司的全部产权时，自己并未有一分钱的现金流出，而是承担一种连带性的债务。X公司收购Y公司之后，通过X公司担保，Y公司从银行贷款数亿元，置换并偿还了以前的高利率负债，从而使Y公司的财务费用大大降低。随后，X公司对Y公司开展了一系列整合和运营管理调整，使其扭亏为盈，然后公司便可用该企业所产生的利润逐步清减债务。当被收购企业的资产负债率达到某一水平之后，被收购企业就能为母公司利润做贡献了。最终，母公司也就兵不血刃地胜利完成收购任务。

资料来源：资产重组模式汇总及案例分析［EB/OL］.（2016－02－22）. http://www.doc88.com/p-0408913073435.html.

承债收购适用于收购兼并资不抵债或资产负债率较高的企业。同时收购方要对被收购方及行业状况有足够的了解，并对被收购之后的盈利水平做出客观、合理的评价，否则可能会引火烧身。

3. 资产注入（母借子壳）

母借子壳是母公司与上市子公司之间特有的资产注入方式，具体是指母公司在拥有上市子公司的前提下，培育优质资产不断地注入子公司，子公司接受优质资产后整合发展，在资本市场持续筹集资金并将筹集到的资金作为对价给母公司。

对于上市子公司来说，收购母公司现成优质资产的方式见效快、风险小。因为母公司对其注入的多半是已经建成产生效益或即将建成项目的资产，上市公司既不必承担项目建设中的风险，又不必支付成本溢价；对于母公司来说，可用置换资产所得资金配股，既不用自己拿出这笔配股资金，又不用减少股权比例。若置换所得的资金还有剩余，可继续投资，培育新的利润增长点，为以后再向子公司注入新的优质资产做好准备，形成了一种良性循环。

这种母借子壳方式的有效使用仅限于母公司对于子公司绝对控股且拥有较多优质资产的情况。在我国现实情况下，具备这样条件的上市公司不在少数，而且子公司的高层领导往往同时在母公司集团中担任高级职务。这样便于企业领导层从协调母子公司长远发展和相互利益角度进行通盘考虑，提高资产重组的成功率。

案例7.5

母借子壳的运作案例

上海××集团公司作为上海市首批现代企业制度试点企业之一，19××年由市出租汽车公司改制而成，是浦东××公司的最大股东。

19××年8月，浦东××公司通过每10股配9股方案，获得配股资金8 000万元，用其中5 000万元购买上海××集团公司下属的第五劳动分公司，随后又花3 000万元购买营运车辆，使浦东××公司出租汽车的规模从100辆迅速扩大至700辆。而上海××集团公司则以5 000万元资金支付浦东××公司配股所需资金1 880万元，并用余款购置200辆营运车辆。

19××年10月，浦东××公司再度配股，获得近8 000万元资金，并以8 600万元购买上海××集团公司第二营运分公司，使其出租车规模迅速扩大，成为浦东新区经营规模最大的出租车企业。

19××年10月，浦东××公司实施第三次配股，获得配股资金1.1亿元。浦东××公司又将配股资金整体用于收购上海××集团公司下的第三汽车场和修理调度中心。

浦东××公司通过证券市场连续筹资，为资产重组获得了资金支持。通过资产重组，浦东××公司迅速扩大规模，提高了效益，又为继续筹资准备了条件。

资料来源：资产重组模式汇总及案例分析［EB/OL］.（2016-02-22）. http://www.doc88.com/p-0408913073435.html.

4. 融资租赁

（1）基本特征

一是申请门槛低。相较于信用贷款，融资租赁的信用审批制度简单快捷，大多数融资租赁公司主要考察租赁项目自身效益，不太注重企业的综合效益，对企业的信用状况审查限于项目本身，一般不需要第三方担保，在办理时对企业资信和担保的要求相对不高，为缺少信用及担保的中小企业提供了融资渠道。对于资产负债率较高的成长性企业，融资租赁可以帮助其把握市场机会，即时购买设备，扩大业务规模。

二是租约灵活。银行贷款一般整笔贷出、整笔归还；租赁公司可根据企业的资金实力、销售季节性等，灵活还款安排，如延期支付、递增和递减支付等，使承租人根据企业状况，定制付款额。融资租赁把融资和融物（采购）程序合二为一，减少了中间环节，利用租赁的特性，规避了直接购买方式的层层报批或立项等烦琐程序，提高了工作效率。

（2）主要分类

虽然不同的金融租赁公司租赁业务有不同的分类方法，但总结起来有如下几种：

① 直接租赁。直接租赁指由租赁公司筹措资金，按照承租人的选择，向设备制造商购买设备，然后直接租给承租人的租赁行为。

② 售后回租。售后回租指承租人将自有租赁标的物卖给租赁公司，同时与租赁公司签订融资租赁合同，再将该租赁标的物从租赁公司租回的融资租赁方式。售后回租的基本特征包括：第一，与直接出售资产融资相比，售后回租承租人可以保留设备的使用权，对企业经营不产生影响，且最终企业还能以象征性价格购回标的物。第二，与直接租赁相比，售后回租承租人能一次性获得流动现金，可以投资于良好的投资机会，可以美化现金流量表。第三，与按揭贷款相比，售后回租融资在租赁期内，设备可加速折旧，减少所得税，收到合理避税的效果。第四，由于售后回租承租方出售资产时，资产所有权及与资产所有权有关的全部报酬和风险未完全转移，不属于增值税和营业税征收范围，不征收增值税和营业税，除了印花税之外，不会给承租企业增加其他税收负担。

③ 厂商租赁。厂商租赁指租赁公司和厂商合作，以产品销售为导向的融资租赁形式。租赁公司直接与租赁标的物的生产厂商合作，根据厂商的产品预售合同从厂商处购入租赁标的物，再以融资租赁的方式租给产品经销商或终端客户，由厂商提供产品回购担保或连带责任担保。

④ 联合租赁。国内联合租赁指租赁公司与国内其他具有租赁资格的机构共同作为联合出租人，以融资租赁或经营租赁的形式，将设备出租给承租企业的融资租赁方式。各联合出租人按照投资比例享有权利，履行义务和承担风险。联合方式包括但不限于协议合作，共同设立信托公司、项目公司等。国内联合租赁的基本特征包括：一是联合各方发挥各自优势；二是分享市场机会；三是共担风险、共享收益。

⑤ 结构型税务租赁。结构型税务租赁指租赁公司利用国外税收优惠政策，通过与境外机构合作，以租赁方式租入设备，再转租给承租企业，使承租企业能够分享他国税务优惠，降低租金水平。结构型税务租赁适用于对租

金价格高度敏感的企业，如船舶、飞机等国际移动设备行业的企业。

⑥ 设备出口租赁。设备出口租赁指租赁公司采取融资租赁或经营租赁的形式，从国内设备制造商购买设备，以融资租赁或经营租赁的方式出租给境外承租企业或进口商。设备出口租赁主要适用于大型设备出口，如国内企业承建的国外大型工程。

⑦ 信托租赁及证券。信托租赁指租赁公司将应收租金或租赁设备打包，通过信托公司发行信托产品，委托商业银行托管信托财产并定期向信托受益人支付收益，它是一种创新性的信托产品及证券化产品。信托租赁主要适用于有稳定租金流的租赁项目及长期投资意向的投资者。信托租赁的基本特征包括：加快资金流动；高质量的信托产品；专业的风险管理服务；可靠的资金托管服务。

在国外，旅游设施（特别是大型游乐设施）的融资租赁业务模式已非常成熟，游乐场、景区等在购买设施设备时遇到的资金不足问题，往往通过融资租赁来解决。而在中国，尤其是西部地区，采用融资租赁来购买游乐设施的脚步才刚刚开始。

案例7.6

A 公司的融资租赁

成都作为一座国际化的旅游都市，大型游乐场在近年也悄然兴起，A 公司看准了这一热点，将地产与旅游产业相结合，既开发房产，又在房产项目周边分期投资了一系列主题游乐园。未曾想到，当初为提升房地产品质而投资兴建的游乐园，却为投资人带来了超过预期的收益。在尝到该项目带来的甜头后，A 公司追加了主题公园的后续开发。

在游乐园一期建设初期，A 公司作为成都本土的房地产开发企业，融资观念仍局限于向银行申请项目贷款的框架内。但由于该游乐园土地均为租用土地，不能办理抵押登记，该项目在银行贷款屡屡受挫，投资人只得调用了大量原计划用于地产的资金才得以启动该项目。

而在建设游乐园二期项目时，受国家调控政策影响，整个房地产市场步入低谷，房地产公司资金链普遍趋紧，如果仍旧按照一期投资模式，A 公司的资金量显然已不能满足二期游乐园建设的需求。考虑到设施设备占整个项目投资的比例较大，如果能解决这一部分的资金需求，则整个项目的资金缺口问题就基本解决了。带着这一想法，A 公司咨询了众多金融机构，最后决定采用国外通用的模式——以融资租赁方式来购买游乐设施设备。

经过考察，A 公司选择了成都本土具有国有背景的成都金控融资租赁有限公司（以下简称“金控租赁”）来解决这笔融资款项。金控租赁根据 A 公司游乐园一期项目近年来良好的运营情况，测算了二期项目投入新设备后未来 3 年产生的现金流，整体评估出该项目未来现金流充足，不失为融资租赁的典型优质项目。金控租赁出具的融资方案为：A 公司自行选择游乐设备生产厂商，采购总金额为 4 759 万元的设施设备，由 A 公司支付 30%首付款给生产商，剩余 70%资金由金控租赁公司提供。租赁期间设备所有权属于金控租赁，由金控租赁将游乐设备租给 A 公司使用，A 公司向金控租赁支付租金，3 年期满后，设备所有权从金控租赁转移给 A 公司。这样，既解决了 A 公司资金的缺口问题，使得项目顺利开园，又满足了 A 公司最终获得设备所有权的需求。

该融资款项到位后，A 公司投资的游乐园二期项目迅速建设、安装并开始运营，开园后社会反响强烈，深受成都及周边游客的喜爱，为 A 公司赚取了大量利润。同时，A 公司地产项目也顺利推进，5 个月以后，全国房地产市场开始回暖，有了旅游产业的推动，A 公司的地产项目凭借高品质和特色鲜明受到了购房者的追捧。通过融资租赁这笔“及时雨”款项的滋润，A 公司在旅游市场和房地产市场上双双把握了时机，打了漂亮的一仗。

资料来源：刘隽，纪涛. 融资租赁：一个成功的项目案例［J］. 财会通讯，2013（35）：16－17.

5. 资产证券化

资产证券化是指以基础资产未来所产生的现金流为偿付支持，通过结构化设计进行信用增级，在此基础上发行资产支持证券的过程。它是以特定资产组合或特定现金流为支持发行可交易证券的一种融资形式。

近年来，资产证券化在我国发展迅猛。根据《中国证券投资基金业协会资产证券化业务备案运行情况简报（2019 年）》，自 2014 年 12 月备案制开始实行至 2019 年底，累计 138 家机构开展了企业资产证券化业务，备案确认 2 791 只企业资产证券化产品，备案累计规模达 36 379.54 亿元。其中，终止清算产品 1 214 只，清算产品规模合计 15 647.45 亿元；存续产品共 1 577 只，存续规模 16 491.12 亿元。

从基础资产分类来看，截至 2019 年底，应收账款类产品存续规模 5 089.94 亿元，占总存续规模的 30.86%；商业不动产抵押贷款类（CMBS）产品存续规模 2 256.37 亿元，占比 13.68%；小额贷款类产品存续规模 2 155.87 亿元，占比 13.07%；融资租赁类产品存续规模 1 689.76 亿元，占总存续规模的 10.25%；基础设施类收费收益权产品存续规模合计 1 181.63 亿元，占比 7.17%。

政策鼓励类产品主要类型包括绿色、扶贫、住房租赁、知识产权等产品，其中，截至 2019 年底，绿色产品备案规模 449.88 亿元，存续规模 335.27 亿元；住房租赁产品备案规模 239.44 亿元，存续规模 203.56 亿元；扶贫产品备案规模 166.41 亿元，存续规模 91.43 亿元；知识产权产品备案规模 42.08 亿元，存续规模 13.56 亿元。

应收账款证券化是资产证券化的一种，是指企业将其可预见的产生相对稳定的现金流但目前缺乏流动性的应收账款作为基础资产，对这些应收账款进行重组、风险隔离和信用增级等，将其转换为可以在资本市场上销售和流动的证券化产品的过程。

资产证券化的优点：（1）优化和改善财务报表质量。针对表内债权，资产证券化可盘活账面存量资产，将企业流动性较差的资产转化成流动性较好的证券，在不增加企业资产负债率的同时帮助企业募集营运资金，而募集资金既可以满足企业融资需求，也可以直接用来偿还企业存续的高成本负债，从而直接或间接地降低企业资产负债率，提高资产质量，提升企业评级。（2）募集资金用途灵活，融资成本较低。资产证券化不同于债券、贷款等传统融资工具，其重要特征之一是引入了基础资产，并以基础资产发行证券，也可通过多种途径增信，通常资产支持证券的信用等级会高于企业的信用等级，有利于降低企业的融资成本。结合目前市场利率形势来看，一般信用等级达到 AAA 级（优先 A 级）的产品票面利率在 3.5%到 4%之间。（3）拓宽融资渠道，提高融资效率。资产证券化可降低融资方对传统融资方式的依赖，实现多形式、多渠道融资，为企业建立股权、债务融资之外的第三条融资渠道。资产证券化具有较大的灵活性，其融资规模和周期以企业资产所能产生的现金流和企业融资需求而定，不受企业净资产规模的限制。目前，资产证券化发行已实行备案制，业务周期将大幅缩短，融资效率相对提高。

案例 7.7

京东白条——资产证券化

京东白条为用户提供赊购服务，京东会员可享有最长 30 天的延后付款期或最长24期的分期付款方式。京东白条ABS产品，是指用户用白条先购物、后付款，京东再将白条分期债券重新组合后，打包出售给金融机构，从而提前获得流动性。它是以互联网消费金融资产作为基础资产进行证券化的资产证券化项目。

京东白条证券化专项计划融资总额为8亿元，根据资产支持证券所具有的不同风险收益特征，可以将资产支持证券分为优先1级（AAA评级）、优先2级（AA−评级）和次级（未评级）三种，比例为75:13:12。优先1级资产支持证券6亿元和优先2级资产支持证券1.04亿元由合格的机构投资者完成认购，次级资产支持证券则由京东全部认购，不参与发行流通。京东白条优先1级、优先2级资产支持证券的预期收益率分别为5.10%和7.30%。由于次级资产支持证券不参与发行流通，该类债券没有预期收益率。资产支持证券期限为2年，优先级证券的还本付息方式为循环期按季付息，次级证券还本付息方式则为到期获得全部剩余收益。

京东白条ABS产品的特点：（1）京东白条基础资产的分散性良好，非常有利于分散违约及损失风险。（2）为了解决期限错配问题，京东白条采用循环交易结构。（3）京东白条采用内部增信方式，就是说京东白条既没有使用第三方信用增进措施，也没有原始权益人提供的差额支付承诺。（4）证券结构实行三级分层，分为优先级、次优级、次级。首先，依次偿付优先级、次优级证券利息；其次，偿付优先级、次优级证券待偿本金；最后，完成所有优先级证券的本息偿付后，将剩余收益分配给次级证券持有人。

京东白条ABS产品的优点：（1）促进客户超前消费。应收账款余额由2013年的5.02亿元增长到2014年的24.36亿元，增长近400%。截至2015年12月31日，应收账款余额为95.08亿元，是2013年未开展京东白条业务前的19倍。京东白条的推出促进了超前消费的观念。（2）融资门槛低。传统的股权、债权融资对企业的综合资信水平要求较高。资产证券化则是以资产自身预期未来可以获得的收益权为导向的融资方式。（3）对于中小规模的企业来说，通过资产证券化的结构重组和信用增级，可以提高资本市场对证券化资产的认可度，拓宽企业的融资渠道。融资成本具体反映在资产支持证券的利率上，一般利率越低，融资成本越低。（4）优化资产结构。在现实生活中，企业应收账款作为企业的资产，是持有的未来可以形成现金流入的一项债权。众所周知，债权存在一定风险和时间成本，现金是最优质的资产，是企业运转的血液。通过上述的资产证券化，京东的8亿元应收账款（债权）中7.04亿元真实出售，获取现金回流，只有0.96亿元的次级资产支持证券需要企业回购，从而达到了企业将应收账款转化为现金，降低风险、优化财务报表结构的目的。

资料来源：JD白条应收账款债权资产证券化案例［EB/OL］.（2017－04－13）. https://www.docin.com/p-1893068161.html.

（五）股份制改造——打通资本市场融资渠道

近年来，资本运营模式的创新层出不穷，资本所有者或支配者针对资本进行的专业化运营和管理都被定义为资本运营的模式。目前，诞生了一大批衍生的创新性融资模式，如产业链融资、对赌协议融资、资产证券化、引入私募股权基金（PE）等，均是利用资本市场上所有参与者的特点，根据企业需求进行探索和不断实践发展形成的。

1. 股权融资——公开募集股权资金

企业的股份制改造是公司发行股票并上市的逻辑起点。也就是说，企业要想与资本市场有效对接，更方便地开展资本经营活动，必须首先进行股份制改造，将企业改建为股份有限公司，并在具备一定条件时实现股票的发行和上市。

（1）IPO上市

上市即首次公开募股（IPO），指企业通过证券交易所首次公开向投资者增发股票，以募集企业发展所需资金的过程。上市融资的本质是公司通过公开发行股票获取资本。首次公开上市完成后，公司成为上市公司。

公司上市属于权益性融资，与债券融资相比，股权性融资（优先股除外）无固定的还本付息压力，没有固定的到期日，利用权益性融资风险较小。股本资本的所有权归属于企业的所有者，企业对股权资本依法享有经营权，除优先股股本可以通过一定的赎回条款提前赎回之外，股权资本一般视为企业的“永久性资本”。

股权融资成本较高。由于投资者以股权投资企业后，投资期限不固定，且不能获取稳定的利息（优先股除外），有较高的风险，投资者要求更高的投资收益率，公司需要长期支付较高的融资成本，吸引投资者长期持有本公司股票。由于股权融资支付的红利只能在税后净利润中支付，不能抵税，因而相应增加了股权融资的成本。

上市需履行信息披露的义务，成为公众公司。上市公司按照规定，需及时公布公司财务状况、公司经营等重大事项，这可能导致商业秘密的泄露。

上市公司监管更为严格。公司上市后，按照证监会相关规定，公司董事会须设独立董事进行监督，同时接受股东大会、监事会、媒体、证监会及派出机构、交易所等的监督。

上市公司需要支付维持成本。除上市支付的手续费等费用，还要支付律师费、审计费、公关费、交易所费用等后续维持费用。

上市公司面临股价波动的风险。公司经营业绩的好坏直接反映到股价上，股民一旦丧失信心，便会选择“用脚投票”，引起公司股价下跌，为公司后续经营带来压力。

上市公司增加被收购的风险。股价下挫时公司会面临被收购的风险，可能引起控制权的转移，甚至恶意收购。

（2）借壳上市

借壳上市就是通过收购、资产置换等方式取得已上市公司的控股权，以上市公司增发股票的方式进行融资，从而实现上市的目的。

借壳上市可以快速地解决上市的时间问题，使企业能够把握住上市的最佳时机。但是，借壳上市也存在许多弊端。首先，借壳上市会稀释企业的股权，拟上市的公司原股东的股权会受到严重稀释，会挤压后续的运作空间。其次，壳公司的质量不能确定。由于壳资源的缺乏，市场中的信息不够全面，购壳的一方在急于购壳的过程中容易遇到有债务及纠纷的壳。最后，由于壳公司本身也存在着一定的价值，购壳上市的企业往往要承担大额的购壳资金，进而增高上市的成本。

（3）配股与增发

配股与增发在通常情况下都是针对上市公司而言的，也是公开募集资金的方式。所谓配股，是指公开上市的公司向原股东配售发行股票的行为。所谓增发，则是指公开上市的公司向市场的特定（定向增发）或非特定对象（公募增发）增发新股的行为。从形式上看，配股和增发属于上市公司的融资行为，但从其目的性来看，配股和增发往往都出于上市公司资本扩张的需要。有时候上市公司定向增发或配股时，原有股东可能以资产来认购股份，从而导致上市公司的资产重组，这更属于典型的资本运作类型。

2. 股权融资——私募股权

私募股权（简称“PE”）是指通过私募形式对非上市私有企业进行的权益性投资，再通过上市、并购或管理层回购等方式，出售所持股份并获取利益。从广义上讲，PE 涵盖企业首次公开发行前各阶段的权益投资，涵盖处于种子期、初创期、发展期、扩展期、成熟期等各个时期的企业所进行的投资，也包括创业投资。

私募股权、创业投资基金作为重要的直接融资渠道和资本金形成工具，已成为早期中小企业、高新技术企业及初创科技型企业重要的孵化器、助推器。私募股权在我国已经成为一股不可忽视的投资力量。

（1）私募股权基金在我国的发展现状

中国证券投资基金业协会发布的《2019 年私募基金登记备案及投资运作概况》对私募股权基金在我国发展现状的简述如下。

截至 2019 年末，已报送运行投资信息的存续私募股权投资基金、创业投资基金中，已投资且暂未完全退出的投资项目案例 86 254 个，在投金额 6.42 万亿元。2019 年，私募股权、创业投资基金新增投资案例 17 606 个，投资金额 1.29 万亿元。

① 投资案例特征分布。截至 2019 年末，私募股权、创业投资基金所投案例中属于中小企业的案例数量 57 330 个，在投金额 1.78 万亿元；属于初创科技型企业的案例数 11 161 个，在投金额 1 688.43 亿元；属于高新技术企业的案例数 29 851 个，在投金额 1.35 万亿元。其中，创业投资基金所投案例中，属于中小企业的案例数量和在投金额占比分别达 77.59%和 52.77%；属于初创科技型企业的案例数量和在投金额占比分别为 20.22%和 11.60%；属于高新技术企业的案例数量和在投金额占比分别为 37.95%和 40.87%；体现出创业投资投早投小、孵化创新的重要作用。

② 投资案例地域分布。截至 2019 年末，从私募股权、创业投资基金投资案例地域分布来看，案例数量排名前五的地区为北京、广东、上海、浙江和江苏，合计 59 983 个，占案例总数量的 69.54%；投资案例在投金额排名前五的地区为广东、北京、上海、江苏和浙江，合计 3.4 万亿元，占案例在投金额总数的 53.07%。

③ 投资案例行业分布。截至 2019 年末，私募股权、创业投资基金投资案例数量排名前五的行业为“计算机运用”“资本品”“医疗器械与服务”“医药生物”和“原材料”，合计 44 509 个，占投资案例总数量的 59.09%；“资本品”“计算机运用”“其他金融”和“交通运输”行业投资案例在投金额排名靠前，在投金额分别为 8 376.37 亿元、5 608.59 亿元、4 496.81 亿元和 3 927.20 亿元。

目前，我国的私募投资基金行业发展呈现出的明显特点包括区域分布不均衡、单只产品规模小型化和市场优胜劣汰效应，存在的主要问题包括资金募集渠道不够通畅、税收体系有待完善、行业形象有待提升等。展望未来，行业进入加速整合阶段，集中度进一步提高，国内外私募基金管理人将实现协同发展等趋势。

（2）私募股权基金进入模式

对于企业而言，与私募股权基金进行交易融资，主要标的物是企业股权，具体方式一般有以下几种。

① 增资扩股。增资扩股是指企业向引入的战略投资者增发新股，融资所得资金全部进入企业，此种方式比较有利于公司的进一步快速发展。

② 股权转让。股权转让是指老股东转让所持有的股权给引入的投资者，满足部分老股东变现的要求，老股东获得融资所得的全部资金。如PAG接下了“中国童车之王”好孩子集团67.4%的股权，出让方美国国际集团（AIG）、第一上海投资有限公司等在股权转让后各自获得了 2～5 倍的回报。一般来说，增资和转让这两种方式会混合使用。

③ 优先股（或可转债）入股。私募股权基金以优先股（或可转债）入股，通过事先约定的固定分红来保障最低的投资回报，并且在企业清算时有优先于普通股的分配权。

多数私募投资者除了参与企业的重大战略决策外，一般不参与企业的日常经营和管理。他们需要在董事会至少占有一个席位，拥有一票否决权。很多PE投资者会要求指定自己的人成为投资公司的财务总监，对企业财务进行掌控。一般情况下，私募股权投资基金占公司股份不超过30%，而且为了减少对于股份的稀释，被投资企业可考虑采用可转换公司债券和可转换优先股，并根据情况需要做出调整。

另外，国外PE的常见方法还有卖出选择权和转股条款等。卖出选择权要求，如果被投资企业未在约定的时间上市，必须以约定价格回购私募股权基金所持的股权，否则私募股权基金有权自由出售所持公司股权，这将迫使经营者努力上市。转股条款是指投资者可以在上市时将优先股按一定比率转换成普通股，同享上市带来的收益。

并购重组基金通过收购上市公司的股权，将其下市、重组、整合，然后再上市，在这过程中必须先获得目标企业的控制权。也有一些PE投资基金逐渐倾向于从参股到控股，通过控股提升企业价值，获得高额回报，它们期望从被动的少数股权投资转变为购买控制权，甚至100%买断。

3. 股权融资——股票质押回购

股票质押式回购交易（简称“股票质押回购”）是指符合条件的融资方以所持有的股票或其他证券质押，向符合条件的资金方进行借款，并约定在未来返还资金、解除质押的交易。实际上，股票质押回购是证券公司推出的类贷款业务，是指符合条件的客户可以用其持有的股票或者其他证券做质押，向证券公司贷款，等客户还清款项和利息后，解除股票质押，股票重新回到客户名下。所以，股票质押回购属于股票质押贷款的一种，相对于常规贷款方式，股票质押回购具有资金效率高、融资成本低、折算率高、期限灵活等特点。

股票质押回购的标的证券为上海证券交易所和深圳证券交易所上市交易的 A 股股票或其他经上海证券交易所、深圳证券交易所和中国证券登记结算有限责任公司认可的证券。股票质押回购的回购期限不超过 3 年。

股票质押率是贷款本金与质押股票市值之间的比值。股票质押率由贷款人依据被质押的股票质量及借款人的财务和资信状况与借款人商定。关于质押率，从华尔街的经验看，蓝筹股的质押率是 70%，普通股的质押率是 50%。这说明国外银行用以衡量质押股票的风险指标也是看其“质地是否优良”。而中国证监会规定，股票质押率最高不能超过 60%。一般而言，在中国市场上，只有极其优秀的公司才能拿到 60%的质押率，一般的公司只能拿到 40%～55%，而创业板的股票因为风险大，一般只能拿到 40%～45%。比如，华泰证券对各类标的证券的基准质押率为（流通股）主板 55%、中小板 50%、创业板 45%。

由于股票质押贷款属于高风险的贷款业务，在市场波动情况下很有可能出现到期难以偿付贷款利息或本金的局面。因此，为控制因股票价格波动带来的风险，特设立警戒线和平仓线。如被冻结股票的市值降至警戒线，则要求客户追加保证金，到期缴纳相关费用；如到期仍需续当的，则办理续当手续并缴纳当期费用；如客户办理赎当，则在付清贷款本金和相关费用后，贷款机构为客户办理股票质押的解冻手续。如被冻结股票的市值已由警戒线跌至平仓线，在客户仍没有追加保证金的情况下，贷款机构则根据协议相应予以平仓，以偿还贷款本金及费用。所得价款直接用于清偿所担保的债权，余款清退给借款人，不足部分由借款人清偿。

从控股股东的角度考虑，股权质押方式不仅能帮助股东或公司获得债务性融资，同时又不会对控股股东的控制权地位造成影响，而且有助于控股股东将经济存量转化为经济能量，从中获得杠杆收益。但同时也要避免不计风险反复利用股权质押，进而避免产生更大损失，令金融机构和中小投资者深受其害。

4. 优先股的运用

优先股融资兼具股票和债券的特点，是一种新型的融资方式，在西方资本世界已得到广泛认可和运用。自2008年国际金融危机爆发后，我国企业陷入融资困境，传统的融资渠道已不能满足需要，实施优先股融资被提上日程。2014年3月21日，证监会审议并通过《优先股试点管理办法》，并自公布之日起施行。它的施行意味着我国优先股融资进入一个新的阶段。

所谓优先股，是相对普通股来说的，持有这种股份的股东在盈余分配和剩余财产分配上优先于普通的股东。优先股融资的优点是：第一，与债券相比，不支付股利不会导致公司破产；没有到期期限，不需要偿还本金。第二，与普通股相比，发行优先股一般不会稀释股东权益。第三，投资者购买优先股所获股利免税，是优先股筹资的优势。其缺点是：第一，优先股股利不可以在税前扣除，是优先股筹资的劣势；优先股股息率和债券利率趋于一致，两者可以完全抵消。第二，优先股的股利支付虽然没有法律约束，但是经济上的约束使公司倾向于按时支付其股利。因此，优先股的股利通常被视为固定成本，与负债筹资的利息没有什么区别，会增加公司的财务风险进而增加普通股的成本。第三，优先股没有选举权或被选举权，不能退股，除非按照约定的赎回条款被公司赎回。

案例7.8

晨鸣纸业的优先股融资

山东晨鸣纸业集团股份有限公司（以下简称“晨鸣纸业”）是以制浆、造纸为主业的大型企业集团，是全国首家A、B、H三种股票上市的公司。2014年12月30日，晨鸣纸业首次发布非公开发行优先股预案公告，2015年6月5日修订非公开发行优先股预案：拟向不超过200名符合条件的合格投资者非公开发行优先股4 500万股。2016年3月16日，优先股发行2 250万股，面值总额22.5亿元人民币。公司还分别于2016年的8月17日和9月22日非公开发行优先股，三次优先股发行共计45亿元人民币。

对晨鸣纸业优先股发行的影响分析如下。

（1）对资本结构的影响。晨鸣纸业2012年的资产负债率为69.94%。2013年资产负债率为69.20%，与国际上公认的70%的警戒线十分接近。而2014年资产负债率达到了74.75%。2015年，资产负债率为77.8%，创下了公司上市以来的新高。晨鸣纸业选择优先股融资能在一定程度上避免资产负债率的持续走高。在优先股发行后，即2016年末，晨鸣纸业的资产负债率降为61%，说明优先股的发行对资本结构的优化起了一定的积极作用。资产负债率的降低，一方面，降低了企业的财务风险，保障了股东和债权人的利益；另一方面，也使得偿债能力更强，资本结构比其他公司更加稳健。同时，晨鸣纸业通过非公开发行优先股，融资用于补充正常生产经营流动资金，同时优化了财务结构。

（2）对股权结构的影响。资料显示，截至2015年12月31日，也就是晨鸣纸业在发行优先股之前，其第一大股东寿光晨鸣控股有限公司，持股比例为15.13%；第二大股东香港中央结算有限公司（HKSCC Nominees Limited），持股比例为 15.08%；第三大股东晨鸣控股（香港）有限公司，持股比例为3.71%。第三大股东晨鸣控股（香港）有限公司为第一大股东股东寿光晨鸣控股有限公司的全资子公司，属于一致行动人。其他股东持股比例较小，比较分散。两家大股东持股比例相对接近。在这种情况下，如果公开发行普通股，会稀释股东权益并伤害股东的利益。晨鸣纸业的实际控制人是寿光市国资委，并且政府是银行和企业共同的控制人，因此晨鸣纸业更偏向于资本成本更低的负债融资，从而出现“债务约束软化”问题。从长远来看，高负债会对公司的长远发展造成不利影响。而此时发行优先股，既没有稀释股东的控制权，还吸收了机构投资者及民营投资者的投资，有助于企业完善股权结构。

（3）对盈利能力的影响。在发行优先股之后，晨鸣纸业的盈利水平得到提高，净利润、净资产收益率、每股收益这三个指标均有所提高。同时，晨鸣纸业发行优先股，也向市场传递了积极的信号，有利于提升二级市场晨鸣纸业的股价。

资料来源:《中国总会计师》编辑部.优先股背景下企业融资的新机遇[J].中国总会计师，2014（6）：26－28.

从短期来看，公司发行优先股对原股东的权益不会产生影响。从中期看，优先股融资会使企业的净资产规模增长，从而降低财务费用，优化资产结构，提升盈利水平。从长期看，优先股融资可以加速公司业务规模扩张，鼓励科研创新，进一步提升公司的抗风险能力，对公司未来发展起到良好的作用。

5. 债券融资

债券融资和股票融资是企业直接融资的两种方式，在成熟的国际资本市场上，债券融资往往更受企业的青睐，因为企业债券融资同股票融资相比，在财务上具有许多优势，企业的债券融资额通常是股权融资额的3～10倍。

（1）债券融资有税盾作用。债券的税盾作用来自债务利息和股利的支出顺序不同，世界各国税法基本上都准予利息支出在税前列支，而股息则在税后支付。

（2）债券融资有财务杠杆作用。财务杠杆是指企业负债可以放大经营成果。股票融资使企业资本金的抗风险能力增加，但股票融资同时也使企业的所有者权益增加，其结果是全体股东会均摊股票发行筹集资金所产生的收益或亏损。债券融资则不然，原有股东除了享受企业按事先确定的票面利率支付的债券利息（衍生品种除外）外，还分享其余的经营成果。如果息税前利润率高于利率，负债经营就可以增加税后利润，从而债权人的财富会转移给股东，使股东收益增加。

公开发行公司债券可在证券交易所、全国中小企业股份转让系统交易，非公开发行公司债券可在证券交易所、全国中小企业股份转让系统、证券公司柜台转让。

（3）企业发行债券的案例

2010年，大冶有色金属集团控股有限公司（以下简称“大冶公司”）经国家发展改革委批准发行7亿元8年期的公司债，简称“10大冶有色债”。在2009年国家《有色金属产业调整和振兴规划》出台的背景下，大冶公司作为中国五大铜原料基地之一，通过发行公司债券募集资金，将筹集的资金主要投入铜冶炼节能减排改造和矿山深部开采等项目上，这些项目均是国家产业政策鼓励的项目，为公司发展提供了后劲。借此，公司贯彻执行国家产业政策，并及时筹措资金，满足了公司重点项目建设的需求。当期公司债券是采取固定的利率方式发行，发行利率为4.98%，加上承销费等发行费用，综合发行成本为5.19%，融资成本与同期基准利率6.14%相比节约15.47%。公司债的成功发行，既拓宽了公司融资渠道，又降低了公司综合融资成本。

（4）碳中和债券

公司债、政府债等都是常见的债券，国家也会有导向性地通过债券发行推动某类项目。如据市场机构测算，为了实现碳中和目标，我国将会有超过百万亿元的低碳投资需求，资金需求巨大。因此，绿色债券家族中新增碳中和债券品种，通过发行碳中和债券，企业获得了低碳转型、发展低碳产业的中长期资金。

截至2021年3月26日，我国共发行碳中和债券20只，债券类型以普通企业债和资产支持证券为主，其中普通企业债共有13只，资产支持证券有

7只。

从发行规模来看，20只碳中和债券中发行规模小于1亿元的有3只，1亿～10亿元的有7只，10亿～20亿元的有4只，20亿～50亿元的有5只，50亿元以上的有1只，发行金额合计约347亿元，发行规模大的债券募投主要面向三峡工程、国家电力等大型公共事业。从债券的期限来看，债券期限为3年期的碳中和债数量最多，为8只；其余的，1年以内的有5只，2年的有3只，5～10年的有4只。

从债券发行人主体来看，主体全部为国有企业，其中主体为中央国有企业的有12只，主体为地方国有企业的有7只，因此债券评级均为AAA级，这些企业的募投项目以风电、光伏、水电、绿色建筑、轨道交通等绿色低碳项目为主。

（六）基于项目建设和贸易的资本运作——大型项目融资、远期信用证融资等

1. BOT模式

BOT（Build－Operate－Transfer）即建设—经营—转让，是指政府通过契约授予私营企业（包括外国企业）以一定期限的特许专营权，许可其融资建设和经营特定的公用基础设施，并准许其通过向用户收取费用或出售产品以清偿贷款，收回投资并赚取利润；特许权期限届满时，该基础设施无偿移交给政府或业主。

BOT是项目融资的一种方式，银行在这种融资方式下，只能依靠项目资产或项目收入回收贷款本金和利息。在BOT项目运作过程中，政府或项目公司的股东都会为项目提供一定程度的支持，银行对政府或项目公司股东的追索只限于这种支持的程度，不能无限追索。因此，项目融资普遍是有限追索权融资。此外，BOT项目融资的债务不计入项目公司股东的资产负债表中，项目公司股东可以因此为更多项目筹集建设资金。

BOT投资自身的法律特点有：（1）从责任范围看，政府依据签订的协议，将设计、建设、融资、经营、维护基础设施的责任转移给项目公司。（2）从项目资金看，BOT融资的项目所需资金全部由国内外投资者通过融资和贷款解决。政府不提供担保资金，但可适当贷款参股。（3）从参与主体看，政府和项目公司作为主要主体通过合同达成合作意向，项目公司分别通过贷款合同、建筑合同、经营合同、设计合同与银行、经营承包商、工程设计机构、建筑商达成有关贷款、建设、经营、设计方面的合作意向。

对项目发起人或承包商而言，70%～90%的资金通过银团贷款等融资方式解决，可以减少资本金支出；BOT 模式是资产负债表外融资，债务不出现在发起人的资产负债表中而是出现在项目公司的财务报表中；BOT 模式将风险分配给所有的参与者，转移特定的风险给放贷方（有限追索权），极小化项目发展商的政治风险，加上其他风险管理措施合理分配风险，减少风险危害但保留投资收益。

对项目所在地政府而言，BOT 中项目公司是债务的直接承担者，因此不会加大政府的主权外债负担，减轻了政府运作管理和再投入的负担；有利于引进先进的设计、管理理念和技术设备；有利于充分利用多方经验与优势，最大限度地分散项目风险。

案例 7.9

威立雅大型项目 BOT 运作

威立雅是全球最大的水务公司，拥有 150 多年的历史，在水务运营方面积累了丰富的经验，不仅每年投资 5 亿美元用于水处理研发，而且收购了法国 Sidem、丹麦 Keluge、挪威 AnoxKaldnes、美国 Crown Solutions 等在水处理方面具有技术优势的公司，在饮用水、污水处理、工业废水处理、海水淡化、垃圾渗滤液等方面形成了一整套完善的技术和运营体系。

然而，威立雅在中国扩张的初期并不顺利，首个投资的浦东项目连续亏损，究其原因，欧洲的水务体系相对成熟，水务项目的前期通常由中央或地方政府作为投资主体，在项目建成后则交由专业水务运营商管理，而中国的发展环境和欧洲有天壤之别，中国水务市场的发展重心是前期投资，水务项目普遍采用的 BOT 模式实际上是将投资运营两个阶段合二为一，威立雅在这类项目中担任的是投资商的角色，与其在国外一直保持水务运营商的定位相悖。拥有一整套完善水务相关技术的威立雅，其核心竞争力在于水务项目的后期运营，而非投资，所以在以技术换市场的过程中，被项目的巨额投资绊住了脚。

面对中国市场的投资需求与自身商业模式重心之间的差异，威立雅针对性地调整了商业模式，走出了既不同于欧洲运营模式，又不同于中国投资模式的“中国特色道路”。威立雅设计了一套商业模式，以专业水处理技术和专业运营工艺为支点，撬动整合地方政府、国有企业、金融机构各种资源，并且通过投资模式创新构筑利益铁三角，成功获取水务项目，将投资外包、聚焦“轻资产”运营的目的。

在收购深圳水务集团的操作上，威立雅不仅借力首创股份，还借助首创股份的国企信用获得银行贷款，融资约22亿元，解决了项目建设所需的巨额资金问题。威立雅通过与首创股份成立合资公司转嫁经营亏损，由于采用财务杠杆收购股权，20亿元贷款每年利息就高达1.39亿元，而深圳水务集团的主营利润仅为3 700万元，2006年、2007年分别亏损9 753万元、6 106万元，首创股份分摊的亏损额约为4 877万元、3 053万元。

威立雅引入首创股份共同投资水务项目，并与其成立项目公司和运营公司，组合进行水务投资，但在合资公司中，威立雅与首创股份并不是对等股权，而是在项目公司中持较小比例的股权，在运营公司中持较大比例的股权，因此，在水务项目收购和扩建这两个巨额现金流出的过程中，威立雅承担的资金相对较少，而在水务项目运营、管理的现金流入阶段，威立雅获得大部分的利益，双重利益安排的本质是将项目收购和扩建的融资外包给合作伙伴，从而使自己集中在项目运作上，并获得稳定的项目管理收入。

威立雅于2005年之后先后收购柳州自来水公司、海口水务集团和天津自来水公司等水务集团股权，表面上看，威立雅独立投标、出资收购相关股权，但实际上则是后续将股权证券化并出售，实现资金回流。威立雅于2006年10月出资1.56亿元竞购柳州自来水公司49%的股权，之后与平安信托合作设计“柳州自来水项目股权投资”信托计划，并在2007年6月15日获得中国保监会的审核通过。实际上，威立雅通过与中国平安信托合作，进一步翻新了融资模式，实现了柳州自来水公司的资产证券化。

案例总结：从水务项目获取、项目投资、项目运营三个阶段考察，威立雅实际上是以专业的水务技术撬动政府、国有企业、金融机构等社会资源，解决项目获取、项目投资等前期投入，并以合作方式转嫁投资成本，将自身利益点聚焦在项目运营上，提高投资效率，放大投资收益。

资料来源：水生金：威立雅设局中国水务［EB/OL］.（2018－06－24）. http://finance.sina.com.cn/chanjing/b/20080624/202.

2. 无追索项目融资

无追索权项目融资在20世纪20年代最早出现在美国，主要用于开发得克萨斯州的油田。由于当时项目开发商用于支持借款要求的股权投资非常有限，银行开始对资源贮藏量的价值以及大型炼油厂购买原油协议进行评估，评估结果会为借款提供一定的信用支持，在此基础上，发明出了无追索权的项目融资方式。随后，许多项目融资的变通方式出现，如集团自营财务公司、直接由子公司而不是母公司安排的贷款、项目启动阶段融资等都被认为是项目融资形式。

贷款人向主办人举办的项目提供贷款，由贷款人将资金贷给专门的项目公司，该项目建成后，将以其所获收益作为偿还贷款的唯一来源，并在该项目的资产上设定担保，以保障贷款人权益。除此以外，项目的主办人不再提供任何信用担保，如果该项目出现意外或经营失败，贷款人无权向该项目的主办人进行追偿。

无追索项目融资对于项目公司和投资人非常有利，对于银行和保险公司而言风险较大。目前，只有水利、电力等技术成熟、产品由当地政府保证购买并签订长期协议的项目能够探讨和实施。但投资人推动的需求越来越大，可能成为未来项目融资创新尝试的主要方向之一。

3. 贸易融资

贸易融资指在商品交易过程中，运用短期性结构融资工具，基于商品交易中的存货、预付款、应收款等资产的融资。国际贸易融资指银行围绕国际结算的各环节为进出口商品提供便利资金的总和。国际贸易融资和国内贸易融资构成了贸易融资的全部业务。

商业银行国际贸易融资业务一般包括进口信用证、进口代付、进口押汇、买方远期信用证、提货担保、进口T/T投融资、进口保理、出口打包放款、出口信用证项下押汇与贴现、出口跟单信用证项下押汇与贴现、福费廷、出口双保理、进口发票融资、进口预付货款融资等。

福费廷是一种票据买断业务，又称“包买票据”，是指在延期付款的中长期大型设备贸易和巨额技术贸易中，出口商把经过进口商承兑并通常由进口商所在地银行担保的、期限在6个月至10年的远期汇票或本票，无追索权地通过出口商所在地银行或大型金融公司进行贴现，以提前取得现款的一种贸易融资方式。在国际福费廷业务中，福费廷经常与承兑信用证或托收结合使用。

F客户收到一单出口业务，开证行为孟加拉汇丰银行，信用证类别为90天远期信用证，单据金额为10 000.00美元并已经开证行承兑，F客户申请中小企业的融资日期为2006年5月24日，该信用证承兑付款日为2006年8月17日。F客户为中小企业客户，中小企业客户融资受到很大限制，民生银行合理安排出口福费廷授信额度，在扣除对方银行预扣费、民生银行手续费后，客户顺利获得9 500多美元的中小企业融资金额。

针对出口型中小企业，信用证项下货物已发运且已经国外开证行（该银行需在民生银行有授信额度）承兑，不需要其他担保措施，民生银行立刻为客户出具出口收汇核销联，客户可提早办理出口退税。客户得到的融资款可直接以现金收入形式记入资产负债表。而且，在上例中，无论民生银行是否于 2006 年 8 月 17 日收到开证行的付款，民生银行均对 F 客户无追索权。

我们可以从案例中看出福费廷业务有以下特点：① 仅适用于国际货易。福费廷业务是为了适应国际贸易中成套设备等大型交易资金融通的需要而发展起来的国际金融业务。它不用于国内贸易，也不用于国际贸易中一般性商品的交易。② 属于中、长期信贷。福费廷业务中贴现的票据期限，通常为 1～5 年，属于中期信贷业务。有的开发性项目，因交易金额巨大，延期付款期限达十几年之久。因此，福费廷业务已逐步成为中、长期信贷业务，而不限于短期信贷业务。③ 福费廷本质上还是通过贴现票据的方式来融通资金。出口商在收到进口商承兑的远期汇票后，通过背书将汇票转让给银行。

第五节　实体企业资本运营的思考和建议

一、资本运营的核心目标在于推动企业持续增值而不是投机

资本运营的重要意义在于形成企业家、资本市场和企业相生互动三角关系的良性循环，彻底打开产业空间和资本市场通道，以实现企业家的战略梦想、保持企业持续发展和为股东创造更多的价值。

高成长性但市场份额小的业务发展是具有不确定性的，如果不能抓住机遇迅速成长为市场领袖，便会在激烈的竞争中受到各方面的挤压而最终丧失其成长性。资本市场筹资能力强的企业能够为具有前途的业务注入大量资金，帮助其确立市场地位。通过不断培育优势资产和剥离不良资产，公司不断优化产品组合，获得持续发展。

资本运营不是在资本市场的投机，尤其对于实业发展而言，立足于企业发展的根基，在考虑自身偿债能力和资本效益的前提下，明确资本运营的目的并为之持续努力，才是可得始终的初心。资本市场的钱是借他人的资本来壮大自己的经营，终归是需要还的。

二、资本运营不仅为企业的发展助力，也为各大产业的发展蓄积力量

现在的资本运营，绝对是多渠道、多方位、多行业的联合操作，既包括

在资本市场上融资，在债券市场上发行票据，还包括联合股权质押、产业链融资、对赌协议等各种方式。产业基金、私募股权投资（PE）、风险投资等投资人与实体企业的融合交织随着市场竞争的激烈和需求的不断变化更加紧密。

（一）产业基金为行业整合助力

随着2014年9月国家集成电路产业投资基金正式成立，紫光集团就在半导体领域开始了高速并购。紫光集团与国家集成电路产业投资基金达成合作协议，产业投资基金拟以股权投资方式给予紫光集团总金额不超过100亿元人民币的支持。2015年2月，国家开发银行与紫光集团签署开发性金融合作协议。国家开发银行与紫光集团在各类金融产品上意向合作融资200亿元等值人民币。2015年，紫光国芯收购西安华芯半导体，进军国产DRAM储存芯片。

（二）产融资本的相互结合

当产业资本发展到一定阶段时，对资本的需求会不断扩大，并开始不断向金融资本渗透；同样，当金融资本发展到一定阶段时，也需要产业资本作为金融产业发展的物质基础。于是，产融资本的融合成为市场经济发展的必然趋势。

产业链金融指金融服务机构通过考核整条产业链的上下游企业状况，通过分析考证产业链的一体化程度，以及掌握核心企业的财务状况、信用风险、资金实力等情况，最终对产业链上的多个企业提供灵活的金融产品和服务的一种融资方式。它的主要特征是：（1）产业链金融不单纯看企业的财务报表。它主要审查核心大企业供应商的供货历史、过往合同履行能力。（2）通过链条的整合，允许相对薄弱、传统财务评价不是特别优异的企业，借助上下游的实力，获取银行的支持。如一家外贸纺织品企业，若被纳入国外大零售商的采购体系中，有较长的合作关系，有长期订单，则银行对其的评级将会提高。

（三）产业园发展模式是发展地方产业行之有效的重要措施

实践证明，在我国经济转型阶段，产业园区这种形式有效地提高了行政效率，创造了局部良好的基础设施条件，聚集了科技和产业的资源，迅速促进了经济发展和城市化的进程。近年来，产业园区的资本运作已经走上了成熟和多元化的道路，总的来说有如下模式。

（1）政府主导园区开发模式。政府主导园区开发模式是当前我国各级地方政府最常使用的工业地产开发模式，也是我国目前工业地产市场的主要载体，其运作主体一般是开发区或工业园区管委会下设的开发公司。其特点是由一个或几个地方政府主导出资开发，如靖江开发区。

（2）工业地产商模式。工业地产商模式是指，房地产投资开发企业在工业园区内或其他地方获取工业土地项目，再进行项目的道路、绿化等基础设施建设乃至厂房、仓库、研发等房产项目的营建，然后以租赁、转让或合资、合作经营的方式进行项目相关设施的经营、管理，最后获取合理的地产开发利润。

（3）主体企业引导模式。主体企业引导模式是指在某个产业领域具有强大综合实力的企业，通过获取大量的工业土地，以营建一个相对独立的工业园区，实现企业自身更好的发展和获取更大的利益；在自身企业入驻且占主导的前提下，借助企业在产业中的强大凝聚力与号召力，通过项目租售、土地出让等方式引进其他同类企业，打造并完善整个产业链。上海石化工业园区就是这种模式的代表。

（4）综合运作模式。综合运作模式是指对上述的园区开发模式、主体企业引导模式和工业地产商模式进行混合运用的工业地产开发模式。如北京大兴国家新媒体产业基地。

当产业园区通过以上几种方式完成了开发建设后，通常需要通过资本运作来保证园区的可持续发展，目前常见的方式有以下几种：（1）专项产业基金。设立政府专项基金，对园区的企业进行发展扶持，比如张江高科技园区就是以生物医药为主的产业园，上海市政府发起设立了张江医药产业基金，基金初期规模10亿元人民币，将重点扶持张江高科技园区内的生物药、化学药、医疗器械、试剂、中医药等产业领域中即将进入临床、已进入临床或已拿到新药批文的新药项目，吸引具有潜力、实力的国内外生物医药企业和研发机构到张江筑巢。（2）产业投资基金。产业投资基金即通常我们所说的风险投资基金或私募股权投资基金，是指向具有高增长潜力的企业进行股权或准股权投资，待所投资企业培育成熟后，通过股权转让实现资本增值。根据目标企业所处阶段的不同，产业投资基金又分为种子期或早期基金、成长期基金、重组基金等。目前全国大量产业园区设立了产业投资基金。（3）投资奖励。园区管理单位设立一个基金，对在本园区内投资的企业，根据发展情况或上缴税金，进行不同程度的奖励，如天津新技术产业园区设立“火炬发展金”，通过减免所得税和给予奖励的方式，促使园区企业加快发展速度。

三、资本运营需要面对的最大风险是贪婪

资本运营最大的风险在于贪婪。随着中国资本通道的形成和资本市场的

发展，资本运营正成为许多企业所采取的经营取向。一些民营企业成立投资公司，逐步确立了以资本运营为经营手段的方针。蜚声中国资本市场的“德隆系”“华晨系”以及“复星系”等都施展了让人眼花缭乱的运作手段，成为一时间利用资本运营不可忽视的力量，但最终都大厦崩塌，这其中贪婪是重要原因。

案例 7.10

德隆的贪婪与覆灭

我们先来听听德隆公司发展及覆灭的故事。德隆模式，曾被认为是企业资本运营模式之一。其基本特色是充分利用了资本市场：首先，通过买壳上市，改变上市公司的股权结构；其次，通过注入优质资产调整产品结构，使上市公司的主业结构发生变化；再次，通过并购、托管、委托加工等形式，对上市公司所处产业进行整合，优化产业结构；最后，通过对销售网络和销售渠道的整合，扩大上市公司产品在国内外市场的占有率，形成规模化经营。对此，德隆决策者认为，战略投资管理可以更快捷地树立企业的市场优势，事半功倍地强化其核心竞争力。战略和运作观点看似没有问题，德隆在2000年前后也迎来了它的高光时刻。

德隆的前身是一家1986年创建于新疆乌鲁木齐的名为“朋友”的公司，于2000年初在上海注册了德隆国际战略投资有限公司（以下简称“德隆国际”），注册资本为5亿元人民币。经过十多年的发展，德隆逐渐形成了重组和整合传统产业区域市场和全球市场的能力。德隆在十年间涉足了流通业、制造业、金融业、服务业和旅游业等多个行业，拥有新疆屯河（集团）有限责任公司（以下简称“新疆屯河”）、沈阳合金投资股份有限公司（以下简称“沈阳合金”）、湘火炬投资股份有限公司（以下简称“湘火矩”）三个全资公司，参股20余家公司。2002年，这些公司创造了辉煌的成绩，实现销售收入40亿元，上缴利润4.5亿元，德隆国际的总资产超过200亿元。2003年，德隆开始实施大规模并购，收购了美国户外机械生产开发商Murray集团，Murray集团是民用草地花园设备供应商和生产厂家，其手推式和坐式割草机曾经分别占到全球市场份额第一位和第二位；收购了德国多尼尔飞机公司的支线客机DO－728系列的研制项目。在国内完成对重庆重型汽车集团和陕西汽车集团的收购。截至2003年底，德隆号称总资产达到400余亿元，旗下包括湘火炬、新疆屯河、沈阳合金、天山股份、北京中燕、重庆实业等上市公司，德恒证券、中富证券、恒信证券等证券公司，金新信托、南京国际信托、伊斯兰国际信托、厦门联合信托等信托公司，新世纪租赁等金融租赁公司以及乌鲁木齐、株洲、昆明、南昌等城市商业银行，共计177家控股及参股企业，涉及农业、食品、水泥、旅游、电器、娱乐、文体、家用户外设备、汽车整车及零配件、小型飞机制造、机床、证券、银行及投资租赁等行业。前后从我国商业银行融资310亿元左右。德隆整合产业、整合市场的一个重要信条是："一定要与这个行业内最优秀的企业站在一起，结成利益共同体。"这样做的一大好处是，可以变竞争对手为合作伙伴，彼此和气生财，避免两败俱伤。"德隆系"通过资本运营成功地达到了运用现代科学技术和先进投资理念整合成熟传统产业的目的。"德隆系"发展成为跨所有制、跨行业、跨地区、跨国经营的基础产业和新兴产业并举的企业集团。

2004年4月，德隆的资金链条崩断，短短两个月的时间，"德隆系"企业全线崩溃。美好的故事结束。看似正确的发展理念和强劲的发展势头，到底是什么导致了德隆大厦的坍塌？我们来看看德隆覆灭的过程。

1992年，新疆德隆实业公司成立，注册资本人民币800万元，这是德隆帝国的开始。

1993年，德隆参股新疆金融租赁有限公司（以下简称"新疆金融租赁"），后来新疆金融租赁成为德隆一个重要的融资平台。

1996—1997年，德隆相继入主新疆屯河、沈阳合金及湘火炬，并陆续在其三只股票上建仓，开始了疯狂操纵股票的历史。其间，德隆还收购了新疆金新信托，填补挪用新疆金融租赁公司3亿元巨资留下的窟窿。

1997年5月，德隆在北京召开达园会议，这次会议确立了所谓的"产业整合"战略，实则是确定德隆在二级市场上的股票炒作方案。

1997—2001年，金新信托开始大规模开展委托理财业务，在全国设立30余家办事处。

2001年初，受中科创业崩盘影响，金新信托有41亿元委托理财资金需要兑付，这是德隆又一次兑付危机。

2001年6月，上海友联经济战略管理研究中心有限公司成立，2002年更名为上海友联管理研究中心有限公司（以下简称"上海友联"），逐渐发展成为整合德隆旗下各种金融机构的主管机构。

2002年，德隆相继控股昆明市商业银行、株洲市商业银行和南昌市商业银行，开始将业务拓展到银行体系。

2004 年 4 月 14 日，德隆系股票合金投资、湘火炬和屯河股份首度全面跌停，危机全面爆发。

2004 年 5 月 30 日，德隆国际召开了董事会暨危机处理工作会议，首度承认德隆集团“处于危机最深重、困难最严重的时期”。

2004 年 6 月 8 日，德隆危机进一步升级，上海市第一中级人民法院同时开庭审理了两起有关德隆的案件，各地债权人纷纷通过法律途径向德隆索债，德隆各地资产大部分被冻结。

2004 年 8 月 26 日，新疆德隆（集团）有限责任公司、新疆屯河、德隆国际与华融公司签订了《资产托管协议》，三公司将其拥有的全部资产不可撤回地全权托管给了华融公司，由华融公司行使全部资产的管理权和处置权；9 月 4 日，华融公司接受中国证监会委托对德恒证券、中富证券、恒信证券进行托管经营。

德隆创始人回国受审。公诉人曾对德隆的操纵进行过一次总清算。按照起诉书，自 1997 年到 2004 年 4 月 14 日止，一方面，德隆利用自有资金和部分委托理财资金，使用 24 705 个股东账号，集中资金优势、持股优势，采取连续买卖、自买自卖等手法，长期大量买卖老三股（即湘火炬、合金投资和屯河股份），造成三只股票价格异常波动，严重扰乱了证券市场秩序。这段时间内，累计盈利 98.61 亿元。另一方面，德隆在上海成立了德降国际战略投资有限公司，确定了以产权交易和股权投资为手段整合国内传统业务的发展思路，并大量投资于实业，树立自己外在“做产业”的形象。

股权质押贷款是德隆企业较为特殊和显著的借款融资的做法。2003 年，湘火炬法人股 10 020 万股被质押给招商银行上海分行。2004 年 3 月 5 日，湘火炬法人股 3 733 万股被质押给中信实业银行济南解放路支行。2004 年 3 月 31 日，湘火炬法人股 4 341 万股被质押给中国工商银行乌鲁木齐明德路支行。2004 年 4 月 5 日，新疆屯河法人股 5 924 万股被质押给中国银行新疆分行。2004 年 4 月 7 日，合金投资法人股 4 363 万股被质押给中国银行新疆分行。到 2004 年 4 月 22 日，德隆手中仅剩 12 400 万股湘火炬法人股和 4 200 万股合金投资未质押。可以说，德隆企业利用其股权质押实现了单一资产主体数倍的融资规模。德隆前期的融资模式可简单归纳为有价证券托管—资产抵押—银行贷款—投资—再抵押—再投资的循环融资模式。此后，又充分利用自身的庞大资本实力，通过各类互保融资，即采用了资产担保—融资—投资—再担保—再融资—再投资的连环模式。

资料来源：

1. 冒险家唐万新的真相.焦点透视［EB/OL］.（2006－01－27）. http://finance.sina.com.cn/stock/t/20060127/141423.

2. 曾经轰动的德隆系是个怎么样的事情?［EB/OL］.（2019－01－19）. http://www.360doc.cn/mip/809787 327.html.

3. 德隆模式［EB/OL］.（2011－04－25）. http://baike.boraid.cn/doc_23965.html.

资本运作的风起云涌和眼花缭乱的方式显露出一个更为实质的问题，资本运营可以帮助企业家实现梦想，但也可以放大贪婪，无论资本运营可用的方式有多少，最重要的是运用者的初衷和用心。

第八章 人力资源管理创新

习近平总书记在党的十九大报告中指出，“人才是实现民族振兴、赢得国际竞争主动的战略资源”。习近平总书记 2018 年在两院院士大会上又强调，要“牢固确立人才引领发展的战略地位，全面聚集人才，着力夯实创新发展人才基础”。2021 年中央人才工作会议强调：“要坚持面向世界科技前沿、面向经济主战场、面向国家重大需求、面向人民生命健康，深入实施新时代人才强国战略，全方位培养、引进、用好人才，加快建设世界重要人才中心和创新高地。”人才资源是国家富强的根本，是科学发展的第一资源、第一要素和第一推动力，同样也是事业兴盛、企业发展的根本。

现代管理学之父彼得·德鲁克曾说过：“企业管理，最终就是人事管理。对人的管理，就是企业管理的代名词。”1954 年，在其著作《管理实践》中，他提出了“人力资源”这一概念并加以明确界定。20 世纪 80 年代以来，人力资源管理理论不断成熟，并在实践中得到进一步发展，为企业所广泛接受，并逐渐取代人事管理。进入 20 世纪 90 年代，人力资源管理理论不断发展，也不断成熟。谈到创新，人们更多地探讨人力资源管理如何为企业的战略服务，人力资源部门的角色如何向企业管理的战略合作伙伴关系转变。战略人力资源管理理论的提出和发展，标志着现代人力资源管理的创新进入了新阶段。

第一节　战略人力资源管理

相对于传统人力资源管理，战略人力资源管理（Strategic Human Resources Management）定位于在支持企业的战略中人力资源管理的作用和职能，就是以组织战略为导向，根据组织战略制定相应的人力资源管理政策、制度与管理措施，以推动组织战略实现。

战略人力资源管理理念将人力视为资源，认为人力资源是一切资源中最重要的资源，企业的发展与员工职业的发展相互依存，开发人力资源可以为企业创造价值，企业应该为员工提供一个有利于价值发挥的公平环境，给员工提供必要的资源，在赋予员工责任的同时赋予相应的权利，保证员工在充分的授权内开展自己的工作，并在对员工工作能力和工作绩效进行公平评价的基础上进行相应的物质激励和精神激励，激励员工在实现自我价值的基础上为企业创造价值。

战略人力资源管理认为，一方面人力资源管理必须与企业的发展战略相契合，另一方面整个人力资源管理系统各组成部分或要素之间要契合。这充分体现了人力资源管理的战略性、系统性、契合性和目标导向性。

一、战略人力资源管理与传统人力资源管理的区别

与传统人力资源管理相比，战略人力资源管理认为，人力资源是决定企业成败的关键因素，其核心职能是根据内外部环境的需要推动变革，并对企业进行整体、系统的人力资源规划和实践，它与战略规划是一种动态的多方面的持续联系，其职能直接融入企业战略形成和执行的过程中。

（1）传统人力资源管理认为人员管理的主要职责在人力资源管理部门；而战略人力资源管理则强调组织中人的管理，无论其在组织的哪个工作领域，都是人力资源的管理者，因为人力资源工作要想切实有效，没有各职能部门的执行、配合是不可能实现的。

（2）传统人力资源管理认为，人力资源管理属于企业的辅助业务，对企业经营业绩没有直接贡献，主要的工作是根据目前的人员需求招聘员工，负责员工的考勤、档案及薪酬发放等事务性工作；而战略人力资源管理则认为人力资源管理是企业的核心业务，是企业经营战略的重要组成部分，主要通过促进企业可持续发展来实现对经营战略的贡献。

（3）来自传统人力资源管理的任何变革和创新通常是缓慢和碎片化的，缺乏整体的思考；而战略人力资源管理在变革创新中更加主动、系统。

（4）传统的人力资源管理将资本、产品、品牌、技术作为组织的关键性投资；而战略人力资源管理将人员及其知识和能力作为投资的关键。

（5）传统人力资源管理更多地是站在部门的角度，侧重于规范管理和事务管理，更多地是考虑人事事务等相关工作的规范性；而战略人力资源管理

强调人力资源管理在企业整体经营中的重要地位，要求从企业战略的高度，主动分析人力资源现状，为决策者进行决策及时准确地提供人力资源相关数据，协助决策者制订具体的人力资源行动计划，从而为企业战略目标的实现提供支持。

二、战略人力资源管理的核心职能

所谓战略人力资源管理体系，是指在企业总体战略框架下对人力资源进行使用、管理、控制、维护和开发，借以创造协同价值，达成企业战略目标的方法体系。

战略人力资源管理核心职能主要包括人力资源配置、人力资源开发、人力资源评价和人力资源激励四方面。

战略人力资源配置的核心任务就是要基于公司的战略目标来配置所需的人力资源，根据定员标准来对人力资源进行动态调整，引进满足战略要求的人力资源，对现有人员进行岗位调整和职位优化，建立有效的人员退出机制，通过人力资源配置实现人力资源的合理流动。

战略人力资源开发的核心任务是对公司现有人力资源进行系统的开发和培养，从素质和质量上满足公司发展的需要。组织开展相应的培训，并通过制定继任者计划和员工职业发展规划来确保员工和公司同步成长。

战略人力资源评价的核心任务是对公司员工的能力素质和绩效表现进行客观公正的评价，一方面保证公司的战略目标与员工个人绩效得到有效结合，另一方面为公司对员工激励和职业发展提供可靠的决策依据。

战略人力资源激励的核心任务是依据公司战略需要和员工的绩效表现对员工进行激励，通过制定科学的薪酬福利和长期激励措施来激发员工的工作热情和潜能，在为公司创造价值的基础上实现自己的价值。

综上所述，我们可以看到：战略人力资源管理并不是泛泛而谈，它有清晰的传导路径：企业的整体战略→确立相应的人力资源战略→制定合适的人力资源政策→员工需求得到满足→员工满意度提高→生产率提高/服务改进→客户满意和忠诚→企业可持续发展。

第二节　人力资源管理的核心业务活动

随着人力资源管理实践经验的不断积累和理论的不断总结提炼，战略性人力资源管理体系也日臻完善，相关的核心业务活动也更加系统科学，具体主要包括如下几个方面。

一、人力资源规划

（一）人力资源规划的定义和意义

人力资源规划是系统评价人力资源需求，并通过有效举措，使组织稳定地拥有一定质量和数量的人力，并努力实现人力需求量与拥有量相匹配的管理过程。它是人力资源管理的重要部分，在人力资源管理的系统中，人力资源规划为其他人力资源管理活动制定目标、原则和方法，属于整个人力资源管理前期的统筹性工作，是企业实现战略目标的重要保证。

实际上，人力资源规划是一项系统的战略工程，它以企业发展战略为指导，以全面梳理分析现有人力资源构成、企业内外部环境为基础，以预测组织对人员的未来供需为切入点，内容基本涵盖了人力资源的各项管理工作，所以在规划的编制过程中，要高度关注人力资源规划与其他规划的协同性。从某种程度上来讲，人力资源规划的科学性直接关系着人力资源管理工作整体的有效性。所以，制定好人力资源规划是企业人力资源管理的一项重要的基础性的工作。

（二）人力资源规划的类型

人力资源规划可以从不同角度进行划分。根据时间长短，可以划分为中长期规划（一般一年以上、五年以下）和短期计划（一般一年及以内）。按规划的层次，可以分为两个层次，即总体规划及各项业务计划。人力资源的总体规划，主要是指根据企业战略确定的人力资源管理的总体目标和配套政策，更具战略性、前瞻性和目标性，是各种人力资源具体计划的核心，是事关全局的关键性规划。各项业务计划，主要是为了达到企业人力资源管理的总体目标而制订的人力资源计划，这类计划更加具体化和专业化。它主要包括组织结构设计与调整规划、人力资源供需平衡计划、人力资源开发规划（包括全员培训开发规划、专项人才培养计划、人员轮换接替计划、员工职业生涯发展规划、后备继任规划）、激励机制规划等。

（三）人力资源规划的程序

人力资源规划是个相对较为烦琐的过程，在充分分析内外部环境因素的基础上，要首先明确人力资源规划的五大原则：一是满足组织总体战略发展的要求；二是确保满足人力资源需求；三是与内外环境相适应；四是与战略目标相适应；五是保持适度流动性。

人力资源规划的过程一般可分为以下几个步骤：组织目标与战略分析、

收集有关信息资料、人力资源需求预测、人力资源供给预测、人力资源供需匹配、实施人力资源规划、人力资源规划评估、人力资源规划反馈与修正。

这 8 个步骤都需要开展大量的基础性工作，从企业战略出发，详尽分析企业的内外部环境，将战略规划的要求转化为定量和定性的人力资源计划。全面掌握企业现有的人力资源信息，结合系统的数据分析，准确预测企业未来发展所需的各类人力资源的数量、质量和结构等要求，结合市场供需确定企业人力资源管理策略，制订切实可行的人力资源规划方案，方案形成后要通过事前的结果预期和实施后的效果评价对人力资源规划进行整体评估，并根据评估的结果进行修正和调整。值得注意的是，由于组织的发展、战略目标、所处的内外部环境时刻都处在发展变化当中，为了使组织适应这些变化，我们要认识到，人力资源规划并非是一成不变的，它是一个动态的开放系统，应对其实施过程及结果进行监督、评估，并重视信息的反馈，不断调整规划，使其更切合实际，更好地促进企业目标的实现。

二、人员的甄选与配置

人员甄选是人力资源管理工作中的基础环节，对培训、绩效、薪酬等其他人力资源管理活动都有着直接的影响。作为企业人力资源管理的核心内容，人员甄选至关重要。人员甄选通常需要以某些标准作为挑选依据，目前比较常用的为胜任特征模型。

（一）胜任特征模型

胜任特征是指在特定工作岗位、组织环境和文化氛围中成绩优异者所具备的任何可以客观衡量的个人特质，是可以将工作中有卓越成就者与表现平平者区分开来的个人深层次特征。

胜任特征类似于冰山。知识、技能属于表层的胜任特征，浮在水面，容易发现；社会角色、自我概念、人格特质和动机/需要，沉于水下，不易发现，属于深层的胜任特征，而深层特征往往是决定人们行为及表现的关键因素。

胜任特征模型是企业核心竞争力的具体表现，对于企业人力资源管理活动（包括工作分析、人员甄选、绩效考核、员工培训、员工激励）等都发挥了重要作用，能够帮助企业更有针对性地找到激励员工的有效途径和方法，提升企业的整体竞争力。胜任特征模型主要通过明确目标、定义绩效标准、选取分析校标样本、获取有关胜任特征的数据资料、分析数据信息、建立胜任特征模型、验证胜任特征模型、企业内沟通与推广等 8 个环节建立。

（二）人员甄选的方法

人员甄选的方法有很多种，通常包括专业笔试法、面试法、心理测试（能力测试、人格测试）法、评价中心等多种形式。

通常，专业笔试法比较适合作为初步筛选的工具。

面试法包括结构性面试、半结构性面试和非结构性面试，其中结构性面试可靠性和准确性相对比较高，结构性面试又有两种比较有效的形式，分别是行为事件面谈法和情景面试，相对而言，行为事件面谈法主要是通过收集、评价候选人曾经做过的事情的信息，来预测其将来的行为，所以更具客观性、针对性、准确性和真实性。

心理测试法目前也被作为其他筛选技术的有效补充被更多地采用。其中，能力测试和人格测试是在人员选拔过程中通常采用的两种类型。

评价中心是指在相对隔离的环境中，以团队作业的形式进行一系列活动，从而客观地评价个体能力的方法。它主要包括无领导小组讨论（考察组织能力、专业和技术能力）、角色扮演、文件筐形式、管理游戏等形式，作为多种筛选手段的组合，通过评价中心所获得的评价信息相对更为客观、真实。

三、人员的培训与开发

人员的培训与开发就是指根据企业战略发展需要，结合员工的个人发展计划，企业通过相应的举措，提高员工的工作能力、知识水平和潜能发挥，进而促进员工工作绩效提高，实现企业与员工的共同发展。

培训流程共分为 5 个阶段：培训需求分析、培训计划编制、培训方案细化、培训实施、培训效果评估。

培训需求分析，从时间上来看，可分为长期目标与短期目标；从需求的层次来看，可分为组织需求、岗位需求和员工需求；从需求的对象来看，可分为新入职员工需求和在职员工需求。

在充分分析培训需求的基础上，就可以相应编制长期培训计划和短期培训计划，在一些大型企业，培训需求矩阵的应用也越来越广泛。分层、分类进行规划并建立人才获取及培养的渠道、策略、方法和计划，整合相关外部和内部资源，实施计划，并实时反馈、调整计划，明确目标，缩短差距。

培训实施阶段是培训管理的核心阶段，往往包含了培训方案的细化和现场的组织实施。在这个过程中，培训组织者要确保准备充分、组织得力。培训组织者要按照培训计划，对课程进行设计，确定合适的培训机构和培训讲师，准备合适的培训场地，并做好培训现场的组织。应该说，培训实施的好坏在很大程度上决定了培训的效果。

在培训与开发体系中，培训效果的评估最难实现，却也是不可忽视的一个重要环节。组织可以通过运用科学的理论、方法和程序，从结果中收集数据，以确定培训与开发项目的优势、价值和质量，从而不断总结、反思、沉淀人才培训与开发过程中的知识、经验、教训，逐渐形成企业自身系统化、专业化、规范化的培训与开发体系。目前，在培训与开发效果评估中应用最广的是层次评估模型，即把评估内容分为反应、学习、行为、结果、投资收益五个方面。在具体实践中，企业在进行培训效果评估时，受评估手段等的限制，多数只进行反应评估和学习效果评估。

四、人员的绩效管理

绩效管理是人力资源管理的基础工作之一，也是与人力资源管理其他各个环节结合最为紧密的一个模块，做好绩效管理，不仅可以提升组织的绩效水平，对于其他人力资源管理环节的有效实施也发挥着重要的推动作用。

（一）绩效计划制订的主要原则

一是战略引领原则。围绕企业主营业务，聚焦战略目标，逐级分解落实企业中长期发展战略和年度生产经营计划。达到人人肩上有指标，以此共同推进企业绩效目标的实现。

二是统筹兼顾原则。紧紧围绕企业总体发展战略和年度经营目标确定考核内容和指标值。指标选取要综合考虑财务与非财务、短期与长期、定性与定量、过程与结果等指标的平衡性。同时，还应通过科学设置贡献系数调节不同单位之间的价值贡献。

三是科学合理原则。充分考虑影响业绩完成的客观因素，在自上而下进行分解、自下而上进行充分沟通后，目标值既要有挑战性，又要有可实现性，力求贴近实际、科学合理、便于操作。

四是突出重点原则。关键绩效指标应突出关键工作和重点任务，不能面面俱到，在选取考核指标时，按照“二八原则”，抓住 20%的关键指标，从而抓住绩效考核的重心，并且兼顾长期与短期、定性与定量之间的平衡。

五是客观公正原则。充分考虑业务特点、竞争程度、承担风险、经营难度等因素，确保业绩目标客观合理、方法科学有效、过程公开透明、结果准确公正，实事求是地考核评价管理人员的工作绩效。

六是激励约束原则。应加大考核结果的应用力度，将考核结果与奖惩相挂钩，使激励与约束相配套、责权利相统一。

七是持续改进原则。根据企业战略需要和经营工作重点，不断优化考核指标和权重设置，不断完善绩效考核办法，使绩效考核与企业发展紧密结合。

（二）绩效考核的主要方法

目标管理法。在目标管理方式中，管理者与员工会在一个考核周期开始时共同制定该周期需要完成的工作目标。这种目标基于组织的战略目标，通常可量化，可以在考核时加以测量。

平衡计分卡法。平衡计分卡法是一种新型的战略性绩效管理工具和方法。它从组织的战略目标出发，从财务、客户、内部流程和学习发展等四个角度关注组织的绩效，能够更加全面地反映组织的绩效。

关键绩效指标法。关键绩效指标法是将组织的战略目标转化为各层级可量化或可执行的指标和标准，以提高组织的核心竞争力。

标杆超越法。标杆超越法的核心是选择同行内的一流企业作为企业学习、借鉴的榜样，实现组织赶超一流企业、不断提升市场竞争力的目标。这种方式更有利于激发组织的潜力，也有利于促进激励制度的完善。

非系统的考核方法还包括排序法、配对比较法、强制分布法、关键事件法等。

在绩效评价中，由于评价者的主观意识，容易出现趋中倾向、年资或职位倾向、首因效应和近因效应等，都可能会影响评价结果的公正性。所以，可以通过在考核评价前加强对考核者的必要培训、多种考核方法相结合、多维度考核等方式消除评价误差。

绩效反馈是绩效考核不可或缺的环节，但目前却普遍存在重结果应用、轻反馈提升的现象。事实上，有效的绩效反馈面谈为评价者与被评价者提供了沟通的平台，使考核更加公开化，更有利于员工客观地了解自己在工作中的问题，明晰组织对于自身的期望。良好的沟通反馈在确保员工绩效不断提高的同时，推动企业绩效实现螺旋式上升。

五、人员的薪酬福利管理

在人力资源管理的各个环节，薪酬福利是最受广大员工关注的问题，也是提升员工满意度的关键因素之一。战略性薪酬管理的核心就是当企业采用不同的战略时，企业薪酬水平和薪酬结构也必然会存在差异。

（一）全面薪酬战略

当前，越来越多的企业开始实行全面薪酬战略体系。与传统薪酬管理相比，全面薪酬战略更强调激励性、灵活性、创新性和多元性。这个体系主要包含了五部分内容，显性和隐性兼具。

（1）以现金方式支付的薪酬，包括基本工资、补贴、绩效奖金等。

（2）以物品发放或其他形式体现的，如休假、退休、医疗等福利。

（3）培训机会和发展机会。

（4）工作环境。

（5）惠及广大员工的利益分享机制，如员工持股、股权激励、股票期权等。

（二）薪酬体系设计的步骤

一是明确企业基本现状及战略目标，这是进行薪酬决策的重要前提条件。

二是工作分析及职位评价，这是确定薪酬体系的基础，更是薪酬体系具有公平性的根本性保证。

三是通过各种途径进行薪酬调查，这是确保薪酬具备外部竞争性的重要依据。

四是根据企业内外部环境，结合企业的战略选择，采用领先策略、跟随策略、滞后策略或者是混合策略确定薪酬水平。

五是在兼顾内部一致性和外部竞争性的基础上，进行合理的薪酬结构设计。

六是通过成本分析和人工成本测算，进行薪酬预算与控制，从而确保薪酬体系有效实施。

（三）绩效奖金的类型

在薪酬设计中，绩效奖金的灵活性最为突出，这部分是薪酬体系中与绩效直接挂钩，也是最能体现激励即时性特征的部分。

绩效奖金的类型根据工作性质、人员岗位不同可采用不同的方式，例如，计件制主要是用于根据员工单位时间产量进行测算的岗位，计时制主要是根据单位产量的时耗来计发薪酬。以上两种方式在操作工人岗位应用的较多。佣金制是销售岗位普遍使用的一种奖励制度，单纯佣金制、混合佣金制和超额佣金制是目前常见的三种形式。管理奖励，主要用在部门负责人在部门达到或超过部门有关销售、利润、生产或其他方面目标时给予部门负责人的一种奖励。收益分享奖励目前也越来越多地被采用，如项目收益分红、岗位分红等，均是企业或组织在达到一定绩效目标和预期时与组织内核心骨干成员共同分享收益的一种方式，但这种方式往往有比较苛刻的限定条件和严密的计算方法。

除了以上几种短期奖励方式，长期绩效奖励也越来越多地被采用，通常，长期绩效奖励的支付是以三至五年为一个周期，这种激励方式对于招募、保留和激励高绩效的员工都发挥了重要的作用。

第三节 部分企业人力资源管理的现状和问题

在企业人力资源管理的实践中，由于企业性质和体制机制的不同以及对于人力资源含义认知的差异，企业面临的人力资源管理也不尽相同。有些中小型民营企业，人力资源管理体系不够完善、管理简单粗放是比较突出的问题；而对于国有企业来讲，如何真正建立和完善精简高效、配置优化的组织运行机制，能上能下、优胜劣汰的选人用人机制，能进能出、畅通灵活的市场化用工机制，能增能减、工效挂钩的薪酬分配激励机制是目前很多国有企业都在努力破解的难题。2001 年，国家三部委发布了《关于深化国有企业内部人事、劳动、分配制度改革的意见》，20 多年来，很多企业都在积极推进三项制度改革，也取得了一定的成效，但改革之路还很长，改革的步伐还可以更大一些，改革推进的力度还可以更坚决一些。

一、人力资源开发与管理理念相对落后

长期以来，受计划经济体制的影响，企业更多地将关注点放在解决企业内部的物质、资金、技术等问题上而忽视了企业的人力资源，把人力资源仅仅看作是任务的执行者，只重视拥有和使用，不重视开发和流动。目前，仍有部分企业没有建立人力资本的投资意识，更加关注眼前如何为企业补充人员、各类薪酬福利的正常发放、人员日常管理等，缺乏对于人力资源的预测、规划和开发，培训缺乏科学性和系统性，培训体系还不够健全，培养方式相对简单，往往缺少培训前期设计和过程管理，跟踪评价方式也不尽科学。同时，此类企业对于后备人才的培养往往投入不足，关注不够。后备人才培养手段单一，缺乏足够的计划性和前瞻性，特别是缺乏各类高级后备人才力量的专项培养和对员工职业生涯的系统规划，培养和实践锻炼结合得还不够紧密。这类企业更多地注重了人力资源的可用性和配置性，而忽视了人力资源的发展性和资本性。

二、管理模式相对单一，管理体制高度集中

在制度体系相对统一的前提下，一些大型企业集团往往在集权与放权之间做得不够平衡，差异化的制度执行受限较大，政策的灵活性、适用性、兼容性有限，很容易导致在同一企业集团内部那些处在竞争性强、市场化程度高行业的二级企业没有充分的自主管理空间，放不开手脚，管理的效度在一

定程度上让渡给了上层管理机构的政策权威性。特别是一些大型国有企业，出于各种原因，机构庞大，涉及行业广，管理层级多，组织管控大多沿袭传统的行政管理模式，市场化接轨程度不高，甚至对旗下的一些上市公司仍难真正形成上市公司治理结构。

三、完善市场化用工机制仍任重道远

除了经济责任以外，国有企业还肩负着重要的社会责任，用工的自由度离实现完全市场化用工相距甚远，员工能进能出受到诸多限制，人员结构性余缺矛盾突出，结构性缺员与结构性冗员并存的问题尤为突出。

一方面，受到用工总量的限制和员工队伍整体老化影响，核心骨干人才的补充接续存在潜在问题，青年人才储备明显不足。特别是在管理体制方面，在吸引外部关键人才担任重要岗位方面，国有企业还存在一定的体制机制障碍，无法及时满足紧缺人才在职务、职级、待遇等方面的多元化需求，人才引进的机制还不够灵活。

另一方面，随着员工年龄老化，企业需要补充新鲜血液搭建梯队，每年都会通过招聘应届毕业生充实人力资源队伍，但随着国家经济发展以及外资企业和民营企业的发展壮大，很多引进人才在进入企业后，面对薪资水平不具竞争力、晋升通道不够清晰等情况，特别是工作3～5年后，具备了一定的工作经验和技能，经过相对规范的管理和培养，又面临着结婚、买房、生育等现实生活压力的人员，往往都成为外资企业、民营企业争相聘用的群体。这也是目前很多人力资源管理者都将国有企业看成其他类型企业“人才实习工厂”的原因，人员流失的问题成为很多国有企业面临的一个难题。

同时，有些国有企业由于社会责任，往往不能、不易或者不愿解聘不能够胜任工作的人员，为了应对这个问题，企业提出了各种分流安置举措，在一定程度上保持了企业的队伍稳定和社会的稳定。但从市场经济角度来讲，不可否认，这部分人员不仅不能为企业创造效益，企业每年还要负担其大量成本，这也不可避免地使企业背上了沉重的发展包袱。

而对于民营企业来说，与国有企业相反，民营企业用工市场化的程度相对较高，但正是由于市场化程度高，员工的流动比较频繁，也导致部分企业员工忠诚度和归属感相对较低，同时，很多民营企业对于人力资源也没有进行科学的战略规划，普遍缺乏前瞻性和计划性，梯队建设概念薄弱，人才储备和培养更是无从谈起，往往存在人才急找急用的情况。

四、完善的用人机制尚未完全建立

由于历史原因，国有企业很多都沿用了政府机关的干部管理机制，官本位的观念根深蒂固，“千军万马过独木桥”的情况普遍存在，造成晋升渠道狭窄，晋升严重受阻，不利于鼓励专业人员发展。近年来，随着国有企业人事劳动分配三项制度改革的推进，干部去行政化的改革探索也在不断深入，但干部终身制藩篱的有效破除，优秀人才脱颖而出的有效机制、干部能上能下的长效机制建立还有很长的路。

党的十八大以来，中国特色社会主义进入新时代，我国经济进入高质量发展阶段，对干部队伍建设提出了新的更高要求。一些国有企业干部不适应新形势新任务新要求，不担当、不作为、慢作为的现象又有显现。随着经济发展新常态和转型创新升级，干部的能力短板和不适应问题凸显。一些党员干部存在“不求有功，但求无过”的思想，出现懒政怠政、为官不作为现象。这些都从不同侧面反映出有效激励干部、实现干部能上能下势在必行。如何有效改变目前干部队伍状况，探索设立合理科学的考核评价指标体系、提高选人用人的科学化水平、构建完善的激励机制和容错纠错机制还有大量的工作要做。

民营企业也存在用人机制不健全的问题。一些民营企业家族化管理的特点较为突出，往往都是任人唯亲而不是任人唯贤，这类企业更注重的是出高薪直接从社会上聘用能够带来高回报和高收益的、具有引领企业发展能力的管理人员或技术人员，而不是靠自身培养，在这类企业中，员工个人与企业双赢双发展的理念少之又少。同时，规模较大、管理相对比较规范的民营企业，也在一定程度上存在管理人员“能上能下”难的问题，归根结底也是与是否建立了相对成熟完善的能上能下机制紧密相关。

五、激励机制不够灵活到位

激励机制不够灵活或激励性不足是目前许多企业面临的又一重大问题。

对于国有企业来说，一方面，从员工层面来看，员工薪酬与社会接轨受到工资总额的限制和固有观念的束缚，在工资、薪金等货币性物质激励等方面较外资企业和民营企业仍存在较大差距。一是表现在员工收入的整体水平低于社会化水平，很多员工离开国有企业到外资企业和民营企业工作后薪资往往都会翻倍增长乃至更多。二是员工个体间的差异体现得不够充分，特别是关键岗位、高端人才薪酬标准竞争力不强，薪酬未与市场完全接轨，岗位价值没有得到有效体现，还存在吃大锅饭的现象，比如，能干的和不能干的差不多、年龄大的就要比年龄小的拿得多的情况仍然存在。论资排辈的现象时有发生，没有充分地将员工薪酬与员工绩效相挂钩，薪酬分配的激励作用发挥不到位。三是国有企业的隐性福利没有得到充分的认知，如员工健康管理、停车位不收费，早中晚提供可口饭菜，发放生日蛋糕、节假日慰问等，这些很多时候都被当成理所当然的事情而忽视了企业为之承担的成本和所付出的努力。另一方面，从企业层面来看，许多国有企业都面临着薪酬管理制度不健全、分配机制不完善、激励手段不够灵活、多样性不足等问题。一是工资总额的决定机制还有一些僵化，对于大型企业集团而言，以工效挂钩为主的工资总额决定机制与不同业务板块和各所属单位的业务结合不够紧密，往往是“一把尺子量到底”，不能够充分体现各企业间业务的差异性。二是薪酬制度设计不够科学，薪酬结构不合理、薪酬固浮比不科学、激励重点不突出。与市场价位偏离、同类岗位未拉开差距等情况比较普遍。三是绩效考核与激励机制没有充分挂钩，绩效考核在搞活内部分配、拉开收入差距中的作用未能有效发挥，员工队伍创新创效动能未有效激活。四是重点人员长期激励的机制还没有建立起来。虽然现在也有很多大型国有企业在尝试推广项目收益分红、岗位分红等激励措施，但由于受到体制机制等方面的限制，部分关键岗位员工待遇与市场待遇水平差距过大，导致这个群体的忠诚度、归属感、成就感不足，能够将员工与企业有效绑定的员工持股、股权激励等手段还应用较少。

对于民营企业而言，虽然没有上级管理机构的工资总额限制，但也面临着人工成本管控的巨大压力，并不是像很多人认为的可以随意提高员工收入，如何确定企业收益与人工成本的合理比例，确定合适的薪酬福利预算也是很多民营企业要面对的难题。此外，对于很多民营企业来讲，激励机制不够健全、激励手段单一、激励方式匮乏也是比较突出的问题，往往这类企业的货币激励相对灵活，但多数都缺少目标激励、晋升激励、自我实现激励和荣誉激励等途径和手段。

第四节　企业人力资源管理的积极探索

人才是企业最宝贵的战略资源。当今世界日趋激烈的市场竞争，归根结底是人才的竞争。在战略人力资源管理的大框架下，如何通过战略人力资源管理的核心职能，构建科学完善的“招人、育人、用人、留人”的人力资源管理机制，有效激发人才创新活力、全员创效动力，从而增强企业市场竞争实力，为企业高质量发展提供人力资源支撑，一直是人力资源管理者努力追求的。

一、人才引进和配置

（一）全面深入细致的人才需求分析是精准补充人才的重要前提

人才引进的第一步首先就是要做好全面深入的人才需求分析，清楚地掌握企业目前的人力资源结构（包括年龄结构、专业结构、职称结构、学历结构、用工性质等）与企业业务发展的匹配度，进而明确缺少什么岗位的人、需要引进具备什么条件的人、通过什么渠道获得这些人、采用哪种方式获得等，进而更有针对性地开展下一步的人才引进和配置工作。人才需求分析报告的应用不仅为年度招聘计划的编制提供依据，对于企业新兴业务发展所需配置的人力资源也具有重要的指导意义。通常，人才需求分析是一个自上而下再自下而上的过程。由企业人力资源管理部门结合企业的战略实际，适时提出人才需求分析的工作安排，明确需求分析的相关要求，由最基层的用人单位结合业务的发展全面梳理现有人力资源配置情况，分析存在的问题，提出人才的需求目标，逐级进行汇总，由人力资源管理部门进行综合分析，形成公司的长期或年度人才需求分析报告，作为企业人力资源招聘补充的重要依据。在此基础上，企业在正式招聘前还需要明确自身的用人理念，是招聘最优秀的，业务最强的，还是没有那么优秀却是最合适的或是相对稳定的？这需要和企业的自身规模、发展需求、岗位性质、工作特点等多方面因素结合起来，否则即使企业招到了最优秀的人才，也可能会因为企业的规模实力无法提供与市场价位相匹配的薪酬激励标准，导致人才流失，进而影响企业的发展。

（二）人才招聘是企业品牌宣传的无形广告

人才招聘有很多种途径，如人才招聘会、校园招聘、毕业生网站推荐、猎头公司推荐、内部员工推荐等，不论哪种方式的招聘，我们都可以将招聘的过程作为企业宣传的一种无形且有效的手段。在校园招聘的过程中，企业通常通过召开宣讲会对企业进行全面的介绍，并通过学生间的口口相传达到宣传企业品牌的作用。而对于招聘全过程的细节把控，更是一个企业文化和价值理念的最直接体现，它通过应聘者的直观体验在最短时间内形成对于企业的感知。为赶早而未能吃上早饭的应聘者提供的牛奶面包，为异地应聘者提供的免费住宿和路费报销，一份带有企业标识的U盘或笔记本的纪念品，严格却高效有序的考核科目安排等，处处都体现出企业对于应聘者的尊重和对人才的爱护。即使未能应聘成功，学生对于这样的企业也是心生向往的。

（三）如何精准选拔到合适的“新手”

人才引进可以分为应届毕业生招聘和高端紧缺人才引进，也就是我们俗话所说的“新手”和“成手”的招聘。对于一个企业来讲，高端紧缺人才的引进主要是企业岗位空缺急需补充或是对于潜在发展业务的力量储备；而应届毕业生的招聘，往往都是与人才梯队建设息息相关，对于企业人才的有序接替和企业的可持续发展至关重要。所以，在编制年度招聘计划之前，既要考虑我们目前缺什么岗位的人，还要结合未来退休人员岗位情况进行预测，进而综合确定招聘的岗位和专业。

为了精准选聘到合适的人选，对于应届毕业生招聘，在选聘模式和考核方式上，都有需要重点关注的问题。在选聘模式上，应届毕业生招聘往往都是一考定终身，为了避免一次考试可能带来的选人误差，很多知名企业都引入了实习生招录模式，实现新员工招聘“前置管理”。严格按照正式员工招聘的程序，通过专业面试、专业笔试、英语面试、英语笔试、综合素质面试等多维度的考核选取合适的人员作为企业的实习生，通过假期1～2个月的岗位实习，企业对于实习生的综合素质和能力水平有了一个相对全面的了解，而实习生也对企业文化、工作环境以及工作内容建立起了基本的概念，这为下一步正式开展招聘奠定了良好的基础，同时通过逐步扩大到主要从实习生中招聘新员工，也会有效提高人才甄别的准确性、客观性和全面性。在考核方式上，很多企业都选取了多种考核手段相结合的方式，在通过统一入围考试对应届毕业生的逻辑分析能力等综合素质进行考核后，对其专业能力的考核至关重要，在统一专业笔试的基础上，由各专业部门组成3～5人的专家组进行专业面试。随后，人力资源部门通过无领导小组讨论等方式考核毕业生的融入性、参与性以及领导力和应变力，当然，对于业务国际化程度较高的企业而言，外语的笔试和面试也是不可缺少的。根据招聘岗位的不同，具有特殊针对性的考核项目也可以作为必要的补充，将各项考核内容按照不同权重进行汇总排名，择优录取确保了毕业生综合素质和能力能够满足企业发展需要。

（四）内部资源配置和外部资源利用要双管齐下

除了人才引进这种渠道以外，企业对于内部人力资源的再配置也是有效补充局部人力资源不足的有效方式。大型企业集团很多时候都存在着人力资源结构整体合理，也满足业务发展需要，但进行细分后下属企业人力资源结构冗缺矛盾比较突出，有的企业可能部分专业已经出现断档而其他企业却出现冗员的情况。面对这种情况，企业需要优化资源配置，一方面企业总部可以加强对重点领域人才的集中配置、指导和调控，加大内部挖潜力度，通过内部人员公开招聘，最大限度盘活现有人才资源存量，促进人才有序有效流动，发挥人才整体优势。另一方面，企业可以建立内部人员共享调配的岗位交流机制，不断优化现有生产人员结构，探索内部统一开放的人才市场建设，通过信息化手段和市场化的人力资源共享价格机制，畅通内部人才交流合作的渠道，促进人才在企业内部的合理有序流动和共享使用。

在人才引进和内部资源共享两种方式的基础上，为了有效控制人工成本和满足国有企业人员编制要求，企业还可以拓展外部资源渠道，尝试推进核心层与协力层分离、技术层与操作层分离，深化用工模式改革，经过调研和2～3年的积累，建立行业人力资源信息库，充分利用外部协作单位和专业化的人力资源服务机构，通过人才租赁、任务外包、成建制合作等灵活多样的用工形式，建立协力资源应用体系和劳务派遣制度，加大非核心岗位员工的社会化程度，有效控制员工总量，减少企业的用工成本，降低直接用工的风险，同时可以解决突如其来的生产高峰状态下人力资源不足的问题，使公司以充足的人力资源和合理的人力资源结构应对快速变化发展的市场需求。此外，对于核心人力资源的获取途径，除了人才引进这个渠道以外，很多企业也是另辟蹊径，如通过签订战略合作协议，通过高层次人才或专家派驻指导或联合开发等方式获取资源，也有的企业通过合资并购等方式获取人才，他们往往看中的是企业拥有的人才而非企业本身，例如苹果公司的收购策略就是侧重于从小公司获得有才华的技术人员，通常以在那里工作的工程师数量来评估这些公司，并迅速且悄无声息地将他们整合进苹果的团队。苹果根据技术员工的数量给公司估值，而非根据这家初创公司的收入或融资记录，这就突显了人力资本的价值。

二、人才培养

人才培养是一项复杂的长期性工程，成功的人才培养往往遵循实用性培养与素质性培养相结合、普遍性培养和重点性培养相结合、渐进性培养和适度超前性培养相结合、复合型培养和专业型培养相结合的原则。很多企业在这方面都做得非常出色：在理念上，他们都形成了“人力资源是第一资源”“人才增值是企业价值最大提升”“对人的投资是回报率最大的投资”的共识；在行动上，他们坚持人才优先，真正将人才作为企业质量效益发展的战略性资源，突出人才的价值和地位，采取差异化人才培养机制，持续加大培训费用投入，建立系统科学的培训体系，甚至建立自己的企业大学，例如华为大学、华润大学、中兴通讯学院等，他们在为本企业员工提供系统全面培训的基础上，也为外部企业提供专业、高效、定制的知识服务。

（一）以人为本，实现企业需求与个人期望的最佳契合

从人力资源管理角度来讲，企业的长久发展从来就不只是企业自身发展的事，而应是实现企业与员工的共同进步。为员工制定完善的职业发展规划并加以实施，是人才培养的重要手段。

道达尔公司始终将以人为本的理念贯穿于人力资源管理的全过程，特别是在员工职业管理、学习培训等方面。公司设有负责员工职业管理的专门机构，设置了技术型和非技术型等 20 个专业领域，为每个员工确定一个按专业划分的职业管理经理人，根据个人愿景、潜质等，制定动态的职业发展计划。通过公正透明的职业管理流程，职业管理经理人通过一对一的方式了解员工愿望，开展职业生涯讨论，指导员工制定个人发展规划和培训计划，帮助员工走上正确的职业发展通道。在此基础上，职业管理团队还积极参与人才盘点和继任者计划制定，为公司人才库建设和高潜人才选拔提供重要支持。

围绕员工成长，道达尔公司还一直致力于提供专业化、多样化的全方位学习解决方案，他们在全球服务机构中专设了培训业务服务公司，定期征集员工培训需求，为员工提供 900 多个线上模块，覆盖道达尔公司所有业务领域的 1 800 多门课程，同时，为加强技术与安全培训，他们还利用 2 个废旧炼厂建立了仿真培训基地。从筹划、需求调研、项目确定到实施、效果考核和评估，其培训形成了一套简洁、高效、成熟的管理体系，不仅切实提高了培训的时效性和针对性，也有效帮助所有员工维持和提高技能水平，实现个人价值的提升，从而推动公司的发展。

（二）科学系统的培训体系助推员工从“要我培训”到“我要培训”的转变

培训是人力资源开发的主要途径，是培养人才、吸引人才、保持人才的最有效措施之一。随着培训工作越来越受到重视，各个企业更加注重强化培训工作的科学性、规范性、系统性、专业性和计划性。

员工培训需求矩阵是目前被广泛采用的一种培训模式和管理方式，是全面推进科学系统的培训课程体系建设的重要抓手。以国内某知名国际工程公司为例，企业结合业已形成的人员发展四大通道，将员工岗位培训体系划分为经营管理、专业技术、项目管理和技能岗位四大系列。以先试点、后推广，分系列、分层次、分步骤的开发方式，各系列按照不同专业中各岗位对员工知识、技能的要求，在全面梳理岗位职责的基础上，结合素质能力模型，对各岗位应接受的培训内容和掌握程度进行明确，并根据不同培训内容，对与岗位员工能力的重要程度相对应的培训频率、培训方式、考核方式等相关要素进行清晰、量化的描述。培训需求矩阵的应用在培训体系建设中发挥了重要的基础性作用。依据培训需求矩阵，企业不断提炼培训精品课程，形成针对新员工、业务骨干、中层领导干部、项目经理、海外派驻人员等重点群体的完善的系列课程体系，编制并持续完善标准课件库和试题库。另外，在制订年度培训计划时，培训需求矩阵也被作为一项重要依据，公司、部门和员工各层面制订相应的培训计划并加以落实，将组织培训与自我培训相结合，强化学习培训的刚性要求。此外，培训需求矩阵的编制和应用都应该是全员参与的过程，员工需要了解自己在岗位晋升过程中每个阶段所应掌握的技能和知识，并按照需求矩阵的要求有计划地参与其中。同时，培训需求矩阵也应该是一个不断更新完善的过程，企业需要结合行业的发展、技术的进步、标准的升级等定期对培训需求矩阵进行调整完善，从而实现企业的发展需求与员工个人发展诉求的有机统一。

在充分利用培训需求矩阵的基础上，培训积分制的应用也至关重要。企业按照积分制对员工参与教育培训活动进行量化管理，坚持统一标准、分级考核、效果量化、挂钩联动的原则。员工参与培训、开展研讨交流、自主学习、撰写论文，以及参加资格考试取证、岗位竞赛等，均可通过认定获得相应积分。积分由必修学分、选修学分和奖励学分组成。必修学分主要通过每年参加本岗位规定的各类必修课程的培训获取；选修学分主要是由员工根据自身成长需要，通过参加本岗位规定的选修课程的培训获取；奖励学分主要通过担任兼职培训师、发表与本专业相关的各类论文、参加与本岗位相关的竞赛活动、考取公司所需资质证书等途径获取。为进一步发挥培训激励导向作用，将积分结果与员工绩效考核、绩效薪资调整、岗位层级晋升、干部选拔任用、评先选优等充分挂钩。在此基础上，企业为员工建立个人培训档案，明确员工任职、晋升的培训必要条件，逐步形成员工自主规划、自愿参训的学习型企业氛围，并充分利用信息化手段实现培训日常管理的规范化、培训内容的丰富化、培训手段的多样化和培训范围的全员覆盖，构建“人人能够成才、人人得到发展”的培养开发机制。

此外，企业也应鼓励员工积极考取与本企业业务发展息息相关的社会类职业资格，一方面可以通过集体组织员工参加社会职业资格考试或在公共平台发布考试信息等方式引导员工不断进步，另一方面也可以采用一些激励手段，如在企业网站公布获得资质人员的名单或根据员工获得资质与企业发展需要的匹配度和重要性划分不同标准给予一定的资质补贴等，从而既有利于维护好企业资质，促进公司技术创新和生产经营，也能激励员工持续自我提升。

（三）健全的培训组织管理架构是培训真正落地的关键

很多人都错误地认为培训就是人力资源管理部门的事，但事实上，人才培养是一个系统性工程，是公司的责任，更是人员所属部门的一项基本职能，企业必须强化一体化培训管理的理念，打造上下联动、多层面立体式、分级负责的培训组织架构，明确各级培训组织责任人和负责人，清晰界定各级培训的实施主体和职责范围，真正落实各级培训的主体责任，甚至可以将员工的培训率和规定培训的完成情况作为考核项纳入部门管理者的年度业绩考核中。例如，国内一些企业针对企业总部、二级单位、部门的三级组织架构，建立了三级培训架构，即一级培训为企业总部级拓展性培训、二级培训为各单位组织的提升性培训、三级培训为部门组织的基础性培训，这种网格化的分层分类管理体系，进一步强化了培训管理工作的系统性、规范性和实效性。

（四）新员工培训是强化企业文化认同感的最佳时机

新员工通过选拔进入一家企业，往往都像一张白纸，这时的他们对于未来的职场有期待、有忐忑、有迷茫，也最具可塑性，所以很多企业都非常重视新员工的入职培训，将之视为塑造共同价值观和思想理念的最佳契机。

新员工培训通常可以分为文化培训和岗位专业技能培训。可以采用分层培训的方式，由企业集团开展为期 2～3 个星期的集中文化培训，而基础性的专业培训则可以由人员所在部门组织完成。这样，来自不同子公司和分公司的新员工聚集一地，不分专业、不论归属，经过几个星期大家庭般的生活和学习，他们已经熟悉彼此，形成了共同的文化底蕴，也必然为未来的合作奠定坚实的基础。

面对刚刚步入社会的学生，有的企业培训的首课不是公司简介，也不是破冰的团建，而是聚焦“感恩”，通过讲授传统文化或是观看公益短片，教导新员工常怀感恩之心，从一直被动接受父母的抚育教导转变为主动关心关爱他们，鼓励员工用入职公司发放的第一笔工资为自己的父母准备一份贴心的礼物，引导他们学会感恩，懂得回报。有的企业会带领新员工共同学唱公司司歌，在学唱的过程中，让大家感受强烈的归属感和自豪感。当然，破冰的团建活动作为传统项目自是必不可少的，团队通过集体的智慧和力量攻克一个又一个难关，体会“团结就是力量”的真正含义。而最润物细无声的，就是企业自己优秀的管理者和专家（不是外请的老师）结合自己职业生涯的经验和感受，通过课程的讲授带领大家一点点了解和走进这个企业的文化和精神内涵。

当然，在培训的过程中，丰富的文体活动是必不可少的，英语卡拉 OK 比赛、英语演讲比赛、辩论比赛、棒球比赛还有结业晚会等都是培训中的传统项目，新员工借助这些舞台在充分展现自我、感受快乐的同时也要承受竞争的压力。在繁忙的培训之余，新员工还要利用空闲时间排练节目、准备比赛，大家在这个过程中学会了合理安排时间、合理安排人力，增进了友谊，也学会了合作共赢。在整个培训过程中，新员工的感受应该是辛苦并快乐着、充实而愉悦着。通过标准化的新员工培训体系以及每一个环节的精心设计，新员工理解了公司的价值观、经营理念和企业文化，对于企业的认同感、归属感、责任感和团队的荣誉感都在一点点累加，这也为他们以昂扬的斗志、饱满的精神状态走上工作岗位奠定了坚实的基础。

（五）岗位实践锻炼是最好的培养方式

我们常常说，实践出真知，人才要在实践中受历练、长见识、增才干，企业必须要将人才培养与实践锻炼相结合，为优秀人才搭建磨练意志、提升能力、锤炼作风的发展平台。华为公司对于新员工培训采用“721 法则”，也就是 70%通过实践学习，20%通过导师帮助，10%通过课堂学习。华为公司通过这种方式，强调了实践对于新员工未来成长的重要性，也向员工传递了明确的信号，那就是要想有所作为，就必须脚踏实地地工作，这也是华为一直以来务实作风的具体体现。对于一些艰苦行业，例如石油石化行业的企业来讲，基层和现场就是最好的练兵场。制定有吸引力的引导政策，鼓励年轻人到项目现场锻炼，培养年轻人吃苦耐劳、顽强拼搏的精神以及对工程项目的感性认识，是夯实人才成长的重要基础。也可以通过建立工程项目执行和技术开发攻关相结合的科研体系，鼓励工程技术人员积极参与科技研发，将工程经验转化成为自主知识产权的核心技术，提升工程技术人员的科研水平。

（六）国际化人才培养助推国际化业务发展

在经济全球化整合持续加速的背景下，国际化人才已经成为企业生存发展的关键资本，能否培育一批可以同时开展国内和海外业务、与国际一流工程公司同台竞技的国际化人才，直接决定着企业的核心竞争力。

何谓国际化人才？我们认为，国际化人才，应当具有全球化的视野、思维和意识，至少熟练掌握一门外语，有较强的跨文化沟通能力，并能够熟练使用国际标准，了解国际惯例，掌握与本职工作相关的知识和规则，特别是具有国际法律、商务、财务、税务、融资等方面的实践经验，能够在国际市场经营和项目执行过程中更好地维护公司的合法权益和利益，能够在全球竞争中把握机遇，保持领先或竞争力。也就是说，国际化人才应该是复合型的人才，对于这类人才的培养，也必然是一项系统性的工程。“工欲善其事，必先利其器”，成为国际化人才，首先就要通过外语这道关。中国寰球工程有限公司作为国内最早“走出去”的工程公司，以外语达标考试为切入点，全力抓好外语培训，打造全英语工作环境。以提升口语和沟通能力为重点，通过脱产集训、点名调训、英语沙龙等多种形式开展语言培训，完善外语达标配套政策，明确将外语达标作为技术和经营管理干部选拔任用、专业技术和职务等级晋升、培训、激励、考核评优的挂钩指标，推动各级干部员工外语水平的进一步提高。在夯实语言基础的同时，通过邀请行业知名专家授课、举办专题论坛、项目经验分享等方式开展国际标准和国际惯例的培训，一大批具有全球思维的复合型国际管理人才脱颖而出。

此外，坚持使用与培养相结合、工作与锻炼相结合，寰球公司也形成了自己的特色做法。自 1990 年起，寰球公司就创新性地提出并推广“出国学习、合作实践、以我为主、独立运作”的“四步培养法”，先后选派近两百名优秀专业技术和管理人员赴日本、意大利、新加坡、马来西亚、美国、法国、阿联酋等国的国际战略合作伙伴企业开展项目管理、工程技术、费用控制、模块化及离岸工程等培训，人员在对方企业按照工作式培训模式直接参与各类工程项目，一对一的导师会在项目执行过程中给予及时指导，培训人员在为期 1～2 年的工作式培训中，国际化视野进一步拓展，外语沟通能力、国际标准和国际惯例的应用能力得到大幅提升，这部分人员培训结束回国后直接进入国内外重点项目，将国际先进公司的管理理念、管理体系和管理实践不同程度地应用在企业管理和发展的各个方面，他们也逐步成长为公司各领域的核心骨干，成为推动公司改革发展的中坚力量。这种模式的采用，对于当初刚刚迈出国门开展海外业务的企业来讲，极大地缩短了人才培养的时间，为企业培养了一批紧跟行业发展趋势的国际化人才，实现了国际先进经验为我所用，培养了一批具有丰富国际业务运作经验的领军人才，从而带动了企业人才队伍水平的整体提升，助推公司国际化运营管理体系更加成熟。

（七）后备力量的培养要突出前瞻性和系统性

对于一个企业来讲，具有充足的后备有生力量是企业永续发展的重要条件。结合企业的战略需要和业务发展实际，按照重点培养、超前培训的原则，在常规性业务培训的基础上，针对重点领域和新兴业务的核心业务骨干的专业储备性培训必不可少。对于这类人员的培训可以采用“广泛海选+集中培训+实践锻炼+综合考评”的模式。

例如，为了打造一支职业化、国际化、专业化的项目经理队伍，某知名工程公司启动了后备项目经理专项培训工程，量身定制了为期一年的理论课程、现场实践、专业轮岗、外语集训、挂靠项目等培训与实践相结合的“五位一体”专项培养计划。在人员初选环节，要综合考评“选好苗”。考虑到项目经理岗位人员所应具备的专业性、综合性要求，该企业首先确定了后备项目经理人选的目标潜在群体——工作10年以上、具有大型及以上项目专业负责人经历的专业工程师。经由人力资源部门进行资格初核，进入海选面试选拔环节。在这个环节，由公司领导、人力资源管理和项目管理部门的负责人、优秀项目经理共10余人组成考核组，对参选人员进行全面的考核和考察，包括专业知识、项目管理知识、解决问题能力、外语沟通能力、应变能力等，经过考核，选出15名候选人进入集中培训环节。在集中培训环节，要推行靶向定制“育好苗”。在培训正式开始前，首先由公司人力资源部与项目管理部组成联合工作组，对于15名候选人逐一进行访谈，对人选进行专业、素质、能力和潜力评估，了解他们的强项、弱项和个人期望，一对一定制培养方案并建立跟踪培养档案，培养方案中既包含通用性的培训内容，也体现出个性化的培养需求，如需要单独参加哪些国家资格认证考试和培训、外语需要进行哪些专项训练、对于哪个设计专业需要进行更深入的了解等。在通用性集中培训中，安排了为期两个月的课程，分为四个模块，分别为项目管理模块（包含项目策划、费用控制、计划控制、文件控制等）、商务模块（包含商务礼仪、法务与合规管理、FIDIC条款解读、合同谈判技巧、演讲技巧等）、专业模块（包含设计、施工、采购各专业的基础知识和公司5大业务板块的业务情况）、外语模块（包括听、说、读、写）。每一模块在授课过程中，都会安排以小组为单位的情景模拟演练和展示，每一模块结束后都要进行测试，外语则是每周一测。通过集中培训，候选人对于在项目管理的全过程中应掌握的基本知识和技能已经有了全面的了解。在实践锻炼环节，要因人施策“蹲好苗”。这个环节分为两个阶段。第一阶段，候选人按照每个专业部室一周的时间轮流进入8大设计专业部室参与工作，了解各专业间的真实工作状态以及各专业间的上下游对接关系，找准以往存在的各专业间界面不清或是推诿扯皮现象的关键问题点。这个环节对于项目经理未来在项目执行过程中更好地统筹各专业力量将起到至关重要的作用。在实践锻炼的第二阶段，所有候选人被分别安排到正在执行的大型项目中担任项目副经理，周期为半年，协助项目经理开展工作。在这个阶段，他们的角色从项目的执行者转变为项目的管理者，这对于他们的问题解决能力、应急处置能力、综合协调能力都是一次考验和磨练。一年的培训结束后，公司会根据每个阶段的考评情况对每位候选人的培训情况和岗位适应性提出意见，而候选人本人经过一年的学习锻炼，也更加清楚自己是否适合乃至胜任项目经理这个岗位，经过双向选择，合适的人选从专业部室正式调往项目管理部，进入项目管理序列，项目管理人才梯队进一步强化。

三、干部选拔与管理

为政之要，莫先乎人。一个企业的发展，干部队伍至关重要。特别是面对新时代新形势新要求，如何让优秀的人才脱颖而出，如何有效地激发干部担当作为，如何建立并培养一支结构合理、数量充足、业务精湛的后备梯队力量，都是我们要重点关注的问题，而且这些也是有效实现干部能上能下的关键。

（一）拓展人才成长通道，打破千军万马过独木桥的窘境

对于很多企业来讲，人才流失的一个最主要原因就是个人职业发展前景不清晰。毕竟企业的行政领导岗位数量是有限的，“一个萝卜一个坑”，职业发展通道过于狭窄势必会严重制约员工的工作热情和积极主动性，特别是对于在专业技术上实力雄厚但管理能力相对较弱的人员来讲更是如此。

为了有效解决这个问题，很多企业拓宽了人才成长通道，借鉴“海氏岗位评估法”的基本原理，根据“技能水平、解决问题能力和承担的责任”三个关键要素，利用相同或同类评估指标开展岗位价值评估，构建一套可供参考、比对的岗位定级体系。利用这套岗位体系，确定每个管理岗位、技术岗位、操作岗位在组织中的定位，既可以平衡相同贡献程度、不同岗位之间的薪酬标准，也可以明确几支队伍横向上的层级对应关系，从而进一步畅通员工职业发展通道，为推进人才跨业务、跨序列流动创造条件。基于这套岗位定级体系，一方面，可以强化核心人才队伍建设，抓好岗位定级体系内各专业序列下核心骨干人才的培养管理，建立人才库，明确管理措施和培养方向，充分发挥核心骨干人才的价值和作用；另一方面，拓宽人才成长通道，在规范和完善多支人才队伍岗位序列的基础上，明确序列间相关层级的对应关系，制定跨序列交流的程序、标准和条件，完善岗位序列配置，打通岗位序列转换通道，推进不同序列之间人员的有序流动，从而进一步拓宽各类人才职业

发展路径和空间，实现个人和企业价值的同步提升。

例如，华为作为国内知名的知识型企业，是中国第一家引入“五级双通道”任职资格体系的企业，员工能够明确知道自己职业发展的上行通道。具体做法是，先梳理出“管理”和“专业”两个基本通道，再按照岗位划分的原则，将专业通道进行细分，衍生出技术、营销、采购、生产等子通道。这些专业通道纵向按职业能力再划分为几类岗位，如技术通道有助理工程师、工程师、高级工程师、技术专家、资深技术专家五类岗位。在这个体系中，员工可以根据自身特长和意愿，选择向管理方向还是技术方向发展。而且，很多员工还可以选择从两个通道分别进行认证，企业采取“就高不就低”的原则来确定员工的职级待遇。

在借鉴国外知名企业做法的基础上，结合企业的实际情况，寰球工程公司自 2003 年起所采用的职等体系，本质上与现在所推崇的多序列人才发展通道是一脉相承的。结合专业技术、经营管理、项目管理的岗位层级需要，设立了 S/DR、DE、OF/E、GL、M、D、VP、P 等 8 个层级，与每个序列的相应专业职务一一对应，这样每个序列的人员既在本序列中享有晋升的空间，同时又能够享受与行政干部相对应的薪酬福利待遇。例如，在项目管理序列中，中级项目经理的职等对应的是 M，在经营管理序列中，一名部门副职对应的也是 M 职等，那么这两类员工享有的岗位工资、补贴、出差补助、可乘坐的交通工具等一系列福利待遇都是相同的。应该说，职等体系的执行，对于稳定专业技术队伍和项目管理队伍，充分调动这部分人员的工作激情发挥了不可或缺的作用。

（二）着力推进任期制和契约化管理，建立并健全干部任期制

干部任期制实际上在国有企业干部管理制度中早已存在，但很多企业并没有实质性开展这项工作。一方面，传统观念的打破需要时间消化和适应；另一方面，干部任期制和契约化管理相应配套的绩效考核体系和薪酬兑现体系也在逐步完善。经过 20 多年来三项制度改革的推进，越来越多的企业将干部任期制作为实现干部能上能下的一个重要手段。编制出台相应配套措施，建立健全短期目标与长远发展有机统一的激励约束机制，科学制定任期目标，进一步合理设计年度和任期绩效合同，探索将体现能力水平、工作作风的软指标与体现业务实绩的硬指标结合起来，准确评价干部人员任期履职情况，设定强制淘汰率，充分利用年度考核结果和任期考核结果，严格按照考核结果决定干部去留和薪酬水平，建立健全优者上、庸者下、劣者汰的考核评价机制并有效运行，切实打破干部终身制，真正实现干部能上能下。

（三）超前储备，努力打造专业完备、数量充足、结构合理、素质优良的干部梯队

面对干部队伍老化问题，以及由此衍生的部分干部不想作为、不愿作为的现实情况，进一步加大年轻干部的选拔培养力度势在必行，必须站在全局和战略的高度，积极营造优秀年轻干部脱颖而出的良好环境，同时将发现、培养高潜力人才的重心前移。

国际知名的道达尔公司，充分认识到人才是企业保持长久竞争优势的关键，2016 年启动了高潜人才培养计划，建立了 300 名集团高潜人才和 2 500 名基层高潜人才两级梯队。着眼未来高管人员的有序接替，道达尔制定了集团高潜人才的选拔、培养和使用规划，每年通过 360 度评估，在高度认同集团核心价值观，业绩表现突出，具有战略视野、适变力和领导力的高级业务经理中甄选出 40 名进入集团高潜群体。同时，根据个人特长、职业发展需求及企业发展需要，为这些集团高潜人才量身定制个人发展计划，6 年间提供两次跨业务转岗机会，把他们放在具有挑战性的岗位上进行锤炼，引导他们跨出舒适圈，学习不同业务模式，培养全局观念，帮助他们尽快成长，为道达尔高级管理和技术人才有序接替提供人才保障。

面对干部队伍老化的问题，部分国企一方面建立干部人员有序退出机制，提出了干部到龄"阶梯式"提前退出的政策，探索设立非领导职务，鼓励年龄偏大或身体状况不够好的干部人员提前退出岗位，从事专项工作，如安排参与一些业务督导、基础建设、技术评审、项目管理等工作，从而既能继续发挥他们的业务专长和丰富经验，又为年轻干部更快走上发展平台提供机会和空间。另一方面，增强规划意识，紧密围绕企业发展战略，充分调研干部数量、专业需求，分年龄段、分专业、分成熟度、分层级甄别骨干人才，通过公开竞聘或者是组织选拔建立后备人才库，并按照短期培训与长期培养相结合、培训学习与实践锻炼将结合的原则，一对一定制培养计划，并放在核心部门、重点岗位、重要岗位和艰苦岗位进行岗位锻炼，有意识让他们承担"急、难、险、重"的工作任务，增强驾驭复杂局面的能力。对于后备梯队力量，要建立经常性动态化考察机制和培训档案，优化成长路径，把实践成才作为主渠道、基层一线作为主阵地，坚持早发现、早培养、早压担子，按照递进式培养的模式，坚持必要的台阶和完整的任职周期历练。还有一部分企业，为拓宽选人用人视野，在充分梳理领导人员配备情况的基础上，提前 3～6 个月就拟计划补充的岗位发布公开招聘启事，鼓励有能力、有意愿的人才

自主报名，通过一系列必要的考核和考察工作，作为后备力量形成排序名单呈报高层领导人员决策备用，一旦出现岗位空缺，可以在第一时间补充到位。

（四）做好干部资源配置，努力实现人岗相适、人尽其才、才尽其用

将合适的人放在合适的岗位上，做到适才适所，才能最大限度发挥每一名干部的作用。许多企业都认为，干部素质参差不齐，这也是事实。提高干部素质不能期望人人都成为业务骨干。人力资源部（组织部门）要建立科学评估干部工作能力、综合素质、专业特长的人才数据库，开展人力资源管理工作分析，对职位进行分层分类管理，依据岗位能力需求和岗位条件以及干部自身意愿科学配置人力资源，按岗配人，形成阶梯型或者宝塔型的人力资源配备模式，力求实现人尽其才、才尽其用。

一方面，要逐步完善中层领导人员的职业发展管理体系，探索组建以组织人事部门为主、企业高层领导及资深业务专家共同组成的职业发展领导小组，对中层干部进行职业发展目标的考核、诊断、分析和指导，畅通内部职业咨询通道，帮助他们系统梳理职业生涯阶段，更加清晰地认知自身所处坐标，找准未来职业发展定位，培养自我评估和调整目标的良好习惯；在进一步拓宽职业晋升通道的基础上，适时支持并鼓励一部分中层管理人员跨部门或跨区域进行横向岗位调动，以获得更多平行发展的机会，增加跨领域管理知识的积累，倡导螺旋式发展路径，将纵向发展的工作序列与横向发展的机会有机融合，在纵向晋升到较高层职位之前具有拓宽和丰富本层次工作经验的经历，也不断提高自身分析问题、处理问题和协调沟通的能力。

另一方面，积极推进干部交流工作，助力优化领导班子结构，有效盘活干部整体资源。系统分析并科学制定干部交流的规划计划，在保持班子和集体稳定性、工作连续性基础上，掌握恰当交流时间和适当交流比例，依法合规地逐步推进实施；要把交流重点聚焦在缺乏基层阅历、知识面不宽的领导干部和重要领域、关键岗位的领导干部身上，通过公开选拔、双向兼职、挂职锻炼、对口支援等形式，积极推动总部与所属单位间的干部交流，以制度固化形式打通干部上下交流渠道，通过组织推荐、岗位招聘、自主申报等多元化方式，完成干部双向交流，突出干部政治历练和实践锻炼，促进干部资源的科学流动和合理配置，逐步建立组织调配与业务需求相结合的干部交流新机制，从而既可以构建有利于人才效能与价值相统一，促进人才合理分布的流动配置机制，也可以打破干部的舒适圈，逐步形成服从组织安排，积极投身困难企业、艰苦项目进行锤炼的良好氛围和自觉主动意识。

四、绩效管理

绩效管理是人事管理中的最核心环节，绩效管理的结果在人事管理各环节中的应用最为广泛，这也决定了绩效管理有效性和合理性的至关重要。特别是对于国有企业来讲，随着三项制度改革的持续深入，绩效管理在企业管理中的作用越来越重要，绩效管理也从以往的“面子工程”真正实现向“内外兼修”的转变，对于绩效管理的实践探索和研究也越来越深入。

（一）有效的沟通是绩效考核体系高效运转的黏合剂与润滑剂

绩效管理是一个循序渐进、层层推进的过程，由绩效目标、过程管理、绩效考核、结果应用、绩效改进五个部分组成一个管理闭环。如果说人力资源管理的重中之重是绩效管理，那么绩效管理的重中之重就是沟通。

有效的绩效管理首先就是要确定合理的绩效目标。而真正合理有效的绩效目标应该是一个分层细化的目标网。层层建立绩效目标，就是在公司总体战略目标确定的前提下，制定公司的工作目标和关键业绩指标，结合部门职责，按照目标管理的方法，各部门将公司的目标进行分解，形成部门的工作目标和业绩目标，各岗位根据部门的目标建立自己的绩效目标。在此基础上，各部门再按岗位的工作目标、工作的复杂难易程度、工作的数量与质量，结合工作态度、个人的能力与水平确定个人的绩效目标。在这个过程中，目标的确定应该是考评人和被考评人双向沟通的结果，这样可以使员工事先了解绩效目标、岗位工作职责、考评政策，从而明晰自身的努力目标，否则，过高的目标可能造成被考评人对于目标无法实现的畏难情绪以及对考核结果公平性的质疑，而过低的目标则可能对组织整体绩效的完成造成影响以及引起其他被考评人对于考核公平性的质疑。

在实施考核的过程中，考评者与被考评者保持有效沟通和交流，能够增加考核工作的透明度和接纳度，清晰考核节点，保障考核工作有序开展，并能够及时收集、掌握对后续完善绩效考核体系的合理化建议。

在考核结果运用环节，考评结果也应由考评人向被考评人进行面谈反馈，双方通过充分的沟通，让被考评人获得清晰的自我认知，明晰自身优劣势，找准以后工作改进和努力的方向，共同制订被考评人的绩效改进计划，通过一系列措施和办法，来弥补客观表现与绩效目标、岗位要求之间的差距，改进员工的业绩，并为下一年度绩效目标的确定奠定基础。

（二）建立系统科学的绩效指标体系是充分发挥绩效管理价值导向的基石

考核和绩效评估是近年来人力资源理论与实践发展最快的领域，先后形成了360度综合考核以及基于目标管理、KPI、平衡记分卡、标杆管理的绩效考核体系等多种方法。但在实际操作过程中，往往出现指标不科学，指标过多、面面俱到，指标设定没有抓住重点与关键，绩效考核的引领和导向作用没有充分发挥等情况。而对于职能管理部门，归纳具有代表性且可量化的考核指标一直是困扰很多企业的一大难题。所以，在设计考核指标体系的过程中，我们既要坚持战略引领原则，聚焦战略目标，逐级分解绩效目标，更要注重随着公司内外部环境变化，面对新的问题、新的难点和新的发展导向，及时调整和更新绩效指标；既要坚持科学合理的原则，目标值设定既有挑战性又有可实现性，更要注重分类分级进行细化，结合工作性质和工作层级差异化设置指标和权重；既要突出重点，抓住关键指标，更要尽可能以可核查的数据作为依据，避免主观性，最大限度保障考核结果的公正性与严肃性。

基于以上原则，某工程建设企业在绩效考核上进行了有益的尝试和调整。一是实现量化指标与关键指标占比“双过半”。完善指标权重设置，坚持“定量为主、定性为辅”原则，按照工程类项目、市场经营部、生产部门和管理部门进行细化分类，梳理设定相应考核指标及权重，确保各类组织量化考核指标占比均超50%。进一步加大关键指标在各类指标中的考核权重，市场经营部仅“新签合同额”一项权重就达50%。各部门的考核结果作为业绩分直接应用于部门中层干部的考核，所占权重达50%～70%，将部门业绩与干部履职紧密挂钩。二是确保效益类考核“唱主角”。在沿用传统“利润总额”“营业收入”“新签合同额”“费用控制”等指标的基础上，结合经营生产实际，新增加了“工日利润率”“工日产值率”“预算内成本费用利润率”“有效工时率”等效益类指标，进一步强化了对效益的考核。三是突出服务链考核，树立对项目支持服务的硬导向。通过调整考核思路，引导生产部门和管理部门进一步主动作为、靠前工作，加强自身对经营生产的服务保障功能。在考核指标中设置了“对项目的支持服务”指标，并将考核权重确定在20%以上，逐步将下游对上游考核、被服务方对服务方考核、管理为生产服务、生产为项目服务的工作理念落实到各部门工作中，有效强化各部门“为项目、为一线”服务的意识。

（三）强化绩效考核的过程管控，努力实现绩效考核的公平公正

考核结果的客观准确在某种程度上决定了绩效管理的效能。而考核结果的真实有效又在很大程度上取决于考核过程的管控。在实际工作中，我们经常能够遇到考核后人员对于考核结果不满意进行申诉的情况。而造成人员不认同考核结果的原因，主要有以下几个方面：一是考核指标设定不够合理。

二是“好人主义”“一团和气”的思想还比较普遍，对于定性评价指标，考核者大多靠印象打分，在考核上讲情面，公平性不好保证，容易造成“干好干坏一个样”的不良感受。三是考核周期过长，考核有效性大打折扣。目前，考核周期普遍为一年，对于考评者临近考核前的业绩表现往往印象最为深刻，容易造成短期效应而影响长期判断，从而造成评价不够全面、客观和准确。四是考核过程不够严格，考核往往流于形式。一些未完成的指标往往以各种理由、借口予以剔除，考核刚性不足。

应对以上的种种情况，需要我们不断强化绩效考核的过程管控，尽量避免人为因素影响考核结果的客观公正性。首先，在条件允许的情况下，尽量采取多维度的考核，坚持领导考核与员工考核相结合的方法，必要时，特别是对于中层管理人员可以进行360度考核，将被考评人自身、直线领导、直线下属、同级领导都作为考核主体开展多层次、多角度综合考评，力争做到员工的考核结果全面、客观、真实、公正。其次，坚持日常考核和年度考核相结合的方法。日常考核是年度考核的重要基础，也应形成规章制度，详细记录员工的平时表现与工作实绩，在此基础上，还可进行月考核、季考核、阶段性工作考核或半年度考核，为年度考核提供依据，真正做到考之有据，发挥平时考核“以事前控制、过程控制为主，以事后控制、结果控制为辅”的管理作用，同时，日常考核也可及时纠正员工不良的绩效行为，也能够充分体现考核结果应用的即时性。除此以外，信息化的手段应用也可以提高绩效考核工作效率和防止考核中的人为因素，提高考核质量与考核水平。

五、激励机制

好的激励机制是吸引人才、稳定人才队伍的关键。根据员工的不同层次需求，企业应该建立短期激励、中期激励、长期激励相结合，精神激励、发展激励、物质激励、学习激励、解困激励等相结合的多种激励机制，为各类人才提供良好的发展平台，促进员工和企业共同发展。

精神激励包括：创造良好的工作氛围、和谐的人际关系、深受员工认同的企业文化；尊重员工的人格，畅通沟通渠道，虚心听取员工的意见与建议；关爱员工，增强与员工的情感交流；对于业绩突出、表现优秀的人员给予荣誉称号；帮助员工设立与公司发展目标相一致的个人发展目标等。

发展激励包括：为员工制订专项职业发展计划，提供职业发展的机会；制定不同工作体系的职务等级系列，明确各专业的人才梯队，使员工能根据自身的特点以及公司工作的需要明确发展方向；知人善任，适时提拔优秀人才到各类领导岗位上去；委以重任，不拘一格使用人才，敢于给有才华、有经验的年轻员工压重担，如挂职锻炼、担任助理职务等。

物质激励包括：建立合理的薪酬制度和灵活多样的福利政策，包括社会统筹保险、商业性补充保险、经常出差或驻现场人员的人身安全健康保险、住房补贴、工作餐、旅游休假等。

学习激励包括：为表现突出的员工提供重要的培训机会，如提供中长期的专业培训，鼓励参加论坛和学术交流，对于重点培养对象或企业需要定向培养的专业人才，也可按照联合培养的方式安排参加学历教育等。

解困激励包括：有条件的单位在企业内部委托有资质的机构设立幼儿园提供幼儿入托服务；搭建与重点学校的沟通机制，建立子女入学绿色通道；办公地点相对偏远的企业，安排上下班的通勤班车；还有家庭就医、住房支持等各类激励举措，帮助员工解决生活中的实际困难，解除员工的后顾之忧，从而使其全身心地投入工作当中。

保健激励包括：安排员工定期参加体检，制订个人健康管理计划，对于部分骨干员工还可以给予特殊体检或疾病治疗，安排劳模进行疗养休假或家庭休假等。

下面重点围绕较为复杂的薪酬激励和越来越被广泛采用的荣誉激励以及保健激励进行论述。

建立科学有效的市场化薪酬激励机制，是人力资源管理发展的方向和趋势，是调动人才积极性、激发人才队伍活力、提高人才使用效能的重要手段。市场化的薪酬分配制度要充分体现出三大原则——绩效挂钩原则、差异化原则和效益共享原则，并具有内部公平性和外部竞争力。

（一）完善效益导向的工资总额决定机制，实现“要工资”向“挣工资”的转变

对于国有大型企业来讲，工资总额的分配向来都是各企业的一件大事。作为国有企业所特有的一种机制，随着改革开放和三项制度改革的持续深入，工资总额的决定机制发生了很大的变革，正在逐步从计划管理向市场化管理转变，从单一方式向分类施策、多种方式并存转变。国务院于 2018 年发布了《关于改革国有企业工资决定机制的意见》，进一步明确各企业应“根据企业发展战略和薪酬策略、年度生产经营目标和经济效益，综合考虑劳动生产率提高和人工成本投入产出率、职工工资水平市场对标等情况，结合政府职能部门发布的工资指导线，合理确定年度工资总额”，鼓励各企业通过综合研判，依法依规自主确定企业发展所需的工资总额，而不仅仅是被动地等待上级单位下达的指标额度。近年来，一些大型国有企业根据所属企业功能性质定位、行业特点和生产经营情况，分别采取工效挂钩、工资总额预算制、工资总额备案制、超额利润提成制等多种核定机制，给予各成员企业更加充分的工资分配自主权，实现了从“管数”到“管机制”的转变，形成了直接、透明、可量化的工资总额决定机制，也充分调动了各企事业单位的自主性和积极性。但需要注意的是，无论哪种核定机制，都要咬定效益不放松，强化成本效益理念，更加关注人工成本投入产出比，不断提高人工成本的使用效率。

（二）突出业绩导向，着力形成重实绩、凭贡献的分配激励机制

科学的薪酬制度除了要充分体现员工岗位价值的不同，更应该反映出个体的工作表现和工作业绩对于企业发展的实际贡献，形成“岗位靠竞争，收入靠贡献”的薪酬激励机制，切实做到能增能减。

例如，可以通过设立专项奖的方式，对在重点难点工作中取得突出成果、重要突破、重大进展、特殊成绩的单位和个人予以实时奖励。以正向激励的方式，引导单位和个人挖掘潜力，加快推进和落实企业年度各项重点工作，充分发挥专项奖励的精准激励作用。

针对二级单位领导班子，很多企业都推行了年薪制。例如，有的企业建立健全与年度业绩考核基本目标、提升目标、奋斗目标等三级目标完成情况相适应的梯次兑现年薪机制。效益年薪以各单位在岗职工人均工资为基数，按各单位主要生产经营指标和辅助指标完成目标档级对应不同系数及综合考评得分的计算和确定；实施公司嘉奖，对在创造经济效益、深化企业改革、科技创新、市场开发、重大项目执行等方面做出突出贡献的二级单位领导班子成员给予奖励。此外，年薪制还应该做到“两个确保”，即确保企业二级单位领导班子成员薪酬的收入水平与本企业效益同步增减，确保与本企业员工薪酬水平同向联动，强化个人与企业、领导与员工统一命运共同体的认知。

对于广大一线干部职工，某企业通过创新优化“低固定、高浮动、双挂钩”改革，打破传统的“大锅饭”观念，建立健全与企业经济效益和劳动生产率挂钩的绩效分配机制，形成效率优先、注重公平、岗位靠竞争、收入凭贡献的分配导向，科学评价岗位员工的贡献，合理拉开收入分配差距，充分调动广大职工的积极性，提高劳动生产率，有效激发了企业高质量发展的内生动力。一是“减少固定、增加浮动”，力促分配差异化成为现实。面对部分部门固化本应浮动的绩效奖金导致员工动力不足的情况，该企业在对本企业生产经营情况和员工收入进行深入调研、严谨测算和合理预判的基础上，积极调整薪酬分配思路，按照可控比例，大幅压缩原有职工奖金收入中相对固定的部室绩效奖和年终奖，并全部投入到与日常工作绩效挂钩的浮动奖金池中，使项目绩效奖和管理绩效奖总额放大，为优化绩效奖金构成和分配方式提供了更多空间。虽然工资总额未变，但在新分配机制下，98%的员工实现收入浮动，让“出工不出力、出力不出活的收入下降，让多干项目、干好项目的收入明显提升”的想法成为现实，员工整体工作积极性明显提高，“要活干、抢活干”的现象层出不穷。二是“立足实际、分类施策”，建立具有岗位特色的奖金分配机制。根据各类岗位人员的工作特点与性质，建立不同的奖金分配机制。针对各部门负责人和市场经营人员日常发放预兑现奖，年底根据考核结果兑现年终奖；工程类项目经理日常发放预兑现奖，并根据执行项目的规模和上岗与否发放相应标准的上岗津贴，年底根据项目绩效与考核结果兑现奖金；中层副职和一般员工根据工作表现发放部室绩效奖、项目绩效奖或管理绩效奖。其中，管理人员的管理绩效奖按照生产人员项目绩效奖的85%进行核定，从而体现收入分配向生产一线倾斜的原则，正确引导员工职业发展方向。三是“全年评价，等比核算”，优化绩效奖金日常分配。根据每位员工全年奖金所得，计算统一的挂钩系数，将工资总额结余全部用于项目绩效奖和管理绩效奖年度核算补发，保证了年底补发奖金与平时奖金的比例协同，不仅杜绝了传统意义上年终奖“平均主义大锅饭”的现象，还强化了日常绩效分配“多劳多得”的主导思想，引导员工更加注重平时的工作表现和工作业绩。

（三）突出价值导向和差异化原则，构建科学有效的薪酬体系

科学有效的薪酬管理本质上就是要处理好三种关系。一是加强人工成本管理，合理确定同企业竞争能力相适应、反映市场价位的员工收入水平，使人工成本水平与企业发展战略和竞争力相适应。二是合理确定薪酬水平，形成业绩升薪酬升、业绩降薪酬降的动态调整机制，使各类人才的薪酬水平逐步与市场价位接轨。三是合理调整企业内部各类人员之间的收入分配关系，收入分配向高端核心骨干人才、企业核心科技人才、优秀高技能人才、生产一线员工适当倾斜，体现出岗位价值的不同，使员工收入真正随着岗位和技术的变化和岗位劳动效率、效益情况能增能减。为了实现上述三种关系的有机平衡，建立科学完善的全面薪酬管理体系，很多企业注重突出价值导向，以岗位价值为依据，完善生产要素市场化分配机制建设，建立既统一又多元化的基本工资制度，让劳动、知识、技术、管理和资本的活力竞相迸发，实现资源配置的最优化，合理拉开工资分配差距，逐步形成人岗匹配、薪岗相符的人力资源配置模式。

在基本薪酬制度的基础上，要注重营造与公司分享价值创造、分享利润回报的氛围，促进员工绩效、团队绩效和企业整体绩效的不断提升。目前，越来越多的企业已经开始了这方面的研究和实践。那就是根据企业发展战略、行业特点和员工的可承受程度，依法依规建立关键人才中长期激励机制。例如，对优秀经营管理人才，以年薪制为基础，积极探索经营者持股和虚拟股权、期权、期股制度；对创新型技术人才，以实际贡献为评价标准，建立科技创新人才薪酬激励制度，根据科技创新人才承担的科研项目、技术专利和科技成果转化程度，实行协议工资、项目利润分成、科技成果转化收益分享等分配方式；对具有专门技能、善于解决技术难题的特殊技能人才，逐步探索技能要素参与分配的办法，这些机制使高管等核心骨干更加关注企业可持续发展。同时，非现金薪酬激励的方式也越来越多地被采用，如政策允许“菜单式福利”“团体商业保险”等政策的推广，则更加注重满足员工个性化需求，在一定程度上增强了员工的获得感、认同感和幸福感。中国铁建重工集团股份有限公司就将这几种中长期激励手段运用得非常到位，对于引进的高端人才，一律实行年薪制，按照市场价值定年薪；对于引进的行业专家和博士，给予期权性质的住房补贴；对于技术骨干，每月发放企业津贴；对于做出贡献的，每年拿出几千万元给予期权激励。道达尔公司在员工薪酬福利设计上也充分体现了企业效益与员工共享的原则，通过与全球范围内同类企业充分对标，建立了具有竞争力和激励性的薪酬福利体系。他们引入整体报酬和整体薪酬的概念，将个人职业发展、生活与工作的平衡和工作环境等作为情感报酬纳入薪酬福利体系，作为基本工资、津贴、短期激励（奖金）、长期激励（股票期权、绩效股份）和福利的有效补充，同时，根据岗位等级、绩效考核结果确定固定报酬、可变报酬和延期报酬的合理比例，充分体现出员工岗位价值、贡献水平、责任担当与薪酬待遇的一致性。

此外，目前还有一种特殊的激励方式被应用于人力资源管理中，那就是对赌协议（Valuation Adjustment Mechanism，VAM）。对赌协议通常指的是收购方（包括投资方）与出让方（包括融资方）在达成并购（或者融资）协议时，对于未来的不确定情况进行的一种约定。如果约定的条件出现，融资方可以行使一种权利；如果约定的条件不出现，投资方则行使一种权利。也可以是个人或团队与公司约定，业绩达到某一约定值时的奖励，可以是奖金，也可以是股权、期权等。所以从本质上来讲，对赌协议就是期权的一种形式，但其目前也被部分企业用作为人力资源管理的一种激励手段。例如，海尔集团推动的“商圈小微”运动，就将这种激励手段与企业的管理改革和创新很好地结合了起来。海尔的“商圈小微”旨在将公司打造成平台化的生态系统，成为可实现各方利益最大化的利益共同体。强调员工和经营者的同一立场和合作，推行的是全员参与经营的理念，员工不再是被动的执行者，而是主动的创业者。海尔在组织变革过程中采用了与对赌协议相匹配的“创客薪酬”。在这一制度下，员工与企业先达成一致的目标，根据达成的目标获取“四阶”薪酬，即创业阶段的生活费、分享阶段的拐点费、跟投阶段的利润分享和风投配股阶段的股权红利。员工实质上就是创业者，可以利用公司的平台和资源进行自主经营，这种基于利益共同体的利益最大化机制，使得价值创造与价值分享紧密联系在一起，激励各方实现价值创造的最大化。实施以“小微”为基本运作单元的平台型组织，企业与员工不再是劳动雇用关系，而是形成市场化的资源对赌关系。

（四）荣誉是激发人才建功立业的重要原动力

荣誉管理作为重要的精神激励手段，是人力资源管理激励机制当中的一个重要组成部分。荣誉管理主要是指建立荣誉激励制度和荣誉奖励规则，并通过文化宣传手段不断强化，使荣誉感持续长效激励员工做出企业期望的行为，从而有效改善经营管理效果。每个人都有追求被肯定、被认同的心理需要，崇尚荣誉其实就是自我尊重与自我认同。马斯洛需求层次理论把人的需求分成生理需要、安全需要、社交需要、尊重需要和自我实现需要五个层次。人们对于荣誉的追求实际上就是马斯洛需求层次理论中努力实现尊重需要的一个重要体现。

对于企业来讲，其除了应具有健全的薪酬激励机制，完善的荣誉管理体系更是至关重要。每个企业都应该建立和完善导向明确、体现企业文化内涵、具有鲜明企业文化标识的荣誉体系，而且企业荣誉体系的搭建应该是立体系统的，分层次、分类别的。通常，荣誉按照获奖主体可以分为个人荣誉和集体荣誉，而这两种荣誉又是密不可分、相辅相成的。个人荣誉是集体荣誉的体现和组成部分，集体荣誉是个人荣誉的基础和归宿。从岗位层级上可以按照管理者和普通员工设计荣誉奖项；从就业经历长短可以按照经验丰富的资深员工与入职 1～4 年的新员工确定奖项类别；在相对固定评选周期的基础上，针对特殊重要事件或时间点也可设置一些具有代表性或事件特征的特定荣誉奖项；荣誉奖励的重要程度主要在命名、奖牌的价值和评选的频次上进行区分。当然，无论是哪类荣誉奖项，评选过程的公开、公平、公正以及后续宣传报道的及时到位，对于荣誉激励作用的发挥也起着重要作用。

（五）健康是干事的本钱，也是建功立业的前提与基础

在现代社会，员工健康管理作为“以人为本”的企业文化在人力资源管理领域的具体体现，越来越广泛地被企业采用为一项重要的激励机制。这些企业将人力资本视为企业最为重要的资本，通过有效的员工健康管理，体现出企业对员工的人文关怀，从而更有效地增强企业凝聚力，增强员工的组织认同感和归属感，进而提高组织绩效，促进企业可持续发展。

那么，什么是有效的员工健康管理呢？国内很多企业对于员工健康管理的认知还停留在为员工建立医疗保险和为员工安排定期的体检，或者一些企业还会为员工建立补充医疗保险的认识上。这种认知是不全面的，也是健康管理的初级阶段。事实上，员工健康管理不仅仅是完善的医疗保险制度、员工定期体检，更应该是一套内涵丰富、健全完善的体系。我们认为，员工健康管理应该是集文化、制度和管理于一体，包含了身心健康的双重管理，且重点在于预防和控制，而不是事后弥补。

现代社会，生活节奏加快，竞争压力加大，员工面临着工作和生活所带来的各种各样的压力，很多人都是身心俱疲，或是长期处于亚健康状态，所以，在定期对员工进行全面体检和健康评估的同时，对员工的心理健康进行必要的跟踪和辅导也必不可少。同时，建立尊重员工的文化氛围，创造舒适的工作环境，举办各种形式的文化体育活动，也是舒缓员工工作压力的重要举措，这些也都是有效预防和控制疾病的有效方式。当然，除了以上这些措施，很多走在员工健康管理前端的企业也进行了很多有益的尝试：有的企业通过建立员工健康管理制度将一些好的做法固化下来；有的企业将员工健康管理作为下属企业业绩考核的一项重要内容；有的企业如华为、通用电气设立了专门的健康顾问职位，对公司员工的身体健康和心理健康进行管理和监督；对于一些特殊岗位，开展作业场所职业病危害识别与检测工作，并发放一定的津贴；组织健康专题培训，举办员工心理健康知识讲座，从身体和精神层面关心每位员工；还有一些企业实施了“员工帮扶计划”即 EAP（Employee Assistance Program），由专业人员向员工提供诊断、辅导、咨询和培训等服务，解决员工的各种心理和行为问题，改善员工在组织中的工作绩效，目前世界 500 强企业中相当数量的企业建立了 EAP。

以上这些人力资源管理的实践和探索主要是基于常态下的一些典型或惯常做法，但是 2020 年初突如其来的新冠肺炎疫情，对于各行各业都产生了巨大且深远的影响，尤其是对人力资源行业来说，隔离、限流等措施，直接导致许多传统的工作内容无法开展，原有的人力资源管理模式被彻底打破，如

何科学有效地开展人力资源管理成为各企业需要面对的新挑战。与此同时，随之而来的远程办公、灵活用工、在线协同等顺应疫情管控的应对措施，又加速了人力资源管理数字化转型的进程。在后疫情时代，信息化发展的脚步在加快，面对新问题、新挑战，人力资源管理应该如何变革？数字化转型下的人力资源管理该如何解决这些问题？人力资源管理信息化系统又有什么样的发展新趋势？这些都需要深入的思考并在工作中不断摸索探究，但我们相信，人力资源行业借用智能高效的系统工具，实现传统管理思维模式的突破和转型的破冰之态业已形成，科技引领人力资源变革的新时代已经开启。

“人才兴则事业兴，人才强则事业强”，高素质人才的质量和数量，直接决定着企业的市场竞争能力和持续发展能力。企业管理者要始终将人才工作摆在优先发展的战略地位，通过确立和实施与企业战略相契合的人力资源战略，完善各种人力资源政策，构建一套先进、科学、行之有效、可持续的人才管理体系和文化理念，加快培养造就顶尖优秀人才，努力健全培养人才、引进人才、使用人才的管理机制，积极营造有利于人才脱颖而出、健康成长的良好氛围，从而真正实现人才优势向竞争优势、人才建设成果向企业发展成果转变的“两大转变”，为企业的高质量可持续发展提供坚强的人才保障。

第九章

企业数字化转型

“充分发挥海量数据和丰富应用场景优势，促进数字技术与实体经济深度融合，赋能传统产业转型升级，催生新产业新业态新模式，壮大经济发展新引擎。”①

——《中华人民共和国国民经济和社会发展第十四个五年规划和2035年远景目标纲要》

第一节　定义和意义

随着信息科学技术的持续发展，信息化、互联网化、互联网+、数字化、数字化转型等概念逐一提出，并紧随时代变迁持续演变、发展。伴随数字化时代的到来，各种信息、数字、网络等新技术被广泛应用在企业管理、生产、经营、研发、销售、售后服务等领域。传统企业如果不想被时代所抛弃、淘汰，就必须与时俱进。要实现数字化转型，就必须清楚数字化的相关概念，知道概念的含义，理解数字化的特点和面临的挑战，进而结合企业自身实际情况，知道企业欠缺什么，继而量身定做，最终选择适合企业的正确的可持续发展路径。

一、数字化的定义

数字化（Digitization）定义有狭义和广义之分。狭义上的数字化是将模拟信号转变为数字信号的过程；广义上的数字化是通过数字技术改变商业模

① 中华人民共和国国民经济和社会发展第十四个五年规划和2035年远景目标纲要［EB/OL］.（2021－03－13）. http://www.xinhuanet.com/2021－03/13/c_1127205564.htm.

式，提供新的营收点与价值创造机会。广义上的数字化，强调的是数字技术对商业的重塑作用和影响，信息技术能力不仅仅解决企业的降本增效问题，而是更加注重考虑如何更好地为企业赋能，如何为企业商业模式创新创造条件，如何为企业的长久可持续发展提升核心竞争力。

数字化转型是企业利用云计算、大数据、物联网、移动互联网和人工智能等技术，重新构架业务流程、商业模式、用户体验、产品与服务等，构建一个全面感知、无缝连接、高度智能的数字孪生企业，进而以数字仿真技术，优化再造物理世界企业，对传统管理模式、业务模式、商业模式进行创新和重塑，实现企业业务的增长与发展。数字化转型是企业在全球数字化变革的背景下，为适应数字经济环境下企业生存发展和市场变化的需要，对企业进行的主动的、系统性的、整体性的转型升级。数字化转型本质上是业务转型，是智能化的前提和不可逾越的阶段，是企业重塑核心竞争力的必由之路。

二、数字化的特点

企业数字化就是对内部实体资源进行优化和整合，将实体资源数字化，注重企业内部对资源的把控。企业数字化转型是以数据为核心内容，充分利用互联网、物联网、大数据、人工智能等信息技术，主动或被动促使企业对业务流程、组织结构、商业运行模式进行改造、升级，最终实现转型，由此提高企业的核心竞争力。

（一）营销模式破传统

伴随电子支付的发展和普及，企业网络直接销售，客户网络直接自助购买、自主消费的线上交易梦想得以实现，企业的销售渠道不再受时间、环境、地域等因素的影响，企业销售、交易的方式、模式发生了质的飞跃，传统的企业销售体系被打破，商业模式因创新被彻底颠覆。

（二）数据分析成常态

在互联网化后的企业中，线上业务的信息自动被清晰记录，自然自动形成数据库资料，自动生成可用于业务发展、提升管理水平的数据分析库，极大便利了企业的经济运行分析，业务数据分析实现常态化。

（三）产品升级成本低

线上业务发展后，企业在新产品的研发、市场论证、测试等工作中，只是依据需求调整部分程序代码，对业务运营流量进行分组监控，快速开展试错、调整，结合数据反馈信息反复进行测试，使用大数据验证得出最优方案，新产品的研发成本大大降低。

（四）业务、技术融合广

企业的线上运作业务，天然地和技术紧密结合在一起，没有技术的配合与支持，就没有线上业务的诞生和发展；线下业务和线上业务也越来越融合、靠拢，业务部门和技术部门由传统的以业务为主导、技术为配合，转变为业务、技术部门互为合作伙伴的关系。

（五）涉及范围全方位

技术的发展能够将现实世界网络节点中有价值的人、物、事全部转变为数字存储的数据，企业应用这些数据功能，可改变业务运行思维模式和商业运转逻辑，将对业务运作模式重构产生持续影响。

（六）商业改造触内外

数字化对企业内外部运营状况均产生了深刻的影响，从外部来讲，实行数字化后的企业，创新甚至颠覆了传统的业务商业模式和产业链体系。从内部来讲，数字化本质上是更高级的信息化，数字化技术的应用，自身的业务能力模块化、服务化赋能驱动内部业务模式和流程不断升级或重构。同时，实现企业业务能力、功能的内外转化，促进内部业务功能外部赋能化，推动企业成为灵活的有机体。

三、发展演变史

信息化、互联网化、数字化，三者之间相辅相成，呈现为递进演变发展的关系。企业必须清晰了解三者的演变过程，方可结合自身实际情况，准确定位，明确企业数字化转型发展的战略方向。

（一）信息化的起源与发展

信息化的概念起源于 20 世纪 60 年代的日本，是由日本学者梅棹忠夫首先提出来的，70 年代被译成英文传播到西方，90 年代后在中国快速发展。1997 年，中国召开的首届全国信息化工作会议，将重点确定为在开发利用信息资源、建设国家信息网络、推进信息技术应用、发展信息技术和产业、培育信息化人才、制定和完善信息化政策等方面开始推进信息化建设工作，中国信息化建设从此步入快速发展之路。至 21 世纪初期，IT 咨询项目、商业软件实施项目呈现井喷式发展，国内大多数企业完成了管理软件信息化的建设工作。

（二）互联网的发展历程

国际互联网，始于 1969 年的美国，又称因特网，是全球性的网络，是一种公用信息的载体，是大众传媒的一种。互联网是由一些使用公用语言互相通信的计算机连接而成的网络，即广域网、局域网及单机按照一定的通信协议组成的国际计算机网络。这些网络通过普通电话线、高速率专用线路、卫星、微波和光缆等把不同国家的大学、公司、科研部门以及军事和政府等组织的网络连接起来。

1994 年 4 月 20 日，中国通过一条 64K 的国际专线正式接入国际互联网，开启了中国互联网的时代。1999 年之后，互联网行业在中国发展的 20 年里经历了探索成长期（1999—2008）、快速发展期（2009—2014）、成熟繁荣期（2015—2019），由 PC 互联网走向移动互联网，由 2G 走向 5G，成为推动中国创新与经济发展的主要引擎。

在我国快速发展的 20 年里，互联网由原来单一的资讯信息服务，逐步融合到传统产业，实现信息化蜕变。进入移动互联网阶段后，中国互联网已渗透至社会的多个领域，“互联网+创新”成为几乎所有传统产业的标配，促进了社会发展，中国正在成为全球创新的典范，中国创造成为全球追赶和学习的榜样。

（三）数字化转型的起源与发展

进入 21 世纪，随着人工智能、大数据、云计算等一系列新兴技术在经历了前期摸索式发展后，逐渐向产业和行业融合，利用这些技术把现实缤纷世界在计算机世界全息重建，数字化的功能和作用越来越被挖掘而扩大。

2010 年以后，“数字化”概念悄悄替代了“信息化”，数字化转型的概念被提出，不同发达国家先后提出了数字化转型和智能化发展战略。美国制定的《数字化战略计划》（2012）提出要建立 21 世纪的平台，改变内外部客户提供服务的方式，鼓励全民创新；德国制定的《数字化战略 2025》提出要加强数字化能力、数字化基础设施建设、数字化转型创新，要建成数字化转型社会；2017 年，英国制定的《英国数字化战略》，旨在通过一流的数字化基础设施、先进的技能培训和有效的监管，确保英国成为开展先进研究、试验新技术以及发展数字化业务的绝佳之地。各国数字化转型的焦点是，实现国家和社会组织结构优化及产业模式变革。

中国政府提出了建设“数字中国”、释放数字经济潜力、催生新的发展动能的宏伟目标，2019 年中央经济工作会议在布局 2020 年重点工作时，提出着力推动高质量发展，大力发展数字经济。2020 年 5 月，国家发展改革委提出“数字化转型伙伴行动”倡议，倡导政府和社会各界联合起来，共同构建“政府引导—平台赋能—龙头引领—机构支撑—多元服务”的联合推进机制，以带动中小微企业数字化转型为重点，在更大范围、更深程度推行普惠性“上云用数赋智”服务，提升转型服务供给能力，加快打造数字化企业，构建数字化产业链，培育数字化生态，形成“数字引领、抗击疫情、携手创新、普惠共赢”的数字化生态共同体，支撑经济高质量发展。2021 年“两会”《政府工作报告》提出了明确要求，我国政府将加快数字化发展，打造数字经济新优势，协同推进数字产业化和产业数字化转型，加快数字社会建设步伐，提高数字政府建设水平，营造良好数字生态，建设数字中国。

四、数字化和信息化的区别

数字化和信息化紧密相通，但又存在一定的不同之处，在战略方向、思维方式、数据价值、关联范围等方面均存在一定的区别（见表 9.1）。

表 9.1　　数字化与信息化的区别

内　容	项　　目	
	信息化	数字化
战略方向	目标是满足客户需求，不同企业之间通过比较来满足客户需求，是一种竞争战略	以客户为中心创造价值，要最大化实现人机交互的目标，最大限度解决人和设备之间的连接关系问题，战略方向是合作共赢、共生共创
思维逻辑和思维方式	企业建立信息化管理的主要指导思想是通过这一套管理工具能够把企业的各个环节都能管理起来，目标是管好，所体现的思想就是一种管理思维。因此，信息化系统设计缺乏有效解决用户效率的思想，导致用户效率非常低，用户需求得不到满足	借助不断发展、改进的技术手段、方法，打通网络化系统各环节、各节点不同系统和部门之间、企业与客户之间、企业相互之间、企业与社会之间的全方位连接，追求的目标是解决客户效率和企业经营效率，出发点、目的性均不同，决定了思维方式必然改变
数据价值	数据都分散在不同的系统里，没有打通，未能真正发挥出数据的价值，其价值主要体现在效率提升方面	对人力资源、物力资源、社会资源等方面全面整合，数据本身的价值更加突出，伴随大数据技术的应用与发展，数据价值得以充分发挥，数据资源的地位、性质发生彻底改变，数据资源成为企业盈利的一种无形资产
应用范围	主要是单个部门的应用，很少有跨部门的整合与集成，没有建立连接，特别是没有建立与消费者的连接。有的企业甚至没有实现企业各个数据单元的连接，造成效率低，特别是企业面对内部、外部的运行效率低下，响应环境变化的能力差	数字化对企业跨部门的资源、信息完成全面整合、集成，实现企业内部各系统之间互联互通，互联网的发展又为企业与外部的关联提供了高效、便捷的应用平台，企业与客户、社会无缝连接，企业的运行效率提高、运行成本降低，企业的商业运行模式重塑

五、数字化转型的重要意义

世界进入互联网时代后，传统企业生存压力越来越大。特别是电子商务兴起后，传统实体经济遭受到了巨大的挑战，市场份额逐步缩小、经济效益逐渐下滑。数字化转型本质上是利用新一代数字化、网络化、智能化技术对企业实现更深层次的重塑与再造，在改善企业生产方式的同时，不断创新企业管理，从而建立一套完善的具有现代化、信息化特征的企业管理机制，最终提升企业的核心竞争力。

（一）促进企业打造核心竞争力

当今时代，以客户为中心是企业生存至上的法则。伴随数字化浪潮的到来，客户获取商品的途径更加丰富、便捷，商品的选择范围无限扩大，市场透明度越来越高，客户信息被最大化获取，客户体验成为引导企业改善产品功能最有价值的风向标。

数字化转型助力企业快速、准确捕获新的市场机会，在商战中及时提前占位，企业的服务、制造、数字化综合能力成为企业的核心竞争能力。企业如果不进行数字化转型，就会被用户无情抛弃，被竞争对手快速超越，被市场淘汰出局。企业借助数字化转型进行管理创新，实现传统经济与互联网经济在深度、广度上的融合，以此获得更好的发展动力。

（二）促进企业流程优化

技术帮助企业赋能业务，业务需要技术促进发展，技术依托业务载体实现价值，业务依靠技术提升质量、效率，数字化转型是企业技术与业务的全面交互融合，促进企业技术和业务紧密结合构成数字经济条件下新的业务形态。数字化技术的发展强调信息系统的互联互通和综合集成，使得信息的交互不再遵循自上而下或自下而上的等级阶层，这就颠覆了企业传统的业务管理模式。在数字化技术支持下，企业业务流程依据技术应用持续优化、再造，形成信息高效流转、需求快速响应的新的业务工作流程，由此简化生产流程，提高生产效率，促进生产力进一步提升。

（三）促进企业资源整合、降本增效

数字化转型重视技术投资，企业基础架构资源、人力资源、数据资源、组织资源、社会资源等与 IT 深度集成，对企业及社会资源全面深度整合。互联网服务聚合计算服务、信息服务，使企业能够以很低的成本享受先进的信息技术应用和服务，也能使企业的技术装备得到充分的应用，数字化信息和知识实现共享、重复使用，企业成本大幅降低。世界经济论坛发布的《第四

次工业革命对供应链的影响》白皮书指出，数字化变革将使制造业企业成本降低 17.6%，营收增加 22.6%；使物流服务业成本降低 34.2%，营收增加 33.6%；使零售业成本降低 7.8%，营收增加 33.3%①。

（四）促进新兴产业快速发展

2017 年 1 月，《中国改革报》报道，我国战略性新兴产业发展总体呈现出“快、活、高、优”的特点。“十二五”末期，节能环保、新一代信息技术、生物、高端装备制造、新能源、新材料、新能源汽车等七大战略性新兴产业增加值占我国 GDP 的比重约 8%，战略性新兴产业领域创业投资已占到我国创业投资的 80%。《“十三五”国家战略性新兴产业发展规划》提出，到 2020 年，战略性新兴产业增加值占国内生产总值的比重达到 15%，形成新一代信息技术、高端制造、生物、绿色低碳、数字创意等 5 个产值规模 10 万亿元级的新支柱②。

国家在《中共中央关于制定国民经济和社会发展第十四个五年规划和二〇三五年远景目标的建议》中提出“发展战略性新兴产业”，指出要“加快壮大新一代信息技术、生物技术、新能源、新材料、高端设备、新能源汽车、绿色环保以及航空航天、海洋装备等产业。推动互联网、大数据、人工智能等同各产业深度融合，推动先进制造业集群发展，构建一批各具特色、优势互补、结构合理的战略性新兴产业增长引擎，培育新技术、新产品、新业态、新模式”。

第二节　企业数字化转型的发展现状

企业通过不断推动业务流程优化和网络化，以期实现数字化转型，但尚有不少企业并没有真正进入数字化阶段，持续提高信息化程度依然是企业当前的重要工作任务。任何一个企业的数字化都并非个体的孤立行为，也无法完全依靠自身进入高度数字化状态，需要整个社会基础设施、法律体系、管理体制的全面进步。真正的数字化是整个社会的数字化，是一个完整的、互相关联的推进过程。

① 高婴劢．第四次工业革命对供应链的影响白皮书［N/OL］．中国电子报，2020－07－27．https://www.toutiao.com/a6854121230602076686/?channel=&source=search_tab．

② 付朝欢．“十三五”我国重点培育五大战略性新兴产业［N/OL］．中国改革报，2017－01－16．https://www.toutiao.com/a6376129971165135106/?channel=&source=search_tab．

一、企业数字化转型进程分类

为了帮助了解数字化程度及未来发展方向，近几年，品牌和营销咨询公司铂慧（Prophet）旗下的研究公司 Altimeter 每年都会对北美、欧洲和中国的一些企业组织专业人员进行调查，并发布《全球数字化转型报告》。2016 年，Altimeter 对企业数字化转型进程状态进行评估，根据企业对数字化转型的认识和采取的具体措施状况，将企业数字化进程划分为六个阶段。

（一）安于现状阶段

在该阶段，企业以一成不变的方式运营，对客户、流程、指标、业务模式和技术持有传统观点。

（二）初具活力阶段

处于此阶段的企业，开展诸多小范围试验，促进了企业数字化素养和创造力的提升，目的是优化企业业务流程，强化特定接触点功能。

（三）规范化阶段

对数字化试验更有信心，试验本身也带有更强的计划及目的性。对企业数字化转型的倡议积极响应，因此变革推动者需要向企业管理层寻求新资源和技术层面的支持。

（四）战略化阶段

企业的团队意识在提升，对数字化调研、加强部门之间协作重要性的认识明显提升，洞察共享的重要作用，制定全新的战略发展规划，以明确数字化转型的责任制、方式和投入。

（五）聚合化阶段

组建专门的数字化转型团队，以业务和客户导向的目标指导战略和运营。随着支持转型的职能、专业、模式、流程和系统逐渐成型，企业形成了全新的组织架构。

（六）创新与适应阶段

数字化转型成为业务的常态，企业负责人认同变革是持续的过程。全新生态系统得以建立，以发现技术和市场趋势并采取措施，着手试点，并在成熟后进行推广。

二、企业数字化转型推进现状

随着新一代信息通信技术的快速发展，数字化转型成为企业发展的重要趋势，数字经济在我国国民经济中的地位也愈来愈重要。中国信息通信研究院 2019 年发布的《中国数字经济发展白皮书》显示①，2002 年至 2020 年，我国数字经济占 GDP 的比重由 10.0%提升至 38.6%，2020 年我国数字经济规模将达到 39.2 万亿元，北京、上海数字经济 GDP 占比已超过 50%。总结多项资料及专家学者观点，我国企业数字化转型呈现如下特点。

（一）数字化转型以点带面，逐步推进

数字化转型是一场持久战，但在初期必须要有着手点。数字化转型举措传统上着重点在 IT 领域，但各企业会选择在技术、运营和绩效管理等方面切入，启动企业内部数字化转型，由点及面逐步推动。

在一般情况下，企业会将数字化转型从信息部门延展到全企业推进和计划之中。部分企业则是投资于 IT 基础设施和技术的现代化，以实现数字化转型。另有一些企业还会选择提升市场营销、广告和数字化能力以推进数字化转型。总体来看，数字化转型正愈发清晰地成为企业整体的变革运动。

（二）企业对数字化转型重视度持续提升

很多企业的首席执行官积极参与到数字化转型的领导工作当中，董事会也更加支持数字化转型，数字化创新正成为企业商业转型的优先事项，内部角色之间也在逐步融合。

2020 年 10 月发布的数字化转型指数（DTI）表明，中国企业正在更加积极地迈向数字化进程，数字化实践者比世界平均水平高出 7 个百分点，整体数字化水平在世界上名列前茅。这得益于国家加大对“新基建”的支持力度，越来越多的企业开始关注传统制造流程的数字化改造，对新的数字化基础设施建设和传统基础设施的数字化改造进行巨大和持续的投入。

（三）企业数字化转型逐步走向成熟

在数字化转型过程中，企业内部一般会设定数字化转型指导委员会，指导委员会获得高管支持，配有的资源在逐年增长，对驱动企业整体数字化转型发挥了至关重要的作用。伴随数字化转型工作推进，指导委员会规模在逐步扩大，其成员由跨职能和跨部门的人员构成，跨职能、跨部门的成员构成趋于多元化。从目前看，数字化已成为企业新的常规业务，数字化转型在逐步走向成熟。

（四）驱动数字化转型因素多元化

多年来，先进的数字化转型举措的首要驱动因素始终是实现公司整体的

① 中国信通院．中国信通院发布《中国数字经济发展与就业白皮书（2019 年）》［R/OL］．（2019-04-19）．https://www.toutiao.com/a6681407531887100430/?channel=&source=search_tab．

技术现代化和投资现代化的客户体验两件事，随着企业全面实施数字化转型，探索新市场的发展机遇跃升为数字化转型举措中的主要驱动因素，除此以外，合规标准也是重要的数字化转型驱动因素。

工作环境、部门协作、沟通、决策、员工体验和企业文化的数字化转型，被越来越多的企业关注和重视。面对不断变换的市场，随着客户的行为、期望和偏好不断变化，员工的行为、标准和抱负也随之变化，企业数字化转型进程日趋成熟，驱动企业数字化转型的因素也必将会越发多元。

三、企业数字化转型过程面临的问题

尽管我国数字化转型对经济发展的带动作用提升空间还很大，但前进道路依然困难重重。对于各企业来讲，数字化转型在思想理念转变、体制机制探索、管理经验借鉴、数据技术发展、人才队伍建设等诸多方面都面临着巨大的挑战，真正要把数字化战略落地，如何把新的思想观念、战略决策演变为实际可操作的具体措施组织实施十分重要，前进道路漫长、曲折，企业数字化转型永远在路上。

《中国产业数字化报告 2020》提出，当前的产业数字化升级面临着五大困境：自身数字化转型能力不够导致“不会转”；数字化改造成本偏高而自身资金储备不足造成“不能转”；企业数字化人才储备不足致使“不敢转”；企业决策层数字化转型战略不清导致“不善转”；企业多层组织模式不灵引致“不愿转”[①]。

（一）对数字化转型理解不够深刻

数字化转型是企业可持续发展的必然趋势，是实体经济必须正视的历史发展现状。但很大一部分企业管理者并未真正理解数字化转型的内涵，还需要时间、空间的持续演进以进一步领悟和提高认识。

在数字化时代，影响企业生存发展的各种因素在快速变化，企业需要关注的内容、方向、管理模式、成长方式等都在发生变化，不能正确理解数字化转型的本质，对数字化转型的关键点把握不准，对转型的难度估计不足，制定的战略方向就会错误，战略方向错了，企业在前行道路上只会渐行渐远。企业管理者必须清醒认识到，数字化转型是企业发展的核心战略，不能简单地理解为只是技术的升级、改造和应用。

---

① 国家信息中心与京东数科．中国产业数字化报告 2020［R/OL］.（2021－02－18）. https://www.sohu.com/a/451155535_120956935/.

（二）企业管理者转型魄力和能力不足

数字化转型是一场系统化、全面化的变革，对于大部分传统企业而言，不论其性质、规模如何，企业整体管理层都存在知识老化、观念陈旧、能力滞后的情况。数字化转型要求企业实现业务活动数字化、数据业务活动化，传统的企业管理架构、管理模式要彻底被颠覆，管理模式、运营机制要进行再造重构，企业管理层的权责必将发生极大变化。

对于大多数企业而言，企业数字化的基础并不坚实，底层逻辑缺失情况普遍存在，很多企业在推进数字化的过程中，狭隘地将数字化转型的重任交给信息部门，缺乏格局意识，缺乏统筹安排，缺乏全面协调实施，各职能部门也相对孤立，害怕承担风险，难以形成统一的客户观并立即执行，导致企业整体管理层在思想、行动上不能保持高度的统一。

（三）管理制度调整速度滞后于技术发展速度

科学的企业管理制度是企业做好管理工作的前提和基础，很多企业在数字化转型理念的冲击下，正在不断地对新的管理制度进行尝试，但是由于缺乏经验、对数字化转型了解不够等因素，企业在管理制度方面存在一系列问题。

适应新形势的制度缺乏，对应新生态下制度的修订、调整速度滞后，转型的信息与管理基础不配套。企业制度缺乏对一些细节的规定，缺乏相关的管理标准，以及相应人才奖惩制度的缺失，导致无法正确、快速实现管理的最优化、简单化、规范化、标准化。

管理制度不配套还会导致整个供应链、价值链不配套，大部分企业在数字化创新过程中都存在资源赋能能力和一线集成作战能力的缺失，导致企业在转型过程中将赋能变成了管控，将协同变成了扯皮，致使企业员工持续创新的动力不足。

（四）企业沉淀数据激活度不够

目前，伴随信息化技术的持续发展，各企业内部都拥有了大量的沉淀数据，但是对数据的挖掘、激活还远远不够。多数企业仍处于数据应用的感知阶段而非应用阶段，内部“数据孤岛”未完成互联互通，企业家思考企业缺失什么的多，思考企业掌握资源价值挖掘最大化的少。

与此同时，企业外部数据融合度不高，覆盖全流程、全产业链、全生命周期的工业数据链尚未构建，企业对通过自身沉淀的数据、掌握的技术，预测企业未来发展变化趋势的作用利用度低，其本质就是未能真正做到依靠大数据进行决策。大数据与实体经济融合的深度和广度尚不充分，如何将对大数据的科学分析和对市场敏锐的洞察力、观察力有机结合起来，需要各企业在数字化创新进程中持续探索。

（五）推动数字化转型的复合型人才短缺明显

传统企业人才结构完全是基于产业分工和专业分工所形成的单一的人才结构，在数字化时代、智能化时代，在生态体系之中，企业要转型跨界，需要大量懂管理、懂技术的复合型人才，数字转型要求人才的能级必须提升，没有人才结构的调整以及人才密度与能级的提升，数字化转型升级难以落地。

不论是企业内部还是企业外部，推动数字化转型的复合型人才均很匮乏。就企业内部来讲，建立复合型人才培养机制，培养实用的复合型人才，不是在短期内能取得成效的；就企业外部来讲，复合型人才供给也是捉襟见肘，顶级的复合型人才更是寥寥无几。企业即便由外部引入适合的复合型人才，但受企业文化的影响，外部引进人才作用的发挥也存在很大的不确定性。总体来讲，复合型人才的匮乏严重制约着企业顺利实现数字化转型目标。

（六）企业文化对数字化转型的阻力不容小觑

企业文化对于一个企业的生存和发展具有重要的意义，是企业管理中最难以琢磨但也是最重要的一部分，企业文化变革是数字化转型的前提。企业员工与管理者在企业文化认可程度方面存在很大的差距，这本身对数字化转型的推进就形成一定的阻力，对于企业一线员工而言，企业必须帮助他们了解在转型中的角色，明确告知员工在转型中的具体行动内容。

很多企业在企业文化建设方面还存在不贴合企业实际、浮夸等情况，甚至一些企业会原样照搬其他企业的文化作为自身的企业文化，没有考虑企业自身的特点。不贴合实际的企业文化在一定程度上会打击企业员工的工作积极性，这一切都严重阻碍着企业数字化转型的实现。

第三节　企业数字化转型的内容与路径

一、数字化转型的主要内容

对于传统企业来讲，数字化转型需要通过对企业自身及与企业运行、经营的相关数据进行转换、融合，并对管理体系、组织、运营等架构进行重塑，以期实现业务长久发展。企业数字化转型涉及企业管理、运营等方方面面，主要内容包括提高对数字化的认知能力、确定数字化转型战略目标和定位、建立数字化企业架构、推动数字化组织变革、统筹数字化系统建设、打造企业数字化生态体系等。

（一）建立数字化转型认知体系

数字化转型是“一把手”工程，在企业内部，企业管理层要充分认识到数字化转型的重要性、紧迫性和系统性，要从思想上、认知上真正理解数字化转型的意义和方法，转变思维模式，由工具思维转向系统思维、由技术思维转向商业逻辑思维、由底层思维转向高层思维，以客户需求为中心，以数据为资产，以技术为手段，以人才为依托，建立从上至下的数字化转型认知体系，支撑客户服务和业务创新。

（二）确定数字化转型战略

数字化战略是筹划和指导数字化转型的方略，要在方向性、全局性等重大决策问题上做出选择，它是企业总体战略的重要组成部分。以战略为指引开展数字化转型，将大大提高转型成功的概率。数字化转型战略主要包括数字化转型愿景和使命、定位目标、新商业模式、新业务模式、新管理模式、战略举措等。

企业数字化转型战略由企业领导层负责制定并推进落实，具体的工作包括制定企业级的数字化转型战略，做好数字化转型的顶层设计，进行全面、系统、整体的规划布局，制定总体框架与发展目标，在组织内统一思想、统一目标、统一语言、统一行动，确保数字化转型推进的整体性、协作性、可持续性。

（三）加强数字化转型组织保障

数字化转型需要强有力的组织来支撑，应建立数字化的组织变革领导小组或指导委员会，明确转型的责任主体，制定合理的组织业务目标，配套考核和激励机制，优化组织间协作流程。在适合的条件下，全面开展企业的组织变革，调整组织架构，构建起以业务为核心，灵活机动、分布式、扁平化、网状化的组织体系，建立适应数字化转型的新组织体系，协调业务、技术部门，建立数字世界和物理世界间的协同运作机制，统筹推进数字化转型落地。

（四）夯实数字化转型基础

数字化转型的基础是数据，应通过各种技术手段收集企业日常运营和创新所需的数据、客户使用产品或服务的体验数据、市场变化数据、行业趋势数据等，形成企业日常运营全景图、客户全景图、产品全景图、市场变化及行业趋势全景图，从而提升企业运营效率，创造新的业务模式。

要通过数字化手段挖掘数据的价值，发现企业运营中需要优化的流程，开发新的业务模式。重构企业 IT 基础设施，建设以企业智慧大脑为主体的数字化系统矩阵，形成企业系统服务总线、应用程序接口（API）服务平台，融合企业内部资源计划系统（ERP）、客户关系系统（CRM）、电子商务、小程序、会员系统、库存系统、数据分析系统等，形成业务全面感知、实时分析、智能决策的数字化企业系统矩阵，强化企业数字化建设基础。

（五）坚持开展数字化转型咨询服务

企业要勇敢借助外部专业力量，积极开展数字化转型咨询服务工作，以提升自身数字化转型的能力和水平。咨询服务包括开展数字化战略咨询、业务咨询、技术咨询三个层级的内容。

数字化战略咨询要开展数字化成熟度评估、企业数字化转型战略规划、数字化组织文化与管理变革等方面的咨询，积极评估和改进企业数据与分析能力的成熟度。

数字化业务咨询包括智能制造咨询、智能供应链、数字化客户经营、数字化整合营销、智能化服务转型、数字化新业务模式等内容。

数字化技术咨询则涵盖了大数据应用规划、物联网应用规划、人工智能（AI）业务应用规划、数据治理等所有涉及本企业数字化转型的技术支持方面的内容。

（六）推动全生命周期的数字化建设

全面梳理企业业务流程，推动业务流程的数字化变革，强化数字技术对各个业务环节、业务模式、业务流程的变革和再造能力，形成更加数字化、网络化、智能化的业务运行体系，系统化再造企业的业务流程。

推动企业客户管理、客户服务的数字化重构，强化数字技术对客户价值创造、客户体验优化、客户旅程管理等领域的全面改造，建立以客户为中心，与客户协同发展的全触点感知、全场景体验、全天候服务的数字化客户服务体系，构建能快速满足客户需求的支持业务创新技术的平台体系。

建立企业数字化运营平台，强化企业运营、管理、财务、资产等各个方面的数据采集、融合、分析能力，推动日常运营工作的智能化水平，推行以数据为核心自动运营机制建设，建立以一线运营人员为主体的微决策运行体系。

积极利用数字技术，对内搭建以 CRM 为基础的企业数字营销服务平台，对外通过 API 打通外部营销平台，实现内外营销无缝连接，建立以客户旅程为核心的营销矩阵，形成引流、转化、留存、促活的全域流量运行体系，强化 CRM、小程序等各类营销技术在营销体系中的应用。

（七）充分应用好新技术优势

建立企业数字化技术管理体系，统筹管理互联网、移动互联网、大数据、人工智能、区块链、云计算等各类技术，融合企业内外部技术团队能力，建立开放式的技术开发应用生态，推动各项技术在企业数字化转型中的实时响应、有力支撑、高效应用。

将新一代数据化、网络化、智能化的技术融入到产品设计、研发中，强化数字技术对产品本身的改造，建立更加智慧化的产品体系，推动产品设计、研发、试样的网络化、智能化技术应用，构建实时响应、敏捷迭代的产品研发体系。

提升企业在生产作业、产品制造等环节的自动化、智能化水平，构建自动化作业流程、智能化制造生产线，让前端客户订单、后端供应链和生产制造环节的数据实现无缝连接，提升企业生产作业和智能制造的数字化、网络化、智能化水平。

（八）建立数字化转型生态体系

统筹企业的网络化建设，打通企业内外部网络，推动企业识别系统（BI）、ERP、CRM 等运营网络的互联互通，深化 5G 网络在企业生产制造环节上的普及应用。建立企业级数字生态服务平台，以开放共享的理念，连接企业客户和上下游合作伙伴、第三方服务商等各类主体。

推动企业传统架构向新一代的数字化企业架构转变，重构企业业务架构、数据架构和技术架构，建立以混合云为基础、以企业数字化云平台为载体，实现业务自由扩展、应用高效支撑、服务灵活部署、数据融合应用的新一代企业架构。

实现企业所有环节、所有要素的网络全贯通、系统全连接、业务全在线，形成以企业价值创造为核心的全面开放、协同共生、共建共享的企业级数字化生态共同体。

（九）强化数字化转型人才队伍建设

企业为了实现可持续增长，需要同时拥有数字设计和技术技能的人才，包括用户体验设计/界面设计（UX/UI）专家、以人为本的设计人才、数据科学家以及数据和技术工程师。坚持投资数据人才队伍建设，变革企业人才管理策略，着眼企业数字化转型需求，组建数字化人才队伍，强化企业内部人才的培养，为内部员工适应新工作环境提供支持，同时引入数字化技术开发、数字化技术应用、数据分析等领域的人才，建立外包、外聘的技术、应用专家团队，形成内外互补的数字化人才体系。

（十）营造企业数字化转型文化氛围

企业文化是数字化转型成功与否的关键要素，要不断培养转型文化理念，激发个体活力，为员工营造好的转型环境，形成数字化转型的动力源泉。通过移动设备、先进技术和工具、增值培训、平台支持，帮助员工实现能力的提升和拓展，延伸员工对企业、对设备、对客户的感知和反应。重新审视企业价值创造体系，梳理企业价值链，推动企业全价值链的数字化变革，打造以客户为中心、以业务为主线的价值创造体系，强化数字化技术对企业客户价值、产品价值、服务价值、业务价值等价值链的改造应用，推动企业价值创造活动的持续动态升级。

二、企业数字化转型的路径

由于企业的管理模式、性质、规模、信息化建设程度等各不相同，各企业面临的挑战、困难及选择转型的道路、方式也会有所不同。企业数字化转型路径选择应当遵循做好总体规划布局、精准选择切入项目、逐步推进实施的整体策略。

（一）应用先进信息通信技术全面自主开展数字化转型

对于实力雄厚的大型企业而言，其数字化管理、生产、运营基础较好，企业数字化技术已完成改造，可以充分借助物联网、云计算和自动化控制等最新技术优势，对企业原有的 ERP、CRM、OA、HR 系统进一步打通和改进，对管理流程、设备运行、产品设计、生产流程、营销管理、售后服务等进行全面优化更新，建设完善的企业数字化运行前台、中台、后台，使企业在管理、生产、售后等方面实现全过程、全方位的网络化、连续化、闭环化运行模式，全方位增强企业数字化能力，并持续改进、更新，显著提升企业管理能力、生产效率、产品品质，打造真正的数字化企业。

案例 9.1

宝石花医疗集团

宝石花医疗集团是在国家深化国企改革号召下，由中石油旗下 170 多家医疗机构整合而成的医疗集团，该集团于 2017 年 3 月注册成立。2018 年，宝石花医疗集团制定了数字化建设发展纲要，明确在业务管理、专业服务、医疗服务、分级诊疗、家庭健康服务各层面进行数字化体系建设，发挥云计算、人工智能、互联网医疗优势，在集团全面开展数字化系统整合，实现全集团“业务平台一体化”“信息共享一体化”“管理与决策一体化”的数字化建设战略目标。

集团自上而下，全面快速推进落实规划，建起了“集团公司、区域管理公司、专业化服务”三级管理架构，在集团管理层级，提供全面的数字化管理和决策平台，包括人、财、物管理平台，办公服务系统，决策支持工具等。在专业服务层级，提供影像、病理、心电等专业协同平台，通过人工智能和大数据技术，为精准医疗、供应链等专业化服务提供技术支撑，研发全数据临床决策支持系统关联的医疗健康监测模型、监测产品、自主诊断机器人，布局未来产品和服务。在医院业务方面，向医院提供软件平台、硬件设备和网络服务，进行医院信息系统（HIS）、放射信息管理系统（RIS）升级改造、维保；开发设备共享及全生命周期管理系统、防漏收费系统、供应链管理（SPD）、集中采购系统、全成本核算系统、体检系统等，部署互联网医疗服务、开启远程会诊服务、推动体检信息上云存储，布局药品新零售，开发新市场，支撑医院各项业务，提升了医院服务能力和管理水平。

宝石花医疗集团数字化转型正在全方位自主推进，未来，集团在全面智慧医院、医疗大数据平台、人工智能应用疾病评估、辅助诊断、精准诊疗等方面还将持续不断创新。

宝石花医疗集团属于规模大、实力强的集团化公司，数字化基础较好，数字化转型采取的路径是全方位、全面组织的推进模式。集团数字化转型战略明确，顶层设计清晰，组织架构清楚，实施内容广泛，保障措施到位，推进过程规范，数字化转型成效显著。

案例 9.2

长庆石化智能化工厂建设

长庆石化是中国石油天然气股份有限公司直属地区分公司，位于陕西省咸阳市，始建于 1990 年，年原油加工能力 500 万吨。近年来，面对石化行业产能过剩、资源环境约束强化等严峻形势，企业内部也面临着生产效益空间挤压、工艺流程技术改进不大等一系列问题，企业转型升级的需求迫在眉睫。

2017 年 5 月，长庆石化在遵循中石油集团公司“十三五”信息化规划的总体框架下，协同兰州石化自动化研究院，充分结合公司业务实际，继承已有信息化建设成果，共同开展智能工厂顶层设计工作。明确以全三维数字化工厂运行为特征，通过 OT－ET－IT 技术的深度融合以及工业互联网、数字孪生等技术要素的集成应用，创新远程维护服务模式，确定了“自动化、数字化、集成化、可视化、模型化、智能化”的示范型城市智能炼厂的建设目标。

“十三五”以来，长庆石化将智能化工厂建设分为三个阶段组织实施。

第一阶段，夯实智能工厂底层基础。着手三维数字化工厂和云平台两大基础平台的搭建工作，完善基础设施，开展数据共享工作。完成 27 套装置的三维建模、智能化及基础数据加载；打通 30 余套自建系统数据壁垒；建设 4G 网络融合通信模式，实现了 4G 网络的基础覆盖等。

第二阶段，提升运行自动化能力。针对公司能耗较高、DCS 系统无效报警率高等突出问题，将搭建黑屏操作系统、建设报警管理系统、建设先进工业控制系统（APC）、罐区储运自动化建设作为突破口，对生产管控业务领域进行智能突破改造，全面提升了装置自动化运行能力和安全生产管控能力。

第三阶段，推进智能化应用。智能化工作推进重点是在设备管理和安全环保业务领域推进智能化应用，基于模型计算，搭建智能机、电、仪管控平台，实现设备在线实时巡检与监控、故障预警；借助行为分析、态势感知等智能化手段，建立健康、安全与环境（HSE）现场管理系统，搭建工控网络态势感知平台；基于人工智能技术，实现公司设备智能化闭环管理。

2020 年以来，长庆石化加快数字化转型推动进程。成立消气防、安保防恐指挥中心和机电仪一体化运行中心，将原有的生产调度中心升级为运营管控中心，建立以枢纽业务为核心的全流程管理机制。建立了全业务管理模式，以 MES 系统、ERP 系统为核心有效支撑生产经营一体化运行，开创虚拟应用管理方式。持续推动数据资源的整合利用，建立健全了底层感知数据网络；实现分散控制系统（DCS）覆盖主要生产装置、罐区、进出厂点；搭建覆盖公司全部区域的网络资源架构，打造办公网、生产网、视频监控网、物联网及工控网五维一体融合通信网络；通过 DSB 和 ESB 标准封装数据，高效传输，集成利用，全面构建智能调配的立体式数据应用体系。

长庆石化数字化转型取得初步成效，为中石油炼化行业的创新发展和转型升级提供了示范，被中石油列为“十四五”数字化转型智能化发展试点单位。下一步，长庆石化将以先进过程控制和工艺优化为基础，以物联传感与工厂通信网络为支撑，基于工业互联网，构建“泛在感知、智能决策、敏捷响应、全局协同、动态优化”体系，持续推进数字化转型尝试。

总结长庆石化数字化转型之路，该企业对数字化转型认识深刻，转型目标清晰，就是要打造中国石油乃至中国炼化行业数字化、智能化炼厂精品。数字化转型以夯实基础为抓手，以整体规划、集中集成、逐步推进的方式组织实施，运用物联网、云计算、移动宽带网络、三维数字化、大数据、移动平台等先进信息化技术，做到了“装置数字化、网络高速化、数据标准化、应用集成化、感知实时化”，实现专业运营模式重构、安全环保闭环管理、经济社会效益双提升目标。为炼化企业向数据驱动决策的高质量发展、探索炼化企业数字化转型提供了可靠的参考模式。

（二）加强智能化基础建设，开展数字化转型

对于中小型企业而言，选择通过加强企业管理、生产、运行的基础性改造推进数字化转型是较为稳妥的决策。企业也可选择低成本、模块化设备和系统的部署实施，应用先进技术和智能化装备，建设智能制造单元、智能生产线、智能车间，推进企业大幅提升智能制造水平。重点打通生产过程各环节的全数据链，最大潜力挖掘数据价值，促进产品设计、生产、物流、仓储等环节高效协同。

另外，中小型企业可选择打造一套完整拥有客户信息，并可开展客户忠诚度分析、流量监测、市场分析、广告投放、预测分析等功能的数字化营销工具，帮助企业提高目标客户的触达程度和转化效率，提高用户体验感，提升客户吸引力，直接为企业增创商业价值，通过加强数字化营销系统建设，实现企业真正存在的价值。

中小型企业还可选择加强供应链的数字化建设，充分利用数字化的“链接”优势，帮助采购部门连接供应商和企业内部，实现数据共享，解决信息不对称带来的效率低下和浪费，并实时进行分析、预测，提高供应效率、降低供应成本，由此推动数字化转型。

中小型企业推进数字化可以选择直接采用云部署、低成本、快捷易用的 SaaS（软件即服务）和 aPaaS（应用程序平台即服务）产品，从而快速步入数字化转型之路。

案例9.3

江阴电工合金股份有限公司

江阴电工合金股份有限公司前身为成立于1985年的江阴市电工合金厂，现为创业板上市公司和全国乡镇企业有色金属行业经营规模百强企业，主要从事高铁配套产品的研发、生产和销售，主要产品为铜合金深加工产品。

江阴电工合金股份有限公司是典型的多品种小批量、按单生产的企业，产能高低更多取决于生产计划、过程控制、成本管理、信息化水平等软实力。电工合金的原材料主要是铜，价格始终处于上涨趋势，并需现款交易，常年占用资金上亿元，财务费用高昂。因此，企业在数字化转型背景下，选择上线生产制造管理系统作为抓手推进数字化转型，目的是强化车间现场管理，保持最少库存这一关键需求。

生产制造管理系统上线后，江阴电工合金股份有限公司实现了销售接单→计划排产→生产反馈→过程检验→成品检验→成品入库→成品出货的全过程闭环管理。强化车间现场管理，能够实时了解车间现场生产情况，跟踪生产任务进度，及时关注处理生产现场的各种异常告警，而且全面掌控物料的分布情况和库存负荷水平，通过提高库存周转率控制生产过程中的资金占用，保持了最少库存，周转库存量由2 500～3 000吨下降为1 500吨，原材料周转天数由77天缩短到15天，库存周转天数从47.7天下降到24.9天，产品平均生产工期由3天缩短为24小时，订单准时交付率从67%提高到89%，大幅降低了企业运营成本。

本案例中，企业结合自身实际情况，分析自身存在的主要问题是生产运行成本偏高，推动数字化转型的首要问题就是降低运行成本，所以企业选择应用先进技术和智能化装备，建设智能制造单元、智能生产线以提升智能制造水平。通过上线职能生产管理系统打通生产过程各环节的全数据链，最大限度挖掘降低运行成本的数据价值，促进产品的生产、物流、仓储等环节高效协同，以较少的投入实现预期目的。

资料来源：盘点2020，那些数字化转型的中小企业［EB/OL］.（2020-12-22）. https://www.toutiao.com/a6908924424393785860/?channel=&source=search_tab.

（三）借助外力推进数字化转型

大多数企业面对数字化转型显得迷茫无措。面对数字化转型大趋势，巧借第三方助力，不失为一种很好的选择。

借助第三方推动数字化转型有两种运作模式：一种是借助第三方平台。第三方有良好的操作系统向其他企业开放，各企业可链接第三方平台实现采购、销售数字化业务，由此合作双方携手跨越，重塑企业发展模式。另一种是借助第三方专业厂商在数字化转型链条某些环节或者整体设计方面的丰富经验和专业优势，将企业数字化建设模块或整体数字化转型外包给专业的第三方，由第三方介入企业内部实现数字化转型，此种模式可以帮助企业合理规划路线、快速进行选型、及时修正方案，提高数字化转型的成功率，并能规避试错风险，是一种低风险、高收益的可选路径。

案例 9.4

京东数科以“首席增长官”助力合作伙伴实现数字化转型

基于不同的时代机遇，企业寻求增长的方式各有不同。2020 年，突如其来的新冠肺炎疫情给全球的经济发展带来了巨大冲击，线下经营受阻，不少传统企业面临着生死存亡的压力。在此背景下，京东数科提出，要开启并引领“以客户为中心”的产业数字化新征程，做以人工智能（AI）驱动产业数字化的科技公司，成为合作伙伴的“首席增长官”。

合作伙伴的“首席增长官”，是指京东数科通过链接实体经济场景和用户，依托所具备的行业知识和储备的专业人才，以不断发展的前沿科技为动力，深入到各行各业的产业链、供应链，推动产业互联网化、数字化和智能化，与合作伙伴共生共建，重塑产业链增长。最终实现帮助合作伙伴降低成本、提高用户体验、增加产业收入和升级产业模式的目的。

在 2020 年国内疫情最为严重的时期，京东数科自主研发的室内运送 AI 机器人在上海某新冠肺炎确诊病例收治中心上岗，此举有效降低了医护人员在高传染环境下暴露的风险，同时还节省了 50%的人力成本。2020 年 6 月，王府井置业投资有限公司和京东数科共同打造的“王府井数字化商业街”正式面世。在 5G、物联网、人工智能等新基建技术的支持下，消费者可以通过“魅力王府井小程序”同时体验“线下物理世界的王府井和线上数字世界的王府井”。通过这项数字化商业街建设的探索试验，京东数科帮助王府井实现了商业街、线下商户、用户三者的“无缝”串联，提升了整条王府井商业街的数字化能力。

在京东数科“首席增长官”案例中，京东借助自身雄厚的数字化实力，将自身企业的优势链接到其他企业的供应链、营销环节，帮助合作伙伴提升战略能力，通过优化产品、拓展业务板块，链接供给端和需求端，与合作伙伴携手跨越，重塑增长，实现合作共赢。本案例中，其他企业借助第三方京东数科推动了数字化转型，京东数科拓展了自身业务，促进了其数字化能力的进一步提升。

资料来源：企业数字化转型面临五大困境 京东数科以“首席增长官”助力破局[EB/OL].(2020－07－05). https://www.toutiao.com/a6845993314240430599/?channel=&source=search_tab.

第四节 关于企业数字化转型的思考

近几年，企业数字化转型是各企业在管理和创新工作中必会提及的热门话题，已经演变为各行业都在推行的战略。在过去两年，数字化转型概念满天飞，时至今日，企业都逐渐以冷静、理性、务实的态度看待企业数字化转型创新对未来生存发展的影响。企业数字化转型不会一帆风顺，只有对数字化转型过程中面临的各种挑战有清晰和准确的认识，企业未来数字化转型之路才会变得更加平坦、通畅。

一、要准确把握数字化转型的核心

数字化转型只是一种手段，目的是帮助企业解决存在的问题，最大化地创造价值。本质是通过数字化应用提升运营效率，核心是利用数字的可复制、可链接、可传输、可模拟、可计算、可反馈等优势，实现企业转型升级。企业数字化转型的核心路径是能力体系建设和能力体系重构，企业要根据自身特定的价值诉求，通过整合资源，形成特定的业务，用业务去服务用户，最后获得回报。

数字化不是企业的目的，转型才是真正的目的。埃森哲研究团队从领军企业的业务转型实践中发现，转型领军企业主要在“商业创新”“主营业务增长”和“智能化运营”三大方向上投入力量提升企业数字化程度。企业在不同发展阶段的核心目标是不同的，在组织实施数字化转型时，要以“开源、降本、提质、增效”等企业核心目标为出发点和落脚点，企业要结合自身、外部商业环境等具体情况，思考数字化转型切入点、路径方法、组织实施方式等具体工作，选择适合企业自身特点的方法和路径，渐进式地进行数字化转型，通过数字化转型再实现相应的核心目标。

二、要跳出惯性思维，全局统筹促进数字化转型落地

数字化转型作为企业的核心战略，一定是针对企业的整个业务链，而非针对局部的优化升级，必须要放弃孤岛式思维。企业以往的各系统往往都是从各业务主导方的视角和需求来构建的，是分散建立的独立系统，缺乏全局视角，建设标准不统一、数据割裂现象明显存在，系统之间互联互通成本高、协作差问题明显，不利于数字资产的沉淀，无法支撑业务快速响应和探索创新。

面对数字化转型的新要求，企业必须改变建设业务系统的思路，用业务全局视角贯穿整个企业的业务价值链，驱动可复用的核心数据，实现业务需求的快速响应和创新支撑，通过技术创新驱动业务流程、管理模式重构，通过企业业务数据在线建设中台，并充分发挥中台作为服务中心支持前台处理各项业务的作用，实现企业各项业务的全局数字化贯通。

企业数字化转型要求管理者站在更高的起点上思考企业的未来和数字化建设方向，这就必须改变过去从不同具体业务局部思考和建设系统的方式，要站在整个业务链全局的视角思考如何更科学地构建整体架构，实现以中台为服务中心的数据统一、业务联动，真正为业务创新搭好服务平台，真正让企业因为使用先进科学技术而创造商业价值。

三、数字化转型要切合实际，避免好高骛远

企业在正式启动转型之前必须清楚了解企业自身的实际情况，通过梳理企业自身情况，搞清企业的基础状况，以及企业通过数字化转型要解决什么问题、达到什么目的。

梳理企业自身的健康状态，包括业务运营、财务情况、人员组织、创新研发等各方面。评估企业现有数字化基础，主要评估企业已经具备的数字化能力，包括现有的 IT 架构、硬件设备、软件系统、已有数据及其存储状态与融合状态、IT 人才储备及擅长领域等。理清企业对数字化转型的需求，梳理业务范围要涉及企业的研发、生产、营销、人事、采购、运维、客服、办公等流程，梳理的职能范围要覆盖企业所有部门，通过整合分析、分类聚焦，明确企业真正需要解决的问题和需要达到的目的，确定企业数字化转型方向，

在最终决策时避免盲目转型。

企业必须结合自身特点和数字化转型的整体规划，依据企业属性、规模选择不同的数字化发展模式。对于资源有限的中小企业，或资源优势可以互补的大中型企业，适合借助外部力量进行发展，充分借助和利用第三方生态流量、技术和数字化基础设施，加快企业的数字化能力建设，实现数字化转型。对于规模较大、所处行业较成熟且各价值链分工明确的企业，可以利用自身行业经验打造自有生态，并与外部生态圈互联互通，实现内外双循环、相互赋能，快速推动数字化转型。实力和资金雄厚、技术资源丰富且发达的集团化企业，则要充分发挥自有资源优势，优化整合产业上下游，打造自属生态，提升市场拓展能力。

四、要注重对数据价值的挖掘

企业数据作为一种新的生产要素，在企业构筑竞争优势的过程中起着重要的作用，企业应将数据作为一种战略资产进行管理，深化数据资源的开发利用，促进以数据为核心的新型产品与服务创新，以数据流带动资金流、人才流、物流，在更大范围内加快各类资源汇聚和按需流动，带动提高全要素生产率和创新水平。

数字化转型的核心是挖掘数据的价值，以数据驱动去实现转型。目前，很多企业以大数据能力的建设作为数字化转型的重要目标之一，但实际上，绝大多数企业构建的大数据平台只是提供了大量的数据和更快的数据计算能力，却未能真正为企业业务提供分析、评估、预测，未能真正发挥为企业创造价值和效益的作用。

企业对数据的分析应用是业务、数据、技术的融合，数据技术脱离了前端业务的支撑和帮助，很难真正取得好的大数据业务成果。企业要想真正发挥数据的功能和作用，需要坚持技术必须与业务紧密结合的原则，从技术为业务服务的角度去开展，以具体的业务场景为切入点，将业务场景和系统中产生的数据加以有效沉淀并充分挖掘利用，使其在业务发展过程中发挥智能决策和优化的作用，提升业务的价值，企业也就真正实现了数据驱动。

五、要强化数字人才培养，为数字化转型提供人员保障

数字化转型对人才格局产生全面而深远的影响，企业中熟悉数字经济的

人才少，能够承担数字化转型工作的人才更少，且来源渠道不足。要在数字人才培养、使用、引进、配置等方面采取有效措施，切实解决目前数字化转型人才支持不足的问题。

基于经验的决策模式转变为基于数据分析、知识利用的决策模式，作为决断力、推行力的一部分，企业要培养掌握如何构建数字化生产关系、制定数字化产业政策、思考产业生态重构模式的人才，加快领导力转型。

注重多专业、多学科复合型人才培养，引进和培养熟悉数字化企业经营模式、能够构建数字商业模式的人才，加快专业技术人员转型；要培养一批能够进行产品数字化创新和服务的人才，培养能熟练使用数字化设备、软件工具的数字化员工，加快操作人员转型，同时建立与管理人员、技术人员的数据、知识沟通渠道，灵活定制适用于各类场景的生产执行和个性解决方案。

着力解决数字创新人才紧缺问题，需要做好以下几方面工作：一是明确数字创新人才的能力素质标准。在充分考虑企业对人才能力需求的基础上，对各级数字技能人才的专业能力以及业务运营、风险管控等能力做出界定，推动数字专业技术人才与各传统行业的融合。二是设立激励机制，引进人、留住人、用好人，积极打造良好环境，探索高效灵活的人才引进、培养、使用、评价、激励和保障政策。三是采取校企联合办班的方式，加强企业现有人员的再培训，通过建设企业大学、企业培训基地等方式，鼓励高校根据市场人才需求开设相应的培训课程，为培育既精通信息技术又熟悉经营管理的人才队伍夯实基础。

六、企业网络安全需要高度重视

自互联网问世以来，网络安全就是老生常谈的话题。据帝恩思公司（DNS）统计，世界 203 个国家和地区 2018 年 11 月至 2019 年 10 月的网络攻击结果显示[①]，一年中有 19.8%的用户计算机遭受了至少一次恶意软件 Web 攻击，被加密软件攻击的用户数达 755 485 个，其中包括 209 679 个公司用户和 22 440 个 SMB 协议用户。

面对突如其来的新冠肺炎疫情，2020 年网络安全问题显得更加突出，黑客利用新冠肺炎疫情扩大了针对全球企业的攻击活动。根据市场调研公司

① 2019 年网络攻击分析报告[R/OL].（2020－01－19）. https://www.toutiao.com/a6783506443938038276/?channel=&source=search_tab.

Canalys 的《网络安全的下一步》报告[①]，2020 年，数据泄露呈现爆炸式增长，短短 12 个月内泄露的记录比过去 15 年的总和还多。据闻，2021 年 5 月，美国最大输油管道遭受黑客攻击关停，美国华盛顿和 17 个州进入紧急状态。

伴随数字化的快速发展，企业过去使用的基于设备的安全方式作用微弱，企业管理者要清醒地认识到必须将企业网络安全上升到战略层面，要充分采纳专业人员建议并采取措施。未来数年，隐私和机密计算必将得到快速发展，要思考利用人工智能（AI）和机器学习捕获、拦截攻击，要思考企业未来安全架构的设置与部署。

七、企业数字化转型将进一步加速

2020 年新冠肺炎疫情以来，世界各国面临前所未有的挑战和机遇。人们正常的生产和生活秩序被打破，全球产业供应链断裂重组，“逆全球化”成为新的趋势。

在抵御疫情过程中，以 5G、人工智能、大数据、云计算等为代表的信息通信技术为抗击疫情提供了重要保障。很多企业居家办公，借助宽带网络、远程会议、社交工具等实现远程办公，减少面对面的非必要接触。数字经济与各行各业深度融合，数字化技术加速创新，社会数字化进程得到快速推进，部分技术和业务加速走向商用，线下生产生活、消费场景被快速转移到云端，更多新产业、新业态、新模式应运而生。

疫情让数字化转型迅速升温，以在疫情中的验证为契机，数字化转型在各行各业深入推进，数字技术与传统产业相融合，实现了对传统要素价值的放大、叠加和倍增，成为推动整个经济持续发展的重要手段，数字经济发展前景广阔，企业管理者越发清晰地认识到，企业要发展，数字化转型是必由之路。

针对企业来讲，随着智能技术的加速演进，企业的数字化转型不断深入，用户的思想及工作方式已经发生了改变，未来会有更多的企业选择数字化转型。在智能技术的赋能之下，加速对云、数字化转型的拥抱，企业需要抓紧时间，化挑战为机遇，找到适合企业自身发展的路径，让企业能够敏捷应对环境的变化，在未来立于不败之地。

---

① 彭新. 2020 年全球数据泄漏超过去 15 年总和，新型网络安全架构受追捧[EB/OL].（2021－04－15）. https://www.toutiao.com/a6951294755292906021/?channel=&source=search_tab.

第十章

企业国际化创新

当今世界正面临百年未有之大变局，正在经历的新冠肺炎疫情使这一变局加速推进。在这一时代变局中，挑战与机遇并存。面对贸易保护主义抬头、全球产业链和供应链受到严重冲击、世界经济低迷、全球市场萎缩、国际政治经济格局加速转变的形势，在2020年5月14日召开的中共中央政治局常委会上，习近平总书记首次提出要构建以国内大循环为主体、国内国际双循环相互促进的新发展格局，培育新形势下我国参与国际合作和竞争的新优势。同年10月召开的党的十九届五中全会通过《中共中央关于制定国民经济和社会发展第十四个五年规划和二〇三五年远景目标的建议》，将“加快构建以国内大循环为主体、国内国际双循环相互促进的新发展格局”纳入“十四五”时期经济社会发展的指导思想和基本原则，成为推动我国更深层次改革、实行更高水平开放的战略决策。

在我国推动实施“双循环”发展战略、构建新发展格局过程中，国家不仅要通过国内生产、流通、消费的高质量循环构建更加完善的内需体系，提升自主创新能力，同时，也明确了“提高把握国际市场动向和需求特点的能力，提高把握国际规则能力，提高国际市场开拓能力，提高防范国际市场风险能力，带动企业在更高水平的对外开放中实现更好发展，促进国内国际双循环”①的目标，强调“以国内大循环为主体，绝不是关起门来封闭运行，而是通过发挥内需潜力，使国内市场和国际市场更好联通，更好利用国际国内两个市场、两种资源，实现更加强劲可持续发展”。②按照习近平总书记的这些指示，我们应加快推进标准规则等的制度型开放，建设更高水平开放型经济新体制，积极参与全球经济治理体系改革，推动完善更加公平合理的国际经济治理体系。

因为所有的国际合作与竞争主要是以企业为主体或载体来进行的，以下

①② 参见习近平2020年7月21日在企业家座谈会上的重要讲话。

重点讨论企业的国际合作与竞争。

第一节 定义和意义

国际合作与竞争可以在本国，也可以在境外。为方便表述，我们把一个企业在境外的国际合作与竞争能力简称为企业国际化能力。

提升企业国际化能力就是提升企业国际合作与竞争力。企业价值链创造过程可以分为获取资源、生产加工和产品（泛指机器、设备、材料、软件、服务等，下同）销售三个环节，又可以分为两类情况：一是企业价值链创造环节全在境外的，二是企业价值链创造环节部分在境外，部分在国内。这些企业都需要提升国际化能力。对价值链创造环节全在国内的，则不一定要盲目提升国际化能力，但作为管理水平提升的自我追求是应肯定的。

作为经济活动主体，融入双循环，实现国际化高质量发展是许多中国企业的战略选择，也是许多企业发展到一定阶段的战略选择。对于单个企业而言，企业的国际化能力主要包括：在国际上获取有竞争优势资源的能力；安全、环保、平稳、可靠、低耗和高效生产的能力；扩大市场、畅销产品或提供服务的能力。企业采取国际化战略，有助于整合全球资源，获取有竞争优势的技术和装备，扩大市场和销售，参与全球合作与竞争，有助于实现多赢和健康可持续发展。

一、企业国际化发展历程

中国企业国际化发展演变遵循企业价值链创造环节从部分在境外走向全部在境外的过程，也遵循从向内国际化到向外国际化、双向国际化的国际化发展路径。

改革开发前的中国企业国际化是“引进来”，企业价值链创造部分环节来自境外，是内向国际化。从 1950 年到 1978 年，中国有三次大规模的对外经济引进，分别是：20 世纪 50 年代的“156”项目、20 世纪 70 年代初期的“43”项目和改革开放前夕的“78”项目。这些引进主要是技术和设备的引进。

在改革开放初期的前 20 年，即从 1979 年到 2000 年，中国企业国际化的重点是引进外资和产品出口创汇。这时，企业价值链部分环节已放到境外。从 1978 年到 1991 年，在资本与技术引进背景下，贸易与能源企业开始探索海外市场。一些外经贸公司从自身业务需要出发，开始在国外设立窗口企业，主要目的是服务于对外贸易。从 1992 年到 2000 年，一些制造业、工程承包类企业国际化经营开始起步。

进入21世纪后，中国企业进入对外投资阶段，企业价值链创造环节基本在境外。从2001年到2007年，"走出去"战略与中国加入世界贸易组织推动中国企业对外投资，这一时期也是我国企业多行业海外布局期。中国企业国际化已从以贸易窗口为主，逐步拓宽到工业制造、建筑工程、能源开采、基础设施建设、通信工程、商业服务、农业等多行业领域。从2008年国际金融危机到2016年，中国企业迎来了对外跨国经营的机遇期。同时，随着"一带一路"倡议的实施和企业自身能力的提升，中国企业在"一带一路"沿线国家的投资额增长较快。这一阶段，我国企业立足于本国比较优势，在不断创新的基础上促进了国内供给侧结构性改革。

2017年以来，我国进入规范性对外投资阶段。中国企业的国际化从追求投资规模转向注重投资质量和经营效益，由粗放投资转向高质量投资。

二、国际化创新发展的重要意义

如前所述，从企业价值链创造环节看，获取资源、生产加工、产品销售的部分或全部在境外，都有国际化能力问题。

企业国际化的动机归纳起来主要有以下三个方面：一是贸易导向型国际化，包括资源、生产在境内，产品销售在境外和资源、产品销售在境外，生产在境内等几种情况。很长一段时间，中国产品出口额一直位居世界第一，但单纯对外贸易空间在不断缩减。二是资源寻求型国际化。中国自然资源总量大，但人均水平很低。随着能源需求增加，中国面临的资源形势愈加严峻，要维持国内经济稳定持续增长，应尽可能多地利用世界性资源。而涉及国家安全的能源领域的投资是敏感话题，以石油为例，其分布集中于中东、南美、西非和俄罗斯等国家和地区，其开发往往和地缘政治、宗教差异、地区冲突等分不开，涉及这些领域的跨国企业多采取并购、参股、合作、战略联盟形式。中国的能源结构以及世界的能源格局短期内难以改变，因此在今后一段时间内，资源寻求型海外经营将是许多中国企业国际化的主要动机之一。三是资源、生产和销售整体价值最大化的国际化。以技术和先进管理理念为主，通过整合国内外技术资源，提高中国企业技术研发水平；或通过国际化经营进入国际市场，整合全球资源进行技术创新，其效率和效果远高于封闭环境下的技术创新，并能使技术创新产出契合国际市场需求，提升产品的自主创新能力和市场竞争力；或通过纵向一体化实现国际化经营，使发达国家企业成为本土企业集团中的一员，通过借鉴发达国家先进的制造技术、管理手段、营销方式，并进一步通过子公司将技术、管理手段反馈给母公司，实现母公司市场、管理、技术、产品的升级，最终实现价值最大化。

全球经济的发展和密集的创新活动让越来越多的企业开始寻求与国际上各类创新主体的广泛合作与交流，国际化创新发展成为企业提高创新能力和应对全球化竞争压力的有效选择。

首先，国际化发展能够为企业提供更大发展潜力。企业在长期发展过程中会受到各方面因素的影响，可持续发展的平稳性受到挑战，发展面临瓶颈问题。走国际化创新发展道路，在更宽广舞台、更高平台上，夯实根基、锤炼能力、创造价值，促进企业做强、做优、做大。

其次，国际化发展能够促进企业不断释放活力。中国企业要坚持以国内大循环为主体、国内国际双循环相互促进的均衡发展，以“一带一路”建设等宏观政策作为保障，抓住国际化发展的“根”与“魂”，释放企业活力，全面提升企业国际化能力。

最后，国际化发展能够促进中国企业“走出去”。对标各行业国际优秀企业，就目前许多中国企业的发展来看，在规模、管理理念、能力水平等方面都还有一定差距，所以要提高国际化能力，在国际市场中占有一席之地，做到竞合多赢。

因此，我国有条件的企业需适应和主动融入经济全球化和竞合国际化的发展潮流，根据自身资源和能力状况选择符合其成长特点的国际化发展模式，投入到全球创新浪潮中，构建新的创新平台，优化配置全球创新资源，提升自主创新能力。

第二节　提升企业国际化能力的模式和途径

一、企业国际化模式

基于企业价值链创造环节，企业国际化发展模式可以分为资源国际化、生产国际化和产品国际化。资源国际化包括原材料、技术、人才和资本等要素；生产国际化包括生产装备、管理和劳动力等要素；产品国际化包括产品销售、品牌和战略联盟等要素。

（一）资源国际化模式

1. 原材料国际化

原材料国际化是指企业在世界范围内获取生产所需的原材料资源，以期获得长期稳定的、有竞争优势的原材料供应。国际原材料获取可以通过在国际上签订短期、中期和长期贸易协定来实现；也可以通过在国际上投资收购一些资源，然后进行开发，确保原材料供应；还可以通过国际期货市场来锁定。选取哪种原材料获取方式取决于企业的经营策略。

2. 技术国际化

技术国际化是企业通过技术许可转让等途径与目标国家开展长期有效的无形资产转让合作而进入目标国家市场。其中，无形资产包括管理技能、商标、专利、版权等。相比于产品国际化模式，技术国际化模式最大的不同之处在于企业输出的是专利、工艺与技能等无形资产，而不是产品等有形资产。

技术许可转让涉及的许可证包括独占许可证、排他许可证、普通许可证与双向许可证。技术许可转让具有保护专利和商标、经营风险小、分摊研发成本等优点，尤其是对于服务性质较强的企业，许可证协议更便捷、成本更低、风险更小。

3. 人才国际化

国际化人才是指具有国际化视野、掌握国际交往手段、熟悉国际规则的人员。人才国际化其实是人才能力和素质的国际化，表现在四个方面：第一是人才素质的国际化，比如要有宽广的国际视野、谙熟国际规则与惯例、具有较强跨文化沟通能力和复合型的知识结构；第二是人才培养的国际化，教育培训手段要实现现代化和多样化，培养内容要复合化，与国际接轨；第三是人才使用的国际化，走出去的人才、引进来的人才要在使用上达到国际化；第四是人才评价的国际化，要引入国际标准，开展国际胜任力评价，包括开展国际认证。

4. 资本国际化

资本国际化是以对外投资的方式进入目标国家或市场，即在目标市场建立受母公司或总公司控制的子公司或分公司，建立过程包括了企业资金、技术、管理经验等资产的转移。该模式包括对外直接投资、对外间接投资、新建和兼并三种具体方式。在对外直接投资中，投资者对国外企业不仅拥有所有权，而且拥有经营管理的控制权，有独资经营和合资经营两种。独资经营意味着母公司拥有子公司所有的股权及经营权，这种方式有利于企业更全面、更直接地积累国际经验，但同时也面临投资大、风险大、灵活性差的问题。合资经营则是由不同的出资方按一定的股权比例共同组成一家经营企业，该方式不仅可以减少初期资本投入，实现风险共担，同时可以充分利用东道国的资源、信誉、销售及关系网络。

对外间接投资，是投资者在国际市场上利用期货、股票、基金、证券等金融衍生品进行投资，以获得预期收益的一种投资方式。

新建和兼并的方式在近几年较为常见。新建是指在东道国建立新工厂或新企业；兼并是指通过对原企业进行参股达到收购目的。相比于新建，兼并进入开拓海外目标市场速度较快，但寻找及评估兼并对象则较为重要，也较为困难。

（二）生产国际化模式

生产国际化是指产品在国外进行生产的组织和管理。生产国际化包括生产装备国际化、管理国际化和劳动力国际化。

1. 生产装备国际化

企业为实现生产的“安（安全）、稳（稳定）、长（长周期）、满（满负荷）、优（优质）、绿色、低碳”等目标，在世界范围内配备、引进相应生产装备。

2. 管理国际化

管理国际化是指生产企业的管理能从国际视角，在世界范围内有效配置资源，并符合国际惯例和发展趋势。管理国际化需要生产管理人员能和不同教育水平、文化水平以及价值观念的员工打交道，同时还必须应对各种法律、政治及经济因素。管理国际化在组织结构上主要采用下述几种组织形式：职能分部的全球性组织形式；产品分部的全球性组织形式；地区分部的全球性组织形式；混合分部的全球性组织形式。

3. 劳动力国际化

劳动力国际化指企业根据自身需要及所在国特点，在全球范围内配置和使用劳动力资源，包括劳动力本土化、外包和劳动力在全球范围内自由流动。

（三）产品国际化模式

1. 产品销售国际化

产品销售国际化指企业将产品出口到目标国家或地区，具有起步快、风险低、回报快等特点，具体包括直接出口和间接出口。

间接出口一般通过中间商（代理机构）进行产品出口。中间商（代理机构）包括专业的国际贸易公司、对外窗口公司、外国企业驻本国的机构和所在国的代理机构等。

相对于间接出口，直接出口则是将产品直接卖给国外的客户，而不是通过中间商。直接出口的途径主要有通过企业自身的出口部门、企业驻外办事处、企业国外销售子公司、海外销售代理等将产品直接卖给终端客户。直接出口方式使企业能够更接近市场，更方便感知国际市场需求变化，更直接地了解消费者的情况变动，从而有利于企业做出迅速、适当的调整及反应。与间接出口相比，直接出口虽然风险较大，但是潜在回报率也较高。

产品直接出口或间接出口取决于基于目标市场分析、销售渠道拓展及分析以及风险分析后的企业决策。在企业的海外销售渠道还没有完全建立时，可以选择间接销售模式，这样便于快速推广产品，占领一定的市场份额，与中间商实现共赢；待产品在某些重点国家或区域有一定份额后，可以考虑建立直接销售渠道，把握市场销售的主动权，第一时间感知市场变化，这样有利于扩大产品销售。

对于一些小的生产企业，考虑自身能力，可以采用以下几种方式在海外销售自己的产品：外贸出口代理；包销；在海外进行委托销售；利用国际采购在国内直接进入国际物流配送系统等。

外贸出口代理。外贸出口代理是我国企业惯常采用的开拓国际市场的途径。通过与外贸代理公司合作，小的生产企业可以弥补开拓国际市场时在资金、人才、信息和渠道等方面的短板。企业在委托有进出口经营权的外贸代理出口业务时，应注意几个问题：首先，签订代理协议，明确双方的责、权、利，尽量降低风险；其次，加强成本核算，审核代理费用，降低成本；最后，选择外贸经验丰富、综合实力较强、在国际市场上有较高声誉的专业进出口公司为出口代理商。

包销。包销指出口商通过协议把某一种商品在某一地区和期限内的经营权给予国外某个销售商的贸易做法。利用包销商进入国际市场，首先要注意的是包销商的选择。要寻找一些有实力的、有经验的、讲诚信的中间商，通过包销协议加强合作。其次，企业要重视产品质量。有些中间商对质量的要求比直接消费者还高，因为质量是他们开拓市场和赢利的关键。在执行合同时，有些中间商惯常采用看货下单的方式，验货非常严格。

在海外进行委托销售。生产企业委托另一方在海外销售某些产品，在这方面已经形成相对较成熟的做法。作为海外委托销售，外国公司代表出口企业就该产品签订买卖合同，出口企业承担该合同所有的责任和义务，因此，加强对海外委托公司的管控非常重要。在委托销售合同中，一般都规定海外公司对产品在当地的市场营销有推广义务，如负责广告宣传、展览、市场信息的提供，承担营销推广所产生的费用等。

利用国际采购商在国内直接进入国际物流配送系统。在这种模式下，企业在国内生产，就地销售，产品通过国际采购商在国内直接进入国际物流配送系统。其表现为两种形式：一种是通过在中国已建店的国际零售商采购销售。国际零售商采购的商品既在中国国内零售，也通过其内部物流配送系统进入其在其他国家的零售网点。如郑州思念集团的商品就是通过沃尔玛公司进入其国际物流配送系统远销他国。另一种是中国企业在中国进行生产销售，由外国商人到中国来采购。中国小商品城（浙江义乌小商品市场）在这方面是典型，国内企业的产品通过在小商品城销售给国际采购商，从而进入国际市场。

2. 品牌国际化

品牌国际化是企业在进行跨国生产经营的活动中推出国际化的品牌，并占领海外市场的过程。即企业在国际性的营销活动中，树立自己的品牌定位形象，达到一个国际化的目标。品牌国际化发展不仅要利用本国的资源条件和市场，还必须利用国际的资源和市场，进行跨国经营，即在国外投资、生产、组织和策划国际市场营销活动。

当一个品牌发展成为国际化品牌，这意味着它有潜在的市场、广阔的顾客群和良好的市场形象。国际化品牌策略使得广告、促销、包装以及品牌的其他方面的设计宣传获得规模效益。国际化品牌能获得更大的市场。但品牌国际化成长的道路是艰辛和持久的，只有企业成为国际化企业，拥有国际销售网络和一流的国际服务营销体系，其品牌才有可能成为国际化品牌。

3. 战略联盟国际化

战略联盟是指两个及两个以上企业，基于各自战略目标的需要，通过契约、协议等形式结成的风险共担、资源及利益共享的组织，包括生产联盟、研发联盟、销售联盟等。一般而言，具有一定规模及创新能力的大型企业易采取这种方式，它主要有三种形式：第一种是不同国家的母公司互换部分所有权，形成相互持股的格局。第二种是不同国家的母公司除了互换股权外，合作双方还建立了独立的合营企业，在这种情况下，缔结战略联盟就成为对外直接投资的一种方式。第三种是在互换股权的同时，双方还就共同的营销渠道和服务设施达成协议，由一方在一定市场上代表另一方开展业务。

（四）综合类模式

综合类模式是企业通过与目标国家订立有效的国际经济合作协议（合同）而进入目标国家市场。综合类国际合作包括对外工程承包［E（设计）、EP（设计+采购）、PC（采购+施工）、EPC（工程总承包）、EPCC（EPC+试车）等］、对外工程管理承包（PMC 管理承包）、对外劳务输出、对外咨询服务等，这些从根本上是综合服务类，同样具备财务风险小、不需要股权投资等特点。

二、企业国际化发展途径

不同的企业有不同的国际化发展途径。企业类型不同，资源禀赋与所处环境不同，很难有适用于所有企业的统一的国际化发展路径。

从全球价值链视角，一般将制造企业国际化发展途径概括为委托组装（OEM）—委托加工（ODM）—自主设计和加工（OBM）的渐进发展过程。

为减少风险，国际经济合作工程承包类企业可以采用在国内与外国工程公司合作—在国外与国际工程公司合作—独立在国外承揽工程的渐进式发展过程。在业务上，可以从提供可行性研究、设计等服务逐步过渡到承接EPC 工程。

在海外投资，可以根据原材料供应与获取、国别政策、产品销售市场、各种影响条件等因素进行综合考虑。一般而言，企业应将风险控制放在首位，由易到繁、由小到大实现渐进式发展。

第三节　企业国际化发展的难点

企业价值链创造所有环节的国际合作日益成为经济全球化的新特征。在这方面，中国虽然在人才流、资金流、技术流、信息流、商品流五方面已取得一定的成就，为中国企业国际化发展奠定了基础，但同时也应该看到，相比于欧美发达国家，中国企业的高级生产要素，如具有国际视野的一流人才、具有世界顶级水平的核心技术等，仍然相对匮乏。

一、国际化人才不足

中国企业国际化发展面临的困难众多，如人才匮乏、资金短缺、管理水平落后等，但排在首位的是国际化人才的缺乏。相关机构调查问卷的统计结果表明，人才的缺乏是影响企业国际化发展的首位因素。经营战略的制定与实施、跨文化管理的科学落实、企业国际化程度的提升等都离不开国际化人才。而目前，许多中国企业普遍存在国际化人才不足的问题。

首先，缺乏海外运营管理经营人才。国际市场竞争格局是一百多年来资本主义市场化竞争的结果，全球跨国公司不仅形成了成熟的管理运营机制，而且有大量人才储备和经验积累，而这对于许多中国企业而言正是软肋。

其次，海外员工的本土化程度不高。许多企业在海外项目和公司中，目前所雇用的国际员工一般为司机、力工等，中高层国际化人员很少，国际化的员工队伍没有真正形成。正确做法是管理层应多招募当地人，工作语言应使用汉语，兼顾当地语言。

最后，缺乏海外员工的职业发展规划。企业海外业务的拓展，首先靠长期驻扎海外专业人员的积极奉献和潜心工作。对于员工个体而言，外派到海外意味着职业发展路径的重大调整和个人生活的重大改变。对于企业而言，从培养优秀人才到留住优秀人才，都需要做好海外员工的职业发展规划，让员工对自己未来的发展路径有明确的预期；同时也要解决好外派员工海外发展路径、回国发展空间、职业上升通道、家属生活工作安置等问题。准确地讲，小企业做得相对好些，大企业做得好像不够，这是不应该的。

二、风险管控不够

企业在国际化发展中面临众多国际风险，如制度风险、法律风险、文化风险、经济风险、市场风险、战争风险等。有效应对并化解各种风险才能为企业健康发展营造良好环境。

通过分析，我国企业在国际化发展中存在的主要风险包括：首先，对当地法律不了解，易触及法律红线。各国法律制度差异较大，在一国通行的做法，到另一个国家可能就被法律所禁止。尤其是近些年来，发达国家和地区不断出台“绿色”法规，形成了非关税贸易壁垒，给中国企业的国际化发展带来重大挑战。其次，海外财务资金风险较大。由于当地人员操作的规范性欠缺、内部控制体系不健全、母公司的控制力衰减等原因，很多企业面临着重大财务资金风险，甚至个别境外子公司财务存在违规操作的行为。有些企业急于要成绩的“考核”方法迫使驻外人员做出短视的举动，甚至违规操作。

三、跨文化管理有待提升

中国有不少企业仍然以“中国式”的思维方式进行海外经营管理，没有充分认识到文化差异对企业海外经营的影响。例如，语言和文化的差异会导致合同产生违约风险；缺乏对文化差异的了解会导致运营管理风险。

譬如，海尔集团在国内曾经要求员工每天做到反省自己，达到提高自己的目的。这种做法在国内是有效的，但移植到海尔美国公司就行不通，遭到了美国员工的强烈抵制。因为，美国的文化推崇个人英雄主义至上，这种自我反省无异于自我否定，与当地文化不符，自然不被美国员工接受。后来，海尔美国公司认识到这种文化差异，设立了“自我成就展示台”，让员工找到一种自豪感，其积极性和工作效率也得到提升。

四、融资较困难

首先，中国金融机构在海外的发展速度似乎慢于中国非金融类企业“走出去”的步伐。一是从服务上看，中资银行海外机构不论是在信用评估方面，抑或是在汇率风险控制、全球现金管理服务等方面，其综合服务实力成长很快，但与实力雄厚的所在国老牌外资银行相比有差距。二是从境外区位分布看，中资银行的境外分支机构主要设立在发达国家和地区，在中国企业投资增长迅速的新兴市场国家数量相对还比较少。三是从发展规模看，境外的中国金融分支机构网点少、规模小，目前还不能满足中国境外企业融资的需要。这势必会影响中国非金融类企业的境外融资业务开展。

其次，在海外经营过程中，由国企母公司背书甚至担保的境外机构更容易得到驻外金融机构的支持和资金。但近些年，中小民营企业加快了国际化的步伐。这些中小企业因其规模小、资信度低等特点，其海外经营资金缺乏，融资困难，不易得到本国驻外银行资金支持，在境外获得贷款的可能性亦很小。

五、国际品牌仍缺乏

放眼全球，世界500强中的欧美、日韩等发达国家的企业在打造国际品牌方面具有优势。比如，汽车领域的通用、大众、丰田、宝马，零售行业的可口可乐、宝洁、沃尔玛，电子产品领域的三星、LG、索尼、松下等，这些世界知名品牌均具有一定的历史积淀和品牌影响力，品牌影响力对于进一步开拓市场、占领市场、获得利润至关重要。

自中国加入世界贸易组织以来，中国企业愈加重视品牌建设，如同仁堂、联想、海尔、华为都通过品牌战略取得了良好的经营绩效。但相比于发达国家，中国企业仍然缺乏国际知名品牌，中国品牌在与世界品牌的竞争过程中多处于追赶地位。

在国际化初期，中国企业出口产品以走低价路线为主。近年来，随着人民币的对外升值，出口产品的生产成本逐渐上升，导致中国出口产品在国际市场中的价格优势正在降低。加之世界各国经济快速发展，人们对产品多样性的需求日渐增长，对产品的创新要求也日益增多。如果我们没有足够多的具有国际竞争力的品牌，随着国际贸易保护主义的盛行与价格优势的消失，中国产品在国际上的竞争优势将降低。

打造中国产品、发展中国技术、输出中国标准、塑造中国品牌是中国企业国际化发展的方向，也是促进国内国际双循环的要求。品牌是企业市场权利的衡量尺寸，品牌在一定程度上属于企业的内在属性，因此，中国企业一定要打造更多自己的知名品牌。

第四节　企业国际化创新发展的思考

企业要实现国际化创新发展，就要从企业的具体实际情况出发，顺应行业国际发展趋势，做好价值链创造过程中各环节（资源、生产和销售）的国际化，重点在企业国际化管理体系建设、企业国际化工作环境建设、企业国际化人才建设、企业国际化竞争优势发挥、企业管理与国际文化融合、品牌国际化等几个方面。

一、建立适应国际化发展要求的企业管理体系

“凡事预则立，不预则废。”企业要国际化，要在国际市场上与国外企业同台竞争，首先要有充分的准备。没有准备，盲目实施国际化，其结果必定是失败。

企业要国际化，需要建立一套适应国际化发展的管理体系，具体包括组织机构设置、业务管理流程、业绩考核及薪酬分配等。

首先，要建立健全满足国际化运营的组织机构，并明确相应职责。设置国际化组织机构要考虑行业特点和本企业情况，同时还要体现企业国际化人才的配置、企业文化的融合和组织的协同性。企业的国际化组织结构应相对稳定，但不是固定不变的，随着国际经营环境、企业战略、经营产品范围和地域等因素的变化，相关的组织结构也要进行调整，建立合适的组织机构。比如，有国际国内业务的工程建设企业可以将国际市场开发与国内市场开发分开，成立国际部，并赋予其市场开发、投标报价、合同法务、融资等职责。在条件成熟时，可以成立国际事业公司，将海外项目的市场开发、投标报价、合同谈判、合同执行等职责集于一身。如果在多个国家、多个公司发展势头都比较好，为了聚集优势、规避风险，也可以成立国际集团公司。

其次，业务管理流程要满足国际化要求。比如，外贸企业要在企业层级或企业进出口业务部门内部设立信用（风险）管理机构及市场分析机构，在管理体制、运行机制、管理职责及岗位职责分配上体现“相互制衡”“不相容设置”的原则。能够对进出口贸易业务实施“事前、事中、事后”全过程信用管理，能够根据市场的变化及时调整企业的进出口贸易策略，并且建立健

全考核、评价、激励机制。建立计算机管理信息系统，将信息化与业务流程进行有机融合，减少因信息不对称产生风险的可能性。

在此基础上，企业的绩效考核和薪酬分配体系也要满足国际化的要求。比如，海尔为了符合国际化发展的需要，根据自身业务特点，实行分层、分类的多种薪酬制度和灵活的分配形式，规范了 13 种薪酬模式，例如科技人员实行科研承包制，营销人员实行年薪制和提成工资制，生产人员实行计件工资制，辅助人员则实行薪点工资制。同时，海尔工资分档次发放，岗位工资标准不超过当地职工平均工资的 3 倍，每月无奖金，年终奖金不超过两个月的工资。科研和销售人员实行工效挂钩，科研人员按市场效益和科研成果进行奖励，销售人员如果是外聘的推销员，收入和推销的成果挂钩。对于一线员工，在质量价值券的基础上，推行计点到位、绩效联酬的全额计点工资制。这些改革举措本身就非常国际化，也满足了海尔国际化发展的需求。

二、企业国际化工作环境建设

首先，要有好的语言环境。国际化的特征是在全球互通的体系内沟通、交流、合作、竞争、发展的过程。“一带一路”建设的核心是实现沿线国家的政策沟通、设施联通、贸易畅通、资金融通、民心相通。显然，这“五通”都需要语言铺路，语言是实施“五通”的基础。传统的将翻译作为主要交流途径的做法不能满足企业国际化创新要求。具备条件的企业，所有涉外员工至少要通晓一门外语；同时，公司工作界面、发文可以考虑使用双语（中英）；除其他语种外，所有对外交流、谈判、签约、业务流程等均直接使用英文。特别是专业技术人员，要大力提升其国际化语言素养。熟练掌握一门外语，可以增强对外交流的主动性和准确性，更好地展示自己的才华与能力，可以增强国际交流的自信心和主导性，提升其在所属学科领域内的国际话语权和影响力，培养其在专业学科领域内具有较强的国际交往能力和国际竞争力。目前，英语是学习掌握先进知识和技术、开展对外学术交流的流行工具。

其次，要注重标准规范的国际化，除了积极主动推荐使用中国国标外，还要适应国际标准规范的要求。随着我国国力的逐步加强，中国标准规范也逐步为外界所重视。但也要认识到，目前在海外，欧美标准依然比较普遍。西亚、中东地区欧美标准应用得比较多，目前执行的标准主要是欧美标准及本国的部分标准，部分国家结合本国特殊地理和气候条件，在原本就长期存在的欧美标准的基础上进行了有针对性的调整；南亚地区由于历史原因普遍使用英国标准；中亚地区主要采用俄罗斯的标准；东南亚国家的标准体系一直不够完善，多使用英国标准、美国标准。因此，在目前阶段，我们一方面要在国际市场上利用相关优势（比如技术、资金等）主动推广中国标准；另一方面，也要采用并适应相关地区国际标准规范。短时间内要求对方接受中国国标是不现实的。因此，我们必须要了解、掌握相关国际规范，毕竟，先寻求合作机会，逐步推介自我，更容易被合作方接受。

三、企业国际化人才建设

企业要实现人才国际化创新发展，可以从国际化人才引进、国际化人才配置、国际化人才培养、国际化人才考核与评价等方面着手。

（一）国际化人才引进

企业要想国际化，国际化人才是关键。首先要配备足够水平的招聘机构和人员，没有伯乐，哪来千里马。与第三方职业机构合作，拓宽国际化人才的引进渠道。充分利用新媒体优势，积极开辟国际化人才招聘渠道，及时发布招聘信息，招揽国际化人才；建立企业自身的全球化招聘网站，搭建全球招聘平台，拓宽招聘渠道；通过国内外知名猎头公司寻找高端国际化人才，必要时在全球范围内招聘合适的国际化人才；鼓励在职员工相互推荐国际化人才，并对成功者给予奖励等。企业要把国际化人才招聘当作重要工作，长年做，天天做，做实、做出影响。

（二）国际化人才配置

所有正在发展中的国际化企业，国际化人才都是紧缺的，因此，如何在全球范围内科学合理地配置企业拥有的有限人才资源就显得尤为重要，这也是对企业国际人力资源管理能力的挑战。

首先，要建立企业自身的全球国际化人力资源库。通过信息化的手段管理全球的国际化人才，在全企业范围内实现人才信息共享，这也大大保证了优秀的人力资源能够有效地在全球开展配置工作。有了企业的国际化人力资源库，企业也能及时了解自身的人力资源情况，根据国际化经营业务的发展，及时对库中的人才做出补充和调整，服务于企业的全球业务拓展。

其次，及时调整企业国际化人才配置方式。国际化企业应根据企业国际化程度和进程，及时关注自身的国际化经营情况，并及时调整国际化人才资源配置方式。随着国际化的深入，国际化企业应增大境外本土人才比例，逐渐减少境外派驻人才的比例，促进融合，相互学习，培养当地人才，降低企业管理成本，提升企业国际化综合效益。

（三）国际化人才培养

企业的国际化人才培养是企业建设国际化人才队伍的重要环节。对于企业来说，提高企业的国际化人才培养水平既可以节省资金，又可以减少员工成才的时间，确保员工的忠诚度，提升企业的管理效益。有些企业更重视自我培养人才，特别是国际化人才，主要靠自我培养。

企业要建立科学、系统的国际化人才培养体系。可以建立以经验共享为基础的体系，进一步发挥企业内部的国际化人才经验分享作用，同时，拓展除经验分享外更加丰富多样的培养形式，如各种形式的短期专题培训、集训、交流；根据企业状况，可以采用全球轮岗制度，使得企业有更多的人才参与到国际化培养大计划之中，在工作实践中对人才进行培养；还可以与高校等人才培养机构开展合作，多方面、有针对性地培养企业需要的国际化人才。

关于企业国际化人才的培训、培养的具体问题，本书第八章人力资源管理创新有详尽阐述。

（四）国际化人才考核与评价

国际化人才考评过程的公平性将直接影响企业员工参与企业国际化进程的积极性，因此企业要建立有针对性的国际化人才的考评制度。

相较于普通员工，国际化人才除了具有与业务相关的专业技能，还需要具有全球化视野、语言和主动应变等服务于国际业务的综合能力。因此，对于国际化人才的考评制度应该与普通员工的考评有所区别，应建立针对国际化人才的考评制度。在对业绩表现的考评中，除了业绩和最终成果，还要关注国际化员工应该具有的全球视野、学习能力、应变能力、洞察能力、适应能力、前瞻引领能力等，对于这些能力的评价可以使企业了解人才的国际化素养，判断员工服务于企业国际化业务的潜力和进步程度。通过建立有针对性的国际化人才考评制度，企业的国际化人才才能够得到更加合理有效的评价。

同时，要建立考评结果与配置决策的关联机制。国际化人才绩效考评的目的之一是用于境外人才选派的决策，因为只有优秀的国际化人才被派往国际市场开展业务，企业才能提升国际市场的效益，这才是企业培养国际化人才的最终目的。为此，企业应该明确制定考评结果与配置决策相关联的机制，保证人员配置的合理有效，创造企业国际化人才竞相奋发努力的良好局面。

（五）留住国际化人才

在引进和培养国际化人才之后，如何留住国际化人才，并最大限度地发挥其积极性是企业的重点，要从感情留人、事业留人和待遇留人等几个方面来解决。

首先是感情留人。感情留人是要多从工作和生活上关心国际化人才。在工作上，要创造好的工作氛围，以实际行动支持，而不是停留在口头上、口号上，不是以各种程序掣肘；在生活上，要多关心、多爱护。很难想象，企业不从感情基础去关心人才，人才会对企业有感情。

其次是事业留人。事业留人是企业要尽可能创造国际化人才发挥个人聪明才智和干事创业的机制，要使国际化人才的个人能力有提升、事业有进步。将企业发展和个人提升有机结合起来。搭平台、建舞台、配资源、给实权，鼓励支持做强做优做大，做成功，做出影响。

最后是待遇留人。待遇留人是企业要形成一种市场化的公平的薪酬机制。这里最重要的是市场化，也就是这个人在市场中是什么价值，你就应该付多少薪酬，至少应该接近，否则这个人就难以留住。常讲奉献的管理者要关注市场价值，常讲市场价值的管理者更要关注荣誉、精神和使命的作用。

在企业国际化人才建设方面，华为走在了中国公司前列。

在开展国际化布局之初，华为就投入大量资本培养国际化管理和技术人才，推进人才的国际化。2005 年成立的华为大学，为其员工及客户准备了很多提升能力的课程资源。通过融汇中外的先进管理理念和华为的项目实战经验，培养职业经理人，开阔其全球化视野，提高其全球化领导力，助推企业发展。

在海外，华为大量实行本土化，招聘了大量当地人才。当地人才较为熟悉和了解当地市场，容易接触当地客户，有利于华为较为顺畅地走上国际化道路，与此同时，与外派人员相比，当地人才的劳动成本较低，有助于减少整体运营成本，增加净收益。

到 2017 年末，华为已经与全世界超过 30 个国家和地区的 400 多家研究机构及 900 多家企业合作进行创新研究，涉及全世界 100 强高等学府、100 多位国际电气与电子工程师学会（IEEE）资深会员、50 多个国家重点实验室、近 400 个一流团队以及 2 个获得诺贝尔奖的团队等众多高端资源，与全球众多人才携手，一起推进科技的发展与进步。同时，利用全球化人才，加强自身企业的研发实力，提升企业的技术竞争力。

四、突出企业的竞争优势和国际合作意识

企业在国际化进程中一定会面临竞争，同时企业的发展不可避免地要与多方合作，只有突出企业自身的竞争优势，积极参与合作，补齐自己的短板，企业才会成功。

要通过对标分析等手段，明确企业的竞争优势在什么方面，比如：因效率高导致的价格优势；管理模式和管理手段方面的灵活性优势；核心技术的垄断优势；企业国际化人才体系优势；良好的企业文化优势；企业的业绩优势。

在市场开发中，通过突出企业自身的竞争优势，向客户阐明本企业的竞争优势能给客户带来的价值增值，从而赢得客户的信任；在合作伙伴的选择中，通过突出自己的竞争优势，选择能发挥自身优势并能弥补自己短板的合作伙伴，实现 1+1 远大于 2 的效果；在企业运营中，通过充分发挥自己的竞争优势，在市场上获得价格和质量的比较优势，从而获得成功。

企业有自己的竞争优势，也会有自己的短板，在国际化进程中，在突出发挥竞争优势的同时，企业也要采取各种措施（比如合作、引进、模式改变等）弥补自己的短板，从而在市场竞争中立于不败之地。

五、促进企业管理思维模式转变和各种文化融合

一般认为，国际化企业的管理模式有三种，即管理属地化、中央集权化和管理多元化。管理属地化强调公司文化要适应当地情况，认可当地用工和管理文化，完全采用适用本地的管理模式。中央集权化指公司加强管理的核心化、中心化。管理多元化是指公司在管理方面，在坚持公司基本政策和文化的同时，通过对企业一些政策、工作方法的适当调整，适应当地文化的方法。三种模式各有利弊，适用于不同行业和环境背景。

从管理模式的角度来说，文化的差异性需要谨慎处理，比如儒家文化深刻地影响东方人的思维。职场工作能够集中体现长幼有序、等级观念、和谐统一、勤奋努力以及尊敬长者等特征。而西方文化强调所谓独立、自由、平等与竞争。这些基本特征不受任何次级组织、文化的影响。而从管理模式变化的角度来讲，要不断熟悉环境、适应环境，不应一概而论、以偏概全，对待不同文化背景下的员工，企业应实行差异化管理。

选择合适的管理模式和管理者，最根本的是要改变自身的思维模式，而思维模式的形成长期受到根深蒂固的文化的影响。比如，中国制造业有着独特的优秀品质，如艰苦奋斗、勤劳朴实、乐于奉献等，但是一些企业也存在诸如管理效率较为低下、管理粗放、形式主义等问题，在国际化发展以及企业文化和属地国文化融合的背景下，改变思维模式势在必行。企业还要做好企业文化与属地国政策以及法律的协调与兼容，合理制定相应的政策和规定，突破既定的管理思维模式。比如，不同于中国人力资源从业者（通常以企业、

雇主利益为出发点的思维模式），西方人力资源部门重视企业内部管理的合规性与企业的公平正义，因此，他们会站在劳动者角度去监视企业管理层是否出现违法行为，这是中资企业人力资源部门需要去适应的，也是文化差异带来的不同的思维模式。企业和管理者要不断提升管理水平，改变传统的流程思维模式。要从那种高高在上的运营、管理和流程的思维模式，转变为下沉到一线，到基层了解具体情况，做好沟通交流，及时处理问题。

2014 年，福耀集团投入 1 500 万美元收购了美国俄亥俄州代顿市一个工厂，投入运营后雇用了 2 400 多名当地人，成为当地第三大制造厂和最大的雇主之一。在发展的过程中，福耀集团与美国工会组织和美国工人长达数年的沟通、协调、斗争、妥协，引起了中美两国各界的关注。在危机中，福耀集团紧急换帅，将此工厂的最高管理者换成了在美国工作了 20 多年的熟知中美文化和管理模式差异的职业经理人，这一举措体现了管理模式的变革，从管理属地化变成了管理多元化。新管理层通过一系列的方式方法解决了危机，保护了福耀美国工厂，体现了管理层对美国工会还有社会文化的理解与灵活多变的应对策略。

六、塑造各行业的国际品牌

中国企业在国际化发展的过程中，还要加快国际品牌的塑造。

（一）根据国际化进程，分阶段塑造与企业相适应的国际品牌

企业国际品牌也分行业国际品牌、区域国际品牌和全球国际品牌。

行业国际品牌是指该企业在所处行业的国际知名度和认可度。大多数国际化企业不可能达到像可口可乐、苹果、华为这样的家喻户晓的知名度，这一方面与品牌的建立、塑造及推广有关系，另一方面也与企业所处的行业有关系。比如，要想让一个工程行业的国际化企业做到家喻户晓是不可能的，也是不必要的。但企业可以塑造行业内品牌，提到某个行业，行业内人员就会想到某个企业，就会对其服务和产品的质量、价格等有明确预期和信任度。

区域国际品牌是指随着企业的推广和发展，某企业品牌在一个或几个国家、地区得到认可，这与企业的经营发展战略相关。比如，中国美的公司根据自身战略发展要求，率先占领东南亚市场，树立了企业在东南亚地区家电的品牌优势；日本 HONDA 摩托车凭借其质量和售后服务在东南亚摩托车盛行的地方家喻户晓。

全球国际品牌是企业追求的最高目标，但品牌的塑造不是一朝一夕所能实现的，企业要依据自身所处行业和客户情况，一步步向行业国际品牌、区

域国际品牌和全球国际品牌迈进。

（二）培育客户的品牌忠诚度

大多数企业在进军国际市场之初均采用价格竞争方式开拓和占领市场，但低水平价格竞争必定影响企业的持续发展。此时，要从努力建立企业品牌信誉度入手，在满足客户需求、产品质量、服务水平、产品包装、售后等多个方面加以改进和提高，培育客户的品牌忠诚度。这样才能真正占领市场，实现企业的可持续发展。

（三）挖掘品牌文化的内涵

品牌要和文化相联系，这样品牌就有底蕴，就会长久。比如，中国企业要充分挖掘中国优秀传统文化，利用其他国家人民对中国的好奇心，构建文化特色突出的品牌和产品。但我们也要关注到其他国家的文化传统和宗教信仰，最好是做到让企业的文化内涵与其他国家的文化传统相联系，但要尊重所在国家的文化传统和宗教信仰。

2004 年，中国联想集团以 6.5 亿美元现金和 6 亿美元股票收购 IBM 个人电脑（PC）业务，成功进入国际化市场。2014 年，联想集团再次收购 IBM x86 服务器和摩托罗拉移动业务。两个新并购的业务成为新的增长引擎。联想联手 IBM、摩托罗拉，成为引领消费升级的领导品牌，占据了较大的市场份额。在品牌、技术和销售渠道三大优势条件下，联想成为全球富有创新精神的公司。2004 年，在成为国际奥委会全球合作伙伴（简称 TOP 伙伴）后，联想将注册标志 Legend 换成 Lenovo（“novo”表示创新），借助 IBM 的渠道开拓国际市场，成功地将 Lenovo 在全球打响，成为一个在全球让人首选的品牌标志。并购 IBM PC 业务后，联想拥有产品品牌 Lenovo 和 Think，随着国际化发展进程趋于稳健，联想对产品品牌进行全新定位，将原始的品牌转换为 Idea 和 Think，分别对应消费类和商用类产品。

第五节　企业国际化创新发展过程

不同行业的不同企业，其国际化发展过程也会不同，但在企业价值链创造的原材料国际化、生产国际化和销售国际化等环节中，每个企业的国际化发展过程均涉及这些环节中的一个或几个以及环节中的一个或几个要素。本篇选取典型的三类企业，即工程建设企业、制造业企业和投资企业，对其国际化创新发展过程进行阐述。

一、工程建设企业国际化创新发展过程

（一）工程建设企业海外市场开发和项目信息获取

通过建立国际市场开发网络，获取有效的项目信息。市场开发网络的建立包括在海外设立办事处、与其他公司合作开发、通过代理进行开发等方式。

进入一个海外市场前，要做到“三个明白”，即：明白公司对目标市场的战略规划与营销策略，以及对目标市场的具体规划；明白公司的业务范围、各类装置的主要工艺流程、采用的专利技术及竞争优势；明白目标市场所处区域的人文、地理、经济状况以及风俗习惯等。

进入市场初期，首先调研，然后分析，最后确定。进行详细的市场调研，充分了解目标市场的行业状况、市场潜力、主要客户信息、主要的竞争对手等，从而发现市场机会，进行初步的市场规划；对前期掌握的目标市场信息进行详细的整合和分析，寻找出公司对于目标市场内其他主要竞争对手的主要优劣势。根据通过分析得出的竞争对手在目标市场的优劣势，选定潜在意向客户，准备跟进。通过不懈的努力，获得业主认可，通过资格预审，得到项目投标机会，进而组织报价，力争中标。

（二）进行详尽的市场调研

市场调研内容包括：所在国国情及项目所在地的情况；当地施工分包商资源；当地施工材料供应及价格；当地施工机械租赁；当地人员雇用；当地施工临设；当地设备材料供货及价格；水、电、通信、交通、租房、办公及生活用品供应及价格；清关、物流运输；大件运输及路径勘查；相关税费；劳工引进、许可；保险；当地银行及当地外汇政策；当地咨询商、设计分包商及当地会计师事务所；当地安保机构、当地 SOS 机构；当地特种服务公司、当地医院；当地供水、供电机构；当地港口及能力；当地合作伙伴等。

（三）通过海外业主的资格预审

海外项目在正式招标前，需要对潜在的承包商进行资格预审，以便初步考察工程公司的能力。只有通过资格预审的公司，才有资格进行投标报价。

资格预审材料一般由以下内容组成：

（1）公司的详细情况及组织机构图；

（2）公司的技术能力，包括公司业绩、人力负荷情况、在设计采购施工上的能力、质量和 HSE （健康—安全—环境）管理等；

（3）公司的财务能力，包括审计财务报表等；

（4）公司以前诉讼等情况。

（四）投标报价

通过资格预审后，工程公司可以按照招标文件要求进行投标报价，编制标书。标书一般分为技术标、商务标和融资标（视项目要求而定）。

投标报价工作安排包括：投标报价策略的制定要考虑自身的资质与能力、投标活动的竞争环境、竞争的情况以及业主和评标的状况等因素；根据自身能力、外界环境和项目情况等因素，制定符合公司特点的具体策略；根据公司批准的投标决定，负责派人向工程项目发包人（或业主）购买（或收取）招标文件；组织召开投标准备会，安排投标文件的编制工作，各相关部门参加，确定商务标和技术标的主标人；根据招标文件的内容，拟订投标文件编制计划，落实责任、明确要求；负责进行现场踏勘，与招标方进行招标文件的澄清、咨询和沟通。

技术标的编制要严格依据招标文件的要求进行。技术标的常规内容主要包括工程概况、设计、施工总设计、组织管理机构、关键人员、主要工程项目执行方案、分包商管理、采购管理、拟投入的机械设备和检验检测设备及人员计划、总平面布置图、总进度计划、临时设施计划、工程质量控制和工程质量控制及工期保证措施、质量和 HSE 保证体系、特殊措施、其他应说明的事项等。技术标编制完成后必须进行检查和复核，确保准确无误。

商务标的编制包括的内容有：招标文件、发包方提供的图纸资料（如有）；设计部门提供的工程量；设计部门提供的人工时；当地分包询价反馈资料；经采购部门询价返回的材料设备价格信息以及当地价格水平等。商务标书主要包括报价和投标函。按照招标文件的要求，编制报价表格等形成报价部分的内容；投标函及报价表格、投标担保、授权书、资格预审的更新资料、按投标人须知规定应填报的其他资料等形成投标函部分的内容。根据测算的各分项成本价格，综合考虑竞争对手的投标策略，经一定程序最终确定工程报价。商务标书编制完成后必须逐项进行检查和复核，确保准确无误。

（五）澄清、合同谈判和合同签约

报价提交后，业主一般会组织多轮的技术澄清和商务澄清，明确报价中的问题。

之后，业主一般邀请潜在的中标商进行合同谈判，包括技术和商务方面。国际上的工程项目合同采用 FIDIC 条款或类似条款的比较多，此条款对业主和承包商相对公平。谈判顺利结束后，便可签约。还要特别关注生效条款，一般均将融资生效作为合同生效的条件之一。

（六）海外项目执行

海外项目合同生效，项目进入正式执行阶段。项目执行包括项目组织、项目策划、项目设计、项目采购、项目施工、项目试运行、项目风险管理、项目质量管理、项目费用管理、项目 HSE 管理、项目沟通和信息管理、项目合同管理、项目收尾等。以下对项目执行的其中几项进行阐述。

项目组织是指根据工程建设企业法人代表的授权，任命项目经理，并由项目经理组建项目部，负责项目的计划、组织、实施、控制和收尾工作。海外项目经理非常重要，他必须具备技术、商务、管理和语言沟通方面的综合能力，并具备丰富的国际项目管理经验。

项目部应在项目初始阶段开展项目策划工作，并编制项目管理计划和项目实施计划。项目策划应结合项目所处的国别及特点，根据合同和工程企业管理的要求，明确项目目标和工作范围，分析项目风险以及采取的措施，确定项目各项管理原则、措施和进程。项目策划范围涵盖项目活动全过程。根据项目所在国的情况、项目规模及特点，可将项目管理计划和项目实施计划合并为项目计划。

项目设计应由具备相应能力的工程设计企业承担。海外项目主要强调从事建设工程设计活动的专业技术人员需具备相应的资质和经验。设计应满足合同约定的技术性能、质量标准和工程的可施工性、可操作性及可维修性。设计工作由设计经理负责，并适时组建项目设计团队。在项目实施工程中，设计经理应接受项目经理和工程建设企业设计管理部门的管理。

项目采购工作应按项目的技术、质量、安全、进度和费用要求，获得所需的设备、材料和有关服务。项目采购工作由采购经理负责，并适时组建项目采购团队。在项目实施工程中，采购经理应接受项目经理和工程建设企业采购管理部门的管理。海外项目采购工作的实施就是按项目采购策划方案，开展编制项目采购执行计划、采买、对所订购的设备/材料及其图纸资料进行催交、依据合同进行检验、运输报关清关、仓储及材料管理、供货厂商现场服务等工作。

项目施工工作由施工经理负责，并适时组建项目施工管理团队。在项目实施工程中，施工经理应接受项目经理和工程建设企业施工管理部门的管理。项目施工执行计划是对项目施工在技术、组织、人力、物力、时间和空间所做的全面合理安排，是依据合同确定各项施工要求，并用来指导项目施工全过程的技术、经济和组织的综合性文件，由施工经理组织编制，经项目经理批准后组织实施。施工管理团队根据施工执行计划组织编制施工进度计划，并组织实施和控制。同时，施工管理团队根据施工执行计划，估算施工费用，确定施工费用控制基准。施工管理团队监督施工过程质量，并对特殊过程和关键工序进行识别与质量控制。

一般而言，项目试运行工作由业主负责组织实施，工程建设企业项目部负责试运行技术指导服务。但海外项目有很多为交钥匙工程，在此情况下，工程建设企业依据合同约定，对试运行负责。项目试运行工作由试运行经理负责，并适时组建项目试运行团队。在项目实施工程中，试运行经理应接受项目经理和工程建设企业试运行管理部门的管理。

案例 10.1

中国寰球工程有限公司某国化肥项目执行

中国寰球工程有限公司某国煤制化肥项目，EPC 合同总额约 5.4 亿美元，生产规模为日产 1 000 吨合成氨、1 760 吨尿素，是世界上第一套新建的集粉煤干法气化、变换、净化、氨合成和尿素合成于一体的大型化肥生产联合装置。2003 年，公司开始跟踪、竞投这一项目标的，其间经历了“马拉松”式的漫长、艰辛、反复的角逐，完全凭借自身技术优势和融资能力，最终击败了日本、韩国、欧美等众多国际知名竞争对手，赢得了这个从技术、专利商选择开始，包括基础设计、详细设计、采购、施工，直至开车成功全过程的工厂化总承包项目。项目从 2008 年 5 月 10 日正式开工到 2012 年 6 月 22 日正式投产，历经四年艰苦努力，实现了全厂全部工艺装置均一次开车成功，并连续四年实现安全环保无事故，创造了 1 940 万安全工时的优良业绩，2012 年 9 月 24 日，全厂完成 72 小时性能考核，顺利移交给业主。

该项目从技术选择、专利商选择开始，覆盖设计、采购、施工、业主培训、试车和开车等全过程的各项服务。其中，以煤为原料的大型联合化工装置开车，对于公司来说是项开拓性的工作；该项目在世界上首次将 5 家国际顶尖专利商（SHELL，LINDE，TOPSOE，SNAM，AIR LIQUIDE）的技术和寰球自有技术集于一体，技术集成工艺复杂，项目输入输出条件繁多；项目涉及 5 家世界顶级专利商，近 30 家重点知名海外供应商，近 300 家中国一流供货商，近 30 家中国著名施工分包商，现场工作人员达到 3 650 多人，分别来自十几个国家，管理协调界面繁多；同时，该项目涉及技术、商务、管理、工程和语言等广泛的知识领域，要求项目管理人员具有非常高的综合素质；此外，项目还面临工期紧、基础设施条件薄弱、当地材料短缺等困难；特别是，该大型煤制化肥项目在其所在国是第一个，业主缺乏经验和技术管理人员，所有试开车活动全部由总包商独立完成。由一支不到100人的试开车队伍来驾驭一个人员定额为1 500人的大型煤制化肥工厂，面临的难度和挑战非常大。

某国化肥项目的成功运作，得益于寰球公司良好的海外项目工作底蕴，也得益于项目部勇于面对挑战，有的放矢，敢于创新，大力实施“六大举措”。

1. 统一标准，规范程序

为使后续工作界面衔接平滑顺畅，项目部在项目执行初期就周密策划，将寰球公司先进的文件控制管理模式灌输给业主，统一了所有专利商、国外供货商及分包商的标准、规定、输入和输出，确保各项活动在寰球公司主导的统一规范的体系、流程、标准和管理平台上运行。

在施工分包商招标工作完成之后，项目部立即召开施工总体部署会，明确了各施工分包商的工期、健康/安全/环保（HSE）、质量目标，并对设计工作、设备材料供应工作、现场与项目管理承包商（PMC）和业主的配合工作、现场施工过程的协调管理工作、施工分包商之间的配合与协作工作、当地的外协关系等工作提出了建议和要求，为各方积极配合、密切协作，组织协调好设计、采购、施工、开车等管理工作奠定了基础。

2. 因地制宜，统筹资源

根据项目自身特点和所在国资源状况，项目部统筹合理分配资源。根据各二级单位业务定位和生产能力，将详细设计分包给华北院和广东公司；根据专业领域需要，将磨煤系统（CMD）、电站、水系统、空分等使用设计采购（EP）模式进行分包；综合考虑现场施工人力和机具需求，从业内选择具有一流资质、较高能力和丰富项目经验的分包商作为合作伙伴；根据培训及开车业务的实际需要，将开车服务分包给国内专业开车队伍；为与当地企业保持紧密合作关系，因地制宜利用好本土化资源，将行政楼等厂前区建设项目分包给当地专业公司。正是因为统筹好了当地资源、集团公司内部资源和业界优秀资源，项目部才获得了最好的资源保障。

3. 对口协调，理清界面

面对近千个管理界面，根据不同业务明确实施对口管理协调的相关人员，力求找出各方满意的实现项目目标的最佳路径和步骤。一是由工艺经理和设计经理统一协调与专利商的关系，在五家专利商提供的工艺包基础上，以我为主，对全厂方案统一设计基础，确保整个设计质量满足专利商的要求，顺利通过专利商的评阅和确认；二是除设定采买、催检和物流协调员来管理各供货商、EP 分包商外，还明确了由各设计专业负责人直接承担与各供货商、EP 分包商的图纸和技术文件的催交、审核工作，加快了设计条件和设计方案的准确传送和直接确认，有效提高了催交效率，保证了采购质量；三是分板块、分区域协调与各施工分包商和试车分包商的合作关系，责任明确、管理高效、控制直接，有力确保了施工和试开车进度。

4. 深度交叉，并行推进

面对苛刻的进度、技术和入场要求，按照“以施工为中心、采购为施工服务、设计为采购服务”的工作原则，创造条件并行推进设计（E）、采购（P）、施工（C）等各项工作。

气化炉是项目关键设备，由专利商指定德国 SEG 公司进行设计，制造周期达 20 个月、安装周期 2 个月，它的进度直接影响到项目的整体进度。项目部在基础设计初期就着手准备气化炉招标文件，进行招标和谈判，并于 2009 年 1 月签订了气化炉采购合同，为保证项目整体进度打下了基础。

针对煤气化装置框架高、施工难度大及危险性大的特点，项目部特别开展了可施工性分析，从施工角度对设计提出要求，将施工经验与项目设计、采购和工厂操作维修相结合，研究降低项目成本、加快项目进度和提高施工安全性的方案，这在寰球公司尚属首次。EPC 各阶段工作的合理深度交叉，最大限度地确保了整个工程有序、按期、安全、稳定、规范地向前推进。

5. 转换机构，无缝衔接

作为工厂化总承包商，项目部遵循国际项目运作模式，建立了扁平化的项目现场组织机构。进入调试和试车阶段后，项目部第一时间对 EPC 执行阶段的组织机构进行了调整，将全厂划分为 7 个试车区域和 10 个调试支持小组，将原有的设计、施工管理人员按照各自专业范围，分别编入设定的各试车区域和各调试支持小组，成为项目开车组织和实际操作人员；各区域设置试车经理，全权负责区域内各项试车活动，统筹安排区域内人员包括试车分包商人员的工作；各试车分包商设立领队，对其人员进行动态管理。此举顺利实现了项目组织机构向以试车为中心的转换，实现了设计、采购、施工与试开车阶段的无缝衔接。

6. 多措并举，降低风险

在海外执行项目，材料价格及汇率波动都很大，项目部在项目签约初期就尽可能进行分析、预测和控制，通过谈判实现了总承包合同分别以人民币、美元、欧元、当地币四种货币进行计价，最大限度地降低了汇率风险，并把握时机对付款条款进行适当设计和调整，确保了项目资金供应，使项目的现金流始终为正；利用全球金融危机的价格低点，快速完成制约项目进度的长周期、大型设备材料的订货任务，节约项目成本近3亿元人民币；在多方面技术集成过程中，先后开展了15项大型设计方案优化，涉及全厂土建、变换、氨合成和尿素等多个装置，节约项目成本1.5%以上；为确保设计本质安全，组织、策划和实施了以多个世界顶级专利商的基础设计/工艺包为基础，贯穿设计、装置操作全过程，由多方业主、专家参与审查的工厂化HAZOP分析，开创了中国公司自主开展安全危险性分析方面的先河，从源头降低了项目风险，确保了项目成功。该项目的实施，创造了业主和总承包商的双赢。

二、制造业企业国际化发展过程

制造业企业国际化多采取渐进方式。其市场扩张顺序是：本地市场—地区市场—全国市场—海外相邻市场—全球市场。跨国经营采用先易后难的方式。

概括起来，制造业企业国际化发展过程可以分五个阶段。

（一）国内营销阶段

在此阶段，一般制造业企业忙于国内产销，对国际市场视而不见。有些企业通过来料加工方式与国外企业合作。

（二）前出口阶段

在此阶段，企业有意识收集信息，开始对国际市场做初步的可行性研究、调查。收取送上门的出口订单，时有产品出口。在此阶段，企业一般和中间商合作，通过中间商接订单并出口。

（三）出口尝试阶段

企业在此阶段开始进行规模有限的国际营销活动。企业直接从国际市场上接一些订单，并根据订单要求进行生产并直接出口。

（四）积极投入阶段

企业在此阶段会有系统地研究、开发国际市场。设立海外销售办事处，建立海外销售网络。通过这些销售网络获得海外订单，有计划地安排生产，并将产品有目的地销售到海外。

（五）国际战略阶段

在此阶段，企业根据国际市场全局，制定企业战略规划。设立海外子/分公司，进行跨国生产销售，直接面对海外市场，第一时间应对海外市场变化。

案例10.2

海尔集团的国际化进程

作为知名的国际品牌，海尔三十多年从国内到国际的成功发展为中国企业国际化发展提供了经验。海尔集团从只销售冰箱的集体小厂，成长为国内家电行业的领头羊，并且在国际上的家电行业也占据了很大市场，而且从家电品牌巨头转型为物联网生态品牌。海尔国际化进程的每一步都伴随着我国改革开放向纵深推进。

1. 品牌创立阶段

海尔在成立初期面临着员工纪律松懈、消极怠工以及管理混乱等情况，为改变混乱局面，海尔进行了大胆改革，公布了著名的管理“13条”以及工人违规后的处理方案，有效地提高了工人素质和管理水平。1985年，海尔从德国的利勃海尔引进冰箱生产线，同时提出了OEC管理模式，独创了“6S”管理制度。风靡全国的“砸冰箱事件”使员工有了更强的客户意识和质量意识，确立了客户思维的思想理念，也使海尔逐渐成为中国冰箱行业的领军者。在品牌创立阶段，海尔依据的核心思想是“高质量的产品是高素质的人干出来的”，所以当时十分强调纪律、分工、职责、流程、纠偏、改进等，实行严格的质量一票否定制度，形成了全面质量管控体系，打造了客户思维和质量意识。

2. 多元化经营阶段

1991年，海尔进入了多元化经营阶段。随着产品种类越来越丰富，海尔遇到了人才瓶颈，急需各种类型的人才来发展企业。为了发现人才，海尔内部开展了主题为“千里马与伯乐”的讨论大会，提出了“赛马不相马”的口号，这样可以给员工提供更多的公平竞争的机会。从“相马”变成“赛马”，可以挑选出更多的优秀人才，有利于涌现出更多优秀的人才。通过这种公平、公开的竞争机制，员工的创新潜能得到激发。多元化经营阶段的海尔通过引入竞争机制来选人和用人，让海尔成功摆脱了人才缺乏的困境，而用人制度上的创新又增强了员工的竞争意识。海尔的竞争和淘汰机制大概可以概括为“竞聘升迁、在位受控、届满调换、末尾淘汰”，在这个阶段，海尔打造出了多种产品的属于自己的品牌，如洗衣机、冰柜、空调等，获得了消费者的青睐。

3. 国际化发展阶段

20 世纪 90 年代，国外家电巨头通过各种方式开始进入中国市场。为了应对国外企业的挑战，就要使自己也成为国际化的企业，海尔走上了二次创业的道路。当时海尔的销售额仅是惠而浦和三洋的二分之一、索尼的五分之一、西门子的六分之一、三星的九分之一。1999 年，海尔把市场关系引入企业内部，进行了基于市场链的流程再造，让企业的每个人都能直接跟市场有关系，组织内部的上下级关系变成市场关系，从而提高了组织的灵活性和员工的创新积极性，以最快的速度满足客户的需求。

在流程再造的基础上，海尔探索出战略事业单位模式。在战略事业单位模式下，员工不能再无偿使用企业提供的各种资源，要为使用企业的资源，如材料、设备等支付费用。为了能够支付这些费用，员工就要进行创新，运用创新的思维方式去经营和使用企业的资源，使资源能够不断增值，增值就能获得报酬，亏损则要进行赔偿。国际市场建立以后，缺乏懂规则、善经营人才的问题更加突出。为了解决这个问题，海尔决定采取“项目组+少外派+当地化”的创新人才培养模式，即在总部成立项目组，然后派出少数的几个人到国外去参与项目，大部分项目人员在国外当地聘用，让派出的人员再慢慢地融入当地，熟悉当地的法律，与本土化文化融合，通过内外结合的方式培养出适合国际化的创新人才。国际化发展阶段的海尔面对内外双重压力，通过基于市场链的流程再造、战略事业单位模式，提高了企业响应市场的速度，激发了员工的创新潜能。

4. 全球化发展阶段

2006 年后，海尔进入了全球化阶段。但从此时开始，家电市场也面临着供大于求、利润空间低的状况。而互联网时代的到来，逐渐消除了信息不对称的情况，客户掌握的信息越来越多，主动权慢慢地从企业转向客户。同时，海尔集团的规模在不断地扩大，跟其他的大型企业一样，做事的效率越来越低，“大企业病”的弊端表现越来越明显。面对主客观不利条件，海尔提出了“人单合一”的双赢模式，其中“人”指员工，“单”指客户的价值。这种模式要求每个员工都能找到自己的“单”，都能为客户创造价值，从而实现自己的价值。

2010 年，海尔开始打造内部自主经营体，自主经营体的组成人数不固定，可以是一群人，也可以是独立的个人。组织变成自主经营体以后，人员之间没有了上下级关系。领导变成了服务和资源的提供者，他们的主要工作是帮助一线经营体整合资源，员工从过去被动地接受命令，然后执行命令，变成了和领导共同创造客户需求，每个人都要寻找自己的“单”，否则面临被淘汰的命运。其中，一级经营体主要是直接面对客户；二级经营体是平台经营体，主要是帮助一级经营体寻找可以利用的资源并对其提供帮助；三级经营体是战略经营体，由原来的战略部门组合而成，负责制定战略方向，淘汰那些不能达到期望的一级和二级经营体，同时担负着对经营体升级换代的责任。各级经营体通过“服务契约”实现资源协同和共享，而“包销契约”是各级经营体实现价值协同的基础。在各级自主经营体中，员工为了能够拿到自己的理想报酬，必须不断地去改进自己的工作方式，创新工作内容。处于全球化发展阶段的海尔，通过组织结构的颠覆，吸引了很多外部人才的加入，为自身注入了新鲜的血液。同时，员工的自主性得到进一步增强，他们不再需要别人的监督，而是主动地去寻找属于自己的“单”，去创造用户的需求，他们变成了自主管理的创新人员。

三、投资企业国际化发展过程

企业海外投资流程围绕投资决策展开，包括项目开发与筛选、初步尽职调查、项目立项、签署投资框架协议、尽职调查、评价决策、谈判签署投资协议、投资交割、经营管理等主要环节。

（一）项目开发与筛选

此阶段包括信息获取、资料收集和快速筛选。

信息获取主要通过以下几种途径：所在国国际招标信息、代理或中介机构推荐、驻外使馆及中资机构推荐、公司外派办事处或子公司获取、天使投资人或者同行推荐、外国政府机构推荐、企业家联盟及各商会组织推荐、行业专家推荐等。

资料收集包括：通过网站收集国别情况和标的的最新动态；通过情报所、资料室查找；目标国或转让公司、中介或代理提供的项目情况和资料；组团到目标国收集与标的相关的资料，或进资料室阅读和购买。

在收集资料的同时，随着对标的或项目的了解，根据公司投资政策和影响项目的关键因素，如投资环境、项目性质、原料或资源量及供应、相关配套设施、市场和出路等，对项目或标的进行快速筛选。

（二）初步尽职调查

初步尽职调查的核心是对拟投资项目进行价值评判，主要从以下几个方面进行：管理团队、行业进入壁垒、行业集中度、市场占有率和主要竞争对手、商业模式、盈利预期、政策及监管环节。

（三）项目立项

对目标项目（公司）的初步尽职调查完成后，如果需要进一步推进对项目的投资流程，则需要对投资项目进行立项。

（四）签署投资框架协议

开始正式尽职调查之前，投资企业会与目标项目企业签署投资框架协议，协议内容包括投资达成的条件、主要投资条款、保密条款以及排他性条款。除保密条款和排他性条款外，投资框架协议的内容主要作为双方下一步协商的基础，对双方并无法律上的约束力。

（五）尽职调查

尽职调查是投资业务流程中不可缺少的一个环节，主要是对目标项目（公司）进行非常详尽而深入的调查与了解。尽职调查的主要内容包括业务、财务与法律等几个部分。

（六）评价决策

评价决策包括详细的经济技术评价和决策过程。详细经济技术评价从项目特点出发，对其资源可开发性、技术可靠性、工程可操作性、经济可行性等进行详细评价，提出投资策略。此外，还要对投资环境进行评价，包括政治因素、经济因素、基础设施、法律因素、社会文化、自然地理、国家政策、社区活动等。决策过程一般由基层决策、管理层决策、领导层决策等递升过程完成。基层决策包括技术决策、经济效益决策和技术+经济+投资环境综合决策。在技术经济评价过程中，因项目或标的本身技术、经济原因得出不可行结论，由评价人员提出终止评价建议后，管理层决策项目评价进程。对通过经济效益评价后的项目，管理层决策下步工作。对重点项目及技术经济较好的项目，提请领导层决策。公司领导层根据技术经济评价结果和管理层决策意见进行战略决策。

（七）谈判签署投资协议

项目或标的经技术经济评价后，通过各级决策，决定投标。项目投标组根据公司投标策略，完成投标材料和标书。

待标书通过后，成立投标谈判组，负责对项目进行协商和合同谈判。在项目技术经济认同的基础上，根据公司投资决策，对合同条款进行协商。

项目合同签署后，通过所在国政府审批，颁布相关政令，宣告合同正式生效，开始项目的实施运行。同时，向中国政府或主管部门申报项目，获得批准后，向中国人民银行或参股公司申报项目并进行融资，为项目实施和运作提供资金和担保。

（八）投资交割

合同正式生效后，进入投资交割阶段。按合同要求，将项目进行交割，实现部分或全部的所有权和经营权的转移。

（九）经营管理阶段

项目的实施运行，根据所签订的项目合同，分为项目开发运营和项目接管运营两种。项目开发运营是指按合同对规划项目进行投资建设，建设完成后，进入生产运营，并实施运营管理。项目接管运营是指按合同对现有并购的项目进行接管，直接投入运营，并实施运营管理。

案例10.3

中国某石油企业境外投资成功案例之一

中国某石油企业于 2005 年在拉美地区成功收购了加拿大公司拥有的油气资产，包括上游油气资产及其管道、小型炼厂，即上下游一体化的项目，并担任作业者。经过几年时间的艰辛运作，比预计期限提前 2 年时间实现原始投资的静态回收。该项目的国际招标，历经几上几下的反复论证而最终中标，审批程序符合规定。

项目运营在资源国政府、公司总部、伙伴公司三级的正确决策和直接管控下，充分发挥石油企业甲、乙方互动管理，上、下游一体化联动优势，从而使项目勘探部署目标明确，开发成效显著，生产措施得当，达到并不断超出预期产量目标。采用通行的国际石油公司管理模式，特别是油区环境和谐、生产安全平稳、投资和成本控制有效、勘探开发效益显著，成功实现原始投资的快速静态回收。

项目接管后，经受了国际石油市场格局复杂变化、经营环境政策多变、世界金融危机等一系列重大事件的冲击；生产措施上，秉持与资源国互利共赢原则，攻克了老油田稳油控水、挖潜增效等技术难关，妥善处理并化解了社区问题、劳工纠纷等带来的危机，有效拓展了生存与发展空间，树立了海外企业发展的典范。

1. 树立了企业携手运作海外项目的成功典范

2004 年，有多家国际石油公司参加竞标，其中，中国两家企业立足大局，本着战略协调、优势互补、互利双赢的原则，携手成立合资公司，联合投标取得成功。接管项目作业以来，两家企业坚持强强联合、精诚合作，以质量效益为基准，有识别、有取舍控制各种风险，创造了良好的经营业绩，树立了中央企业携手运作海外项目的成功典范。

2. 收购前充分准备，有效识别和规避了各种重大风险

合资公司在收购前进行了充分的准备。首先，在标的的选择上，所收购的在南美地区的加拿大公司，其业务范围与中国某石油企业业务范围相同，能够降低风险；其次，对目标公司进行深入调查，审核其提供的各项内容是否属实，目的主要是核实信息、发现问题和发现价值。对东道国环境进行充分了解，对各项风险进行应有的评估，这样的并购活动就少了很多不确定性。

对可能存在的风险进行了系统分析，并针对不同的风险，将应对措施写进了合同或谅解备忘录。面对当地政府法律法规多变的情况，合资公司积极加强与政府之间的沟通，建立特别工作小组，先后成功处理了历史遗留税务争议、劳工纠纷、社区冲突、政府事务等一系列棘手问题，成功避免了多项重大损失。

3. 采取国际油公司管理模式，坚持科学发展基准

接手项目作业后，合资公司继续采用油公司管理模式，充分利用国际人力资源优势，真正实现了海外项目的国际化运作。通过 ADAPS 系统建立健全了项目捕捉、评价、筛选、计划、执行、内控、评估和后评估的全过程管理体系，科学选择投资机会，合理安排投资项目；通过 AFE 系统强化了资本性支出和费用预算整个过程的全面控制。生产上坚持经济效益化原则，对单项作业进行技术论证和经济评价，确保了投资效益。

4. 树立了企地双赢互利、和谐发展的范例

项目运营期间，该项目公司连续四年在当地保持了产量、资产、利润、税收等四项指标“第一”的最大油公司地位，为经济社会发展做出了积极贡献。同时，项目公司本着建立和谐油区、实现价值双赢的长远目标，提供了千名就业岗位、资助了教育设施、建立医疗点、派遣巡回医疗队、培植可可园，从根本上改善了与社区的关系。建立了政府支持、社区认可、员工拥戴、质量效益有保障的可持续发展的海外“和谐油区”。

四、企业国际化风险防控

（一）企业国际化发展风险

企业国际化也面临一系列风险，综合来看，主要在以下几个方面。

1. 政治风险

政治风险主要是指目前政府政权体制的持久性，包括政府和政权体制为大部分民众所支持的程度、没有重大的导致社会不安定的因素和恐怖事件、在发生困难时不发生较剧烈的社会动荡、有较畅通的民主沟通机制以及与邻国没有战争或军事冲突等，涵盖狭义的政治稳定性、主权风险和安全风险等。

2. 法律风险

与国际化密切相关的法律不仅包括民法、民事诉讼法、外国投资法、合同法、公司法、知识产权法等民商事法律，还包括劳工法、税法、知识产权法等经济社会法律。除了立法之外，政府及其相关管理部门还颁布各类行政法规，包括总统法令、主管机构的规范和细则等。企业要全面掌握相关的法律法规，准确把握政府在税收、外汇、土地使用、商业组织形式等方面的政策，应对可能产生的各种风险。

3. 社会安全风险

社会安全风险主要是指发生恐怖袭击、盗窃、抢劫等涉及人身和财产安全的事件。

4. 经营风险

（1）汇率风险，包括汇率波动以及政府在外汇进出方面的限制等。

（2）环境保护风险，主要指所在国废物、废水、废气排放等各项指标要求的严格度等。

（3）劳工风险，主要指所在国在劳工方面的政策及影响等。

（4）技术风险，主要是技术可靠性、强制标准规范的使用等带来的风险。

（5）商务风险，主要是指商务条款设置、各种保险及保函设置带来的风险。

（二）风险防控

风险防控的主要措施包括降低风险、转移风险、承受风险。

降低风险主要针对一些不确定性风险，通过做好可行性研究、明确责任义务、加强配套设施、建立合作关系等使风险的不确定变为确定，最大化地把不确定的风险降到最低。比如，加强国际高风险区域的安防设施建设，以降低遭遇恐怖袭击的风险等；引入实力较强的国际合作伙伴和当地合作伙伴共同投资，从而降低由文化差异、管理差异、项目审批等引起的风险。

转移风险主要是通过保险、合同等商务和法律手段把自身承担的风险全部或部分转移到第三方。比如，购买信用保险和商业保险，以转移政治和不可抗力风险等。

承受风险是指把经过降低风险和转移风险后的剩余风险控制在可接受的程度后，一旦发生风险事件，能够承担相应损失，事先准备好风险准备金。

国际化企业要建立完善的境外风险控制体系，设置专职的风险管理组织机构，对风险进行全面分析，提出降低风险和转移风险的对策，并随时监控风险。

第三篇

体制机制与公司治理创新

引　言

党的十九届四中全会审议通过了《中共中央关于坚持和完善中国特色社会主义制度、推进国家治理体系和治理能力现代化若干重大问题的决定》，明确提出“毫不动摇巩固和发展公有制经济，毫不动摇鼓励、支持、引导非公有制经济发展”和“完善中国特色现代企业制度”。企业治理体系和治理能力现代化是现代企业制度的重要组成部分。当前，伴随着新一轮信息技术革命和技术革命的深度融合，企业作为社会主义市场经济的微观主体，无论是国有企业，还是民营企业，或是外资企业，都面临着如何建立适应新形势治理体系的艰巨挑战。这就要求企业持续加大体制机制和企业治理创新的力度。

企业体制机制指的是协调企业各相关方利益关系的各类组织结构和管理体制及相关制度的总和。企业体制机制这一概念有着鲜明的中国特色，从国务院国资委组织推进的国有企业体制机制创新涵盖的范围可以看到，企业体制机制创新主要的目标在于增强企业活力动力，主要涵盖完善国有企业法人治理结构、健全灵活高效的市场化经营机制、深化国有资本投资运营公司试点、积极稳妥推进混合所有制改革以及国企改革“双百行动”“科改示范”等重点改革举措。

公司治理（Corporate Governance）是西方企业管理中的重要概念，根本目标在于通过对企业相关方利益诉求的协调，进而实现企业资源的有效配置。公司治理有广义和狭义之分。狭义的公司治理通常指股东和经营层建立的监督制衡机制，主要通过股东会、董事会、监事会、独立董事与企业管理层建立的治理结构来实现；广义的公司治理指的是协调公司与所有利益相关者（股东、债权人、供应者、员工、客户、政府、社区）利益关系的一套正式或非正式的内部或外部的制度或机制，是企业各种组织结构和管理体制及相关制度的总和。狭义和广义的公司治理定义，区别在于狭义主要协调股东和经营层之间的权利义务关系，广义协调的是所有企业相关方的利益关系。

无论是具有中国特色的企业体制机制，还是西方理论视野下的公司治理，重要的目标都是在确保企业各相关方利益诉求得到有效协调的基础上，不断激发企业内部活力，推进企业资源高效配置，从而形成“产权清晰、责任明确、政企分开、管理科学”的现代企业制度。其中，产权制度创新是公司体制机制创新的基础，而公司治理创新则是公司体制机制创新的集中体现。产权制度创新和公司治理创新最终集中体现为资源的优配、活力的激发，这就需要建立一套保障优配资源、激发活力的监督与制衡机制，这些监督机制不仅限于所有者和经营者因代理关系而产生的有关权力分配的制度性和非制度性安排，也包括协调企业所有相关方（特别是股东、管理层和雇员之间）利益诉求的正式性和非正式性机制。如何在企业发展过程中推动公司产权和公司治理等体制机制创新，对于企业能否充满活力、能否基业长青具有十分重要的影响。能否有效协调各相关方的利益诉求，往往成为横亘在企业发展道路上的一道重要关卡，是决定企业能否实现由小到大、由弱到强的关键事项。

本部分主要介绍企业在体制机制与公司治理结构创新方面的相关理论和实践，具体包括产权制度创新、公司治理结构创新等两章。其中，产权制度创新涵盖了股权多元化、混合所有制改革、骨干员工股权激励等方面的实践和案例，侧重从股权结构角度介绍体制机制创新的方法；公司治理结构创新部分主要介绍国内外公司治理创新的实践和案例，侧重从公司治理角度介绍体制机制创新的方法。

第十一章

产权制度创新

“当前,应对日益激烈的国际竞争和挑战,推动我国经济保持中高速增长、迈向中高端水平,需要通过深化国有企业混合所有制改革,推动完善现代企业制度,健全企业法人治理结构;提高国有资本配置和运行效率,优化国有经济布局,增强国有经济活力、控制力、影响力和抗风险能力,主动适应和引领经济发展新常态;促进国有企业转换经营机制,放大国有资本功能,实现国有资产保值增值,实现各种所有制资本取长补短、相互促进、共同发展,夯实社会主义基本经济制度的微观基础。”

——《国务院关于国有企业发展混合所有制经济的意见》

第一节　产权制度创新的意义

一、公司产权制度的定义

公司作为以赢利为目的的社团法人,是近代以来人类在经济领域最为重要的组织创新,也是当前人类社会最为活跃的创新主体。17 世纪,以荷兰东印度公司、英国东印度公司为代表的一批起源于西欧的新型组织,通过股东对自身出资或所处股份承担有限责任的形式,实现了资本的汇聚和风险的分散,适应了社会化大生产的市场经济发展需求,并伴随着资本主义的发展,成为当时推动经济发展和科技进步的主导力量,不仅成为社会创造财富的重要主体,同时也是人类财富的重要载体。近代以来,人类社会主要技术革新也几乎都在公司层面孕育和发展,每个人的衣食住行,更离不开各种公司提供的产品和服务。地球上的大部分人,既是为公司提供智慧和劳务的劳动者,同时也是享受公司产品和服务的消费者。诚如日本著名管理学家大前研一所言："通过被雇佣，我们获得生活所需的费用，成就自己的人生，养活自己的家人，这些钱是从公司那里获得的。"

公司产权制度则是公司的制度根基，也是公司持续发展壮大的重要原动力以及公司体制机制创新的根本基础。公司制度的产生，本身就是公司产权制度创新的重要产物。"产权"是经济学中居于显著位置的重要概念，它是指主体享有的一种财产权利和法律权利，涵盖占有权、使用权、收益权和处分权。而企业产权指的是"以财产所有权为基础，反映投资主体对其财产权益、义务的法律形式"。企业产权有多种形态，其中实物表现形态是对实物资产的占有，股权表现形态是对投资股权的占有。相较于其他权利诉求，公司产权最为显著的特征是拥有剩余索取权，也就是享有对企业扣除一切成本和支出之后的剩余价值进行占有的权利。企业产权制度在公司制度中居于核心地位，决定了企业的组织形式和经营机制。按照我国对现代企业制度的描述和定义，现代企业制度具有"产权清晰、责任明确、政企分开、管理科学"十六字特点。

二、公司产权制度创新的意义

公司产权制度创新对企业发展壮大和永续发展具有十分重要的意义，主要体现在以下方面。

（一）公司产权制度创新是优化公司治理结构的前提

公司制度涵盖公司产权制度、公司组织形式和经营管理制度，而其中公司产权制度在公司制度中居于核心地位，企业组织形式和经营管理制度都以产权制度为基础，这也就决定了公司治理结构受到公司产权制度的决定性影响。事实上，也正是股权多元化和公众公司（上市公司）等产权制度创新途径的不断涌现，激发了对保护广大小股东合法权益的需求，为公司治理的理论和实践提供了发展土壤。防范大股东滥用主导和支配地位的前提，是既有在公司发展中具有决定作用的大股东，也有寻求在公司发展中分一杯羹的小股东。对于持有不同股权的股东而言，其重点关注的利益诉求不尽相同，也决定了其在公司治理中发挥着不同的作用。原始股东、大股东、战略投资者（基石投资者）、财务投资者、小股东、骨干员工持股等多元股东主体的引入，迫切需要在各方股东之间形成有效的利益协调机制，进而维护各方合法权益。正是在这样的基础上，产权制度创新成为公司治理结构创新的重要条件。

（二）公司产权制度创新是形成合理分配机制的基础

法国著名经济学家托马斯·皮凯蒂（Thomas Piketty）在其著作《21 世纪

资本论》中提出，推动世界经济发展的两种基本要素分别是资本和劳动力，这两种要素都可以“用于生产并分配产出的收益”。然而，由于资本具有无限积累的属性，资本分享经济发展成果所占的份额也就更大，而且资本要求的回报率往往高于经济的增长率，这也就意味着股东作为资本的提供者，往往比员工作为劳动的提供者分享更多的成果和红利。按照皮凯蒂的研究，在 100 年的时间里，有资本的人财富翻了 7 番，是原有财富的 128 倍，而整体经济的增幅却只有 8 倍。这样的分配模式不仅造成股东和员工财富差距的不断拉大，也造成了双方矛盾的加深，加大了利益平衡的难度，对企业长期健康发展也形成了巨大的挑战。企业的发展需要兼顾各方的利益诉求，特别是资方和劳方的利益诉求，而治理结构和体制机制创新最重要的意义之一就在于打破资方和劳方利益诉求不一致的天然壁垒，最大限度推动企业发展。

（三）公司产权制度创新是激发股东活力动力的引擎

中国儒学代表人物孟子早在 2000 多年以前就指出：“无恒产而有恒心者，惟士为能。若民，则无恒产，因无恒心。”《中华人民共和国公司法》第 4 条明确提出“公司股东依法享有资产收益、参与重大决策和选择管理者等权利”。公司股东作为与公司经营效益和长远发展具有紧密关系的重要利益相关方，在借助股东会、董事会、监事会等公司治理结构维护自身合法权益的同时，通过建立形成更有利于调动各方积极性的治理结构和体制机制，让资本、劳动以及其他要素在企业发展过程中得到协调和平衡，从而更好地发挥企业各相关方的积极性和能动性。从当前企业实践来看，引入为企业提供独特资源（包括技术、渠道、原料、市场、经验等）的股东，成为推动股权多元化最重要的原动力，通过产权制度创新，公司不仅可以壮大资本规模和资金实力，更为重要的是获取支撑企业发展的股东赋能，而产权制度创新通过股权的纽带，构建形成了各方股东为推动企业发展壮大注入稀缺资源的脐带。

第二节　产权制度创新的方法与途径

经过多年的持续探索，在公司产权制度创新方面已经形成了一些较为成熟的工具和方法，主要包括股权多元化、混合所有制改革、员工股权激励等。产权制度创新伴随着企业发展壮大的整个历程，满足了企业幼年期的融资需求、发展期的赋能需求、成熟期的活力需求。下面我们重点介绍股权多元化、混合所有制改革、员工股权激励等方面的方法和途径。

一、股权多元化

（一）股权多元化的概念

所谓股权多元化，也就是股东和持股人的多元化，也即现有股东通过让渡部分股权的方式，为现有企业引入新的股东。从当今市场经济下的企业法人角度来看，股权多元化是公司发展到一定程度的必然产物。在现行《中华人民共和国公司法》的框架下，股权多元化是更为普遍的一种企业产权形式，大部分有限责任公司和全部股份有限公司都是股权多元化的企业，而一人有限责任公司（只有一个自然人股东或者一个法人股东的有限责任公司）反而是特殊形式。股权多元化的目标是引入不同类型的股东，进而为企业发展注入新的资本和资源力量。无论是民营企业，还是国有企业，都有开展股权多元化的内在需求，同时与既有股东和现有业务形成互补效应，为企业发展增加新的动力源泉和资源储备。

从概念来说，股权多元化的范畴要超过混合所有制，前者适应范围更广，后者只是前者的一种特殊形式。从入股目的大体可将股东分为战略投资者、财务投资者两大类，其中前者是能够为企业增加在资金、技术、管理、市场、人才等方面的资源注入，增强企业核心竞争力和创新能力，致力于长期投资合作，谋求获得长期利益回报和企业可持续发展的企业，后者则是以分享企业发展带来的短期经济效益为目标并在适当时候退出的投资者；从股东类型大体可将股东分为机构投资人、自然人投资人；从产权性质大体可将股东分为国有资本投资者和民营资本投资者。实施股权多元化，既可以通过资金入股，也可以通过技术入股，甚至可以通过商标等无形资产入股。凡是对合资企业具有清晰可估价值的资产，都可以用于换取股权，进而实现股权多元化。

股权比例直接影响到公司剩余价值索取权和公司治理结构的设计，从公司股权结构来看，在同股同权的条件下，大体可以分为绝对控股股东（大约等于三分之二持股比例）、50:50 合营股东、控股股东（持股比例小于三分之二，大于二分之一）、相对控股股东（持股比例小于二分之一，但持股比例大于其他股东）、拥有绝对否决权股东（持股比例大于三分之一）、拥有一票否决权股东（与持股比例无关，在公司股东协议和公司章程中规定）。在企业股权运作实践中，公司股东协议和公司章程往往在股权比例的基础上，对公司各类股东在治理结构中赋予与股权并不完全相同的股东权利。比如，为了加强内部制衡，部分大股东在公司章程中赋予部分股权比例小于三分之一的小股东一票否决权。

对于企业创始人而言，在股权多元化过程中最重要的事项就是释出股权的比例和对公司管理权的让渡形式。通常而言，在引入各类潜在投资者时需要对如下事项进行统筹考虑：一是新引入股东是否可以在技术、管理、品牌、资金、供应链、市场渠道等方面为企业带来价值；二是新引入股东对公司股权比例和公司治理的相关诉求，是否要求在董事会、监事会获得相应的席位，是否要求掌握一票否决权；三是新引入股东追求长期收益还是短期收益，是否有助于公司股权和治理结构的稳定；四是新引入股东对创始股东地位的认定，是否寻求通过一致行动人等形式维护创始股东对公司的实际控制权，还是将创始股东变为职业经理人，甚至在后续发展中对创始股东和经营团队予以清退；五是新引入股东是否要求创始股东形成业绩对赌协议，对公司后续股权结构和公司治理形成不安定因素。

（二）股权多元化的实施途径

实施股权多元化的途径主要包括股权转让、增资扩股。两种方式适应不同的股权多元化目标，对股权多元化企业也会产生不同的影响。

1. 股权转让

股权转让是公司股东依法将自己的股东权益有偿转让给他人，使他人取得股权的民事法律行为。股权是股东对公司及其事务进行控制或支配的权利，是股东基于出资而享有的权利。股权体现的方式包括对经营效益的收益权、重大决策的表决权、重要事项的知情权。股权转让方式包括两种：第一种是将股权转让给现有其他股东；第二种是将股权转让给既有股东以外的其他投资者。因转让对象的不同，两种股权转让方式的具体操作也有所差别。《中华人民共和国公司法》第 71 条规定："股东向股东以外的人转让股权，应当经其他股东过半数同意。股东应就其股权转让事项书面通知其他股东征求同意，其他股东自接到书面通知之日起满三十日未答复的，视为同意转让。其他股东半数以上不同意转让的，不同意的股东应当购买该转让的股权；不购买的，视为同意转让。"

2. 增资扩股

增资扩股是企业向现有股东、现有股东以外其他投资者增发股份进而壮大企业资本的民事法律行为。公司增资需经过股东大会（或股东会）特别决议（代表 2/3 以上表决权的股东通过），增加的注册资本还需通过会计师事务所的验资，并办理工商登记变更和公司章程变更等程序。和股权转让类似，增资方式主要有两种：一种是针对外部投资人的增资扩股，相当于通过引入新股东稀释了原有股东的持股比例；另一种是按原有出资比例增加出资额，而不改变股权比例，仅适用于股东内部增资。

（三）开展股权多元化的程序要求

无论是国有企业还是民营企业，在实施股权多元化过程中都绕不开股权定价的问题，也离不开尽职调查、资产评估、内外审批/审查、产权交割等规定程序。考虑到国有企业股权管理程序性要求更为严格，下面我们重点介绍国有企业股权转让和增资扩股的相关程序性要求。

1. 股权转让的一般流程及操作要点

制定转让方案：转让方对转让的可行性和方案进行研究和论证；涉及职工安置事项的，安置方案应当经职工代表大会或职工大会审议通过。

内部决议：转让方按照章程和制度形成书面决议；国有控股和国有实际控股企业中，国有股东委派的股东代表代表派出单位履行表决权。

国资委/政府审批：国资监管机构负责审核国家出资企业的产权转让事项。其中，因产权转让致使国家不再拥有所出资企业控股权的，须由国资监管机构报本级人民政府批准。

审计、评估：转让事项经批准后，由转让方委托会计师事务所对转让标的企业进行审计；涉及参股权转让不宜单独进行专项审计的，转让方应当取得转让标的企业最近一期年度审计报告；对按照有关法律法规要求必须进行资产评估的转让事项，转让方应当委托具有相应资质的评估机构对转让标的进行资产评估，转让价格应以经核准或备案的评估结果为基础确定。

产权市场公开转让：转让原则上通过产权市场公开进行，原则上不得针对受让方设置资格条件，确需设置的，不得有明确指向性或违反公平竞争原则；转让项目首次正式信息披露的转让底价，不得低于经核准或备案的转让标的的评估结果；转让信息披露期满、产生符合条件的意向受让方的，按照披露的竞价方式组织竞价。

签署交易合同、交割：受让方确定后，转让方与受让方应当签订产权交易合同；交易价款原则上应当自合同生效之日起 5 个工作日内一次付清；交易合同生效，并且受让方按照合同约定支付交易价款后，产权交易机构应当及时为交易双方出具交易凭证。

2. 增资扩股的一般流程及操作要点

制订增资方案：增资企业应当按照企业发展战略做好增资的可行性研究和方案论证；增资后企业的股东数量须符合国家相关法律法规的规定。

内部决议：增资企业应当按照企业章程和内部管理制度进行决策，形成书面决议；国有控股和国有实际控股企业中，国有股东委派的股东代表，应当按照委派单位的指示发表意见、行使表决权。

国资委/政府审批：国资监管机构负责审核国家出资企业的增资行为。其中，因增资致使国家不再拥有所出资企业控股权的，须由国资监管机构报本级人民政府批准。

审计、评估：增资事项经批准后，由增资企业委托具有相应资质的中介机构开展审计和资产评估；增资企业原股东同比例增资等特定情形可以依据评估报告或最近一期审计报告确定企业资本及股权比例。

产权市场公开转让：通过产权交易机构网站对外披露信息，公开征集投资方；通过资格审查的意向投资方数量较多时，可以采用竞价、竞争性谈判、综合评议等方式进行多轮次遴选；以资产评估结果为基础，结合意向投资方的条件和报价等因素审议选定投资方。

签署交易合同、交割：增资协议签订并生效后，产权交易机构应当出具交易凭证，通过交易机构网站对外公告结果；增资企业按照工商登记相关要求办理登记备案。

涉及交易主体资格审查、反垄断审查、特许经营权、国有划拨土地使用权、探矿权和采矿权等政府审批事项的，按照相关规定执行。投资方为境外投资者的，应当符合外商投资产业指导目录和负面清单管理要求以及外商投资安全审查有关规定。

对于部分可能涉嫌造成市场垄断的股权转让，还需要根据所在国法律开展反垄断审查。国际上很多跨国并购案（特别是形成控股地位的）最终都因为无法通过反垄断审查而告终。

二、混合所有制改革

优化股权结构是实现公司治理现代化和体制机制创新的重要前提。股权结构反映了不同性质的股东在有限责任公司或股份有限公司总股本中的占比情况，体现了不同性质股东在公司发展中享有的权利和承担的义务。从本质来说，公司股权结构决定了公司治理结构，而公司治理结构则是公司股权结构的体现形式。混合所有制改革这一体制机制创新模式具有鲜明的中国特色，它主要源于中国国有企业改革。2013 年 11 月，党的十八届三中全会通过的《中共中央关于全面深化改革若干重大问题的决定》指出，“积极发展混合所有制经济”,“允许更多国有经济和其他所有制经济发展成为混合所有制经济。国有资本投资项目允许非国有资本参股。允许混合所有制经济实行企业员工持股，形成资本所有者和劳动者利益共同体”，“鼓励非公有制企业参与国有企业改革，鼓励发展非公有资本控股的混合所有制企业，鼓励有条件的私营企业建立现代企业制度”。

（一）混合所有制改革的政策文件

围绕着推进国有经济混合所有制改革，国家先后出台了一系列文件。2014年4月，国务院批转的国家发展改革委《关于2014年深化经济体制改革重点任务的意见》中明确，“加快发展混合所有制经济。推进国有企业股权多元化改革，建立政府和社会资本合作机制。除少数涉及国家安全的企业和投资运营公司可采用国有独资形式外，其他行业和领域国有资本以控股或参股形式参与经营”，“发展混合所有制经济要依法合规、规范运作，有效防止国有资产流失”。

2015年9月，中共中央、国务院印发《关于深化国有企业改革的指导意见》（中发〔2015〕22号），明确提出了开展混合所有制改革的目标和原则，明确提出“推进国有企业混合所有制改革。以促进国有企业转换经营机制，放大国有资本功能，提高国有资本配置和运行效率，实现各种所有制资本取长补短、相互促进、共同发展为目标，稳妥推动国有企业发展混合所有制经济。对通过实行股份制、上市等途径已经实行混合所有制的国有企业，要着力在完善现代企业制度、提高资本运行效率上下功夫；对于适宜继续推进混合所有制改革的国有企业，要充分发挥市场机制作用，坚持因地施策、因业施策、因企施策，宜独则独、宜控则控、宜参则参，不搞拉郎配，不搞全覆盖，不设时间表，成熟一个推进一个。”

2015年出台的《国务院关于国有企业发展混合所有制经济的意见》（国发〔2015〕54号），对混合所有制改革给予了进一步的明确，提出了“分类推进国有企业混合所有制改革”的实施路径，具体而言就是“稳妥推进主业处于充分竞争行业和领域的商业类国有企业混合所有制改革”、“有效探索主业处于重要行业和关键领域的商业类国有企业混合所有制改革”和“引导在子公司层面有序推进混合所有制改革”。其中，对于主业处于充分竞争行业和领域的商业类国有企业，“按照市场化、国际化要求，以增强国有经济活力、放大国有资本功能、实现国有资产保值增值为主要目标，以提高经济效益和创新商业模式为导向，充分运用整体上市等方式，积极引入其他国有资本或各类非国有资本实现股权多元化”。对于主业处于关系国家安全、国民经济命脉的重要行业和关键领域、主要承担重大专项任务的商业类国有企业，要保持国有资本控股地位，支持非国有资本参股；“对国有企业集团公司二级及以下企业，以研发创新、生产服务等实体企业为重点，引入非国有资本，加快技术创新、管理创新、商业模式创新，合理限定法人层级，有效压缩管理层级”。

围绕混合所有制改革中的员工持股事宜，2016年先后出台了《关于国有控股混合所有制企业开展员工持股试点的意见》（国资发改革〔2016〕133号）、《关于中央企业所属10户子企业开展员工持股试点的通知》（国资发改革〔2016〕293号）等一系列文件，明确“坚持依法合规、公开透明、立足增量、不动存量、同股同价、现金入股、以岗定股、动态调整”等原则，目标是积极推进混合所有制改革试点企业员工持股，有效实现企业与员工利益和风险绑定，强化内部激励，完善公司治理。上述文件对员工持股比例、入股方式等方面进行了规定。

为推动混合所有制改革取得实质性突破，2017年11月，国家发展改革委、财政部、人力资源和社会保障部、国土资源部、国资委、国家税务总局、证监会、国防科工局等部委发布《关于深化混合所有制改革试点若干政策的意见》（发改经体〔2017〕2057号），进一步明确了混合所有制改革过程中国有资产定价机制、职工劳动关系、土地处置及变更登记、员工持股、集团公司层面开展混合所有制改革、财税支持政策、军工企业混合所有制改革等方面的具体事项。文件特别提出“积极探索中央企业集团公司层面开展混合所有制改革的可行路径”，同时明确“国有企业混合所有制改革、落实董事会职权、市场化选聘经营管理者、剥离企业办社会职能和解决历史遗留问题等各项国有企业改革试点核心任务关联性较高，加强各项试点联动，可以有效协同攻坚，发挥政策合力”。

2018年8月，国务院国资委发布《国企改革“双百行动”工作方案》。224家中央企业子公司和180家地方国有企业在2018年到2020年期间实施国企改革“双百行动”，主要目标是在稳妥推进股权多元化和混合所有制改革，健全法人治理结构，完善市场化经营机制，健全激励约束机制，解决历史遗留问题，全面加强党的领导、党的建设等6个方面率先实现突破，打造一批治理结构科学完善、经营机制灵活高效、党的领导坚强有力、创新能力和市场竞争力显著提升的国企改革尖兵。

在2019年8月国务院国有企业改革领导小组办公室印发的《关于支持鼓励“双百企业”进一步加大改革创新力度有关事项的通知》中，进一步明确“双百企业”混合所有制改革审批权限，明确“主业处于充分竞争行业和领域的‘双百企业’，其混合所有制改革方案由中央企业审批；对于中央企业所属的主业处于关系国家安全、国民经济命脉的重要行业和关键领域、主要承担重大专项任务的‘双百企业’，其混合所有制改革方案由中央企业审核报国资委批准；地方‘双百企业’的混合所有制改革方案决策与批准程序按照各地国有资产监管相关政策执行”。

为明确混合所有制改革企业操作流程和重点政策，2019 年 11 月，国务院国资委发布《中央企业混合所有制改革操作指引》（国资产权〔2019〕653 号），明确了中央企业所属各级次企业实施混合所有制改革的审批流程：“一般应履行以下基本操作流程：可行性研究、制定混合所有制改革方案、履行决策审批程序、开展审计评估、引进非公有资本投资者、推进企业运营机制改革。”文件同时明确了混合所有制企业管控方式，提出“中央企业要科学合理界定与混合所有制企业的权责边界，避免‘行政化’‘机关化’管控，加快实现从‘控制’到‘配置’的转变。国有股东要在现代企业制度框架下按照市场化规则，以股东角色和身份参与企业决策和经营管理，不干预企业日常经营”。

（二）混合所有制改革重点攻关领域

1. 股权比例

股权比例是混合所有制改革过程中十分重要的问题，对后续公司治理也具有极其重要的影响。从目前已经实施混合所有制改革的国有企业情况来看，大体可以分为两类：第一类是从国有全资公司改为国有控股公司（51%以上），以央企中国化学工程股份有限公司（简称“中国化学”）旗下的中国化学工程第七建设有限公司（简称“七化建”）混合所有制改革为例，中国化学占股 51%以上，引入战略投资者占股 39%以内，员工跟投 10%以内；而中国化学旗下的华陆工程科技有限责任公司采取了 51:30:19 的股权比例，中国化学占股 51%，引入了万华化学集团股份有限公司作为战略投资者持股 30%，骨干员工持股平台西安华陆共赢企业管理合伙企业（有限合伙）持股 19%。第二类是放弃国有绝对控股，采取相对控股，但按照文件要求股权比例高于 34%，以四川电力设计院为例，混合所有制改革方案中提出中国电力建设集团占比不低于 34%，引入的战略投资者不超过 51%，员工持股平台 15%～20%。相对控股释放出的股权比例更大，客观上形成了股权比例更加分散的股权结构，对于原有国有股东而言意味着更大程度上的放权。

总体而言，国有股权比例释放的多少，以及绝对控股还是相对控股的选择，主要取决于公司市场化程度、竞争激烈程度以及管控模式选择等多种因素。对于国有绝对控股公司而言，混合所有制改革在实现股权多元化的基础上，为后续建立并规范股东会、董事会、监事会运作提供了坚实的体制基础。

如果采取增资扩股的混合所有制改革方式，还有利于壮大企业股本和资金实力，为后续发展提供更好的资金保障。此外，战略投资者往往是与企业在产业链和价值链上有着紧密关系的企业，有利于在保持国有控股的基础上，实现企业生态圈的优化和提升。对于相对控股企业，为了确保国有控股股东的地位，一般采取的策略是提高新引入股东股权的分散性。四川电力设计院提出拟引入2～4家股东，单一投资者持股比例不超过20%，重点引入的战略投资者类型包括能源产业类企业（双向互动，创造战略增长极）、产业链上下游平台类/装备类/运营类企业（产业集成，打造战略联盟）、新兴产业类企业（包括新基建、综合能源、智能化）以及具有较强投融资能力的金融类企业。

2. 员工持股

2015年9月，国务院发布《国务院关于国有企业发展混合所有制经济的意见》，提出“坚持激励和约束相结合的原则，通过试点稳妥推进员工持股”。2016年8月，国资委、财政部、证监会印发《关于国有控股混合所有制企业开展员工持股试点的意见》（国资发改革〔2016〕133号），明确混合所有制改革企业员工持股的试点原则、试点条件、入股流程等具体要求，并启动员工持股试点工作。

在试点经验的基础上，国资委于2019年11月印发了《中央企业混合所有制改革操作指引》（简称《操作指引》），对混合所有制改革企业员工持股进一步予以明确。从现有规定和实践来看，在员工持股方面最大的突破是明确混合所有制改革企业可以引入员工持股，从而实现企业与员工利益更紧密的捆绑。同时，为了防止管理层收购造成国有资产流失，对员工持股继续保持政策上的严控态势，并呈现“四个严控”的特点。

第一是严控引入范围。引入员工持股企业必须满足四方面要求：一是处于充分竞争行业和领域的商业类企业；二是非公资本股东持股达到一定比例，且在董事会中派出董事；三是建立市场化的三项制度和业绩考核评价体系；四是营业收入和利润90%以上来源于集团外部。同时，优先支持人才资本和技术要素贡献占比较大的科技型企业。

第二是严控激励对象。参与持股人员必须满足三个标准：一是在关键岗位工作，并对公司经营业绩和持续发展有直接或较大的影响；二是范围限定在科研人员、经营管理人员和业务骨干；三是与本公司签订劳动合同。这避免了非企业员工、非关键岗位人员被纳入持股范围的可能。

第三是严控持股比例。133号文规定，“员工持股比例应结合企业规模、行业特点、企业发展阶段等因素确定”，同时又明确提出，“员工持股总量原则上不高于公司总股本的 30%，单一员工持股比例原则上不高于公司总股本的 1%”。这一刚性要求在混合所有制改革指引中给予再次明确。

第四是严控入股方式。《关于深化混合所有制改革试点若干政策的意见》、133 号文两份文件明确提出，员工持股主要采取增资扩股、出资新设等方式。133 号文进一步补充提出，员工入股主要以货币出资，以科技成果出资需提供所有权证明并依法评估作价。这堵住了混合所有制改革企业员工通过财务杠杆获得股权的漏洞。

3. 国资监管

《中央企业混合所有制改革操作指引》提出，中央企业要科学合理界定与混合所有制企业的权责边界，避免“行政化”“机关化”管控，加快实现从“控制”到“配置”的转变。国有股东要在现代企业制度框架下按照市场化规则，以股东角色和身份参与企业决策和经营管理，不干预企业日常经营。2020 年 5 月，中共中央、国务院印发的《关于新时代加快完善社会主义市场经济体制的意见》提出，“对混合所有制企业，探索建立有别于国有独资、全资公司的治理机制和监管制度。对国有资本不再绝对控股的混合所有制企业，探索实施更加灵活高效的监管制度”。尽管国家尚未出台相关配套的政策，但通过该意见的出台可以看到，未来国企监管可能会分为三类模式：一是针对未进行混合所有制改革的国有独资、全资公司；二是针对混合所有制改革后国资绝对控股的混合所有制企业（51%以上）；三是针对混合所有制改革后国资相对控股的混合所有制企业（尽管不足 51%，但依然是大股东）。这也就意味着，对于完成混合所有制改革的绝对控股企业，要建立有别于原有作为国有独资、全资公司的治理机制和监管制度，以便更好地适应市场竞争的需要；对于完成混合所有制改革的相对控股企业，要进一步建立更加灵活的治理机制和监管制度，更好地发挥混合所有制改革企业体制机制方面的优势。

4. 市场机制

混合所有制改革，“混”是途径，“改”是目的，根本在于引入适应市场竞争需要的创新举措，尊重市场经济规则和企业发展规律，充分发挥市场运作的调节机制，着力完善现代企业制度、提高资本运行效率，“促进国有企业转换经营机制，放大国有资本功能，提高国有资本配置和运行效率，实现各种所有制资本取长补短、相互促进、共同发展”一直是国家各类文件重点强调的混合所有制改革目标。《关于深化混合所有制改革试点若干政策的意见》明确提出，“为建立健全与混合所有制企业相适应的市场化薪酬机制、有效发挥薪酬激励效用，有关部门要加快研究制订改革国有企业工资决定机制的意见，支持符合条件的混合所有制改革试点企业实行更加灵活的工资总额管理制度”。《中央企业混合所有制改革操作指引》明确提出了混合所有制改革企业“改机制”的重点环节和操作要点，具体包括公司治理和管控方式、三项制度改革、激励约束机制三大方面。特别是在三项制度改革方面，明确提出“推动混合所有制企业在更大范围实行经理层成员任期制和契约化管理，具备条件的建立职业经理人制度，积极探索建立与市场接轨的经理层激励制度”、“建立健全以合同管理为核心、以岗位管理为基础的市场化用工制度”、“落实中央企业工资总额管理制度改革要求，建立健全与劳动力市场基本适应、与企业经济效益和劳动生产率挂钩的工资决定和正常增长机制。完善市场化薪酬分配制度，优化薪酬结构，坚持向关键岗位和核心骨干倾斜，坚持与绩效考核紧密挂钩，合理拉开收入分配差距”等要求。

（三）混合所有制改革推进情况

在国务院新闻办公室 2021 年 1 月 19 日上午举行的新闻发布会上，国务院国有资产监督管理委员会秘书长、新闻发言人彭华岗介绍，随着混合所有制改革在充分竞争行业和领域积极稳妥地推进，中央企业混合所有制改革的范围和领域还在不断扩大。2020 年，中央企业一年当中实施混合所有制改革超过了 900 项，引入社会资本超过 2 000 亿元。据统计，自 2013 年以来，中央企业累计实施混合所有制改革 4 000 多项，引入社会资本超过 1.5 万亿元。中央企业混合所有制企业的户数占比超过了 70%，比 2012 年底提高近 20 个百分点。地方国有企业混合所有制户数占比达到 54%，引入社会资本超过 7 000 亿元，电力、民航、电信、军工等重点领域的混合所有制改革试点稳步推进，上市公司已经成为中央企业混合所有制改革的主要载体，中央企业控股的上市公司的资产总额、利润分别占到中央企业整体的 67%和 88%。

混合所有制改革有效促进了企业经营机制的转换，混合所有制企业以混促改，发挥非国有股东的积极作用，推动完善公司治理，深化三项制度改革，实施员工持股，健全中长期激励机制等，有效地促进了企业经营机制的市场化。在近几年的实践中，混合所有制改革在激发企业活力、提高发展质量和效益、放大国有资本功能等方面的效果逐步显现，涌现出海康威视、万华化学、中国巨石等一批具有示范意义的混合所有制企业。

混合所有制改革更好地推动了国有企业和其他所有制企业的相互促进、共同发展。中央企业所有者权益当中，引入社会资本形成的少数股东权益，由 2012 年底的 3.1 万亿元增加到 2020 年的 9.4 万亿元，占比由 27%提升到 38%。另外，中央企业对外参股的企业超过 6 000 户，国有资本投资额超过 4 000 亿元，这种双向的混合所有制改革，推动了各类所有制企业取长补短、相互促进、共同发展，培育形成了一批行业领军企业和专精特新的“隐性冠军”企业。

三、员工股权激励

员工股权激励是实现骨干员工利益与公司发展利益紧密绑定的制度设计，主要目标是授予经营团队和管理/技术骨干对公司剩余价值的索取权，让他们以股东的身份分享利润、分担风险，以便实现企业和经营团队/管理/技术骨干利益的紧密绑定，最大限度降低委托代理成本，有利于增强骨干队伍的稳定程度和价值创造能力，因而在企业界得到了越来越广泛的应用。

从某种意义上来说，员工股权激励伴随着公司的发展而产生，让才华横溢、富有经验的管理层和骨干员工与股东一样可以分享公司利润，能够让管理层和骨干员工产生为其他股东创造更多价值的动力和活力，进而增加了较无股权激励多得多的利润分成。这也就是员工股权激励的深层逻辑。欧美上市公司由于股权较为分散，在股权激励方面的探索也较为超前，美国菲泽尔公司在 1952 年首创世界上第一个股票期权计划，美国潘尼苏拉报纸公司在 1956 年首创世界上第一个员工持股计划（ESOP），引领了股权激励的潮流。目前，国外大部分上市公司针对高管和骨干员工都实施了各种类型的股权激励方案。资料显示，国内 A 股上市公司也加快引入股权激励方案，“截至 2019 年底，1 579 家 A 股上市公司公告了股权激励方案，约占 A 股上市公司总数的 40%以上，且多家上市公司已实施了两期以上的股权激励计划”。

（一）员工股权激励的方式

从国内外股权激励实践来看，常用的股权激励包括限制性股票（Restricted Stock Unit，简称 RSU）、股票期权（Stock Option）两种较为直接的方式，此外还有虚拟股票（Phantom Stocks）、股票增值权（Stock Appreciation Rights）。伴随着国内《上市公司股权激励管理办法》的出台和持续完善，尽管股权激励实施的广度和深度还有一定的差距，但在股权激励方式方面国内外已经逐步接轨。

（1）限制性股票：激励对象按照股权激励计划规定的条件获得的转让等部分权利受到限制的本公司股票。限制性股票在解除限售前不得转让、不得用于担保或偿还债务。激励对象只有在工作年限或业绩目标符合股权激励计划规定条件时，才可出售限制性股票并从中获益。

（2）股票期权：授予激励对象在未来一定期限内以预先确定的条件购买本公司一定数量股份的权利。激励对象获授的股票期权不得转让、不得用于担保或偿还债务。股票期权是公司给予企业高级管理人员和技术骨干在一定期限内以一种事先约定的价格购买公司普通股的权利。

（3）虚拟股票：授予激励对象一种“虚拟”的股票，激励对象可以据此享受一定数量的分红权和股价升值收益。如果实现公司的业绩目标，则被授予者可以据此享受一定数量的分红，但没有所有权和表决权，不能转让和出售，在离开公司时自动失效。虚拟股票通过其持有者分享企业剩余索取权，将他们的长期收益与企业效益挂钩。

（4）股票增值权：无须实际购买股票，经理人直接就期末公司股票增值部分（期末股票市价减去约定价格）得到一笔报酬，经理人可以选择增值的现金或购买公司股票。享有股票增值权的激励对象不实际拥有股票，也不拥有股东表决权、配股权、分红权，不能转让和用于担保、偿还债务等。

上述股权激励方式的共同点都是将经营团队和骨干员工与公司股东利益实现紧密绑定，在满足一定条件和设定目标的前提下，员工可以分享超额收益而侧重点又略有不同。

（二）国有企业改革中的员工股权激励和准股权激励

考虑到骨干员工持股激励事宜有大量的著作予以介绍，而在国有企业混合所有制改革中骨干员工持股又是亟待突破的关键课题和关注热点，因而后面的介绍侧重于国有企业骨干员工持股的政策规定、实现途径和相关实践。按照《中央企业混合所有制改革操作指引》，国家鼓励混合所有制企业综合运用国有控股混合所有制企业员工持股、国有控股上市公司股权激励、国有科技型企业股权和分红激励等中长期激励政策，探索超额利润分享、项目跟投、虚拟股权等中长期激励方式，注重发挥好非物质激励的积极作用，系统提升正向激励的综合效果。下面对国有企业改革中股权激励和准股权激励的方式及政策依据进行介绍。

1. 岗位分红

（1）政策依据

① 财政部、科技部、国资委联合发布的《国有科技型企业股权和分红激励暂行办法》（财资〔2016〕4 号）。

② 国资委《关于做好中央科技型企业股权和分红激励工作的通知》（国

资发分配〔2016〕274 号）。

（2）政策概念

岗位分红激励是指以企业经营收益为标的，按照相应岗位在科技成果产业化中的重要性和贡献，确定激励总额和不同岗位的分红标准，并对激励对象实施激励的行为。岗位分红是一种非股权激励的中长期激励方式。

（3）实施条件

① 主营业务突出，发展战略明确，具有良好的成长性。

② 经营管理制度完善，内部治理结构健全，人事劳动分配制度改革取得积极进展。

③ 具有发展所需的关键技术、自主知识产权和持续创新能力。

④ 年度财务会计报告必须经过中介机构依法审计，且激励方案制订近 3 年没有发生财务、税收等方面的违法违规行为，未出现重大收入分配违规违纪事项。

（4）激励对象范围

① 在科技创新和成果转化过程中发挥重要作用的技术人员，包括关键职务科技成果的主要完成人、重大开发项目的负责人、对主导产品或者核心技术及工艺流程做出重大创新或者改进的主要技术人员。

② 主持企业全面生产经营工作的领导人员，负责企业主要产品（服务）生产经营的中高级经营管理人员。

③ 通过省部级及以上人才计划引进的重要技术人才和经营管理人才。

④ 每次激励人数不得超过在岗职工总数的 30%。

2. 虚拟股权激励

（1）政策依据

国资委发布的《中央企业混合所有制改革操作指引》（国资产权〔2019〕653 号）。

（2）政策概念

企业授予被激励员工一定比例的虚拟股权，员工可以通过被授予的虚拟股权参与分红。但被激励员工持有的虚拟股权没有表决权、转让权和继承权。虚拟股权激励是一种非股权激励的中长期激励方式。

（3）实施条件

虚拟股权激励方式适用于混合所有制改革企业。

（4）激励对象范围

虚拟股权激励对象包括公司管理层人员、中层管理人员和核心骨干员工。

3. 员工持股计划

（1）政策依据

国资委发布的《中央企业混合所有制改革操作指引 》（国资产权〔2019〕653 号）。

（2）政策概念

通过增资扩股方式引入员工持股。

（3）实施条件

① 企业类型：主业处于充分竞争行业和领域的商业类企业。

② 股权结构：非公有资本股东所持股份应达到一定比例，董事会中有非公有资本股东推荐的董事。

③ 治理结构：治理结构健全，建立市场化的劳动人事分配制度和业绩考核评价体系，形成管理人员能上能下、员工能进能出、收入能增能减的市场化机制。

④ 市场化程度：营业收入和利润 90%以上来源于所在企业集团外部市场。

（4）激励对象范围

董事、高级管理人员、核心技术人员或者核心业务人员，以及公司认为应当激励的对公司经营业绩和未来发展有直接影响的其他员工，但不应包括独立董事和监事。

4. 国有控股上市公司股权激励

（1）政策依据

①《关于国有控股混合所有制企业开展员工持股试点的意见》（国资发改革〔2016〕133 号）。

②《国有控股上市公司（境内）实施股权激励试行办法》（国资发分配〔2006〕175 号）

（2）政策概念

股权激励一般为股票期权、股票增值权、限制性股票等形式，也可以探索试行法律、行政法规允许的其他激励方式。

（3）实施条件

实施股权激励的上市公司应具备以下条件：

① 公司治理结构规范，股东会、董事会、经理层组织健全，职责明确。外部董事（含独立董事，下同）占董事会成员半数以上；

② 薪酬委员会由外部董事构成，且薪酬委员会制度健全，议事规则完善，运行规范；

③ 内部控制制度和绩效考核体系健全，基础管理制度规范，建立了符合市场经济和现代企业制度要求的劳动用工、薪酬福利制度及绩效考核体系；

④ 发展战略明确，资产质量和财务状况良好，经营业绩稳健；近三年无财务违法违规行为和不良记录；

⑤ 证券监管部门规定的其他条件。

（4）激励对象范围

原则上限于上市公司董事、高级管理人员以及对上市公司整体业绩和持续发展有直接影响的核心技术人员和管理骨干。上市公司监事、独立董事以及由上市公司控股公司以外的人员担任的外部董事暂不纳入股权激励计划。

5. 国有科技型企业股权激励

（1）政策依据

①《国有科技型企业股权和分红激励暂行办法》（财资〔2016〕4 号）。

②《关于国有控股混合所有制企业开展员工持股试点的意见》（国资发改革〔2016〕133 号）。

（2）政策概念

鼓励符合条件的国有科技型企业按照国家相关规定，实施股权和分红激励，充分调动科研骨干和关键人才的积极性和创造性。

（3）实施条件

优先支持符合《"十三五"国家科技创新规划》战略布局和中央企业"十三五"科技创新重点研发方向，创新能力较强、成果技术水平较高、市场前景较好的企业或项目实施股权和分红激励。

（4）激励对象范围

综合考虑职工岗位价值、实际贡献、承担风险和服务年限等因素，重点激励在自主创新和科技成果转化中发挥主要作用的核心技术人员、管理人员。科学选择激励方式，鼓励符合条件的企业优先开展岗位分红激励。科技成果转化和项目收支明确的企业可选择项目分红激励，在积累试点经验的基础上稳妥实施、逐步推进股权激励。

（三）员工持股平台的运作

员工持股平台是在股权激励中广泛应用的重要工具。其中，以有限合伙企业作为持股平台具有明显优势。首先，有限合伙企业设立程序简单、入伙机制简便。其次，以有限合伙企业作为员工持股平台可以避免在持股平台层面缴纳企业所得税。最后，有限合伙企业中的有限合伙人并不参与合伙企业的日常经营，可通过普通合伙人实现对持股平台的有效控制，方便后续的人员变动管理。目前，有限合伙企业是实践中被广泛采用的员工持股平台形式。下面，我们重点介绍员工持股平台的架构和运作模式。

1. 持股平台架构

在持股平台的具体搭建模式上，如果公司拟参与持股的员工超过 50 人，建议设立多个合伙企业作为员工持股平台。对于每个持股平台，其普通合伙人（General Partner，GP）均应由高级管理人员成立的有限责任公司（以下简称“管理公司”）担任，持股员工则作为持股平台的有限合伙人（Limited Partner，LP）。普通合伙人对有限合伙企业的债务承担无限责任（或有限责任），有限合伙人以其对有限合伙企业的认缴出资额为限对有限合伙企业承担责任。如作为管理公司股东的高级管理人员离职或不再担任相应职务，其应当在前述事项发生之日起一定期限内退出管理公司。下面我们以某公司拟开展的员工持股平台为例进行介绍（见图 11.1）。

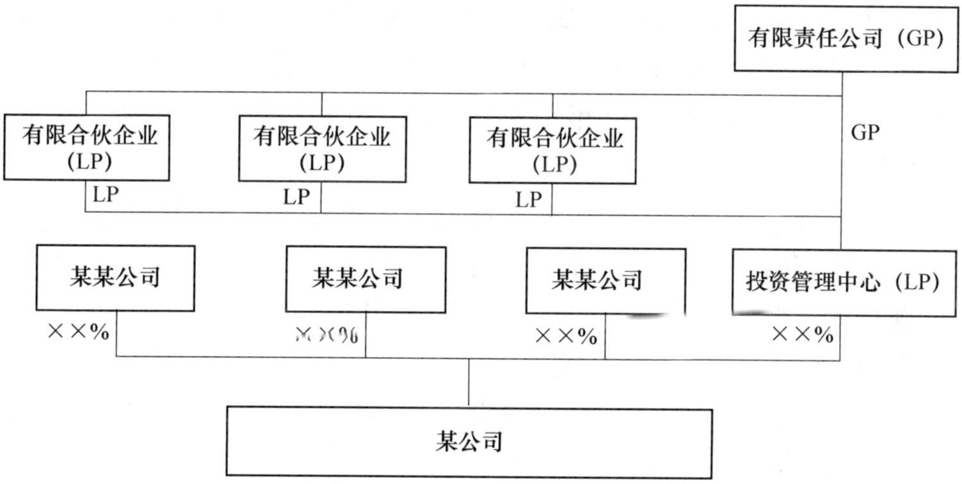

图 11.1　某公司员工持股平台架构

为加强对员工所持股权的管理，依据《中华人民共和国公司法》《中华人民共和国合伙企业法》，建立有限合伙企业和有限公司作为员工持股平台。高级管理人员设立一家有限责任公司作为承担无限责任（或有限责任）的普通合伙人（GP）。由自愿参与持股计划的核心员工（以下简称”持股员工”）和有限责任公司（GP）通过共同出资设立 3 家有限合伙企业（LP）（基于合伙企业的合伙人数量不应超过 50 人，目前员工持股方案暂按持股员工人数为 150 人考虑），有限责任公司（GP）担任 3 家有限合伙企业的普通合伙人，负责日常管理工作。3 家有限合伙企业和有限责任公司（GP）再新设立 1 家有限合伙企业（LP）作为投资管理中心，持有公司 10%的股权，有限责任公司（GP）依然作为普通合伙人负责日常管理工作。

有限合伙企业的有限合伙人及普通合伙人均不得从事除持有公司股权以外的任何经营活动，其运营费用由全体合伙人按约定承担。持股员工依各自在持股平台的份额，享有相应权利和承担相应义务。

2. 持股平台的运作

员工通过持股平台来间接持股，这部分股份不能继承也不能转让交易。

在平台运行初始，将员工持有的股份以及预留的部分权益股份转让给持股平台。持股平台的全部股份可先由普通合伙人（GP）持有，在持股员工入伙担任有限合伙人后，普通合伙人把股份转让给相应的有限合伙人（LP）。

员工持股平台有合伙人的变化，需要全体合伙人同意。

解除股权锁定期后，合伙企业可以作为主体，实施股权转让，获得收益，而该收益通过有限合伙企业直接分配至最终持股的个人；对于持股个人实际的股权锁定时间，可以在合伙协议中约定，目前规定不少于 36 个月。以下特殊情况除外：从公司离职的；被公司开除或因故被辞退的；劳动合同到期后，未与公司续签劳动合同的；从公司退休、内部退养或丧失劳动能力的；在劳动合同期内，长期病事假满一年仍未复工的；死亡或者被宣告失踪、宣告死亡；其他终止服务的行为。

参加员工持股计划的员工可以通过员工持股计划持有人会议选出代表或设立相应机构，监督员工持股计划的日常管理，代表员工持股计划持有人行使股东权利或者授权资产管理机构行使股东权利。

3. 持股员工获利与退出方式

① 分享企业利润：按照出资额享有上面所提到的以有限合伙企业为主体的股权转让收益。

② 转让财产份额：持股员工所持股权只能在平台内转让。如果转让股权，应按照协议约定将属于自己的份额转让给其他员工；如果有员工退出平台，其份额可以暂由 GP 代持（一般由 GP 回购），然后再转让给新的激励对象。

③ 退出结算：根据合伙协议约定的条件退伙，并获得自身财产。

第三节　产权制度创新案例与实践

产权制度创新是对现有体制的改变甚至颠覆，而现有产权制度一方面是长期历史积累演化而成的，另一方面又有着牵一发而动全身的全面性影响，因此产权制度方面的创新在决策环节必须慎之又慎，对其影响要进行系统性的评估，在实施环节必须把握关键，实施外科手术式的精准操作。下面，我们结合案例，对法人治理、混合所有制改革、员工股权激励等产权制度改革创新方式的操作要点进行分析和总结。

一、股权多元化操作要点

任何行业巨头都经历了由小到大的发展历程，也大多经历了初创期和跨越期对资本的强烈渴求。企业在发展过程中，不断吸纳有助于自身发展壮大、增强内生动力的各类投资者，对于自身快速崛起具有十分重要的意义。然而，在引入投资者的过程中，稍有不慎就可能造成企业控制权的旁落，我们也看到了太多的企业因为股权产生的控制权纠纷，进而对企业发展造成致命的负面影响。如何在有序吸纳各类投资者，让各类投资者的资金、资本、资源为我所用的同时，最大限度确保企业在正确的发展道路上迈进，无疑是企业在推进股权多元化过程中最为关注的问题。以下将以第二次工业革命以来先后崛起的石油、汽车、信息技术和互联网等行业巨头股权多元化案例作为切入点，总结分析股权多元化操作的要点。

案例 11.1

美国企业巨头快速崛起背后的股权多元化

每一个行业巨头的崛起，背后都有着股权多元化的无形之手，也都充满了时代的特色和烙印。

1870 年，洛克菲勒兄弟、弗拉格勒夫妻和安德鲁斯等 5 人创建了标准石油公司。标准石油公司在创办之初，就采用了股份制，借助资本和股权的力量促进企业发展壮大，成为标准石油公司最为重要的法宝之一。公司最初以炼油为主营业务，通过提高产品标准，迅速打开了市场局面。面对行业集中度不高、价格竞争激烈、产品质量参差不齐的行业现状，标准石油公司采取的策略是把各家炼油厂合并起来。在成立之后的第 10 年，标准石油公司已经控制了全美 90%的炼油能力，并控制了几乎全部的石油管道输送系统。1882 年，洛克菲勒和其他股东签订了“标准石油公司托拉斯协定”，合并了 40 多家厂商，垄断了全国 30%的原油产量、80%的炼油工业和 90%的管道输送份额。在此基础上，标准石油公司向油气上游开发和下游销售拓展。面对标准石油公司借助资本力量形成垄断的局面，美国政府对标准石油公司提出诉讼，联邦法院最终在1909年判处标准石油公司解散。1911年7月，标准石油公司被分拆成34个独立公司，而这些独立公司很快分化组合，埃克森、美孚、雪佛龙三家公司作为标准石油公司曾经的子公司再度王者归来。

1903年创办的福特汽车，除了掌握公司运营权的亨利·福特之外，还有其他11名投资者，包括煤炭商人、银行家、发动机制造商、木匠、律师、风车和气枪生产商、杂货店老板等，12名投资者总共筹集2.8万美元，为生产汽车产品提供了资金支撑。在成立之初短短的5年时间里，福特公司一口气设计制造了21种车型，苦苦寻找最畅销的车型。由于对公司到底是主打适合大众消费的高性价比汽车，还是主打针对富裕群体的高附加值汽车产生分歧，亨利·福特与另一名创始人亚历山大·麦克姆森矛盾升级、内斗不止，最终以福特掌握绝对控制权、麦克姆森出局结束。伴随着T型车打破销量纪录的巨大成功，福特公司迅速发展壮大。通过推行标准化和流水线生产模式，福特公司获得了跨越性的发展，到1913年前后，福特已经占据了美国汽车市场的半壁江山。此时，距离公司成立仅仅过去10年。尽管早已是美国最大的企业之一，但亨利·福特始终对上市充满抵制，始终保持了福特家族对股权的绝对控制。直到1955年，亨利·福特去世8年后，福特家族才决定将家族控制的60%的股份发售给投资者。

苹果公司成立于1976年，史蒂夫·乔布斯、史蒂夫·沃兹尼亚克和罗·韦恩三名创始人在车库创办了未来市值高达万亿美元的企业。苹果公司创办之初，面临着资金短缺的生死问题，直至等到迈克·马克库拉投入的25万美元投资，苹果公司才得以从嗷嗷待哺的窘境中获得发展壮大的必要资本，而25万美元对应的是当时苹果公司高达30%的股权。此时，乔布斯、沃兹尼亚克、马克库拉、韦恩持股比例分别为30%、30%、30%和10%。1977年，苹果公司推出经典产品Apple II电脑。作为全球真正意义上的首个个人电脑产品，苹果公司迅速发展为拥有上千名员工的大公司。1979年，为了谋求上市，苹果公司引入了施乐公司、罗斯柴尔德等16家投资机构和个人投资者。1980年，苹果公司在纳斯达克首次公开发行上市，乔布斯作为第一大股东，股权被稀释到约为15%，第二大股东马克库拉股权被稀释到约为11.4%，第三大股东沃兹尼亚克股权被稀释到约为6.5%。由于股权结构过于分散，加之经营理念不同，乔布斯在1985年出局，创立了NeXT软件公司，直至1996年苹果公司以4.27亿美元收购该公司，乔布斯才重新回到苹果公司，并以救世主的姿态拯救了苹果公司因业绩下滑造成的发展困境。伴随着iPhone、iPod、iPad等一系列颠覆性产品的推出，苹果公司再创辉煌，并在较长时间内成为全球市值最高的企业。

脸书公司是一家成立于2004年的美国互联网企业。2004年9月，获得天使轮投资50万美元，对应脸书公司10%的股权；2005年5月，获得A轮融资1 270万美元；2006年4月，获得B轮融资2 750万美元，对应脸书公司5%的股权。A轮、B轮投资者主要为风险投资机构。2007年，微软投资2.4亿美元，对应脸书公司1.6%的股权，此时公司估值已经高达150亿美元，李嘉诚投资等投资基金也参加了C轮融资；随后，2009年至2010年，脸书公司又进行了D轮融资，到2011年高盛和DST投资时，脸书公司估值已经高达500亿美元，5亿美元投资仅获得1%的股权。在天使轮至D轮融资中，脸书公司累计获得了超过10亿美元的股权融资，为企业发展壮大提供了必要的资金基础，到上市前一年的2011年，脸书月活跃用户为8.45亿人，日活跃用户为4.83亿人。2012年5月18日，脸书公司正式在美国纳斯达克证券交易所上市。为了确保创始人对上市公司的控制，脸书公司引入了同股不同权的AB股制度，创始人马克·扎克伯格为确保有绝对的控制权，除了投票权是普通股权10倍以外，还引入了“表决权代理协议”，即B股投资者可授权他代为表决，拥有公司56.9%的投票权。到2020年，脸书公司营业收入超过700亿美元，员工规模超过3万人，并成为《财富》世界500强和福布斯全球品牌价值100强入围企业。

结合美国第二次工业革命以来企业巨头通过股权多元化迅速崛起的案例，在推进企业股权多元化过程中需要重点把握好以下关键环节。

一是兼顾投资者资本与赋能的双重作用。股权多元化首先要解决引入谁的问题。股权合作伙伴不同于业务合作伙伴，合资公司股东之间利益不一致乃至无法调和的情况，在现实中比比皆是。对于混合所有制改革企业而言，引入投资者可谓是“请神容易送神难”，必须严格把关。从混合所有制改革实践来看，潜在的投资者大致可以分为两大类：第一类是和标的企业具有产业协同、双方优势互补的战略投资者（如产业集团、科研院所等）；第二类是增加企业资信水平的财务投资者。相较于后者，前者对公司治理和管控参与度更高。在开展股权多元化前，需要对准备引入的投资者进行提前策划。

二是统筹考虑引进投资者与企业控制权。在引入投资者过程中，必须对企业控制权形成事先约定。保持创始股东控股地位的实践包括“一致行动人”（投资人通过协议与创始股东共进退）、“一票否决权”、“AB股制度”等。美国互联网企业从乔布斯1985年从苹果公司出局吸取深刻教训，并在2004年谷歌上市时引入了同股不同权的 AB 股制度。此前在美国上市的高科技公司如苹果、微软和亚马逊等巨头依然沿用同股同权的股权架构。而伴随着谷歌 AB 股架构的实施，目前绝大部分在美国上市的高科技公司都采取了 AB 股架构。作为高科技公司，创始人和创始团队在企业发展中发挥着重要的关键少数作用，在不得不稀释股权引入投资的同时，赋予其更多的对公司战略决策和生产经营的主导权，得到了投资人和公众投资者的普遍认可。甚至香港交易所为了留住美团等国内互联网企业，也不得不修订制度，引入了 AB 股制度。特别是对部分投资人要求的一票否决权，要特别给予审慎评估。

三是科学合理地评估稀释股权的对应价值。股权对价往往是公司创始人和投资人相互博弈的重点。对于创始人和经营团队而言，股权对价无疑越高越好，这样就可以用最小的股权代价，获得更多的资金和资本支持；对于投资人而言，入股要有潜在增值空间，以合适价格购入同样非常重要。股价对价的价格发现机制需要成熟的资本市场作为支撑。而对于不同的投资者，因为可以为公司带来不同的资源价值，因而在股权定价方面也应给予区别对待。这也是部分企业为了获得战略投资者资源赋能，不得不就股权对价给予战略投资者更多优惠条件的原因。

二、混合所有制改革操作要点

《中央企业混合所有制改革操作指引》作为指导国有企业开展混合所有制改革的操作指南，明确了实施混合所有制改革的基本操作流程（涵盖可行性研究、制定混合所有制改革方案、履行决策审批程序、开展审计评估、引进非公有资本投资者、推进企业运营机制改革等六个步骤）、“混资本”相关环节操作要点（涵盖资产审计评估、通过产权市场实施混合所有制改革、通过股票市场实施混合所有制改革等三个方面）、“改机制”相关环节操作要点（涵盖公司治理和管控方式、三项制度改革、激励约束机制等三大领域），以及在财税和土地处置方面的支持政策。以下将以中国建材率先开展混合所有制改革试点案例作为切入点，总结分析混合所有制改革的操作要点。

案例 11.2

国有企业混合所有制发展实践研究——以中国建材集团为例

中国建材集团自 1984 年成立以来，先后经历了部委和企业工委领导的行业公司、国务院国资委领导下的中央企业两个发展阶段。从2002年至今，经历了四个时期，每个时期都采取了不同的战略重点。一是调整期（2002—2004年），通过推进债务重组、明晰发展战略、突出主营业务等一系列工作，企业发展步入正轨。二是发展期（2005—2010年），针对行业“大而不强”、布局分散、竞争无序、效率低下等问题，遵循市场经济规律和企业发展逻辑，借助资本市场，通过联合重组，迅速成长为名副其实的行业领军企业。三是增长期（2011—2014年），从全球战略的角度，按照“做强做优做大”的目标要求，推进企业快速发展，并首次进入世界500强。四是转型期（2015年至今），在“三期叠加”的大背景下，攻艰克难，奋力转型，坚持改革创新，在提质增效、转型升级方面不断取得新突破，进一步增强综合实力、市场竞争力和风险防范能力。

中国建材集团在推进混合所有制改革中，牢牢把握“三个关键”、“三个要点”和“三六六”规范操作指南，有效提高改革效率，确保各方利益共生多赢，实现国企与民企共进。

1. 把握“三个关键”

一是明确混合所有制改革的目的。混合是为了获得利润，并非“为混而混”。中国建材集团推进混合是顺势而为，以提升行业价值和获得利润为目标，既解决了行业过度竞争困境，又满足了重组各方的需求。二是选择合适的混合对象。选择合作企业要从自身发展战略出发，必须能够产生协同效益。混合对象既包括企业层面，也包括个人层面，其中，企业团队是成功合作的基础。三是建立高效的混合机制。高效的混合机制既能发挥国企管理规范等优势，又能发挥民企机制灵活、市场反应快等特点，通过整合资源壮大市场话语权与定价权，真正收到“1+1＞2”的效果。

2. 落实“三个要点”

一是“混得适度”。在“相对控股”“第一大股东”“三分之一多数”等基本前提下，探索多元化股权结构。改革中既不能一股独大，让所有者缺位，也不能股权过于分散，导致“内部人控制”。二是“混得规范”。严格规范操作流程和审批程序，邀请律师事务所、会计师事务所、人力资源咨询公司、投资银行等机构全程参与，合理确定各类所有制资产价格，确保混合所有制改革方案依法依规、操作透明，有效防范国有资产流失。三是“混出效果”。围绕提高运行质量和盈利能力，控风险、增活力、出效益，使其成为企业持久的发展动力。在混合所有制改革过程中，中国建材集团选择“并联结构”，对各子公司按业务单元进行分类混合，使每个业务单元都拥有符合自身发展的运营机制，企业始终处于“赛马状态”，进一步激发了企业活力和竞争力。

3. 实施“三六六”规范操作指南

一是在操作策略上，坚守三类原则（指导原则、操作原则、行为原则）。二是在操作主体上，内外部组成六大机构（领导小组、执行小组、协调小组为内部三机构，审计师、评估师、律师为外部三机构）。三是在操作流程上，遵循六个程序（选区域、选企业、审计评估尽职调查、谈判协议、交接、重组后评价）。通过实施“三六六”重组操作指南，有效防控风险，提高联合重组效率，切实保护各类出资人权益，为混合所有制改革成功奠定了坚实基础。

在具体股权结构设计方面，中国建材集团采取如下措施：

1. 开展“三层混合”的产权制度改革

第一层，在上市公司中，中国建材股份等公司吸纳大量社会资本；第二层，在四大水泥公司等大型业务平台上，把民营企业的部分股份提上来，交叉持股；第三层，在水泥厂层面的企业中，给原所有者留30%左右的股权。三层混合既保证了集团在战略决策、固定资产与股权投资等层面的绝对控股，又调动了子公司在精细化管理、技术改造等环节的积极性。截至2015年底，中国建材集团独立核算企业中，混合所有制企业超过85%。

2. 采用“正三七”和“倒三七”股权结构

中国建材集团在联合重组、组建混合所有制企业中通常采用“正三七”和“倒三七”的多元化股权结构。“正三七”指中国建材集团持有上市公司中国建材股份不低于30%（目前国有股比为46.67%），保持第一大股东相对控股，其他投资机构及流通股不超过70%。“倒三七”是指中国建材股份持有其所属子公司约70%的股份，给机构投资人和原创业者保留30%的股份。通过“正三七”与“倒三七”的股权划分，集团形成了一套自上而下的有效控制体系，既保证了集团在战略决策、固定资产与股权投资等层面的绝对控制权，又确保了上市公司和子公司合并利润，也调动了子公司在精细化管理、技术改造等环节的积极性。同时，将市场机制引入企业内部，进一步促进企业全面协调发展。

3. 探索混合所有制企业员工持股

中国建材集团根据下属企业特性和实际情况，在南京凯盛国际工程有限公司、合肥水泥研究设计院等转制科研院所、高新技术企业探索员工持股，坚持试点先行，规范操作，有序推进，把企业效益和员工利益结合起来，把资本要素和劳动要素结合起来，建立健全激励约束长效机制，留住核心骨干，吸收外部人才。同时，总结出员工持股必须把握的四个关键点：一是严格执行国家有关企业改制和产权转让的各项规定，以增资扩股为员工持股改革的主要方式；二是持股员工范围限定为对企业经营业绩和持续发展有直接或较大影响的科研人员、经营管理人员和业务骨干等，充分激发骨干人才的积极性和创造性，营造企业与员工共同发展的良好氛围；三是明确规定员工持股必须以现金入股，探索持股平台间接持股的方式；四是在员工持股方案中设定股权退出机制和动态的股权调整机制，实现不符合继续持股条件的自然人股东实时退出，让符合股权激励条件的新成长起来的核心骨干能有机会持股。

资料来源：国有企业混合所有制发展实践研究——以中国建材集团为例[EB/OL].（2019-07-31）. https://www.sohu.com/a/330649242_481760.

结合《中央企业混合所有制改革操作指引》和中国建材集团混合所有制改革案例，推进企业混合所有制改革需要重点把握好以下关键环节。

一是选择适当的股权释出比例。股权是混合所有制改革的关键，也是后续公司治理和管控的根本。中国建材集团实施上市平台和子公司层面分别开展“正三七”和“倒三七”的多元化股权结构，优势是在上市平台层面实现股权多元化的同时，确保对重要子公司的控股权。从混合所有制改革实践来看，国有企业通常呈现出伴随着企业层级下移股权比例释放空间变大的现象。比如，中国化学提出，在一级子公司层面混合所有制改革采取51%绝对控股方式，在二级子公司以下则可以放弃绝对控股权，采取相对控股权的方式。相对控股在有利于引进更加灵活的市场机制和监管制度的同时，也会不可避免地加大公司治理的难度。

二是探索规范的员工股权激励方式。从目前员工持股实践来看，开展员工持股的企业，必须满足四个标准，分别从企业功能界定（商业一类）、股权结构（必须有非公资本股东，且在董事会中派有董事）、治理结构（市场化的劳动人事分配制度）、主营业务（90%的收入利润来自集团化）。特别是对于第四个标准，由于中央企业业务定位更加聚焦，内部上下游产业分工和布局较为密切，两个90%的要求，在很大程度上限缩了员工持股的开展范围，只有处于主业边缘地带的业务，或是集团主业不能为旗下企业提供市场支撑的企业，才能符合相关要求，在一定程度上影响了引入员工持股企业的典型性和代表性。

三是实施同步的经营机制转换。“混资本”与“改机制”相结合，始终是混合所有制改革重点强调的改革目标。通过引入民营资本、降低国有股权比例，可以获得更加宽松的国资监管政策，为突破三项制度障碍奠定坚实的制度基础，更好地适应市场经济规则和企业发展规律。与此同时，混合所有制改革还需要配套建立灵活的激励约束机制，形成资源优势，争取工资总额报备制，健全完善以岗位价值为基础，以绩效贡献为依据的薪酬管理制度，从而充分调动干部员工的积极性、主动性，促进劳动效益和经济效益的提高。

四是履行合规的决策审批程序。关于混合所有制改革的各类文件反复强调坚持依法合规，《中央企业混合所有制改革操作指引》明确提出，“要坚持依法合规操作，注重发挥内外部监督合力，做到规则公开、过程公开、结果公开，防止暗箱操作、低价贱卖、利益输送、化公为私、逃废债务，杜绝国有资产流失”。确保混合所有制改革决策和实施过程合规推进，需要重点把好可研和方案编制关、企业内部决策关、资产业务审计评估关、产权市场/股票市场等市场化平台产权交易关、运营机制改革关等关口，每一个关口稍有不慎就会出现有损国有资产保值增值的潜在风险。

需要特别提示的是，混合所有制企业既可以是国资引入民资，同样也可以是民资引入国资。从当前实践来看，民资引入国资相关案例也是屡见不鲜。以总投资 1 730 亿元、兴建加工原油 4 000 万吨、年产芳烃 1 180 万吨、年产乙烯 420 万吨的浙江石油化工有限公司为例，四家股东分别为荣盛石化股份有限公司、浙江巨化投资有限公司、浙江桐昆投资有限公司、舟山海洋综合开发投资有限公司，持股比例分别为 51%、20%、20% 和 9%。其中，舟山海洋综合开发投资有限公司是由浙江省、舟山市以及定海县、普陀区、岱山县、溗泗县政府投资平台共同出资设立的国有企业。由此可见，浙江石油化工有限公司在产权性质上是一家民企控股、国企参股的混合所有制企业。

三、员工股权激励操作要点

员工股权激励是实现经营团队和骨干员工利益与企业发展利益紧密捆绑的最有效方式，尽管股权激励方式多种多样，各有优势和不足，但根本目标都是更好地激发最有创造力和最有价值的那部分员工的活力动力，让这些在公司发展中发挥着引领示范和中流砥柱的人更够为企业创造更多的价值，从而实现股东价值最大化。股权激励在新兴互联网领域得到了广泛的应用，并支持互联网经济走从“互联网泡沫”到“两化融合”的创新之路。

在《中共中央关于坚持和完善中国特色社会主义制度推进国家治理体系和治理能力现代化若干重大问题的决定》中，关于“坚持和完善社会主义基本经济制度，推动经济高质量发展”部分强调，在分配制度上，要坚持按劳分配为主体、多种分配方式并存，“健全劳动、资本、土地、知识、技术、管理、数据等生产要素由市场评价贡献、按贡献决定报酬的机制”。文件对员工股权激励给予了肯定。

下面我们以互联网巨头崛起背后的股权因素为切入点，分析总结员工股权激励的操作要点。

案例 11.3

互联网巨头崛起背后的股权创新

股权激励计划大概是20世纪60年代开始兴起的，其实质就是给管理层股权、股票或者股票和期权，目的是想让他们和股东的利益更加协同。

股权激励计划是一种分享公司成长的方法，而且能够降低员工的流动性。对于成长性公司来讲，这是一种将公司的未来折算成薪酬，降低公司自己人力资本现金支出的办法。中国有个很典型的公司，是华为。有大半的华为员工都拥有华为股权，叫全员持股，员工的股份占到全部股权的98.99%。同样，阿里巴巴、腾讯等公司，员工在入职以后达到一定级别，都有股权发放，基本原则就是在企业待得年份越长，资历级别越高，股权就越多。

1. 国外公司股权激励

从20世纪90年代起，在富有创业精神的硅谷，股票期权是一种重要的企业文化和生活方式。现在，大量新成立的公司还是要依靠股票期权的诱惑力来吸引那些天赋极高又酷爱冒险的人来为自己工作。据统计，硅谷创业公司的期权分配一般如下：外聘CEO——5%到8%；副总——0.8%到1.3%；一线管理人员——0.25%；普通员工——0.1%；外聘董事会董事——0.25%。期权总共占公司15%到20%的股份。

这些硅谷的创业公司普遍实行全员持股或者是大量员工持股，根据员工级别、工作类型决定授予的期权数量。这样的期权制度会让员工有一种主人翁意识，增加对企业的忠诚度；同时，也能让员工分享公司的成功和荣誉。一句话，硅谷的创业公司希望公平分配利益，从而形成有战斗力的创业团队。

（1）亚马逊

自2002年底以来，亚马逊一直使用限制性股票单位RSU（Restricted Share Units）作为公司的主要股权激励工具。RSU符合指定高管和股东的利益，并能有效地管理股东因为股票奖励而导致的稀释问题。亚马逊在收到HRVP和CEO的建议后，会对RSU数额和高管的授予权进行确定。而且，不管是授予新雇用的员工，还是授予在职的员工，RSU的授予时间一般都是五年或者六年，并且股权转让不会因为员工的解雇或者股票控制权的变更而加速。

（2）脸书

脸书（Facebook）用时8年完成上市，上市前一年估值已达500亿美元，上市市值1 040亿美元。初创期以期权为激励工具，成长至百亿美元以上高估值后，转为使用限制性股票单元，但对高管仍保持期权+限制性股票的组合方式，鼓励增长，兼顾激励。对于包括高管在内的员工都采用了更为常规的限制性股票单元授予方式，激励总量也恢复到市场正常水平，平均每年授予总量约为总股本的1.49%，平均年度激励成本约占当年收入的11.3%。

（3）谷歌

谷歌（Google）用时6年完成上市。上市前以期权为激励工具，关注增长，体现初创至成长期公司的典型激励特征；上市后初期，采用期权和限制性股票单元的激励组合，兼顾成长性收益和稳定性收益；金融危机下，基于长期主义的一次性期权置换计划，降低了员工损失，兼顾股东和公司利益；上市10年后至今，以限制性股票为激励工具，匹配公司成熟的发展阶段、庞大的体量规模和全球第四的高市值。年度授予总量约为授予时总股本的1.16%～2.46%，平均年度授予总量比例约为1.92%，平均年度激励成本约占当年收入的6.23%。

2. 国内公司股权激励

在国内，虽然还有很多人对期权持有怀疑态度，但是随着越来越多的创业公司积极推行期权激励机制，并产生了大批的富豪，这使得期权机制正在成为中国创业文化的一部分，下面介绍国内企业的情况。

（1）阿里巴巴

目前，至少65%的阿里巴巴集团员工获得了公司期权，老员工甚至可以直接获得股权，相当于行权价为0的股票期权，员工持股大约占集团股权的3%。阿里巴巴技术员工从P6级开始有权获得期权或者股票。根据技术级别对应期权股票数额，基本定级之后就是这个数额，不会有太大的浮动。期权一般会分成四部分在四年内发放，每年发放1/4。近年来，每一年阿里巴巴的技术人才级别对应的股票数都明显下降，这一方面是由于阿里巴巴的股价在逐步提升，要保持总薪酬包（package）不变，另一方面也是由于阿里巴巴对技术人才的要求在逐年提高。

（2）百度

百度的员工股权福利主要集中在创业初期，公开资料显示，IPO之时，百度员工总共持有公司9.2%的股份。总体而言，员工级别越高，期权可以谈判的空间就越大。另外，百度每年的流动性比较大，且欢迎技术带头人带领自己团队空降，机会比较多。

（3）腾讯

腾讯现在较少发放股票，即使发放股票，也是采取固定行权的方法。腾讯5位创始人以外，员工持公司股权应该不超过5%。2020年7月，腾讯控股在香港交易所公告称，将根据股份奖励计划发行2 664万股新股份，拟授予不少于29 700位受奖励人士，以532.81港元/股的认购标准计算，截至7月10日港股收盘，腾讯的股价为546.5港元，人均获得股票市值49.02万港元左右（折合人民币约44万元）。

2019年腾讯亦曾进行过两次大规模股权激励。2019年12月2日，腾讯控股公告称，于2019年12月2日授出共5.27万份购股权以认购股份，行使价为每股335.84港元。2019年7月8日，腾讯奖励了3 418万股给23 271人，总市值约120亿港元，人均奖励约50万港元。

（4）京东

京东商城于2014 年5月22日登陆纳斯达克。2013 年，京东亏损5 000万元，当年第4季度还实现了盈利。对于净亏损扩大，京东表示，主要由于股权奖励增加。京东的股权激励成本都分配在行政、研发、市场及履约（即物流）这四个方面。

京东对物流建设的重视体现在股权激励上，2012年、2013年履约费用中的激励成本分别为7 800万元和8 100万元。京东将对研发人员的激励力度放在第三位，2012年、2013年激励成本分别是为2 500万元和3 300万元。京东更偏重于对公司高管的激励，虽说创始人刘强东在各种场合强调对京东有绝对控制权，但经历了四轮总额超过22亿美元的融资后，其股权不会太多。不过，刘强东声称，员工股权已超过他个人持有的70%，也就是说，假设刘强东现在有10%的京东股权，员工应该至少持17%的京东股权。

（5）快手

截至2020年9月30日，根据快手前雇员持股计划，4 551名快手公司员工认购5.24亿B类股份，人均持股11.5万，此外还有4 546名非快手在职员工认购3.21亿相关股份。如果按照这个比例估算，快手员工持股比例约在9.7%。在快手的A类股份中，快手CEO宿华持股比例为55.79%，联合创始人程一笑持股比例为44.21%。

3. 同股不同权制度创新

随着公司一轮轮的融资，创始人手上的股份比例会越来越低。通常而言，到上市的时候，创始人手上的股份平均只剩下 10%～15%。鱼和熊掌兼得的方法，是在设计股权结构时，使用双层股权加购，也叫 AB 股制度。AB 股制度本质上是将现金流权和控制权进行分离，这样就可以让创始人在持有少量公司股权的情况下，仍然能够依靠极高的投票权牢牢掌控自己的公司。

京东、小米、脸书、谷歌等这些公司，都使用了双层股权架构。根据京东 2016 年年报，刘强东持有的 B 类股票，每 1 股拥有 20 票投票权；其他投资人持 A 类股票，每 1 股拥有 1 票投票权。虽然京东经历多轮融资，到上市时刘强东手里的股份只有 15.8%，但他仍然拥有京东 80%的投票表决权，牢牢掌握着京东的控制权。

百度也使用了双层股权架构。外部投资人持 A 类股票，每 1 股拥有 1 票投票权，而创始人李彦宏持有的 B 类股票，每 1 股则拥有 10 票投票权。所以，李彦宏虽然只拥有 15.9%的股权，却拥有 53.5%的投票权。

结合国内外员工股权激励方式和互联网巨头崛起背后的股权创新案例，推进员工股权激励需要重点把握好以下关键环节。

一是综合比选股权激励工具。限制性股票、股票期权、股票增值权等股权激励工具对应着不同行使条件和所得税率。股票期权是将预留的已发行未上市流通的普通股认股权，附条件授予高管和骨干，所附条件一般是经营效益或股价表现，而获得期权的高管的行权价值则取决于激励方案；而限制性股票则是针对那些工作一定年限、符合业绩要求的中层骨干，只需满足相应的工作年限和业绩要求，就可以获得相应的股票激励。相对而言，限制性股票确定性更高，期权则可能因为股价表现、业绩不满足要求、行权价格高于市价而变成一张废纸。

二是强化骨干员工队伍覆盖。骨干员工队伍是企业最宝贵的资源，建立与企业经营业绩联动的薪酬结构，只是调动起积极性和创造力的基础，能否分享企业发展带来的红利，特别是获得资本性增值收入（如股权），并附带锁定一定服务期间等条件，才能更好地激励和留住骨干员工。需要给予特别注意的是，员工持股并不意味着全员持股，针对不同岗位、不同级别，可以设置不同的薪酬结构。从实践来看，员工级别越高、不可替代性越强，越需要在固定薪酬的基础上，增加其相应的股权激励比例。

三是做好持股平台建设维护。对于尚未完成上市的有限责任公司而言，因为受股东数量的限制（小于 50 个），针对经营团队和骨干员工的股权激励往往需要引入员工持股平台。员工持股平台一般注册为有限合伙企业，有限合伙企业不从事除持有所持公司股份以外的任何经营活动，持股员工依各自在持股平台的份额，享有相应权利和承担相应义务，是目前被广为采用的员工持股平台形式。对于授予员工股权激励的企业而言，同步指导做好持股平台建设是充分发挥激励作用的重要保障。

四是平衡新老持股员工利益。由于股权增值带来的巨大财富效应，一些此前开展员工持股的企业不同程度出现了同岗不同酬的情况，特别是对于国有控股企业，由于股权激励方案必须履行严格的审批流程，老员工因股份增值缺乏进取精神，新员工没有股权无法分享奋斗得来的发展红利，这对企业长远发展带来不利影响。针对这一潜在问题，企业需要在开展员工股权激励前期做好顶层设计，建立动态的员工股权引入、流转和退出机制，学习华为等企业在推动员工股权流转方面的经验，平衡新员工和作为既得利益者的老员工之间的利益，推动企业永续发展。

第四节 公司产权制度创新经验与启示

中国建材集团和中国医药集团前董事长宋志平曾在 2019 彼得·德鲁克中国管理论坛上指出，改革的核心是分配机制，企业的财富分配应该把所有者、经营者和员工都考虑进来，员工不仅有工资，还应该让他们分享公司的财富，这才合理。关于所有者和企业之间的关系，所有者确实投入了资本，但是企业的财富不能都归现金资本所有。公司不仅是所有者的，还应是社会的。所有者是公司的投资人，有限公司的核心是“有限”，它保护了所有者，只需承担有限的责任，同时也限制了所有者的权利，所有者不得侵害公司的利益。这为企业产权制度创新提供了重要的参考，也就是如何调动资方、高管和员工三方的积极性，如何平衡好三方的利益诉求。

一、股权多元：产权制度创新的前提

国内率先倡导股份制改革的学者厉以宁曾经指出：“我国改革开放从党的十一届三中全会起步，已经走过 40 年光阴。40 年的成就有目共睹，40 年的经验弥足珍贵。在一系列成就和经验当中，股份制改革无疑是十分重要的一项。股份制改革不仅巩固了公有制经济主体地位，搞活了国有企业，而且推动建立社会主义市场经济体制，激发了市场活力。”股权代表了对企业剩余价

值的索取权，是实施公司治理的产权基础。从企业发展实践来看，世界上做强做大、建立现代企业制度的企业，基本都是股权实现多元化的企业。通过在股权中释出一定的比例，从而引入战略投资者、财务投资者、骨干员工持股，甚至公众投资者，不仅可以壮大企业的资本规模，还为下一步转换经营机制奠定了坚实的基础。企业推进股份制改革，进而实现股权多元，既是产权制度创新的基础和前提，也是产权制度创新的目标和结果。借助股权多元化，企业股权的经济价值可以得到更加清晰的价值发现，并为持续激发体制机制创新提供重要的平台和基础。也正是基于这样的原因，《关于国有控股混合所有制企业开展员工持股试点的意见》明确提出，骨干员工持股试点企业必须满足“股权结构合理”“非公有资本股东所持股份应达到一定比例”“公司董事会中有非公有资本推荐的董事”等条件。由单一股东向多个股东的迈进，表面上是股东数量的增加，背后则是开启了产权制度创新的序幕和大门。

二、权责对等：产权制度创新的关键

企业产权制度创新本质上就是围绕着企业股权关系的改革和创新，而股份背后代表的是企业经济权利和法律权利的制度安排。在企业的公司治理、产权制度创新和生产经营过程中，持有不同份额股权的股东，承担各有侧重的责任义务，享有各不相同的利益主张。处于绝对控股地位或享有合并报表权利的股东在产权制度创新和企业生产经营中占据主导性的地位，是企业发展成果最重要的分享者，因为其也必须承担起资源输入、赋能发展、优化管控等重要责任；对于战略投资者和其他持股比例达到一定份额或对公司经营决策具有较大影响的股东而言，其同样需要在产权制度创新过程中发挥重要的作用，需要对企业发展赋能，而不能仅仅退居小股东地位，在对企业发展不闻不问的同时，满足于仅仅分享企业发展带来的利润分红；同样，持股的骨干员工和经营团队掌握了企业的运营权，如何将其利益与大股东、战略投资者、财务投资者等各类股东利益实现更加紧密的绑定，也面临着很大程度的考验。为了使产权制度创新的效果得到充分体现，就需要在控股股东、参股股东、持股经营团队和骨干员工、个人投资者之间形成权责对等的利益分享机制，各方不能止步于享有基于股权的对企业剩余价值的索取权，同时要通过股东协议、公司章程等制度文件，明确各方在企业发展过程中需要投放的资源，并对这些资源价值给予客观的评价和估值，堵塞股东套取和占用企业资源的制度漏洞。

三、动态调整：产权制度创新的命脉

产权制度创新的目标在于激发企业各利益相关方推动企业发展的活力和动力，这就要求尊重和认可各利益相关方对企业发展做出的贡献，并通过财产权利和法律权利的方式给予认定，赋予相关方与自身贡献相适应的对企业剩余价值的索取权。而伴随着企业规模和业务的扩张，旧有的股权架构未必能够全面而客观地反映现有各利益相关方对企业发展的贡献，这也就意味着既有的股权架构跟不上企业发展的步伐和需要，只有动态调整现有利益格局和股价架构，才能更好地激发各方的积极性。从企业实践来看，部分开展股权多元化和骨干员工持股的企业在不同程度上出现了利益格局固化、缺乏活力动力的情况，最重要的表现就是各相关方对利益分配和分享机制出现不满，进而影响自身的积极性和主动性，最终对公司凝聚力形成巨大的破坏力量。一旦出现这种利益格局固化的情况，企业就需要相应地持续推进产权制度创新，通过制度性的安排，将游离于旧有股权架构和利益格局之外的企业发展贡献者纳入公司治理体系，给予相应的财产和法律权利。可以说，对既有股权架构和权力结构进行持续地、动态地调整，是产权制度创新更好发挥作用的命脉，也是企业在开展产权制度创新时必须时刻应该保有的警惕性和敏感性。世界上唯一不变的就是变化，为了始终保持企业向上的动力。正如华为公司的股权激励方式，其股权激励针对的是符合条件的所有优秀员工，实现了股权结构的动态调整，也实现了新老员工利益的妥善协调。

第十二章

公司治理结构创新

“完善国有企业法人治理结构是全面推进依法治企、推进国家治理体系和治理能力现代化的内在要求，是新一轮国有企业改革的重要任务。当前，多数国有企业已初步建立现代企业制度，但从实践情况看，现代企业制度仍不完善，部分企业尚未形成有效的法人治理结构，权责不清、约束不够、缺乏制衡等问题较为突出，一些董事会形同虚设，未能发挥应有作用。”

——《国务院办公厅关于进一步完善国有企业法人治理结构的指导意见》

第一节　公司治理结构创新的意义

一、公司治理结构的定义

公司治理结构（Corporate Governance Structure）是企业管理中的重要概念，根本目标在于通过对企业相关方利益诉求的协调，进而实现企业资源的有效配置。公司治理结构有广义和狭义之分。狭义的公司治理结构通常指股东和经营层建立的监督制衡机制，主要通过股东会、董事会、监事会、独立董事与企业管理层建立的治理结构来实现；广义的公司治理结构指的是协调公司与所有利益相关者（股东、债权人、供应者、员工、客户、政府、社区）利益关系的一套包括正式或非正式的内部或外部的制度或机制，是企业各种组织结构和管理体制及相关制度的总和。狭义和广义的公司治理结构定义，区别在于狭义主要协调股东和经营层之间的权利义务关系，广义协调的是所有企业相关方的利益关系。公司治理结构基于公司产权制度，是企业体制创新的重要体现。

二、公司治理结构和体制机制创新的意义

公司治理结构和体制机制创新也就是改变既有的公司治理结构和体制机制，从而建立形成更加适合企业发展需要的利益协调模式。公司治理结构和体制机制创新对企业发展壮大和永续发展具有十分重要的意义，主要体现在以下方面。

（一）构建平衡的权力激励约束

企业所有权和经营权的分离，是现代公司制度最重要的创新，自荷兰东印度公司最早探索股份制以来，两权分离成为企业规模壮大势必付出的必要代价。按照西方公司治理理论，典型的公司治理结构是由股东会、董事会、管理层之间形成的激励约束机制，通过这些激励约束机制明确各方之间的权利义务关系。“把权力关进制度的笼子”，既要为权力运行留出一定的空间，同时也要用制度法律对权力进行一定程度的规范，是确保权力规范运行的重要保障机制。《国务院办公厅关于进一步完善国有企业法人治理结构的指导意见》（国办发〔2017〕36 号）提出，“健全以公司章程为核心的企业制度体系，充分发挥公司章程在企业治理中的基础作用，依照法律法规和公司章程，严格规范履行出资人职责的机构（以下简称出资人机构）、股东会（包括股东大会，下同）、董事会、经理层、监事会、党组织和职工代表大会的权责，强化权利责任对等，保障有效履职，完善符合市场经济规律和我国国情的国有企业法人治理结构，进一步提升国有企业运行效率。”由此可见，无论是西方公司治理理论，还是中国企业治理模式，都在着力构建作为决策机制的董事会、作为执行机构的经理层以及监事会等监督机构之间的激励约束关系。

（二）大幅度降低内部交易成本

企业的发展壮大，必然伴随着代理成本的增加。所谓代理成本，指的是因经营团队代替公司股东履行对企业实际控制权所带来的成本，是由詹森（Jensen）和麦克林（Meckling）两位学者首先提出来的。代理成本主要包括委托人的监督成本、代理人的担保成本以及假定委托人和代理人信息能力相同而实际不相同的剩余损失。其中，委托人监督成本和代理人担保成本是代理关系的实际成本，剩余损失是在契约最优但又不完全被遵守、执行时的机会成本。由此可见，代理成本事实上高于因代理而产生的直接监督成本和担保成本。在企业内部，随着授权的层层下放，每个层级、每个界面都会产生相应的代理成本；在企业外部，还存在着债权人与股东方之间的利益矛盾，由于股东方对公司剩余价值具有索取权，超额投资收益往往由股东方独享，

这使得股东方倾向于开展风险较大的投资项目，进而放大企业经营风险，而投资失败的后果往往留给了债权人。通过开展企业治理结构和体制机制创新，形成一整套维护各相关方合法合理权益的协调机制，有利于更好地降低各个管理界面和代理关系的交易成本，以便汇聚企业各利益相关方的合力，从而提升企业竞争力。

（三）有效防范潜在的经营风险

企业治理结构和体制机制创新，构建形成合理分工、制衡有效的公司治理结构，是从制度上预防和化解各类风险的长久之计。世界上众多知名企业走向衰败，无法与时俱进完善企业治理结构和体制机制，是重要的深层次原因。以美国安然公司破产为例，作为连续 6 年荣获《财富》杂志“最具创新精神的公司”称号的明星企业，在短时间内迅速从名不见经传的一家普通天然气经销商，发展成为世界上最大的天然气采购商和出售商、世界最大的电力交易商、世界领先的能源批发做市商以及世界最大的电子商务交易平台。然而，因为财务造假，一夜之间企业发展急转直下，引得市场一片哗然。一个安然公司倒下了，许多和安然有着类似问题的企业正在重蹈安然公司走向灭亡的覆辙。任何企业欺诈和舞弊行为，背后都与董事会监管不力、企业激励机制失控、内部控制设计缺失、管理层诚信意识淡薄等公司治理和体制机制失衡、失效有关，本质上都与没有更好地协调和维护企业相关方之间利益诉求有着深层次的联系。可以说，持续推进企业治理结构和体制机制创新，坚持权利义务责任相统一，规范权责定位和行权方式，是企业预防重大经营风险爆发的最为重要的防火墙。

第二节　公司治理创新方法与途径

各国企业基于不同国情，在公司治理领域形成了不同的实践和特点。各国公司治理机构以产权制度为基础，在股东、经营层、决策层、监管机构、媒体、公众等各方的共同影响下，围绕着有效约束和激励经营层的课题，形成了各有侧重的制度探索和创新尝试。美国基于相对分散股权结构下容易造成内部人控制的问题，探索出了独立董事制度，通过在董事会中设立代表中小股东利益的独立董事，形成对由经营层占主导地位的内部董事的监督；德国基于传统上产业以银行为主导的莱茵河治理模式，探索出了监事会（或称之为双层董事会）制度，董事会负责公司重大经营决策的制定和实施，监事会对董事会经营决策进行监督，最鲜明的特点是劳资共决，劳方和资方在监事会中拥有同等数量的席位；日本基于综合商社产权制度，形成了决策层和经营层合二为一、法人股东交叉持股的外部监督制度；英国最早推行首席执行官和董事长分设，强化了董事会对经营层的监督。

伴随着中国特色社会主义市场经济体制的不断完善，加快探索形成具有中国特色的公司治理模式和现代企业制度，成为推进企业治理体系和治理能力现代化的重要领域。无论是国有企业还是民营企业，无论是上市公司还是未上市公司，无论是单一股东公司还是股东多元公司，都面临着在各自产权制度基础上，建立与自己实际相适应的公司治理结构的紧迫需求，法人治理的中国模式呼之欲出。法人治理的中国模式基于我国公有制为主体、多种所有制经济共同发展的基本经济制度，引入了董事会、监事会、独立董事等公司治理结构，与党组织的决策前置程序、以职工代表大会为代表的企业民主管理制度有机结合起来，把加强党的领导和完善公司治理统一起来，明确了党组织在国有企业决策、执行、监督等各环节中的权责和工作方式。

下面，我们分别介绍法人治理创新方面的美国模式、德国模式和中国模式，通过对三种模式的分析和比较，对当前公司治理结构方面的相关实践形成更加深入的认识。

一、法人治理的美国模式

法人治理结构的美国模式根植于英美盛行个人主义的文化背景，特点在于注重维护股东权益，公司内部的权力分配是通过公司的基本章程来限定公司不同机构的权利并予以规范。美国模式的法人治理结构主要具有以下四个方面的显著特征。

（1）基于高度分散股权而形成的股东大会。英美股票市场较为发达，众多的个体股民通过多种形式广泛地参与投资，股东非常分散，通用汽车的股东可能有十几万人甚至更多，不可能把他们召集起来就公司发展的重大事宜召开股东代表大会，因此持股人实施治理权的成本很高。在这种情况下，部分大股东或有影响力的人受股东大会的委托组成董事会，股东大会与董事会之间形成委托代理的关系。一方面，股东将日常经营事务的决策权委托给董事会来负责；另一方面，董事会向股东履行投资回报的重任。

（2）董事会下设分工明确的专业委员会。董事会是股东大会的常设机构。董事会的职权是由股东大会授予的。除了各国公司法在董事会规模、职能等基本点上都有明确规定之外，大型企业一般都有一套详细的公司章程，用以规定和说明有关董事会的事宜。董事会内部设有目的不同的委员会，都由董事长直接领导，根据分工主导各自专业领域，协助董事会做出最终决策。一般而言，董事会内设执行委员会、任免委员会、报酬委员会、审计委员会、战略委员会、风险委员会等。不是所有公司的董事会都需要下设一应俱全的专业委员会，各公司完全可以从自身实践出发，因地制宜，大多数英美企业都设有审计委员会、提名委员会、酬薪委员会和战略委员会。

（3）独立董事制度被广泛采纳，成效显著。美国模式法人治理结构的董事分成内部董事和外部董事（也就是独立董事）。内部董事是指公司现在的职员，以及过去曾经是公司的职员、现在仍与公司保持重要商业联系的人员。外部董事包括三种人：一是与本公司有着紧密业务和私人联系的外部人员；二是本公司聘请的外部人员；三是其他公司的经理人员。外部董事一般在公司董事会中占多数，但不在公司中任职。他们有人通过购买股票而成为公司大股东，有人是代表大型投资机构进入公司董事会，但先天的缺陷可能在于他们对于公司的业务未必了解。

（4）不设立独立的监事会，而是引入外部审计制度。在美国模式法人治理结构之下，股东大会下只设置董事会，不设置监事会，取而代之的是英美企业普遍聘请独立的审计事务所对公司经营状况进行独立审计并发布审计报告，以示公正。尤其是企业每年的年报，与财务报告书紧邻的，必然是审计事务所主管审计师签发的审计报告。同时，政府的监管部门也会在一定程度上对公司经营状况进行审计并对审计事务所的任职资格进行审查。这样的模式也叫作“外部治理模式”，依靠公司外的监管，采取更为独立的审计制度，提高公司披露信息的真实性和准确性，规范和监管公司的经营。

二、法人治理的德国模式

法人治理的德国模式是伴随着德国企业股份化和企业股权集中化而形成和发展的，通常被认为是利益相关者模式、银行主导型、内部人监控型、“双层”董事会体制和参与等级模式的典型代表。法人治理的德国模式具有以下特点。

（1）股权集中程度较高，银行参与公司治理。德国的股权结构比较集中，在德国公司制度中，有限责任公司占总数的90%以上，大企业则大多数是股份有限公司。在德国，最大的股东是非金融公司、创业家庭、保险公司和银行等一些组织。个人持股比例较小，所有权集中程度较高。德国企业法人持股、法人交叉持股也十分普遍，41%的股份为非金融法人所有。德国银行还通过长期贷款和作为小股东的代理人来控制企业。德国的3家最大银行通过接受小股东的委托，代他们选举公司董事会，从而控制了德国许多公司的大部分权力。银行既是公司的债权人，又是公司的股东，还通过选举代理人进入董事会对公司经营实行监督。

（2）法定资本制。德国同美国的授权资本制不同，德国的公司法规定，公司资本额在公司成立时必须全部由股东们认购完毕，否则，公司不得成立。公司不得购买本公司的股份。公司在创立阶段，股票不得在证券市场出售，即使向社会公开发行股票的股份公司，也得由若干银行组成银团先购买股票，然后再向社会出售。

（3）二元制的公司治理结构。德国公司采取二元制的治理结构，设监事会和董事会。德国公司的治理结构由股东会、监事会和董事会组成。监事会具有鲜明的德国特色。在德国公司中，股东大会是公司权力机构，股东大会的权限是由有关法律和公司章程规定的，其主要职责是：确定选举监事会的具体措施，选举监事会成员，修改公司章程，决定公司的解体；决定批准董事会和监事会的年度报告；聘任年终结算的审查员以及决定部分利润的使用等。股东参与公司事务的重要手段是在股东大会上行使询问权和表决权。监事会是公司股东、职工利益的代表机构和决策机构，它的职能相当于美国公司的董事会职能，其主要职责是：一是任命和解聘董事，监督董事会是否按公司章程经营；二是对重大经营事项做出决策；三是审核公司的财务，核对公司资产，并在必要时召集股东大会。但监事会不得干预董事会的经营业务，监事会成员不得与董事会成员相互交叉任职。

德国董事会不同于美国公司的董事会，而是相当于经理班子。董事会是执行监事会决议，在公司内部，董事会向监事会负责，是负责公司日常经营管理和运作的执行机构。其主要职责是负责公司的经营管理，向监事会提供预决算报告，向股东提供有关信息等。在公司外部，董事会是公司法人代表，自主领导公司的经营业务。董事会成员一般少于 10 人，每人都有业务责任，行使一项职能或管理一个企业。根据法律，董事会成员由监事会任命，并签订合约。董事会成员的报酬也由监事会决定。因此，董事会向监事会负责，有义务向监事会报告公司的重大经营方针和公司业绩。如果监事失职，也要给予一定的惩罚。

（4）职工参与决策制。德国公司治理结构的另一个重要特点就是建立了职工参与决策制度，企业职工通过选举职工代表参与监事会和职工委员会，监事会的副主席由职工代表担任，以此来实现参与企业管理的“共同决策权”。德国法律对不同规模企业监事会中的职工代表占比有具体规定，少的也要占监事会成员的30%，多的达到50%。

三、法人治理的中国模式

这里讲的法人治理的中国模式主要是国有或国有控制企业的治理模式，是伴随着社会主义市场经济体制的建立逐步发展起来的，在不断吸收和借鉴各国治理模式经验的基础上逐步丰富完善。在计划经济时代，形成了以“鞍钢宪法”为基础的国有企业治理形式。所谓“鞍钢宪法”，又称为“两参一改三结合”制度，也就是“干部参加劳动，工人参加管理，改革不合理的规章制度，工人群众、领导干部和技术员三结合”，同时配套建立党委领导下的职工代表大会制度，其特点就是党委在公司生产经营中处于决策地位，同时职工通过职工代表大会履行民主参与权利。

在由计划经济向社会主义市场经济改革和转型的过程中，公司治理结构逐渐成为政府和学界普遍关注的问题。以吴敬琏、林毅夫等经济学家为代表的国内学者借鉴欧美公司治理实践，探索中国企业法人治理结构问题。例如，吴敬琏在1994年提出：“公司治理结构是指由所有者、董事会和高级执行人员即高级经理人员三者组成的一种组织结构。要完善公司治理结构，就要明确划分股东、董事会、经理人员各自权力、责任和利益，从而形成三者之间的关系。”林毅夫在1997年也提出，“所谓的公司治理结构，是指所有者对一个企业的经营管理和绩效进行监督和控制的一整套制度安排”。人们通常所关注或定义的公司治理结构，实际指的是公司的直接控制或内部治理的结构。

2002年，中国证监会印发了《上市公司治理准则》（证监发〔2002〕1号），明确规定了股东和股东大会、控股股东与上市公司、董事与董事会、监事与监事会等主体在公司治理中的权利和责任，文件提出“上市公司应按照有关规定建立独立董事制度”，同时规定“上市公司董事会可以按照股东大会的有关决议，设立战略、审计、提名、薪酬与考核等专门委员会”，其中在审计委员会、提名委员会、薪酬与考核委员会中，“独立董事应占多数并担任召集人”。该文件同时对经理人员的激励与约束机制、上市公司的持续信息披露等方面进行了明确。

由于国有企业在中国国民经济中处于支柱地位，国有企业公司治理结构因而得到了更为广泛的关注。2003年，伴随着国有资产管理体制的改革，国务院国有资产监督管理委员会（简称“国资委”）成立，同时撤销中共中央企业工作委员会，国资委根据国务院授权，依法依规履行国有资产出资人职责，加强国有企业公司治理随即进入议事日程。2004年，国资委印发《关于国有独资公司董事会建设的指导意见》（试行），为大型中央企业推进国有独资企业建立董事会试点提供指导。该文件明确了董事会、董事、外部董事、职工董事的权责和产生办法，提出："董事会成员原则上不少于 9 人，其中至少有 1 名由公司职工民主选举产生的职工代表。试点初期外部董事不少于 2 人。根据外部董事人力资源开发情况，在平稳过渡的前提下，逐步提高外部董事在董事会成员中的比例。"

2016 年 12 月，中央全面深化改革领导小组第三十一次会议审议通过了《关于开展落实中央企业董事会职权试点工作的意见》，明确了董事会在企业战略发展中的决策权、经理层成员选聘权、经理层成员业绩考核权、经理层成员薪酬管理权、职工工资分配管理权、重大财务事项管理权等 6 项权利，明确提出了到 2020 年国有独资、全资公司全面建立外部董事占多数的董事会，国有控股企业实行外部董事派出制度。在上市公司治理方面，2018 年 9 月，证监会发布修订后的《上市公司治理准则》，主要修改内容包括：一是增加了上市公司党建的相关内容，明确要求上市公司设立党的组织，开展党的活动，并为党组织的活动提供必要条件，国有控股上市公司将党建工作要求写入公司章程；二是增加环境保护与社会责任相关内容，提出上市公司应当积极践行绿色发展理念，将生态环保要求融入发展战略和公司治理过程，主动参与生态文明建设，在污染防治、资源节约、生态保护等方面发挥示范引领作用；三是加强对大股东和控股股东的约束，加强对中小股东的保护，提出通过持股行权等方式多渠道保护中小投资者合法权益。

伴随着中国改革开放的不断推进和企业规模的不断扩张，法人治理的中国模式正在加速形成。《国务院办公厅关于进一步完善国有企业法人治理结构的指导意见》（国办发〔2017〕36 号，以下简称《指导意见》）的出台，为在中国经济占据主导地位的国有企业明确了法人治理结构的方向和指引。该《指导意见》明确提出："完善国有企业法人治理结构是全面推进依法治企、推进国家治理体系和治理能力现代化的内在要求，是新一轮国有企业改革的重要任务。"

《指导意见》明确指出："从国有企业实际情况出发，以建立健全产权清晰、权责明确、政企分开、管理科学的现代企业制度为方向，积极适应国有企业改革的新形势新要求，坚持党的领导、加强党的建设，完善体制机制，依法规范权责，根据功能分类，把握重点，进一步健全各司其职、各负其责、协调运转、有效制衡的国有企业法人治理结构。"并在此基础上提出了"坚持深化改革""坚持党的领导""坚持依法治企""坚持权责对等"四大原则。这标志着中国法人治理模式的正式形成和臻于成熟。中国法人治理模式创新主要体现在以下方面。

一是形成了伴随着社会主义市场经济发展持续创新的模式。中国法人治理模式创新发轫于我国探索构建独立的比较完整的现代国民经济体系的计划经济时代，伴随着社会主义市场经济的发展而逐渐完善。从最早的“两参一改三结合”，到后来的公司治理结构、现代企业制度等理念的消化、吸收和再创新，再到国有独资企业、控股企业、混合所有制企业现代企业制度的探索和完善，实现了法人治理结构由计划经济体制到中国特色社会主义市场经济体制的转变，体现了我国法人治理结构与时俱进、深化改革、持续创新的发展路径。

二是坚持“党的领导”这一中国特色社会主义最本质特征。中国特色社会主义最本质的特征是“中国共产党的领导”，“党的领导”也是中国法人治理创新和治理模式最为显著、最为本质的特征。在计划经济时代，企业党委在生产经营中处于决策地位，《指导意见》则明确提出了在中国特色社会主义市场经济体制下，如何将党的领导与公司治理统一起来，实现途径就是“明确国有企业党组织在法人治理结构中的法定地位，发挥国有企业党组织的领导核心和政治核心作用，保证党组织把方向、管大局、促落实。坚持党管干部原则与董事会依法选择经营管理者、经营管理者依法行使用人权相结合”。董事会定战略、做决策、防风险；经理层谋经营、抓落实、强管理。

三是构建了中国特色的以公司章程为核心的企业制度体系。有别于美国、德国、日本以及其他国家的法人治理模式，中国法人治理结构创新明确了党组织、股东会、董事会、经理层、监事会、职工代表大会的角色和地位，具有鲜明的中国特色。其中，党组织负责把方向、管大局、促落实。党组织研究讨论是董事会、经理层决策重大问题的前置程序，与“股东会是公司的权力机构”、“董事会是公司的决策机构”、“经理层是公司的执行机构”、“监事会是公司的监督机构”以及“以职工代表大会为基本形式的企业民主管理制度”，共同塑造了中国特色法人治理结构的创新底色。概括而言，就是党委会研究能不能干，董事会决策要不要干，经理层落实怎么干，监事会监督是否合规，职工代表大会确保干的过程满足民主决策、民主管理和民主监督的要求。根据2021年底发布的《公司法（修订草案）》，将来新版公司法有可能会对董事会等相关机构职责设置的表述有所调整，比如：明确董事会为公司执行机构，也就是股东或股东会的执行机构。在此情况下，就把经理层理解成是董事会的执行机构，侧重点不同，授权不同。

第三节　公司治理结构创新案例与实践

优化和完善法人治理结构，是推进公司治理体系和治理能力现代化的重中之重。无论是国有企业，还是民营企业，抑或是混合所有制改革的企业，优化和完善法人治理结构的重点都在于妥善协调好公司与所有利益相关者（股东、债权人、供应者、员工、政府、社区）之间的利益诉求，尤其是股东、董事会、经营层、员工之间的利益诉求。这就必须建立一套协调各方利益诉求的机制。经济合作与发展组织（OECD）在 1999 年通过的《公司治理结构原则》，明确了公司治理结构应维护股东权利、所有股东平等待遇（包括大股东、小股东和外国股东）、确定利益相关方合法权益、及时准确披露公司重大事项（包括财务信息、经营状况、所有权情况和公司治理等）、董事会对股东负责并对公司给予战略性指导和对管理人员进行有效监督等。经济合作与发展组织出台的公司治理结构以保护股东利益并兼顾其他相关方利益诉求为根本，以董事会有效发挥作用为重点，提出了经济合作与发展组织对有效公司治理结构的期望和目标，成为各国监管机构规范公司治理结构的法律和制度的重要参考。

从法人治理结构当前存在的问题来看，尽管大部分国有企业和上市公司已经初步建立了股东会—董事会—监事会等现代企业制度，但相当多的企业尚未形成有效的法人治理结构，主要体现为股东会—董事会—监事会—经理层职责界定不清晰，激励约束机制有待持续完善，大股东与小股东、内部董事与外部董事、董事会与经营层之间的制衡关系有待持续强化，内外监管无法有效满足企业可持续发展的需要。部分国有企业党组织在法人治理结构中的法定地位还有待持续加强。下面，我们重点从构建权力制衡机制、激励约束机制、信息披露机制、组织优化机制等四个层面，对如何更好地发挥公司治理结构的作用进行分析。

一、构建权力制衡机制

公司治理结构是公司产权制度的外在表现，公司治理结构的选择从根本上取决于公司产权结构。没有任何一种公司治理结构是完美无缺的，正如不同的产权结构有其各自的优势。独资公司固然具有其所有权和经营权紧密结合、治理结构相对简单、管理效率相对较高等优点，但同时也面临着“内部人控制”造成的开放性不够、透明度不足等问题；股权多元的合资公司固然具有资源汇聚、信息透明等优点，但同时也面临着协调难度大、决策效率低等问题；上市公司固然具有融资渠道广泛、信息高度透明、品牌价值彰显等优点，但同时也面临着治理成本高企、内外监管激增等问题。正是在这种意义上，不同类型的公司依据外部监管和自身特点的不同，应该选择构建各有侧重的权力制衡机制。

下面我们以独资公司、合资公司、上市公司治理结构的异同为切入点，分析总结构建权力制衡机制的操作要点。

案例12.1

独资公司、合资公司、上市公司的公司治理结构

按照《中华人民共和国公司法》的规定，中国的公司形式包括有限责任公司和股份有限公司。其中，有限责任公司是由50个以下的股东出资设立，每个股东以其所认缴的出资额为限对公司承担有限责任，公司法人以其全部资产对公司债务承担全部责任的经济组织。有限责任公司根据股东数量的不同，又分为一人有限责任公司和多人有限责任公司。

股份有限公司是以公司资本为股份所组成的公司，股东以其认购的股份为限对公司承担责任。《中华人民共和国公司法》规定，应当有2人以上200人以下为发起人。根据是否公开上市发行股票，股份有限公司又分为上市公司和非上市公司。各种不同类型的公司具有不同的公司治理结构。

对于一人有限责任公司而言，因股东只有一人，理论上不需设立股东会、董事会、监事会，由股东任命执行董事、经理和监事。如果是国有控股公司，在公司治理结构中需要明确党组织在企业决策、执行、监督各环节的权责和工作方式，同时健全以职工代表大会为基本形式的企业民主管理制度。

例外事项是国有独资公司，尽管其也只有一家国有股东，但按照《关于国有独资公司董事会建设的指导意见》（试行），仍然需要建立董事会等公司治理结构。以中国石油天然气集团有限公司为例，尽管出资人只有国务院国资委，但也按照国有独资公司董事会建设的要求，在2014年6月建立了由8名董事组成的董事会。在8名董事中，有2名内部董事，5名外部董事，还有1名职工董事，从而实现决策组织与执行组织的分离。国有独资公司建立董事会的实践，对于大型独资民营企业集团公司治理具有一定的借鉴意义。

对于多人有限责任公司而言，因具有多家股东，需要设立作为公司权力机构的股东会、作为公司决策机构的董事会、作为公司执行机构的经理层、作为公司监督机构的监事会，同时需要明确国有企业党组织在法人治理结构中的法定地位。对于国有独资公司、全资公司而言，其董事会、监事会中须有职工董事和职工监事。

对于上市的股份有限公司而言，其应设立股东大会、董事会、监事会等公司治理结构。国有控股上市公司需要发挥国有企业党组织的领导核心和政治核心作用，明确党委研究讨论作为总经理办公会、董事会决策重大事项的前置程序。上市公司应按照有关规定建立独立董事制度，独立董事应独立于所受聘的公司及其主要股东。同时，上市公司董事会需按照股东大会的有关决议，设立战略、审计、提名、薪酬与考核等专门委员会。同时，需要健全以职工代表大会为基本形式的企业民主管理制度。对于未上市的股份有限公司而言，公司治理结构应参照上市的股份有限公司设置，并进行适当的简化，需设立股东大会、董事会、监事会等公司治理结构。

结合独资公司、合资公司、上市公司各自不同的公司治理结构案例，在构建股权制衡机制方面需要重点把握好以下关键环节。

一是形成各有侧重的权力制衡机制。不同的产权制度要求建立不同的公司治理结构，公司治理结构越复杂、越规范、越成熟，意味着其成本越高、程序越多、效率越低。在建立和完善公司治理结构的过程中，企业需要始终对此保持密切的关注，并非所有企业都适宜一步到位建立起股东会、董事会、监事会、外部董事、职代会等公司治理机构，最终还是要根据法律规定和企业的实际，选择适合企业实际的公司治理模式。从目前来看，部分央企在二级公司层面并未设立董事会，而是采取设立执行董事、监事的方式。以很长时间作为中国上市公司的万科为例，其因相对分散、相对成熟的股权结构和治理模式而饱受赞誉，然而在面对“野蛮人来敲门”时，其股权结构和治理模式客观上也造成了抵御外来者侵袭的无能为力。

二是打造相互制约的多元股权结构。股东大会/股东会是决定公司重大决策事项的最高权力机构，通过公司章程明确各方股东的权利义务关系，特别是建立股东平等待遇、预防大股东滥用控股地位、小股东利益保护等机制，有利于各方股东更加合规地履行出资人职责。借助对小股东合法权益的保护，形成对大股东规范履行股东权利义务的制约和平衡机制。推行股权多元化，是实现股价价值显性化的重要前提，也是避免国有企业内部人控制的重要途径。从某种意义上来说，国家大力推进国有企业混合所有制改革，内在动因正在于此。

三是构建规范运行的法人治理结构。以公司章程为核心，建设规范、科学的股东大会—董事会—经理层之间的委托代理关系，同时明确党组织、监事会、董事会、职代会在法人治理中的地位和作用。法人治理结构不仅仅是建立了相应的组织，更重要的是明确赋予与组织相适应的责任和权利，通过公司章程明确规范在战略规划、投资决策、经营计划、财务预算、人事提名、薪酬考核、审计监察等方面的决策流程和相应权限，赋予职代会、监事会、董事会相应的监督权限。

二、构建激励约束机制

构建激励约束机制是建立公司治理结构的重中之重，也是公司治理结构创新的根本所在。公司内部董事和高管团队对企业经营效益发挥着关键少数的作用，他们身上宝贵的企业家精神，往往成为带领企业实现业绩跨越的关键要素。与此同时，我们也应看到，部分董事和高管团队享受高薪或者不作为，或者乱作为，或者过于重短期轻长期，这些问题都表明构建激励约束机制对于公司治理创新的重要价值。从当前实践来看，部分上市公司采取的策略是将公司效益与内部董事和高管团队的薪酬激励（特别是股权激励）硬挂钩，通常采取公司股价\净资产收益率等指标与股权授权数量挂钩的措施。这种策略有利于企业高管与企业全体股东利益实现更加紧密的绑定，从某种程度上赋予他们对企业超额利润的分享权。然而，这一策略也是拉大高管团队和普通员工收入差距的重要原因，同时刺激了部分高管团队火中取栗，过于看重企业短期效益，采取竭泽而渔式的发展模式，因此也饱受诟病。

下面我们以中粮集团建立激励约束机制的案例为切入点，分析总结构建激励约束机制的操作要点。

案例12.2

中粮集团：国企改革的“真刀真枪”与“真金白银”

作为国内最大的农粮央企，中粮集团近年来抓重点、补短板、强弱项，聚焦“企业治理”和“激励约束”两大难点问题，开展了一系列改革创新，练就了一身“硬功夫”。去年，中粮集团创造了营收4 924亿元、利润总额126亿元的成绩，凸显出国企改革尖兵的本色。

公司治理的“真刀真枪”

深化国企改革，关键是要建立完善的公司法人治理结构；而完善公司法人治理结构，关键是要将党委（党组）“把方向、管大局、保落实”与董事会“战略管理、科学决策、防控风险”有机统一起来，即将党对国有企业的领导和建立现代企业制度两个“一以贯之”真正落到实处。

近年来，中粮集团在推进公司治理现代化进程中“真刀真枪”动真格。

通过多次修订公司章程，在制度层面明确落实党组织在公司法人治理结构中的法定地位。中粮集团明确划定党组与董事会、经理层权责边界：党组作为领导机构，集中发挥把方向、管大局、保落实的作用，并通过党组前置研究讨论，对相关重大问题进行有力把关；董事会作为重大经营管理事项的决策机构，集中发挥定战略、做决策、防风险的作用；经理层作为集团执行机构，集中发挥谋发展、抓落实、强管理的作用。

好的制度关键要落地见效，“紧起来、严起来”。中粮集团以实际行动遵守制度，尊重制度，不断促进集团党组和董事会、经理层之间的良性互动，既立足保障集团党组坚定行使决定权、把关权、监督权，又坚决防止集团党组简单机械、包揽一切。

去年，中粮集团党组研究通过的集团三年高质量发展目标，在提交董事会审议时，有外部董事毫不客气地指出：集团制定的主要目标与行业水平、全球水平相比仍存在差距。对此，中粮集团党组没有简单机械地坚持己见，而是实事求是接受不同意见，又与经理层对发展目标进行反复研究论证，多次修改完善，最终在提交董事会审议时获得一致认可。有外部董事深有感触地表示，集团党组高度重视我们的意见建议，这件事充分体现出党组和董事会之间的良性互动，真正实现了党的领导和法人治理的有机融合。

激励约束的“真金白银”

坚持党管干部原则与市场化选人用人有机统一，是对两个“一以贯之”的重要落实，也是激发国企活力的关键保障。

长期以来，国有企业中普遍存在的“铁饭碗”“大锅饭”等意识，已经成为影响国企效率，限制国有经济竞争力、创新力、控制力、影响力、抗风险能力的严重阻碍因素。对此，中粮集团以“激励约束机制”作为关键突破口，进行了一系列创新改革。

从2018年开始，中粮集团在部分专业化公司率先推行三年任期经营目标责任制。结果为“较差”或“不称职”的，将进行提醒谈话，并可提前结束任期，而经综合分析研判确属不宜继续担任现职或者不胜任的，则将遵循市场化原则，采取调整岗位、降职、免职、解聘等方式予以调整。

中粮集团的这一制度并非光说不练。饲料业务因为业绩不达标连续两年被亮“黄牌”，主要负责人降级，业务管控关系也相应调整。

同时，“真金白银”的激励遵循市场化原则的力度也不断加大。三年任期经营目标责任制作为在年度薪酬基础上新增的激励，将根据三年任期净利润加总值的实现情况来决定激励力度。业绩优秀者最高可获得九倍奖金。

中粮集团坚持选人用人市场化改革，从市场化选聘、市场化激励、市场化退出三个层面加强制度设计，加快形成能者上、优者奖、庸者下、劣者汰的正确导向，实现领导人员“凭业绩说话”，能上能下，实现市场化流动。

在中粮集团看来，全面把握市场化的本质要求，就是要充分认识到市场化必须是市场化选聘、契约化管理、市场化薪酬、市场化退出，是权责利相统一的有机整体，缺一不可。实行三年任期经营目标责任制，就是市场化改革的必然要求。依靠制度约束、强调契约精神，中粮集团通过“真刀真枪”的市场化选人用人和中长期激励约束不断为国有企业注入市场活力，逐渐锻炼出一支政治素质好、专业能力强、担当作为勇、工作业绩实的能打硬仗的队伍，不断创造价值。

当前，经过一系列制度设计和探索实践，中粮集团已形成“人员能上能下、能进能出、薪酬待遇能高能低”的灵活机制，“中粮没有‘铁饭碗’，中粮坚决不搞‘高级大锅饭’”成为铁规和共识。管理层被激发出更多干劲，企业释放出更多活力，中粮集团多年来的国企改革成效越来越凸显。

资料来源：中粮集团：国企改革的“真刀真枪”与“真金白银”[EB/OL].(2020-07-29). https://baijiahao.baidu.com/s?id=1673542476705199022&wfr=spider&for=pc.

结合中粮集团激励约束“真金白银”的案例，在构建激励约束机制方面需要重点把握好以下关键环节。

一是发挥外部独立董事等的主体作用。外部独立董事、专职董监事是独立于公司管理层的公司治理主体，经济上的独立性、业务上的专业性、立场上的客观性，是其较为显著的特点。在董事会层面，外部独立董事或专职董监事相对于内部董事或执行董事，可以对企业生产经营形成独立第三方的审视，因而也往往能够站在独立、专业、客观的角度上，对企业战略、高管提名、薪酬兑现等方面形成更为审慎的把关，进而对“内部人控制”的问题形成较为有效的制约。

二是形成清晰合理的业绩考核机制。业绩考核机制需要有考核指标、指标基准、业绩目标、奖惩措施等要素。其中，考核指标反映了企业侧重的领域，通常包括规模指标（如营业收入、利润等）、效益指标（如利润率、净资产收益率等）、效率指标（如应收账款周转率、存货周转率等）以及运营指标（结合企业所处行业确定），指标基准是确定业绩目标的基础，通常考虑行业对标、历史数据、行业趋势等因素，业绩目标也就是最终确定的高管考核目标，奖惩措施则是针对业绩考核的兑现规则。

三是引入任期制等中长期考核方法。任期制和中长期激励等管理机制对于克服高管团队侧重短期效益、注重短线套利等行为可以形成一定的制衡。实践证明，引入薪酬递延机制可以抵消高管团队竭泽而渔的短期冲动。当前，伴随着国有企业改革的不断推进和深入，引入高管团队任期制已经成为三项制度改革的重要方面。任期制等中长期考核方法的引入，可以在很大程度上推动市场化用人机制的实现，例如中粮集团“市场化选聘、市场化激励、市场化退出”等方面的制度设计。

三、构建信息披露机制

现代企业因所有权和经营权分离获得了发展壮大的前提，形成了股东实物资本和员工人力资本的有机结合，与此同时也造成股东（特别是中小股东）和经营团队之间天然的信息不对称。所有权和经营权的这种分离当然是一种必要之恶。然而，为了让这种必要之恶不至于发展到反噬企业发展大局的地步，就需要建立信息披露机制。无论是中国的上市公司公司治理指引，还是经济合作与发展组织的《公司治理结构原则》，都将信息披露机制作为重点来加以规定，从而最大限度减少股东层、董事层、经营层、监管层以及社会公众之间存在的信息鸿沟，让透明公开的阳光真正成为公司治理最好的消毒剂。

下面我们以安然事件、次贷危机与信息披露的案例作为切入点，分析总结信息披露机制的操作要点。

案例12.3

安然事件、次贷危机与信息披露

安然能源公司成立于1985年，总部位于美国第四大城市——能源中心休斯敦，由美国休斯敦天然气公司和北方内陆天然气公司合并而成。在短短十多年的时间里，它从一家天然气经销商，发展为世界上最大的天然气交易商和电力交易商。高峰时期雇员2万余人，2000年排名美国500强第七位，全球5 000强第十六位。然而，就是这样一家公司，却在2001年突然被要求纠正1997年至2000年的财务报告，随后迅速陷入泥潭，在2002年初被终止股票交易，彻底崩塌，引得市场一片哗然。紧随其后，美国资本市场出现了一系列财务丑闻，一批企业巨头被爆出存在财务舞弊。

这些企业的舞弊行为目的不同，手段各异，但都与董事会监管失利、企业激励机制失控、内部控制设计缺失、管理层诚信意识淡薄等因素直接相关，一时间公司治理成为焦点问题。安然事件激发了第一轮对公司治理研究的高潮。

2007年爆发的美国次贷危机影响了当时快速扩张的虚拟经济，激发了公司治理的第二轮研究高潮。2002年美国颁布了条款极为严苛的《萨班斯法案》，在美国乃至全球范围内产生了显著的影响，市场信心一度高涨，人们相信内控流程的建设、审计师的轮换、独立董事的监管以及公司高管的直接责任背书等一系列举措已经使公司治理日渐完善。然而事实却远非如此，当坏消息如多米诺骨牌一样连环冲击着人们内心防线的时候，我们不得不反思在此次危机中深陷泥潭，宣布破产或者被政府救援的金融机构的公司治理到底哪里出了问题，公众普遍将金融机构视为危机的始作俑者，诘责“董事会都在干什么？风险控制为何形同虚设？为什么搞垮了公司，经理人依然挣大钱？！”等等，伴随着公众投资者的疑惑与愤怒，政府也开始干预企业的公司治理，在宏观层面设立了更为严格的法案以规范不断出现的金融创新产品，在微观层面引导高管人员薪酬制度的完善以及设置薪酬限额等。

结合安然事件、次贷危机与信息披露的案例，在构建构建信息披露机制方面需要重点把握好以下关键环节。

一是培育透明公开的信息披露氛围。建立形成重大信息披露和信息机制，提高公司治理各主体之间信息的透明度，有利于调动和发挥各方在公司治理中的作用。这也是经济合作与发展组织《公司治理结构原则》强调“及时准确披露公司重大事项”的根本原因。只有确保董事、监事、独立董事掌握了履职行权所必需的信息，才能让股东会、董事会、监事会、独立董事能够更好地发挥作用，确保会议日程更加高效，各方诉求得到更加充分的表达，让董事会更好地理解股东诉求，经营层更好地贯彻董事会决议，监事会和外部董事更好地发挥监督作用。

二是塑造尊重规则的合规经营意识。有效的法人治理结构需要做到责任权利清晰、激励约束、有效制衡协调，这需要参与公司治理各环节的各个主体都要形成尊重规则的合格意识，能够规范履职，在公司章程规定的范围内行使权利、履行义务。这不仅需要股东会、董事会、监事会等的各类会议形式有着清晰的功能定位，还需要股东、董事（执行董事、职工董事、独立董事）、监事、董事长、总经理遵守自己的权力边界，做到履职到位，不越位、不缺位。

三是形成高效有序的决策协调模式。高效有序的协调机制是实现企业及各利益相关方统筹兼顾的重要保障，为了实现各方利益诉求的统筹兼顾，法人治理结构是刚性要求，决策协调模式则是柔性要求，前者更多强调分权、监督和制衡，后者更多强调沟通、协调和配合。面对股东与董事、内部董事（执行董事）与外部董事（独立董事）、董事与监事、董事会与经理层之间纷繁复杂的关系条线，既需要在公司治理框架下规范分工和授权，也需要实现广泛的制度性和非制度性的沟通与协调，从而最大限度形成开放透明的机制保障。

四、构建组织优化机制

公司内部扁平精干的组织架构和通畅高效的运行机制，也是公司治理结构的重要组成部门。围绕着未来的组织架构，企业界进行了广泛而深入的探讨，海尔集团推行平台化改革，改变企业传统的金字塔型组织架构，将科层化的组织结构转变为互联网化的平台主、小微主、小微成员，张瑞敏将海尔集团的平台型组织转型描述为:“将金字塔式的管理先行打散,再逐步扁平化,变成一个又一个自主创新、自我管理的小团体。”史玉柱则提出：“未来公司就是一个平台，公司组成一个大平台，然后让很多小的团队在上面跑，谁跑赢谁就成功了。未来的公司架构很可能就是这样一个强大、自由的平台，最后看你赚多少钱，而这个团队人数是越少越好。”面对数字化时代的到来，如何持续建立组织优化机制，越来越引发各方的关注。总的要求是高效，大的趋势是扁平。

下面我们以中国石油组织变革案例为切入点，分析总结组织优化机制的操作要点。

案例 12.4

中国石油全面启动总部组织体系优化调整①

4 月 8 日，集团公司召开总部组织体系优化调整部署动员会（视频）。会议以习近平新时代中国特色社会主义思想为指引，深入学习贯彻党的十九届四中、五中全会精神，认真贯彻党中央、国务院关于国有企业改革三年行动方案和深化油气体制改革的相关部署，落实集团公司党组关于推进公司治理体系和治理能力现代化的指导意见、关于深化集团公司体制机制改革的意见等相关安排，全面启动总部组织体系优化调整。集团公司董事长、党组书记戴厚良出席会议并讲话，强调要加快建设中国特色现代企业制度，推进集团公司治理体系和治理能力现代化，为推动高质量发展、打造基业长青的世界一流企业注入动力、提供保障。

戴厚良指出，要深刻认识集团公司总部组织体系优化调整的重要性紧迫性。优化调整总部组织体系，是贯彻落实党中央关于深化国有企业改革决策部署的具体行动，是有效应对外部环境变化、顺应能源行业发展趋势的战略选择，是推动公司高质量发展、打造基业长青的世界一流企业的现实需要，是推进公司治理体系和治理能力现代化的重要内容。要把思想和行动统一到中央决策部署上来，主动适应形势变化，坚定改革信念，强化改革担当，加快构建适应时代要求和企业发展需要的新型组织体系，不断增强公司的生存力、竞争力、发展力、持续力，始终掌握发展主动权。

戴厚良指出，要立足改革全局，加强统筹谋划，优化完善“总部为战略引领和一体化统筹中心、业务板块为业务运营和利润中心、企业为执行中心和利润分中心”的管理体制架构，按照做精总部、做优板块、做强企业的方

① 本文首发于《中国石油报》，微信号：zgsybwx。

向，在保持集团和股份总部协同高效组织架构的同时，统筹优化机构设置，整合综合事务协调管理，强化计划管理的发展职能，理顺财务职能配置，强化人力资源价值提升，加强生产经营统筹协调，推进数字化转型、智能化发展，加强内控合规和制度体系建设协同；突出业务协同、专业化发展和产业链国内外一体化统筹，优化调整业务板块划分，构建油气和新能源、炼化销售和新材料、支持和服务、资本和金融四大业务板块（子集团），建立一整套紧密协同、内在联系、相互支撑的制度机制，促进全面深化改革。在公司管理体制架构中，总部处于中枢，必须在转职能、提效率上狠下功夫，实现机构精简，职能聚焦，服务保障有力，效率效能提升。要加快实践业务板块（子集团）运行机制，根据党组授权，对业务板块重大事项进行总体谋划、统筹协调、整体推进、督促落实，发挥把方向管大局促落实作用。各业务板块要志存高远锚定世界一流，坚定不移推动高质量发展，做到能源安全保障有力、质量效益显著提高、运营效率显著提升、发展动能显著增强，推动产业链价值链转型升级。要坚持优化、协调、高效的原则，加快完善调整相应的制度和流程，提高总部办事效率，提升集团整体价值。围绕公司的结构体系、组织体系、运行体系、制度体系、监督体系和党建体系，全面推进治理体系和治理能力现代化建设。

资料来源：重磅！中国石油全面启动总部组织体系优化调整［EB/OL］.（2021－04－08）. https:// mp.weixin.qq.com/s/h8K32yXR2lUE-nsCGvdY6A.

结合中国石油组织变革的案例，在构建组织优化机制方面需要重点把握好以下关键环节。

一是管理层级扁平化。打破企业内部科层化的组织结构，颠覆传统的金字塔型的组织架构，代之以平台和依托平台运转的经营单元。

二是管理手段信息化。信息技术革命的不断发展和深化，为企业提供了效率更高、成本更低的内外资源整合和协调工具。

三是资源协调市场化。将传统依靠内部指令实现资源协调的方式，转变为更多依靠市场交易，平台和平台之下的众多小集体之间形成市场化的资源分配和利益共享机制。

四是管理平台开放化。借助开放化的管理平台，企业内部经营单元之间、小集体和外部企业之间，建立更加广泛、紧密和深入的战略合作关系，构建资源和价值链整合的生态环境。

五是组织边界模糊化，在广泛开展协同发展、内外合作和资源自由流动的背景下，集团内相关企业组织边界趋于模糊化，赋予经营单元更多的政策灵活性。

第四节 公司治理结构创新经验与启示

2016 年 10 月，习近平总书记在全国国有企业党的建设工作会议上提出了两个“一以贯之”的重要论断，即：坚持党对国有企业的领导是重大政治原则，必须一以贯之；建立现代企业制度是国有企业改革的方向，也必须一以贯之。两个“一以贯之”的重要论断，是对我国国有企业发展史的系统概括，是对中国特色现代企业制度优势的高度凝练，体现了历史逻辑、理论逻辑和实践逻辑的有机统一，是新时代国有企业高质量发展的根本指引。深化国有企业改革，完善中国特色现代企业制度，必须牢牢把握两个“一以贯之”，坚定不移推进党建工作与生产经营深度融合，促进互融互进、同频共振，以党建新成效开创国有企业改革发展的新局面。下面，我们以宝石花医疗集团创新发展为例，分析公司治理结构创新方面的经验。

案例 12.5

宝石花医疗集团创新发展之路

1. 宝石花医疗集团改革背景

中石油集团公司所属企业原所属医疗机构共计 306 家，其中三级医院 10 家、二级医院 39 家、基层医疗卫生机构 250 余家，主要服务于中石油职工、家属及周边地方人民群众，大多数分布在东北、华北、西北、西南等地区。中石油医疗卫生事业伴随中国石油工业的发展而成长壮大，为中石油集团的发展提供了坚实的医疗健康服务保障。

改革前的医院存在以下主要问题：作为辅业单位，医院经营缺乏自主决策权，发展难以得到长期重视；医院长期亏损严重，2016 年中石油系统医疗费用补贴约 26.8 亿元，2017 年 17.9 亿元，2018 年 9.5 亿元；医院投资需求受年度计划限制，发展建设资金少且受到严格控制。医院主要服务于企业内部，布局分散。医院靠费用补贴生存，学科建设动力不足，员工职业发展受限。工资实行总额控制，薪酬分配实行平均主义，员工缺乏积极性。受编制限制，医院无用工自主权，人员无法补充，人才流失严重。员工普遍缺乏事业心，对医院发展缺乏信心，发展思维僵化。

2. 宝石花医疗集团的改革进程

（1）改革路径

按照国务院以及国资委等六部委的政策精神和文件要求，2017 年 9 月，中石油集团公司印发《关于贯彻落实〈关于国有企业办教育医疗机构深化改革的指导意见〉的通知》（矿服〔2017〕348 号），组织所属企业进行了深入调研，积极探索各种改革路径：鼓励移交地方管理，有序实施关闭撤销，积极开展资源整合，规范推进重组改制，努力为各医院寻找一条最适合的改革路径。

经审慎研究，中石油集团党组同意由中石油集团派人管理的海峡能源产业基金管理公司募集出资，设立宝石花医疗健康投资控股集团有限公司，作为平台公司，按照“交得出、接得住、可持续”的原则，全面服务于中石油所属企业医院社会化改革。通过发挥社会资本的体制机制优势，整合盘活医疗资源，激发医院内部活力，并实现党组满意、企业满意、员工满意、患者满意、确保医院可持续发展的“四满意，一确保”改革目标。

（2）改革模式

改革采用的是内部股权合作、外部托管模式。宝石花医疗集团以现金出资，中石油所属企业以医院经评估的净资产出资，共同设立合资公司，医院举办人变更为合资公司，业务和人员整体进入合资公司。鼓励员工与改制后的医院签订劳动合同，与原企业中止劳动合同。在持股比例上，宝石花医疗集团不高于 70%，中石油所属企业不少于 30%。宝石花医疗集团发挥自身管理、人才、技术、资金等优势，采取固定费用或浮动收益方式托管外部项目，增强被托管医院的运营效率、技术水平和盈利能力。

（3）改革措施

① 试点先行，分批推进。按照“交得出，接得住，可持续”原则，在总结推广试点成功经验基础上，成熟一批推进一批。

② 多措并举，确保稳定。员工按老人老办法、新人新办法，人随业务走、资产走原则，采用中止合同等多种方式进行分流安置。

③ 依法合规，规范操作。本着依法合规、以人为本、统筹兼顾原则，规范工作程序，保障员工和企业合法权益，防止国有资产流失。

④ 企业扶持，政策支持。原母体企业按照市场化、社会化原则，在国家政策许可范围内，尽可能给予改制医院支持。

⑤ 加强宣传，正向引导。深入细致做好政策解释和宣传引导，以试点成功经验引导广大员工拥护改革、支持改革、参与改革。

⑥ 发挥党工团组织思想引领作用。以党支部、基层工会、团组织为单位，做好员工心理疏导，积极解决员工诉求，消除困惑和担忧。

（4）治理架构

按照战略规划，宝石花医疗集团建立了以股权为纽带，分工清晰、相互支撑、利益共享的集团架构体系，形成了覆盖股东方 A 公司、B 公司、专业公司、所属医疗机构（H）之间既相互关联又相对独立、权责对等的经营管理体系。其中，A 公司为医疗投资控股和医疗管理公司，主要负责集团的战略规划、产业布局、资源整合、医疗管理、财务及资金共享等，以及对 B 公司的管理、监督和业绩考核。B 公司为区域医疗投资运营管理平台公司和医院举办人公司，承担 B 公司及所属医院管理责任；在医院发展的核心前提下，考虑投资运营平台公司发展战略，投资运营其他营利性项目。专业公司主要发展专业医疗卫生服务和健康多元化服务，以医院发展为核心，为医院提供供应链、信息化，以及其他为医院降本增效、提高服务质量、提升服务效率等的专业化服务。H 医院为医疗服务机构，在 A 公司统一发展战略下，承担日常生产经营管理职能，负责医疗服务、医疗技术创新、质量管控、健康安全环保、党群、维稳保卫和员工培训等日常管理工作。

（5）区域分布

截至 2020 年底，宝石花医疗集团旗下医疗机构共计 176 家，京津冀地区 77 家，东北地区 64 家，西部地区 24 家，西南地区 11 家。

3. 宝石花医疗集团改革发展成效

（1）扭亏增效成效显著

2019 年，中石油集团所属企业共计向宝石花医疗集团所属医疗机构购买服务 29 759 万元，去除房屋租赁费，通过降本增效、注册资本金利息返还、供应链利润返还、新投项目效益共享等措施，宝石花医疗集团所属医疗机构实际减亏 3 亿元。

（2）学科建设不断进步

改革以来，宝石花医疗集团拥有 8 个省级临床重点学科、专科，拥有 31 个市级临床重点专科，拥有 25 个临床重点发展学科，三家医院开展了晋升三甲、三乙医院评审，2018—2020年荣获省级科技成果奖65项，核心期刊发表论文717篇，引进学科带头人及专家35名，招聘研究生以上学历人员180余名。

（3）基本实现第一阶段战略目标

经过改革，宝石花医疗集团奠定了医院健康可持续发展基础和医院治理体系、治理能力现代化的基础，建立起以市场为导向的运行机制、经营机制、激励机制和战略协同机制，区域结构布局和医院业务结构、收入结构、人员结构更加合理，通过精益管理、集中采购等措施，医院运行成本和管理费用大幅降低。

（4）行业影响力不断提升

作为中国医院院长理事会副理事长单位，中国非公医院协会副会长单位，宝石花医疗集团牵头成立了中国民族卫生协会医疗集团分会、中国民族卫生协会互联网医院分会。

（5）拓展众多战略合作伙伴

宝石花医疗集团先后与雄安新区、腾讯公司、清华大学临床医学院、台湾中医药大学附设医院等知名企业和医疗机构签署战略合作协议，建立战略伙伴关系。

一、开放性思维：体制机制创新的先导

2014年，习近平总书记在亚洲相互协作与信任措施会议第四次峰会上的讲话指出："形势在发展，时代在进步。要跟上时代前进步伐，就不能身体已进入21世纪，而脑袋还停留在冷战思维、零和博弈的旧时代。"推进公司治理创新，首先就是要打破既有的思维模式和惯式，敢于突破既有的思想禁锢，进行与社会主义市场经济体制相适应的企业体制机制创新探索。从国有企业改革来看，党的十八大以来，长期困扰国有企业发展的"企业办社会"等历史遗留问题得到了快速的解决，全民所有制和集体所有制企业完成了公司制改制，混合所有制改革、"双百行动"、科技体制机制改革等改革示范行动成果丰硕。事实证明，历史遗留下来的难啃的"硬骨头"，只要解放思想，也能得到根本破解，关键在于直面问题关键环节，敢于突破思想禁区。

以宝石花医疗集团为例，改革前其作为辅业单位，财务上亏损严重，依赖主业补贴，人事上薪酬激励约束不足，业务上布局分散，缺乏协调，从各方面看起来都面临着非常大的生存压力。宝石花医疗集团通过内部股权合作、

外部托管的模式，通过股权多元化增强了引入市场机制的产权基础，依托自身管理、人才、技术、资金等优势，创新性推出以“固定费用”或“浮动收益”方式托管外部项目，形成了商业模式上的推陈出新。从本质上来说，这种发现问题、解决问题的背后，也就是企业领导人的创新思维。这种思维最大的优点就是能够突破常规思维的束缚，用全新的视角去审视问题，用创新的工具去解剖问题，进而提出颠覆性和超常规的解决方案。

二、均衡性协调：体制机制创新的关键

公司治理创新必然会打破既有的利益格局，通过创建更加有利于企业长远发展、增加活力动力的机制，最大限度保护利益相关者的利益和关切，是推进体制机制创新成功的关键环节。从根本上来说，只有企业实现高质量、有活力的永续发展，才是满足广大利益相关者长远根本利益之选。在企业股东、债权人、供应者、员工、客户、政府、社区等各利益相关方中，企业是员工事业发展的平台，往往也是相对弱势的一个群体。世界达沃斯论坛创始人克劳斯·施瓦布在其著作《第四次工业革命：转型的力量》中提到，“在当今这个时代，人才在战略优势中起主导作用”，与此同时，“普查结果显示：信息和其他颠覆性技术的创新是通过取代现有人工来提高生产率，而不是创造新产品从而需要更多人力参与制造”。这就要求任何体制机制创新都要以协调各方利益为诉求，不能一味牺牲一方利益。

从宝石花医疗集团改革实践来看，在开展深化改革和体制机制创新过程中始终把平衡协调各方利益作为改革的着眼点、出发点和落脚点，在引入资本方面，由中石油参与管理的海峡能源产业基金出资设立宝石花医疗健康投资控股集团有限公司，并以此作为推进中石油所属企业医院社会化改革的平台公司，形成了“持股比例宝石花医疗集团不高于 70%，中石油所属企业不少于 30%”的交叉持股模式。在劳动关系方面，员工按老人老办法、新人新办法，人随业务走、资产走原则，通过中止合同等多种方式进行分流安置。这种改革模式形成了既有资本上的纽带又最大限度维护员工身份认同的多赢局面，为实现党组满意、企业满意、员工满意、患者满意、确保医院可持续发展的“四满意一确保”改革目标奠定了基础。

三、对等性制约：体制机制创新的密码

薛金福、詹志方合著的《公司的力量》（2011 年出版）一书中曾经提到，“‘谁对公司最终负责’的质疑，本质上是对公司相关利益主体之间关系的质

疑。迄今为止，任何一种治理结构都没有完全解决所有者和经营者因为利益不一致而产生的‘委托—代理’问题……公司治理的根本命题在于权力的制约与平衡，‘内部人控制’需要更多外部力量的牵制。”尽管加强监督势必增加管理成本，然而这些成本可以在很大程度上降低企业出现颠覆性风险的可能性。从西方的公司治理理论，到目前正在如火如荼推进的中国公司治理体系和治理能力现代化，都不约而同地提出了类似的理念，例如“监督是治理的有机组成部分”“监督是权力正确运行的保证”“没有监督的权力必然导致腐败”。为了确保公司体制机制创新走在正确的道路上，同样也需要形成对等、均衡、有效的制约机制。

在宝石花医疗集团深化改革的过程中，宝石花医疗集团建立了以股权为纽带、分工清晰、相互支撑、利益共享的集团架构体系，形成了覆盖股东方A 公司、B 公司、专业公司、所属医疗机构（H）之间既相互关联又相对独立、权责对等的经营管理体系，建立规范的股东会、董事会、监事会、职代会等公司治理体系，初步形成了以公司章程为核心的企业制度体系，并依照法律法规和公司章程，严格规范履行出资人职责的机构、股东会、董事会、经理层、监事会、党组织和职工代表大会的权责，构建了高效有序的协调机制，强化权利责任对等，保障有效履职，持续完善符合市场经济规律和我国国情的国有企业法人治理结构。

参考文献

［1］汪世宏，陈勇强．国际工程咨询设计企业与总承包企业管理［M］．北京：中国建筑工业出版社，2010．

［2］明茨伯格．规划：发展战略的力量［M］．陈正侠，译．北京：企业管理出版社，2004．

［3］皮尔斯二世，鲁滨逊．战略管理：制定、实施和控制［M］．8版，王丹，高玉环，史剑新，译．北京：中国人民大学出版社，2005．

［4］托马森，斯特里克兰三世．战略管理学：概念与案例（英文版・原书第12版）［M］．北京：机械工业出版社，2004．

［5］希尔，琼斯．战略管理［M］．7版．北京：中国市场出版社，2008．

［6］波特．竞争战略［M］．陈小悦，译．北京：华夏出版社，2005．

［7］金，莫博涅．蓝海战略：超越产业竞争开创全新市场［M］．吉宓，译．北京：商务印书馆，2005．

［8］韦尔奇．杰克・韦尔奇自传［M］．北京：中信出版社，2002．

［9］安索夫，安东尼奥．变革国家中公司发展战略［M］．曾立芸，安砚贞，译．北京：中国人民大学出版社，2004．

［10］弗里德曼．世界是平的［M］．何帆，肖莹莹，郝正非，译．长沙：湖南科学技术出版社，2006．

［11］霍斯克森，希特，爱尔兰，等．战略管理：赢得竞争优势［M］．北京：机械工业出版社，2009．

［12］希特，爱尔兰，霍斯基森．战略管理：竞争与全球化（概念）［M］．吕巍，等译．北京：机械工业出版社，2009．

［13］梅森・卡彭特，杰瑞德・桑德斯．战略管理：动态观点［M］．北京：机械工业出版社，2009．

［14］汤普森，甘布尔，斯特里克兰三世．战略管理赢得竞争优势［M］．北京：机械工业出版社，2009．

［15］德鲁克．卓有成效的管理者［M］．许是祥，译．北京：机械工业出版社，2007．

［16］哈梅尔，普拉哈拉德．竞争大未来［M］．王振西，等译．北京：昆仑出版社，1998．
［17］巴洛根，黑利．战略变革探索［M］．赵荣凯，译．北京：中国人民大学出版社，2007．
［18］托马森．执行力Ⅲ：战略流程［M］．北京：国际文化出版公司，2004．
［19］余光胜．产业视角的企业战略——战略理论的反思与融合［M］．上海：上海财经大学出版社．
［20］徐飞，黄丹．企业战略管理［M］．北京：北京大学出版社，2008．
［21］杨金林，陈传，王守清．顶级国际承包商业务特征及发展模式［J］．建筑经济，2008（S1）：129－132．
［22］孙念怀．战略制胜［M］．北京：中国纺织出版社，2005．
［23］伯格曼．七次转型：硅谷巨人惠普的战略领导力［M］．北京：机械工业出版社，2018．
［24］白民军，王潇博，李莉．苹果公司营销模式创新研究［J］．现代商业，2013（11）：80．
［25］朱润泽．互联网医疗法律风险与政策导向探究——以“线上诊断”业务为切入点［Z］．第一届全国法学本科生学术论坛，2015．
［26］半导体圈．再见，张忠谋！让对手发抖的那个人！［EB/OL］．（2020－12－08）．https://www.163.com/ dy/article/FTC2FE6K0511CRN2.html？f= post2020_dy_recommends．
［27］塑造“硬科技”品牌 中国科学院西安光学精密机械研究所积极探索“科技+”融合发展新模式［EB/OL］．（2019－12－30）．https://www.ndrc.gov.cn/xwdt/ztzl/scsfjdal/201912/t20191230_1216872_ext.html．
［28］做快递的 UPS，竟然建立起了金融帝国？!［EB/OL］．（2015－05－14）．https://www.shichangbu.com/know_info/24417.html．
［29］刘素蔚，于灏．能源企业数字化转型五大趋势［J］．国家电网，2019（4）：59－61．
［30］从全球品牌新百强榜单探寻商业模式创新的时代密码［EB/OL］．（2019－06－11）．https://news.cnstock.com/event，2017mzpp－201906－4386404.htm．
［31］易会满在中国资本市场建立 30 周年座谈会上的讲话全文［EB/OL］．（2020－12－28）．https://www.sohu.com/a/ 441052953_260616．
［32］京东方——被我们忽视的科技巨头［EB/OL］．（2020－07－01）．https://

www.sohu.com/a/ 405152014_120709508.
［33］股权投资中企业并购六大战略解析［EB/OL］.（2018－01－11）. https://www.sohu.com/a/216012002_ 739521.
［34］中基协. 数据显示居民资金转向证券投资基金［EB/OL］.（2020－06－29）. https://www.cs.com.cn/tzjj/smjj/202006/t20200629_6071616.html.
［35］加里·德斯勒. 人力资源管理［M］. 北京：中国人民大学出版社，2001.
［36］余胜海. 华为知识型工管理之道：用好人，分好钱［M］. 北京：电子工业出版社，2019.
［37］刘昕. 人力资源管理［M］. 北京：中国人民大学出版社，2020.
［38］人力资源管理专业知识与实务（中级）［M］. 北京：中国人事出版社，2014.
［39］张秋野. 浅析战略性人力资源管理［J］. 北方经贸，2014（5）：233，236.
［40］王谦. 如何让绩效考核成为企业发展的助推器——浅析企业绩效考核工作［J］. 发展，2018（5）：61－63.
［41］张雄. 华为人才工作的经验与启示［J］. 中国人才，2019（11）：31－33.
［42］余毅锟，石伟. 基于薪酬管理的阿米巴经营结构构建——以海尔集团为例［J］. 福建论坛（人文社会科学版），2016（6）：204－208.
［43］云鹏，彭剑锋. 海尔“三环四阶”对赌激励系统［J］. 企业管理，2016（4）：6－9.
［44］林琳，吕文栋. 数字化转型对制造业企业管理变革的影响——基于酷特智能与海尔智家的案例研究［J］. 科学决策，2019（1）：85－98.
［45］李超凡. 数字化转型对企业业绩的影响路径研究——以海尔智家为例［D］. 郑州：郑州航空工业管理学院，2020.
［46］中国科学院科技战略咨询研究院课题组. 产业数字化转型战略与实践［M］. 北京：机械工业出版社，2020.
［47］国家发展和改革委员会.“数字化转型伙伴行动”——国家发展改革委等 17 部门联合百家企事业单位共助中小微企业纾困和转型发展[J]. 智能制造，2020（6）：28－29.
［48］习近平. 审时度势精心谋划超前布局力争主动 实施国家大数据战略加快建设数字中国［N］. 人民日报，2017－12－10（1）.
［49］阳银娟，陈劲，叶臻. 企业数字化转型对创新的影响研究［J］. 创新科技，2020（6）：40－46.
［50］Ghosh K，Khuntia J，Chawla S，et al. Media reinforcement for psychological

empowerment in chronic disease management [J]. Communications of the Association for Information Systems，2014（1）：419－438.
[51] 李海舰，田跃新，李文杰. 互联网思维与传统企业再造 [J]. 中国工业经济，2014（10）：135－146.
[52] 谭松涛，阚铄，崔小勇. 互联网沟通能够改善市场信息效率吗？——基于深交所“互动易”网络平台的研究[J]. 金融研究，2016(3)：174－188.
[53] 付晓岩. 数字化转型，银行应当做些什么？[J]. 银行家，2020（6）：114－117.
[54] 秦海林，马涛. 数字经济赋能高质量发展 [J]. 智慧中国，2020（11）：45－47.
[55] 温强. 传统企业数字化转型的误区和应对 [J]. 经营与管理，2020（9）：69－73.
[56] 刘涛，张夏恒. 我国中小企业数字化转型现状、问题及对策 [J]. 贵州社会科学，2021（2）：148－155.
[57] 吕铁. 传统产业数字化转型的趋向与路径[J]. 人民论坛学术前沿，2019（9）：13－19.
[58] 李玮，李文军. 从新冠肺炎疫情防控看中小企业数字化转型 [J]. 企业经济，2020（7）：14－19.
[59] 李辉. 数字经济推动企业向高质量发展的转型[J]. 西安财经学院学报，2020（2）：45－47.
[60] 李纯，张毅. 数字经济时代的企业转型探索 [J]. 中国勘察设计，2020（10）：71－74.
[61] 陈浩，刘雁兵，朱皓然. 企业数字化对标要点分析与研究 [J]. 企业科技与发展，2020（8）：225－228.
[62] 陈松晨，陈晟. 数字化转型进入“深水区”的破局路径研究 [J]. 信息通讯技术与政策，2020（3）：42－46.
[63] 齐健. 深耕企业数字化转型，联想集团发力数字化咨询服务 [J]. 智能制造，2019（2）：15－17.
[64] 金珺，李诗婧，黄亮彬. 统制造业企业数字化转型影响因素研究 [J]. 创新科技，2020，20（6）：22－33.